Reallabor
Nachkriegsmoderne

T0385579

Reallabor Nachkriegsmoderne

Herausgegeben von
Olaf Gisbertz, Mark Escherich, Sebastian Hoyer,
Andreas Putz und Christiane Weber für das DFG-Netzwerk
Bauforschung Jüngere Baubestände 1945+

jovis

Zum Umgang mit jüngeren Denkmalen

IV. Erhaltung und Transformation:
     Case Studies

Am 17. Juni 1972 eröffnete die Kongresshalle Augsburg. Diese wurde zur selben Zeit gebaut wie der Hotelturm und die olympische Strecke am Eiskanal. 2009 wurde das Sichtbetongebäude unter Denkmalschutz gestellt und 2012 nach zwei Jahren energetischer und optischer Sanierung als Kongress am Park wieder eröffnet.

Wir als neue Betreibergesellschaft, die Kongress am Park Betriebs GmbH, nahmen 2009 mit dem neuen Namen Kongress am Park erstmalig die Qualität des Umfelds, des Wittelsbacher Parks, in den Markenkern mit auf. Zusammen mit der Agentur Liquid realisierten wir einen neuen Markenauftritt, der die spannende Sichtbetonarchitektur in den Fokus nahm und diese mit Licht, Designmöbeln und Kunst emotionalisierte. Die von Max Speidel geschaffene, denkmalgeschützte Béton-brut-Architektur wird seit 2012 von einem preisgekrönten Lichtkonzept bewusst in Szene gesetzt, das mit LEDs farbige Akzente setzt und auf Beleuchtungselemente aus dem Baujahr zurückgreift. Stilgetreue Designklassiker aus den 1970er Jahren wie die orangefarbene Sitzschlange Pantonova von Verner Panton – inzwischen zum Kultobjekt avanciert – harmonieren mit dem Sichtbeton der Nachkriegsmoderne. Die besondere Wohlfühlkulisse beruht ebenso auf sorgfältig ausgewählten neueren Designobjekten wie dem pinken Sitzmöbel Plasma der dänischen Designer Flemming Busk und Stephan Hertzog.

Der Kongress am Park ist zum kulturellen Treffpunkt in Schwaben geworden, strahlt über die bayerischen Grenzen hinaus und hat zum Imagegewinn der Stadt beigetragen. Er ist auch ein wichtiger Impulsgeber für die Entwicklung Augsburgs als Kongressdestination. Gerade der Kongress- und Tagungsmarkt wird maßgeblich zur touristischen Revitalisierung von Augsburg und seiner Region beitragen. Das Ensemble genießt in Fachkreisen einen Kultstatus als Best-Practice-Beispiel für die Wiederbelebung der Nachkriegsmoderne. Es ist ein Denkmal für den Brutalismus in Bayern, aber durch ein energieeffizientes Klimakonzept der Stadtwerke Augsburg auch ein Monument for Future im Klimawandel, wo gebaute Architektur als Ressource für kulturelle, ökonomische und ökologische Nachhaltigkeit verstanden wird.

Die energetische Sanierung hat eine nachhaltige Nutzung der bestehenden Materialen ermöglicht. Ein Neubau in Sichtbetonstruktur wäre heutzutage in der Form nicht mehr bezahlbar. Deshalb steht der Kongress am Park als Leuchtturm für die Bauepoche der Nachkriegsmoderne, die durchaus durch wertige Architektur geprägt war. Diesen Wert zu vermitteln, haben wir uns zur Aufgabe gemacht:

„Bauen für die Massenkultur" hieß ein erstes Architektursymposium zur Geschichte und Bedeutung von Stadt- und Kongresshallen der 1960er und 1970er Jahre, das 2013 kurz nach Wiedereröffnung des Kongress am Park unter Leitung von Olaf Gisbertz stattfand. Für uns ist es daher eine besondere Freude, den von ihm als Sprecher des

DFG-Netzwerks Bauforschung Jüngere Baubestände 1945+ initiierten Studientag mit dem Titel „1972/2022 Monuments for Future in Practice – Reallabor Nachkriegsmoderne" im Jubiläumsjahr zu unterstützen, bei dem konkrete Handlungsszenarien für die Wiedergewinnung und Erhaltung von jungen Denkmalen aus der pulsierenden Zeit der Spätmoderne von namhaften Expert:innen aus Architektur, Bauingenieurwesen und Denkmalpflege thematisiert werden. Ich wünsche dem Begleitbuch zu dieser Initiative, die besonders in Zeiten des Klimawandels und der Ressourcenschonung aktueller denn je ist, eine breite Leserschaft.

Götz Beck
Geschäftsführer Kongress am Park Betriebs GmbH
Tourismusdirektor Regio Augsburg Tourismus GmbH

Nicht selten stehen Zeugnisse der jüngeren Vergangenheit auf dem Prüfstand. Sie gehören im urbanen Kontext unserer Welt zum Alltag, werden daher oft nur beiläufig wahrgenommen, selten geschätzt und noch weniger vor Zerstörung und Abriss geschützt. Besonders im Zuge aktueller Fragen nach sozialer Gerechtigkeit und den Herausforderungen des Klimawandels rückt der gebaute Gebäudebestand als Ressource Architektur aber mehr und mehr ins Blickfeld breit geführter Nachhaltigkeitsdebatten. Wenn es um die Energiebilanz, um Kohlendioxid-Einsparungen und um Wirtschaftlichkeit im Betrieb geht, steht dabei besonders häufig das Erbe der Nachkriegsmoderne aus den 1960er und 1970er Jahren in der Kritik.

Trotz einer unübersehbaren Fülle an Forschungsansätzen zu den verschiedenen Tendenzen der Moderne zwischen International Style, Brutalismus und Postmoderne mangelt es bislang vor allem an Wissen über die konkreten Grundlagen des modernen Bauens nach 1945, insbesondere zu Konstruktionen, Materialien und Bauweisen. Damit sind methodische Kernkompetenzen der Bauforschung und Denkmalpflege angesprochen, um für die Praxis überhaupt verbindliche Sanierungs- und Erhaltungsstrategien entwickeln zu können.

Angesichts der erfolgreichen Initiative zu einem DFG-Netzwerk Bauforschung Jüngere Baubestände 1945+ (NBJB 1945+), das 2018 von einer Gruppe von Wissenschaftler:innen unterschiedlicher Disziplinen aus Architektur, Denkmalpflege, Kunst- und Bautechnikgeschichte und Bauingenieurwesen gegründet wurde, lohnt eine Standortbestimmung zur aktuellen Erforschung des jungen Bauerbes. Im Mittelpunkt der vorliegenden Publikation stehen Großbauten für Bildung, Kultur und Sport, darunter Stadt- und Kongresshallen, Schulen, Sportstadien, Schwimmhallen und wissenschaftliche Laboratorien. Als Solitäre im städtischen Gefüge bildeten sie ein Gros kulturellen Erlebens für die Zukunftsvisionen der damaligen Planer:innen von offenen (Bildungs-)Gesellschaften in Ost und West ab. Zugleich stehen diese Großbauten ähnlich wie die zahlreichen Großsiedlungen in den urbanen Peripherien im Zuge gegenwärtiger Transformationsprozesse unter enormem Veränderungsdruck.

Diese Entwicklung provoziert für Bauforschung und Denkmalpflege eine Reihe drängender Forschungsfragen: Muss man angesichts der schier unübersehbaren Fülle an Bauten nun mehr „Masse statt Klasse" erforschen? Wie lassen sich die Konstruktionen und die verwendeten Baumaterialien erfassen, wie lassen sie sich deuten und bewerten? Müssen zwangsläufig neue bauhistorisch relevante Bewertungskriterien gefunden werden und sind neue (netzwerkorientierte) Methoden für die Erforschung des Bestands zu entwickeln? Oder können Baugeschichte, Bauforschung und Denkmalpflege auf das bekannte Instrumentarium für ein Bauen im Bestand zurückgreifen? Welche Bedeutung haben dabei ökologische und ökonomische Fragen? Was für Perspektiven eröffnen sich durch die Digitalisierung? Welche

Anlass

Den Abschluss der DFG-Netzwerkarbeit zu jüngeren Baubeständen markiert das Jahr 2022. Es ist ein Jahr der Jubiläen, besonders für den Tagungsort der Abschlussveranstaltung in Augsburg, wo ein Studientag verschiedene Positionen zum Umgang mit dem erhaltenswerten und denkmalwürdigen Bestand zusammenbrachte: Vor genau 50 Jahren wurde dort mit der Kongresshalle und dem angrenzenden Hotelturm eine Landmarke der modernen Stadtgeschichte eröffnet. Zugleich entstand am Eiskanal ein eindrucksvolles Sportareal als Landschaftspark für die Olympischen Spiele 1972, der inzwischen als Teil des Augsburger Wassermanagement-Systems den Status als Weltkulturerbe besitzt. 1972 ist auch das Jahr, in dem die UNESCO-Welterbekonvention verabschiedet wurde.

Nach Jahren, in denen die Kongresshalle in Augsburg in einem Dornröschenschlaf versunken und von dickem Efeu überwuchert war, konnte das Ensemble als sogenannter Kongress am Park denkmal- und klimagerecht saniert werden, nicht ohne auch die heutigen Ansprüche an eine moderne Eventarchitektur zu erfüllen. In der denkmalpflegerischen Praxis avancierte es damit zu einem Reallabor der Nachkriegsmoderne, so wie auch andere Gebäude dieser Zeit, wenn sie von bürgerschaftlichen Initiativen oder der Denkmalpflege entdeckt und in Obhut genommen werden konnten. Mit der Wiedereröffnung dieser Landmarke in Augsburg im Jahr 2012 gab es nun Anlass genug, genau an diesem Ort das junge Bauerbe der 1960er und 1970er Jahre hinsichtlich aktueller Methoden der Bauforschung und Denkmalpflege zu diskutieren, verschiedene Erfassungs- und Erhaltungsstrategien zu überprüfen und die Nutzungs- und Zukunftspotenziale des jungen Bauerbes in der Praxis auszuloten.

Ressource Denkmalpflege: Einführung

Die vorliegende Publikation stellt die Arbeitsergebnisse des DFG-Netzwerks Bauforschung Jüngere Baubestände 1945+ einem breiteren Publikum vor. Am Anfang stehen grundsätzliche Beiträge zur Rolle der Denkmalpflege und Bauforschung zum Schutz des jüngeren Bestands, der in seiner Breite – meist nicht denkmalgeschützt – die Ressource Architektur ausmacht. Nicht zuletzt beschreibt der junge Baubestand eine baukulturelle Entwicklung, die heute eine Haltung gegenüber dem jungen Erbe als baukulturelle Ressource im Klimawandel erfordert.

Silke Langenberg und Hans-Rudolf Meier versuchen zunächst Aneignung und Inwertsetzung des oft verschmähten Bestands aus der

Sicht der Institution Denkmalpflege zu ergründen, nicht ohne auf die anhaltende Denkmaldebatte um Werte und Qualitäten des modernen Bestands hinzuweisen. Die Denkmalpflege habe sich angesichts der Fülle an Bauten und Objekten einer hohen „Selektionsverantwortung" (Wilfried Lipp) zu stellen, was in Zukunft weiterhin Bestand haben solle. Dabei seien die Baustellen der Nachkriegs- und Spätmoderne doch oftmals schon Experimentierfelder für ein serielles und modulhaftes Bauen gewesen, das auch heute prädestiniert sei für ein Zukunftsmodell der Bauerhaltung und ein Weiterbauen jüngerer Baubestände. Was damals die Gestaltung von Architektur und Umwelt in einer Zeit der „Bildungskatastrophe" betraf, wie sie Georg Picht 1964 ausgerufen hatte, ist heute häufig zum Sanierungsfall avanciert. Durch das Experiment sollten vor allem kosten- und damit auch sozial gerechte Räume für die Bildung entstehen. Es ist ein Leitsatz, der auch für die heute notwendige Bauwende nicht an Brisanz verloren hat. Umso mehr gilt dies für Bauten, die grundsätzlich auf Veränderbarkeit hin angelegt waren. Doch die zukunftweisenden Bauprozesse und -verfahren lassen sich vor Ort nur selten an den Objekten selbst ablesen: Wie sind also die Potenziale historischer Entwurfsprozesse für die Denkmalpflege im Umgang mit dem Bestand zu nutzen?

Das bereits Gebaute als Ressource für Zukünftiges einzusetzen, ist auch der Appell von Christian Holl an die Architektenschaft, die Bauherr:innen und Nutzer:innen: Sein Credo „Alt ist das neue Neu" kursierte bereits in den sozialen Medien und diversen Tageszeitungen, findet hier aber erneut Beachtung in Bezug auf die historische Bauforschung, welcher der Autor für das Dokumentieren und Verstehen der in die Jahre gekommenen Bestände eine große Bedeutung beimisst. Schließlich seien die Ergebnisse der Bauforschung zu Fragen des Weiterbauens in die Logik des Denkmalschutzes anhand besonderer Beispiele zu integrieren. Diese Haltung erfordert vor allem Mut, insbesondere bei Gebäuden und Anlagen aus den 1960er und 1970er Jahren, die wenig Fürsprache in öffentlichen Debatten erhalten. Hierfür setzen sich mit Jörg Heiler und Roman Adrianowytsch auch führende Vertreter im Bund Deutscher Architektinnen und Architekten ein. Ihr Aufruf „Schluss mit der Abreißerei" ist Programm für eine nachhaltige Baukultur, die das Vergangene als eine Art „Materialbasislager" für die Rückgewinnung verlorenen Wissens über das Bauen in der Moderne versteht. Dabei gehört zum historischen Selbstverständnis dieser Moderne per se auch die Denkfigur von der Gleichzeitigkeit des Ungeichzeitigen. Sie beflügelte auf sämtlichen Feldern der Geistes-, Kultur- und Sozialwissenschaften die Diskurse, aber auch die historische Bauforschung, die sich mit der Gründung der Koldewey-Gesellschaft in den 1920er Jahren ausgerechnet im Schatten der architektonischen Modernebewegung um das Neue Bauen institutionalisierte. Andreas Schwarting gelingt es mit Blick auf das in der Moderne sich rasant wandelnde Verständnis von Raum und Zeit nicht nur den Gegenwartsbezug der historischen Bauforschung als junge wissenschaftliche Disziplin offenzulegen, sondern auch deren

Perspektiven für eine zukünftige Baupraxis zu definieren. Es ist ein Plädoyer für einen Perspektivwechsel der historischen Bauforschung als Methode, sich verstärkt auch der Erforschung jüngerer Zeitschichten zuzuwenden, selbst wenn deren Vergangenheiten noch nicht vergangen sind.

Positionen der Bauforschung

Die Buchbeiträge widmen sich allesamt verschiedenen Positionen der Bauforschung im jüngeren Denkmalbestand. Sie sind nach vier Themenkreisen geordnet, um Ideen und Überlegungen vorzustellen, die im Zuge der DFG-Netzwerkarbeit angestellt wurden. Im ersten Themenfeld, „Analog und digital", werden die Methoden der historischen Bauforschung zum Bestand der Moderne vorgestellt. Zunächst machen Ann-Helen Hagelloch und Daniel Viehmann am Beispiel der Regensburger Hochschulbauten deutlich, dass das übliche Spektrum der historischen Bauforschung durchaus ein Potenzial für die fachgerechte Dokumentation des Gebauten aus den 1960er und 1970er Jahren besitzt. Demgegenüber diskutiert das Autorenkollektiv Leonhard Wesche, Pedro Achanccaray und Sebastian Hoyer auf dieses Spektrum aufbauende Methoden der Künstlichen Intelligenz (KI), bei denen digitale Tools zur Erfassung breiterer Bestände erörtert werden: Das Untersuchungsfeld fokussiert mit den Gewerbehallen der DDR die unscheinbaren Zeugnisse serieller Bauweisen der Zeit, die ohne neue Erfassungsmethoden aus dem Raster der Denkmalpflege fallen würden.

Gegenüber diesen Forschungsansätzen, die auf Methoden der historischen Bauforschung und ihrer digitalen Fortschreibung setzen, stellt Michael Huyer die Praxis der denkmalpflegerischen Inventarisierung großer Bestände vor. Bei der Inventarisierung der Sakralbauten in Westfalen waren es vor allem klassische Methoden der Quellenauswertung im Abgleich mit der Bewertung des Bestands vor Ort und die Erfassung in einer vergleichenden Datenbank, die zum Erfolg der groß angelegten Inventarisierungskampagne des gefährdeten Bestands führten. Mehr als 1.300 Objekte wurden erfasst, davon immerhin 360 für eine Unterschutzstellung empfohlen. Das Kapitel schließt ein Beitrag von Robin Rehm zur Erfassung und Deutung von spätmodernen Farbsystemen der 1960er und 1970er Jahre. Rehm belegt, dass die Farbe keineswegs eine untergeordnete Rolle für die Wahrnehmung von Raum und Technik in der Spätmoderne spielte. Umso mehr gelte es, die Forschung zur Farbe und farbigen Architektur der Spätmoderne zu intensivieren, um damit die Ordnungssysteme der Moderne von der Technik über die Konstruktion bis hin zur Nutzung zu entschlüsseln und die Farbe als architekturkonstituierendes Medium für die Nachwelt erfahrbar zu erhalten.

Im zweiten Themenabschnitt, „Evidenz und Konsequenz", stehen die denkmalpflegerischen Entscheidungswege im Fokus, die sich aus der Praxis der Bauforschung für die Denkmalpflege ergeben.

Gundula Lang, langjährige Gebietsreferentin in der Abteilung Bau-
und Kunstdenkmalpflege im LVR-Amt für Denkmalpflege im Rheinland, berichtet aus ihrem Alltag als Baudenkmalpflegerin. Dabei wird
deutlich, dass Bauuntersuchungen schon von Amts wegen fast immer
an bauliche Maßnahmen an geschützten Denkmalen gebunden sind.
In der denkmalpflegerischen Praxis steht wie bei der Untersuchung
des ehemaligen Ratsschiffs MS Stadt Köln zwar der ganzheitliche
Erkenntnisgewinn im Vordergrund, aber immer auch konkrete Schadensbehebung am denkmalgeschützten Objekt wie am Haus Mayer-
Kuckuk, 1967 erbaut nach Plänen von Wolfgang Döring in Bad Honnef. Nicht zuletzt spielt die Bauforschung auch eine große Rolle, wenn
es um die Erstellung von Abbruchdokumentationen geht, wenn also
der Totalverlust des Denkmals durch Abriss droht, wie beim Casino
der Bayer AG in Krefeld-Uerdingen, 1960 bis 1961 im Überschwemmungsgebiet der Rheinauen errichtet. Benjamin Rudolph sieht in der
Bauforschung anhand ausgewählter Beispiele im Umgang mit den
Baudenkmalen aus den Beständen der DDR die große Praxisnähe zur
Denkmalpflege. Gemeinsam mit Mark Escherich stellt er Beispiele aus
seiner eigenen freiberuflichen Baupraxis vor, die zeigen, welche Potenziale der Bauforschung im denkmalpflegerischen Prozess inne-
wohnen. Besonders bei der Erfassung des Bestands für die Umsetzung vorher vereinbarter Zielvorgaben leistet die Bauforschung einen
großen Beitrag. Sie setzt letztlich den Kompass für denkmalpflegerische Entscheidungswege bei denkmalgerechten Sanierungen von
Zeugnissen in Ost und West. Das ging in der Vergangenheit nicht
ohne Substanzverlust vonstatten, wie Elmar Kossel am Beispiel der
prominenten Bebauung am Berliner Alexanderplatz von Hermann
Henselmann von 1961 bis 1964 zu berichten weiß. Das Haus des Lehrers mit benachbarter Kongresshalle wurde wider besseren Wissens
seiner inneren Struktur beraubt. Anders die Situation am Augsburger
Eiskanal, dessen Sanierung in den Jahren 2020 bis 2022 die Zukunft
der Sportanlage nach internationalen Wettbewerbsstandards genauso
sicherstellte wie die geforderten denkmalpflegerischen Belange.
Frank Seehausen und Michael Habres vom Bayerischen Landesamt
für Denkmalpflege zeigen auf, wie aus anfangs geäußerter harscher
Kritik an der Denkmalpflege als Institution ein tragfähiges Konzept
zur Erhaltung der olympischen Kanustrecke von 1972 erarbeitet und
realisiert werden konnte. Vor diesem Hintergrund erscheint der Blick
auf das Modellverfahren Mäusebunker besonders erhellend.
Christoph Rauhut und Kerstin Lassnig würdigen damit nicht nur die
Qualitäten der Betonarchitektur des einstigen Forschungslabors,
sondern belegen, dass letztlich auch der Erfolg der denkmalpflegerischen Praxis von Beginn an auf den Prinzipen der Partizipation aller
am Denkmalprozess Beteiligten beruht. Das gilt aber nicht nur für
das individuell Entworfene, sondern auch für die seriellen Bauwerke
und massenhaft erstellten Infrastrukturen, die in den Boomjahren
der 1960er und 1970 Jahre entstanden.

Das Kapitel „Serie und Maßstab" zeigt die Potenziale der Bauforschung für das Verstehen und Begreifen von gebauten Strukturen auf, einerseits durch den Beitrag von Andreas Putz und Christiane Weber anhand des Forschungsrepertoires an den Universitäten in München und Innsbruck, andererseits durch konkrete Fragestellungen an das Serielle und das Typologische im Bauwesen der Boomjahre. Elke Richter geht dem Verhältnis von Typ, Serie und Individuum bei der Erforschung der Cottbuser Campusbauten nach; Andreas Müsseler dagegen dem „genetischen Code" von Baukonstruktionen im Massenwohnungsbau der DDR. Bei aller systematischen Begründung für ein Inventar zur Erfassung typologischer Merkmale geht es aber – schon aufgrund der schieren Größe der Objekte – meist auch um eine räumliche Auseinandersetzung mit der großen Masse des Gebauten. Die Beiträge von Olaf Gisbertz und Felix Wellnitz versuchen, diese Beziehung auf unterschiedlichen Maßstabsebenen der Nachkriegsmoderne aufzudecken, nicht ohne auf Fragen im Umgang mit Parametern der Bauklimatik in Bezug auf die jungen Denkmale selbst und ihre städtebauliche Einordnung in größere Zusammenhänge zwischen Natur, Kultur und Landschaft einzugehen.

Das Buch schließt mit der Vorstellung unterschiedlicher Fallstudien zum Bauen im jüngeren Denkmalbestand. Stephan Schütz und Christian Hellmund (gmp) berichten vom Vorgehen bei der Erhaltung denkmalgeschützter Hallenbauten der 1960er und 1970er Jahre, die der Kultur gewidmet sind: der Kulturpalast Dresden von Wolfgang Hänsch und Leopold Wiel und die Hyparschale in Magdeburg von Ulrich Müther. Beide Bauten durchliefen einen Wandlungsprozess, bei dem gmp trotz transformierender Eingriffe entsprechend den veränderten Nutzungsanforderungen versuchte, am Bestehenden festzuhalten. Grundsätzlich erfordert dies ein tiefgreifendes Verstehen von Baugeschichte und Bautechnik der jungen Denkmale ebenso wie die Expertise über aktuelle Regeln und Normen für den Hochbau. Im Bestand kommt das einer Gratwanderung gleich, weil sich das prozessuale Vorgehen *as found* kaum in den gegenwärtigen Leistungsbildern der HOAI (Honorarordnung für Architekten und Ingenieure) widerspiegelt. Davon weiß auch Markus Loschinsky (Krekeler Architekten) mit Blick auf den architektonischen Prozess zur Ertüchtigung und Erhaltung eines Leitbaus der Nachkriegsmoderne in Westdeutschland zu berichten: das Audimax der Technischen Universität Braunschweig, entworfen von Friedrich Wilhelm Kraemer als gebautes Zeichen demokratischer Bildungsstrukturen in Opposition zu den NS-Planungen einer Braunschweiger Hochschulstadt. Dem demokratischen Bildungsanspruch entsprachen auch die Planungen zur Württembergischen Landesbibliothek, die den Vorgaben des Genius Loci folgend in Stuttgart nach Entwürfen im Team um Horst Linde entstand. Die Projektarchitektin Sophia Schmidt (LRO) arbeitet wie viele andere Architekt:innen bei der Sanierung des Bestands der Nachkriegsmoderne mit einer „in Beton gegossenen Wahrheit", das heißt, insitu mit unterschiedlichen hybriden Konstruktionen, die es für neue

16   Nutzungen zuvorderst zu erforschen gelte. Dient die (historische) Bauforschung somit konkret dem Erkenntnisgewinn für die denkmalpflegerische Praxis, so ist der Erfolg vor Ort aber auch von einem zu entwickelnden Instrumentarium der Vermittlung abhängig. Das zeigen – *last but not least* – die Denkmalpflegerinnen Sabine Weigl und Gundula Lang in einer bilateralen Kooperation zur Erstellung von denkmalpflegerischen Leitlinien und einem Denkmalpflegeplan für die imposante Terrassenhaussiedlung in Graz-St. Peter auf. Die Bauforschung schafft so wissenschaftliche Grundlagen für konkrete Handlungsempfehlungen zur erfolgreichen Erhaltung von jungen Denkmalen.

Das Buch wäre ohne Unterstützung von vielen Seiten nicht möglich gewesen. Zu danken ist den Förder:innen für die Übernahme des Druckkostenzuschusses, allen voran der Deutschen Forschungsgemeinschaft (DFG), die das gesamte Netzwerk über die Jahre am Laufen hielt; darüber hinaus der Fachhochschule Dortmund, Fachbereich Architektur, wo 2019 auf einem viel beachteten „Forum Bauforschung Moderne" die Idee reifte, die DFG-Netzwerkarbeit in einem erweiterten Tagungsband abzubilden. Zudem ist den mit dem DFG-Netzwerk kooperierenden Universitäten in Braunschweig, Weimar, München und Innsbruck zu danken. Nicht zuletzt ist nach der internationalen Tagung „Bauen für die Massenkultur" (2013) erneut Kongress am Park in Augsburg zu danken: Für den abschließenden Studientag des DFG-Netzwerks hat uns Götz Beck alle Türen der Stadt- und Kongresshalle von 1972 geöffnet. Dem Veranstaltungsteam um Katherina Kraus gebührt für die professionale Betreuung ein besonderer Dank.

Schließlich richtet sich der Dank an alle Referent:innen und Autor:innen, die mit Geduld und Vertrauen den Herausgeber:innen in allen (mitunter durchaus langwierigen) Phasen der Buchproduktion gefolgt sind. Auch sei an dieser Stelle dem gesamten Team des Berliner JOVIS Verlags für Rat und Tat herzlich gedankt.

Die Herausgeber:innen,
Olaf Gisbertz, Mark Escherich, Sebastian Hoyer,
Andreas Putz und Christiane Weber

Einführung

Systemimmanente Konflikte

Silke Langenberg und Hans-Rudolf Meier

Herausforderungen der Institution Denkmalpflege und Werte junger Baubestände

Was ein Denkmal ausmacht, definierte bereits in den Anfängen der modernen Geschichtswissenschaft im Jahre 1752 der Theologe und Historiker Johann Martin Chladenius: Da die Menschen mit gegenwärtigen Geschäften und Geschichten so viel zu tun hätten, dass sie sich um das Vergangene nicht groß bekümmern würden, sei der einzige Weg „wohl dieser, wenn etwas vorhanden ist, welches die Kinder veranlasset ihre Eltern nach der Ursache und Bedeutung zu fragen. Dergleichen Ding pfleget man ein Denkmahl zu nennen. Dieses kan ein Cörper, der wegen seiner besonderen Beschaffenheit, die Aufmerksamkeit an sich ziehet, und wenn man seine Bedeutung nicht weiß, uns gleichsam im Wege ist."[1] Ein Denkmal ist folglich ein Objekt aus der Vergangenheit, welches dadurch, dass es im Wege ist – das heißt, sich den Routinen des Alltags entgegenstellt –, zu Fragen anregt und weiterer Erklärungen bedarf.

In der deutschsprachigen Denkmalpflege besteht ein weitgehender Konsens darüber, dass für jüngere Baudenkmale grundsätzlich das Gleiche gilt wie für Denkmale insgesamt und weder eine neue Denkmaldefinition noch andere theoretische Begründungen notwendig sind.[2] Gleichwohl hat sich im Laufe der in den letzten Jahren recht intensiven denkmalpflegerischen Auseinandersetzung mit dem baulichen Erbe der zweiten Hälfte des 20. Jahrhunderts gezeigt, dass viele Objekte die Institution Denkmalpflege vor besondere Herausforderungen stellen, die sich von denen unterscheiden, die bei der Beschäftigung mit anderen beziehungsweise älteren Denkmalbeständen aufgetreten sind. Diese Spezifika verweisen auf verschiedene Dilemmata im System Denkmalpflege.

Selektion vs. Exklusion

In Bezug auf die architektonischen Hinterlassenschaften der letzten Jahrzehnte nimmt die Denkmalpflege eine prinzipiell andere Rolle ein als in der Beschäftigung mit den älteren Beständen. Traditionellerweise hat oder hatte sie es mit Objekten zu tun, die die Zeitläufe überstanden und der Zerstörung entgingen. Die Selektion der Schutzobjekte erfolgte in der Vergangenheit aus unterschiedlichen Gründen, und die Institution Denkmalpflege bemühte sich um die Bewahrung dessen, was überliefert ist. Nun, wenn es um den mengenmäßig immensen Baubestand der jüngeren Vergangenheit geht, der durch die aktuell anstehenden Instandsetzungen oder auch Ersatzneubauten unmittelbar und akut gefährdet ist, wird die Denkmalpflege selbst zur wichtigen Instanz der Selektion und bestimmt wesentlich mit, was Chancen hat, noch länger oder überhaupt weiterhin zu existieren. Wilfried Lipp sprach in

---

1   Johann Martin Chladenius: Allgemeine Geschichtswissenschaft, Leipzig 1752 (Nachdruck Wien/Köln/Graz 1985), S. 194 f.
2   Vgl. Adrian von Buttlar, Christoph Heuter (Hg.): denkmal!moderne. Architektur der 60er Jahre. Wiederentdeckung einer Epoche, Berlin 2007; Frank Eckardt et al. (Hg.): Welche Denkmale welcher Moderne? Zum Umgang mit Bauten der 1960er und 70er Jahre, Berlin 2017.

diesem Zusammenhang von der „Selektionsverantwortung" als neuer Herausforderung.[3] Mittlerweile hat sich die Situation nicht zuletzt durch die Ressourcendebatte weiter verschärft, und die Denkmalpflege befindet sich als Institution gewissermaßen in einem systemimmanenten Konflikt. Aus Verlusterfahrungen entstanden und sich um Hinterlassenschaften kümmernd, bestimmt sie nicht mehr nur darüber, was bleiben beziehungsweise Bestandteil des baukulturellen Archivs werden darf, sondern nun indirekt auch darüber, was verloren gehen wird. Hieß es in Fürsprache für das selektive Vorgehen der Denkmalpflege 2015 in der *NZZ* noch „Nicht jedes Objekt [...], das zu erhalten sinnvoll wäre, ist ein Denkmal!",[4] scheint aktuell der Umkehrschluss Realität zu sein: Was die Denkmalpflege nicht als Schutzobjekt selektiert, wird abgebrochen. Sie ist ungewollt „exklusiv" geworden. Methodisch wird hier auf Erfahrungen der Archivwissenschaften und deren Reflexion von Selektionsprozessen zurückzugreifen sein.

Wann beginnt Vergangenheit?

In Anbetracht einer zunehmend auf Ersatz statt Reparatur ausgerichteten Bauwirtschaft mit immer kürzeren Abschreibungsfristen und Erneuerungszyklen,[5] sieht sich die Institution Denkmalpflege aber auch zunehmend mit der Frage konfrontiert, wann Gebäude und städtebauliche Anlagen Gegenstand denkmalpflegerischer Beschäftigung werden können – und müssen. Vielen Gebäuden drohen Umgestaltung oder Abbruch, bevor deren Wert denkmalkundlich und architekturgeschichtlich erfasst ist. Einfach abzuwarten, kann also keine Option mehr sein, wenn die Gesellschaft tatsächlich wichtige bauliche Zeugnisse aller Zeiten – und damit auch der jüngeren Zeitschichten – als Zeugnisse erhalten will.

Die institutionelle Denkmalpflege beschäftigt sich bereits vielerorts nicht mehr nur intensiv mit der Erfassung baulicher Anlagen der 1960er und 1970er Jahre, sondern nimmt verstärkt auch solche der 1980er und 1990er Jahre in ihre Verzeichnisse oder in Tentativlisten auf. Die Hochschulen, aber auch zivilgesellschaftliche Akteursgruppen unterstützen diese Bestrebungen und regen oder leiten sie sogar an.[6] International gibt es in einigen Ländern ein Mindestalter für

3   Vgl. Wilfried Lipp: Kultur des Bewahrens. Schrägansichten zur Denkmalpflege, Wien/Köln 2007, S. 311.
4   Silke Langeberg: Abbruch ist nicht die einzige Lösung (23.10.2015), in: NZZ, https://www.nzz.ch/meinung/kommentare/abbruch-ist-nicht-die-einzige-loesung-ld.1062344 [letzter Aufruf 30.06.2022].
5   Vgl. Uta Hassler: Langfriststabilität. Beiträge zur langfristigen Dynamik der gebauten Umwelt, Zürich 2011.
6   Zuletzt etwa die von den Professuren Konstruktionserbe und Denkmalpflege der ETH Zürich und Denkmalpflege und Baugeschichte der Bauhaus-Universität Weimar organisierte Tagung „Denkmal Postmoderne. Erhaltung einer ‚nicht-abzuschließenden' Epoche" im März 2022 in Weimar; vgl. dazu auch Gabi Dolff-Bonekämper: Zeitgrenzen der Urteilskraft. Die Zeitrelation des denkmalpflegerischen Argumentierens, in: Dies.: Der Streitwert der Denkmale, Berlin 2021, doi: 10.53171/978-3-9820586-7-2, S. 28–36, bes. S. 35.

(Abb. 1) École Polytechnique et Universitaire de Lausanne (EPUL, heute EPFL), Passerelle, 1970–1982

Denkmale, allerdings sehen auch im globalen Kontext die meisten Denkmalschutzgesetze von einer solch starren Regelung ab.[7] In der Bundesrepublik bleiben die meisten Länder in ihren Formulierungen vage oder fordern, dass ein Objekt „aus vergangener Zeit" oder aus einer „abgeschlossenen, historisch gewordenen Epoche" stammen soll.[8]

Dass 1989/90 eine Epochengrenze darstellt, dürfte unbestritten sein, aber waren nicht auch die globale Finanzkrise 2007 oder die Covid-19-Krise 2020 epochale Einschnitte? Aktuell ist der Begriff der Zeitenwende allgegenwärtig. Zeitnahe Zäsuren zu finden, vor denen „vergangene Zeiten" beginnen, ist also nicht das Problem. Die Bauten der 1960er und 1970er Jahre stammen sichtlich aus einer anderen Zeit – und Welt: Schulhäuser, die pädagogischen Reformkonzepten folgen, Rathäuser, in denen Kommunen in heute unvorstellbarer Weise ihren Gestaltungs- und Repräsentationsanspruch sowie den Primat der Politik über die Wirtschaft kundtun, Kultur- und Kongressbauten, die wie Ufos vergleichsweise bezugslos in die Städte gesetzt sind, sowie (scheinbar) gesichtslose Massenwohnungsbauten an deren Peripherie. Sie alle sind zwar noch nicht sehr alt, lassen aber bereits nach „Ursache und Bedeutung" (Chladius) fragen. Ihnen folgt eine jüngere, vergleichsweise kleine und gut erhaltene Generation von Bauten, die in spielerischer Formensprache der Postmoderne „die

7 Einen Überblick dazu bietet: Ugo Carughi, Massimo Vissone (Hg.): Time Frames. Conservation Policies for Twentieth-Century Architectural Heritage, London/New York 2017.
8 Dieter Martin, Michael Krautzberger: Handbuch Denkmalschutz und Denkmalpflege, hg. von Dimitrij Davydov und Jörg Spennemann, München ⁴2017, S. 13 f.

22   *(Abb. 2)*   École Polytechnique et Universitaire de Lausanne (EPUL, heute EPFL), Systembau auf dem Campus, Jakob Zweifel und Heinrich Strickler mit Robert Bamert, Hans Ulrich Glauser, Alexander Henz und Pierre Simond, 1970–1982

Bellinzona, Hotel Castello Mövenpick, heute Raststätte Bellinzona Sud, Arbeitsgemeinschaft Bruno Reichlin, Fabio Reinhart und Otto Associati AG, 1988

Grenzen des Wachstums"[9] quasi baulich manifestiert, sowie die gleichzeitig entstehende Hightech-Architektur, die den globalen Problemen durch größtmöglichen Einsatz und sichtliche Überinszenierung von Technik zu begegnen sucht.[10] Trotz ihrer offensichtlichen Verhaftung in einer anderen, vergangenen Zeit, erscheinen diese Bauten vielen Zeitgenoss:innen nicht fern und fremd genug, zuweilen sind es auch jene Objekte, gegen deren Errichtung man sich seinerzeit engagiert oder von denen man sich bereits kurze Zeit später bewusst distanziert hatte. In jedem Fall sind es Objekte, bei denen ein größerer Erklärungsbedarf besteht, da sie in aller Regel nicht den gängigen Denkmalvorstellungen einer breiteren Öffentlichkeit entsprechen.

Verborgene Werte

Die frühen Bauten der zweiten Hälfte des 20. Jahrhunderts – sowohl der ersten Nachkriegsjahre als auch der nachfolgenden Boomjahre[11] – konnten in ihrer immensen Anzahl und Masse bei gleichzeitig sehr kurzer Bauzeit nur aufgrund des Einsatzes neuer oder weiterentwickelter Bautechniken entstehen. Allen voran Wohnbauten, aber auch Schul- und Hochschulbauten, sind in der Folge als Systembauten auf Grundlage standardisierter, seriell vorgefertigter Elemente errichtet worden. Gleichzeitig wurde die Baustelle zu industrialisieren versucht, Abläufe wurden auf einfache Montagearbeiten reduziert, parallel wurde aber auch mit verschiedenen Schal- und Bautechniken experimentiert.[12]

Den daraus entstandenen Objekten sind derartige bauprozessuale Innovationen bereits nach Fertigstellung des Rohbaus meist nicht mehr anzusehen. Äußerlich treten auch konstruktive oder haustechnische Besonderheiten selten in Erscheinung. Das änderte sich nur kurzzeitig in den 1980er und 1990er Jahren, als haustechnische Installationen, Fassadentechnologien und expressive Tragwerke bewusst zur architektonischen Gestaltung genutzt wurden.

Während die organisatorische und wirtschaftliche Wiederaufbauleistung sowohl der direkten Nachkriegszeit als auch der Boomjahre mittlerweile zunehmend gewürdigt und als historisch bedeutend

9   Dennis L. Meadows, Donella H. Meadows, Erich Zahn: Die Grenzen des Wachstums. Bericht des Club of Rome zur Lage der Menschheit, München 1972 (engl. The Limits to Growth, 1972).
10   Diesem Thema widmet sich die für 2023 gemeinsam von der ETH Zürich und der Bauhaus-Universität Weimar geplante Tagung „(Im)Permanence of Innovation. Preservation of High-Tech-Architecture", www.langenberg.arch.ethz.ch [letzter Aufruf 09.06.2022].
11   Vgl. Silke Langenberg: Bauten der Boomjahre. Architektonische Konzepte und Planungstheorien der 60er und 70er Jahre, Dortmund 2006 (überarb. Neuauflage 2011); Uta Hassler, Catherine Dumont d'Ayot (Hg.): Bauten der Boomjahre. Paradoxien der Erhaltung, Gollion 2009.
12   Vgl. Silke Langenberg: Von konventionell bis rationell. Zur Bautechnik der Neuen Heimat, in: Andres Lepik, Hilde Strobl (Hg.): Die Neue Heimat (1950–1982). Eine sozialdemokratische Utopie und ihre Bauten, München 2019, S. 56–65.

wahrgenommen wird,[13] lassen sich damit direkt verbundene beziehungsweise daraus resultierende technische, konstruktive und materialtechnologische Innovationen nur sehr schwer vermitteln. Und doch sind es genau sie, die viele Objekte der Zeit eigentlich denkmalwürdig machen.[14]

Argumentiert wird auch bei den Großkomplexen der 1960er und 1970er Jahre in aller Regel rein gestalterisch – natürlich mit Hinweis auf die zeitgenössische Situation ihrer Entstehung und den seinerzeit vorherrschenden Wachstumsglauben. Doch dieser manifestiert sich eben nicht allein in der Gestaltung einer vergleichsweise kleinen Anzahl brutalistischer Bauten, sondern vor allem unsichtbar, in der unter Verwendung seriell vorgefertigter Bauteile und industrieller Bauprozesse in kürzester Frist errichteten Masse.

Die Bauten des Brutalismus[15] stehen in der Diskussion um die Erhaltung der Architektur der Boomjahre seit einiger Zeit im Vordergrund. Das ist wenig verwunderlich, da diese Objekte als expressive Landmarken offensichtlich aus der Masse herausstechen und so automatisch eine höhere Aufmerksamkeit generieren. Bei vielen von ihnen handelt es sich also auch einfach um einen „Cörper, der wegen seiner besonderen Beschaffenheit, die Aufmerksamkeit an sich ziehet."[16] Ihr Wert lässt sich somit vergleichsweise leicht über ihre Andersartigkeit und oft auch Größe vermitteln – selbst wenn ihre architektonische Gestalt nicht unbedingt dem heutigen Geschmack der Allgemeinheit entspricht.

Für eine umfassendere, vielleicht auch angemessenere Würdigung der vielen auf einem zusammenhängenden Bauplatz errichteten Großprojekte sowie an unterschiedlichen Standorten auf Grundlage von Systemen entstandenen Bauten jener Zeit stellt sich aber die Frage, wie sich deren nicht offensichtliche Werte vermitteln lassen und inwieweit deren Berücksichtigung sich auf den weiteren Umgang mit den Bauten auswirkt. Fest steht, dass für deren Verständnis über geschichtliche Zusammenhänge hinausgehendes Fachwissen unverzichtbar ist.

13 Langenberg 2006 (wie Anm. 11); außerdem exemplarisch: Katja Hasche, Torben Kiepke, Tanja Scheffler (Hg.): Big Heritage. Halle Neustadt?, Halle 2016; Baukultur Nordrhein-Westfalen e. V.: Big Beautiful Buildings. Als die Zukunft gebaut wurde. Architekturen der 1950er bis 1970er Jahre im Ruhrgebiet (o. D.), https://bigbeautifulbuildings.de/ [letzter Aufruf 30.05.2022].
14 Vgl. das DFG-Schwerpunktprogramm SPP 2255 – „Kulturerbe Konstruktion" (o. D.), https://kulturerbe-konstruktion.de/ [letzter Aufruf 30.05.2022]; Hans-Rudolf Meier: Zur Baugeschichte jüngst vergangener Zukünfte, in: Wie forschen? Chancen und Grenzen der Bauforschung an Gebäuden nach 1950. Bericht der Koldewey-Gesellschaft 50, Stuttgart 2021, S. 23–33.
15 Vgl. Oliver Elser, Philip Kurz, Peter Cachola Schmal (Hg.): SOS Brutalism. A Global Survey, Leipzig 2017, https://www.sosbrutalism.org/cms/15802395 [letzter Aufruf 30.05.2022].
16 Chladenius 1752 (wie Anm. 1).

(Abb. 4)   Ruhr-Universität Bochum, Campus, ab 1964 auf Grundlage der Masterplanung des Büros Hentrich, Petschnigg & Partner

Die Zukunft mitgeplant

Im Zeichen der bundesdeutschen Bildungsreform waren Hochschulbauten eine der zentralen Bauaufgaben der 1960er und 1970er Jahre. Zukunftsfroh wurden viele von ihnen auf Zuwachs geplant und sahen bereits in der Planungsphase den späteren Umbau vor.[17] Viele Objekte sind statisch überdimensioniert, damit man sie nicht nur horizontal, sondern auch vertikal erweitern kann. Um größtmögliche Flexibilität zu gewährleisten und auf veränderte Anforderungen reagieren zu können, lassen sich auch die Wände im Inneren – zumindest theoretisch – versetzen. Die strenge Einhaltung von den Bauten zugrunde liegenden Maßordnungen erlaubt den Wiedereinbau standardisiert vorgefertigter Elemente an einem anderen Ort im selben Gebäudekomplex beziehungsweise System.

Bei der Ausweisung von ursprünglich auf Veränderung und Erweiterbarkeit angelegten Schutzobjekten steht die institutionelle Denkmalpflege vor der Frage, was die für eine Inventarisierung oder Unterschutzstellung tatsächlich relevanten Kriterien sind und wie sich diese auf die Erhaltung oder den Weiterbau der Objekte auswirken – denn das Grundprinzip der Veränderbarkeit steht häufig im Widerspruch zur Erhaltung der Originalsubstanz.

---

17   Vgl. Silke Langenberg: Flexibilität, Variabilität, Erweiterbarkeit. Planungsgrundlagen der 1960er und 1970er Jahre, in: archimaera (2011), H. 4 (lebensdauer), S. 103–116.

Die bezüglich ihrer Bautechniken und -prozesse wertvollen Objekte verlangen hingegen unter Umständen nicht einmal eine Erhaltung ihrer architektonischen Gestalt. Bei einem Objekt, dessen Kern erstmals mithilfe des Gleit- oder Kletterschalverfahrens errichtet wurde, ist es beispielsweise nicht unbedingt notwendig, die Fassade original zu erhalten, denn ihre Ausführung ist für den bautechnischen Wert des Rohbaus gar nicht relevant.

Bei grundsätzlich auf Veränderbarkeit angelegten Objekten wie auch bautechnisch innovativen Konstruktionen steht die Denkmalpflege also vor einem weiteren, diesmal die Bauwerke betreffenden, systemimmanenten Konflikt: die Abwägung des Werts ihnen zugrunde liegender Planungsprinzipien und Herstellungsverfahren gegen den der daraus tatsächlich entstandenen Objekte.

Die jüngeren Baubestände in erster Linie städtebaulich oder gestalterisch zu bewerten, wird ihnen nicht gerecht. Das vielen Planungen innewohnende Potenzial einer Anpassung an veränderte Bedingungen oder Anforderungen – seien sie funktional oder auch gestalterisch – würde außerdem verschenkt, wenn sie genau zu dem Zeitpunkt, an dem sie sich bewähren könnten, aus denkmalpflegerischen Gründen nicht zugelassen werden. Angesichts der aktuellen klimapolitischen Herausforderungen und der notwendigen Bauwende sind gerade die Erfahrungen mit Gebäuden, die auf Veränderung und Anpassbarkeit konzipiert wurden, besonders interessant.

Umgang mit dem Bestand: Potenziale nutzen

In Anbetracht der im Bestand gelagerten Ressourcen und der derzeit hohen Abbruchraten gerade jüngerer Bauten erscheint die vielen Objekten bereits innewohnende Möglichkeit einer Veränderung vor allem jenseits der Diskussion um die Schutzobjekte relevant. In den 1960er und 1970er Jahren wurde versucht, für eine Zukunft mitzuplanen, in der die Rahmenbedingungen grundsätzlich andere sein würden. Auch wenn die Planungen ursprünglich von weiterem Wachstum ausgegangen und darauf ausgerichtet sind, kann sich ihr Potenzial unter ganz anderen, mittlerweile eher klimaorientierten Zielsetzungen entfalten.

Aufgabe der institutionellen Denkmalpflege ist es nicht, den Gesamtbestand zu erhalten, die Klimadebatte anzuführen und die Ressourcenverschwendung im Bauwesen zu stoppen.[18] Ihr gesetzlicher Auftrag ist es, die wichtigen Schutzobjekte rechtzeitig auszuwählen und ihrem Wert entsprechend langfristig zu erhalten – und das gilt auch für jene Denkmale der Spätmoderne, die als „Klimasünder" unter Druck kommen.

---

[18] Vgl. Vereinigung der Landesdenkmalpfleger (VDL): Denkmalschutz ist Klimaschutz. Acht Vorschläge für eine zukunftsorientierte Nutzung des baukulturellen Erbes und seines klimaschützenden Potenzials, Stand März, Wiesbaden 2022.

Die als Denkmal geschützten Bauten sind insgesamt viel zu wenige, um gerade an ihnen die Klimawende zu exekutieren. Mit dem großen Rest des Bestands verantwortungsbewusst umzugehen, ist mit Blick auf die Endlichkeit der Ressourcen und den immensen Anteil des Bauwesens an der globalen Kohlendioxid-Produktion ein gesamtgesellschaftlicher und politischer Auftrag. Und als solcher betrifft er dann eben doch auch die Denkmalpflege.

„Potenziale nutzen" ist hier genau wie „systemimmanente Konflikte" sowohl in Bezug auf die institutionelle Denkmalpflege als auch auf die Werte junger Baubestände zu verstehen. Denn die an langfristiger Werterhaltung orientierten und bewährten Methoden der Denkmalpflege wären durchaus geeignet, auch für nicht geschützte Objekte angewendet zu werden.[19] Gleichzeitig sind viele der Bauten grundsätzlich zukunftsorientiert und damit eigentlich nachhaltig. Dieses Potenzial könnte sich auch die Denkmalpflege in der Diskussion um deren Erhaltung zunutze machen. Statt selbstgefällig darauf hinzuweisen, immer schon richtig und nachhaltig gehandelt zu haben, sollte mit der Nachhaltigkeit früherer architektonischer Konzepte und „Haltungen" argumentiert und damit letztendlich viel mehr bewahrt werden. Hier würde sich dann auch ein Ausweg aus dem zuvor erwähnten Exklusionsdilemma bieten: Wenn die Denkmalpflege ihr enormes Detailwissen und ihre methodischen Erfahrungen aktiv einbringen würde, um einen viel größeren Teil des jüngeren Bestands – der einfach weiter- oder umzunutzen und leicht umzubauen ist – zu erhalten, dann wären die Denkmale nicht mehr exklusiv, sondern inklusiv. Es gälte dann nur noch, die für jedes Objekt angemessenen Maßnahmen zu begleiten. Gewiss ist das keine kleine, dafür aber eine umso wichtigere Aufgabe.

Bildnachweis: *(Abb. 1–4)* Reinicke Bussenius / onarchitecture.de

19   Dazu Hans-Rudolf Meier (Hg.): Denkmalpflege als Zukunftsprinzip!, in: Forum Stadt. Vierteljahreszeitschrift für Stadtgeschichte, Stadtsoziologie, Denkmalpflege und Stadtentwicklung 43 (2016), H. 2, S. 131–135.

Alt ist das neue Neu

Christian Holl

Der Gebäudebestand als materielle und kulturelle Ressource

(Abb. 1)   Genua, 2012

Wenig kommentiert und beachtet: Der Bericht des Weltklimarats, der
Ende Februar 2022 vorgestellt wurde, zeichnet ein düsteres Zukunfts-
bild. Für das Bauen heißt das: Neubau muss die Ausnahme werden.
Denn noch werden beim Bauen in Deutschland je Person und Jahr
2,5 Tonnen Bauschutt produziert.[1] Der Bestand ist die immer noch
missachtete Ressource – auch eine kulturelle, die wir mit Gewinn
nutzen können.

Manchmal scheint es, als habe sich Torschlusspanik breit gemacht. Schnell noch abreißen, bevor sich diejenigen durchsetzen, die
fordern, vor jeden Abriss höhere Hürden zu setzen – und solange man
noch davon profitiert, dass Förderpolitik noch immer den Bestand
gegenüber dem Neubau benachteiligt und im Neubau das gefördert
wird, was ohnehin Stand der Technik ist.[2] Zukünftig solle aber Abriss
immer genehmigt werden müssen, fordern etwa die Architects for
Future, denn: „Abriss ist bis dato in den meisten Fällen genehmi-
gungsfrei. Es findet keine Prüfung statt, ob wertvolle – sanierungsfä-
hige – Bausubstanz abgerissen wird. Unter Betrachtung des Energie-
aufwands und der Emissionen über den gesamten Lebenszyklus eines
Gebäudes (Herstellung, Betrieb, Rückbau) sind Sanierungen im

---

1   Vgl. BDA Bayern: Pressekonferenz „Die Abreißerei muss ein Ende haben!" am 7. März 2022
     (22.02.2022), https://www.bda-bayern.de/2022/02/die-abreisserei-muss-ein-ende-haben/ [letzter
     Aufruf 22.04.2022].
2   Vgl. Deutsche Umwelthilfe: Fördermittelcheck der Deutschen Umwelthilfe deckt auf.
     Milliardenschwere Fehlinvestitionen im Gebäudebereich gehen am Klimaschutz vorbei,
     Pressemitteilung (17.02.2022), https://www.duh.de/presse/pressemitteilungen/pressemitteilung/
     foerdermittelcheck-der-deutschen-umwelthilfe-deckt-auf-milliardenschwere-fehlinvesti-
     tionen-im-gebaeud/ [letzter Aufruf 22.04. 2022].

Vergleich zu Abriss und Neubau fast ausnahmslos zu bevorzugen."[3] Stattdessen sind wir fast täglich mit Meldungen konfrontiert, die den tatsächlich drohenden oder diskutierten Abriss von wertvollen Bauten zum Inhalt haben: das Studentenwohnheim an der Billwiese in Hamburg (1965), unter Denkmalschutz, von Heinz Graaf und Peter P. Schweger;[4] die Stadthalle Braunschweig (1965), unter Denkmalschutz, von Heido Stumpf und Peter Voigtländer.[5] In Köln will der Eigentümer das Karstadt-Gebäude an der Breiten Straße abreißen, der Bau von Carl Moritz (1914) war nach Kriegszerstörungen in veränderter Form wiederaufgebaut worden.[6] In Berlin soll das Cantian-Stadion (1951, Rudolf Ortner) nun doch abgerissen werden.[7] Dem gegenüber stehen die ermutigenden Erfolgsmeldungen – wie etwa die, dass das Potsdamer Rechenzentrum (1971, Architekturkollektiv Sepp Weber) nun doch erhalten bleibt.[8] Aber gerade dass sie als Erfolgsmeldung empfunden werden, zeigt, dass der Erhalt nicht selbstverständlich ist. Wie in Potsdam ist ein solcher Erfolg das Verdienst einer Reihe von Menschen, die viel Energie darauf verwenden müssen, um einen Abriss zu verhindern. Oftmals ohne dafür honoriert zu werden. Ehrenamtlich. Verkehrte Welt.

Kreislaufwirtschaft heißt: stehen lassen

Und dabei wurde noch nicht darüber gesprochen, was sonst so abgerissen wird: jenseits von Denkmalschutz, jenseits des Verteidigens von Raum für Nutzungen, die nicht die maximalen Gewinne und Renditen versprechen. In den Jahren 2015 bis 2019 wurden, so ermittelten es die Architects for Future, „im Jahr durchschnittlich rund 1,9 Mio. Quadratmeter Wohnfläche und 7,5 Mio. Quadratmeter Nutzfläche abgerissen – ohne Prüfung, ob das Vorhandene als Gebäude insgesamt oder zumindest einzelne seiner Bauteile weiter genutzt werden können. Vorhandene Potenziale für ein Weiterbauen und Weiternutzen werden nicht ausgeschöpft."[9]

3   Architects for Future e. V. (Hg.): Klimaneutrales bzw. klimapositives Bauen: Vorschläge für eine Muster(um)bauordnung, Bremen 2021, S. 11, https://drive.google.com/drive/folders/1F1FECQCFndKnYe4QmxrCDmmjTBN2fPZo [letzter Aufruf 23.10.2022].

4   Vgl. Karin Berkemann: Das Studentenwohnheim an der Billwiese muss gehen (12.02.2022), in: moderneREGIONAL, https://www.moderne-regional.de/das-studentenwohnheim-an-der-billwiese-muss-gehen/ [letzter Aufruf 22.04.2022].

5   Vgl. Karin Berkemann: Stadthalle Braunschweig. Abriss oder Sanierung? (13.02.2022), in: moderneREGIONAL, https://www.moderne-regional.de/stadthalle-braunschweig-abriss-oder-sanierung/ [letzter Aufruf 22.04.2022].

6   Vgl. Tim Attenberger: In der Kölner Innenstadt soll ein markantes Kaufhaus abgerissen werden (21.02.2022), https://www.ksta.de/koeln/immobilien-in-der-koelner-innenstadt-soll-ein-markantes-kaufhaus-abgerissen-werden-39480856 [letzter Aufruf 22.04.2022].

7   Vgl. Philipp Dittrich: Zitat, Reminiszenz, Abriss (05.04.2022), in: marlowes, https://www.marlowes.de/zitate-reminiszenzen-abriss/ [letzter Aufruf 22.04.2022].

8   Vgl. lernort garnisonkirche: Statt Wiederaufbau Kirchenschiff ein Haus der Demokratie und Erhalt des Rechenzentrums (28.01.2022), http://lernort-garnisonkirche.de/?p=1770 [letzter Aufruf 22.04.2022].

9   Architects for Future 2021 (wie Anm. 3), S. 11.

Es ist noch viel zu tun. Auch das neue Ideal Kreislaufwirtschaft kann erst dann eine Hilfe werden, wenn zwischen Recycling und Downcycling deutlich unterschieden wird. Die hohen Recyclingquoten, die die EU anstrebt, sind deswegen zunächst mit Vorsicht zu betrachten. Angesprochen darauf, dass 2027 Nichtwohngebäude ab 2.000 Quadratmeter eine Recyclingquote von 70 Prozent erfüllen müssten, meinte etwa Annette Hillebrandt, die an der Bergischen Universität Wuppertal unterrichtet und deren Forschungsschwerpunkte Urban Mining und Stoffkreisläufe in der Architektur sind: Solange nicht zwischen Re- und Downcycling unterschieden werde, „kriegen wir die 70 Prozent locker hin."[10]

Es mag Hoffnung geben, dass inzwischen die ersten Neubauten unter der Flagge des kreislauffähigen Bauens segeln. Allerdings sind sie bestenfalls ein kleiner Teil einer möglichen Lösung, weil sie die Frage unberücksichtigt lassen, wie mit dem Bestand umzugehen ist: 85 Prozent der Gebäude von heute in der EU werden 2050 noch stehen.[11] Der Glanz neuer kreislauffähiger Bauten stärkt den Glauben, es könne genügen, irgendwann anzufangen, anders zu bauen, aber neu – in diesem Fall eben zur Abwechslung kreislauffähig. Das ist ein wichtiger Fortschritt, ohne Frage, aber man sollte ihn realistisch einordnen. Die Wirkung solcher Bauten bleibt in der Menge der Neubauten vorerst in erster Linie Appell. Und noch ist mit ihnen nur ein Potenzial eröffnet, ein Versprechen gemacht, das andere erst werden einlösen müssen: Es sollte, wenn überhaupt, erst in Jahrzehnten dazu kommen, dass die Neubauten von heute wieder rückgebaut und deren Bauteile wiederverwendet werden.

Wenn wir Kreislaufwirtschaft aber wirklich ernst nehmen, heißt das nicht in erster Linie, neue Häuser kreislauffähig zu bauen. Es heißt auch nicht zu suggerieren, es gelte, den Bestand und das Baumaterial daraufhin zu untersuchen, wie man daraus am besten etwas Neues entwickeln könnte. Wirklich im Sinne der Kreislaufwirtschaft zu denken, heißt nicht, aus dem Abriss eine Tetris-Aufgabe zu machen, die zeigt, wie möglichst viel aus einem Abriss in neuen Bauten wiederverwendet werden kann, sondern schlicht und ergreifend einfach erst einmal so viel wie möglich stehenzulassen. Denn viele der im Bau verwendeten Materialien und Produkte, allen voran Beton, lassen sich eigentlich nur dann auf der gleichen Qualitätsstufe erhalten – also ohne erneute Zufuhr von Wasser, Energie und weiterem Material wie Bindemitteln –, wenn das Gebäude, für das sie verwendet wurden, erhalten bleibt. Mit anderen Worten: Das neue Ideal der Kreislaufwirtschaft erlaubt es uns gerade nicht, unserem ständigen,

10 BDA-Denklabor: Die Kreislaufwirtschaft zum Laufen bringen, Podcast 23 (24.02.2022), https://bda-denklabor-dont-waste-the-crisis.stationista.com/bda-denklabor-23-die-kreislauf-wirtschaft-zum-laufen-bringen_621762eaf625fe5edc3eef0d (ab 13:47) [letzter Aufruf 22.04.2022].

11 Vgl. Europäische Kommission: Europäischer Grüner Deal: Neue Vorschläge zur Energieeffizienz von Gebäuden, Presseartikel (15.12.2021), https://germany.representation.ec.europa.eu/news/europaischer-gruner-deal-neue-vorschlage-zur-energieeffizienz-von-geb-auden-2021-12-15_de [letzter Aufruf 22.04.2022].

künstlich angeheizten Bedarf nach Neuem weiter nachzugeben. Es entbindet uns im Bauen gerade nicht davon, dem Bestand eine sehr viel höhere Aufmerksamkeit zu schenken, als das derzeit der Fall ist. Andersherum wird ein Schuh draus. Erst im Bauen im Bestand wird sich das Denken in Kreisläufen, durch Ergänzungen, Umbauten, Anpassungen, bewähren müssen und können – und dort ist es Teil der großen Herausforderung, vor der wir stehen: Es sollten 2050 eigentlich mehr als 85 Prozent der Gebäude von heute noch stehen.

Kreativität ist gefragt

Wir sind aufgefordert, zumindest gemessen an der Praxis der letzten Jahrzehnte, tatsächlich Neues zu leisten; nämlich das Neue als eine stetige Aneignung und Anverwandlung der bestehenden Bausubstanz zu verstehen. Und das gilt vor allem für die Bauten, die der Hochachtung nicht würdig erscheinen: die Alltagsbauten vom Einfamilienhaus bis zum Parkhaus, vom Supermarkt bis zum Shoppingcenter, von der einfachen Lagerhalle bis zur Fabrik, vom Wohnungsbau der Nachkriegsmoderne einschließlich der Großwohnsiedlungen bis zu Kindergärten, Schulen, Gemeindehäusern.

Das kann nur gelingen, wenn die Bewahrung des Bestands nicht ausschließlich als eine technische verstanden wird. Wenn die Argumente für den Bestand nicht mehr das zähneknirschende Eingeständnis sind, dass ein Neubau das eigentlich Wünschenswerte sei. Wie oft ist die Begründung für den Abriss die, dass der Bestand „einfach nicht mehr zeitgemäß ist",[12] wie es im Fall des Studentenwohnheims Billwiese zu lesen war. Am Ende sind es Denkfaulheit und mangelnde Fantasie, die neben den Kosten den Abriss forcieren. Eine Umbauordnung, eine andere Förderpolitik, einfachere Abschreibungsmöglichkeiten für die Sanierung, deren großzügigere Förderung – es gilt dringend umzusteuern. Das ist das eine.

Die Aufgabe, die sich stellt, ist aber auch eine nicht zu unterschätzende kulturelle Herausforderung. Das vermeintlich Belanglose wertschätzen lernen: ein Großprojekt, das nicht in erster Linie als technisches, als technokratisches verstanden werden darf; ein Großprojekt, das gerade nicht als eine der schematischen Musterlösungen verstanden werden darf, die mit standardisierten Modellen über das hinweggeht, was den Bestand und dessen sozialen Wert ausmacht. Das erforderte, wie es Niloufar Tajeri beschrieben hat, „präzise entwickelte Entwurfstaktiken, die mit den konstruktiven Eigenheiten des Bestands arbeiten und dessen Anpassungsfähigkeiten offenbaren – keine schematische Durchführung, sondern die Analyse des Objekts und der finanziellen Anforderungen der Bewohner im Einklang mit deren

---

12   Berkemann, Stadthalle Braunschweig 2021 (wie Anm. 5).

Wohnbedürfnissen."[13] Nur so kann Sanierung mit sozial verantwortlicher Vermietungspraxis, kann energetische Ertüchtigung mit bezahlbarem Wohnraum in Einklang gebracht werden.

Das kulturelle Großprojekt besteht darin, ein Verhältnis zum Bestand zu gewinnen, das nicht länger mit dem Gegenüber von Alt und Neu arbeitet, das eine an dem anderen misst, oder auch, wie es Boris Groys dargestellt hat, das Neue dadurch ermöglicht, dass das Alte konserviert wird.[14] Den Bestand als ein zu bewahrendes Zeugnis zu bewerten, das sollte weiterhin nur die wichtige Ausnahme bleiben. Wenn daran aber der gesamte Bestand gemessen wird, wird er nur abgewertet: Zu leicht lässt er sich als eben nicht notwendigerweise zu bewahrendes Zeugnis einstufen.

Die Frage stellt sich daher, ob eine Hilfe durch die Denkmalpflege erwartet oder erhofft werden kann, nicht nur, da sie ohnehin unter Druck steht,[15] sondern auch, weil mit ihren Instrumenten und ihrem Auftrag die Masse des Bestands nicht erfasst oder geschützt werden kann und darin auch nicht ihre Aufgabe gesehen werden sollte. Was allerdings erwartet werden kann, ist, dass eine Auseinandersetzung mit den kritischen Stimmen geführt wird, die dem Denkmalschutz vorwerfen, zu sehr den Ursprungszustand eines Gebäudes zum Maßstab zu machen. Eine Haltung, die etwa verhindert hatte, dass das Haus Marlene Poelzig in Berlin oder die Schmitthenner-Villa in Stuttgart unter Schutz gestellt werden konnten. Beide waren umgebaut worden. Im Falle des Poelzig-Hauses war „aus dem Beispiel für die architektonische Moderne [...] eine verbrämte Überformung im Heimatschutzstil geworden",[16] bei Schmitthenner waren selbst die von dem Architekten selbst vorgenommenen Änderungen, die seine verschiedenen Schaffensphasen quasi komprimiert sichtbar gemacht hatten, am Ende nicht ausreichend: Es sei ein „interessantes, aber nicht unbedingt repräsentatives Beispiel für das Schaffen des Architekten", so hatte die Denkmalschutzbehörde mitgeteilt.[17] Es wäre also wichtig, die Fragen des Weiterbauens in die Logik des Denkmalschutzes auch anhand besonderer Beispiele so zu integrieren, dass erkennbar werden kann, was Überformungen leisten können, was sie zeigen und aussagen und welche Möglichkeiten des Zugangs zu einer eigenen Geschichte eröffnet werden können. Dass mit einer Unterschutzstellung ein weiteres Umbauen an Bedingungen geknüpft sein muss,

13   Niloufar Tajeri: Fast unsichtbar, in: Christian Holl et al. (Hg.): Living the Region, Tübingen 2018, S. 204–215, hier S. 206.

14   Vgl. Boris Groys: Über das Neue. Versuch einer Kulturökonomie, München 1992.

15   Siehe beispielsweise: Deutsche Stiftung Denkmalschutz: Es kommen schwere Zeiten für Denkmale in NRW (06.04.2022), https://www.denkmalschutz.de/presse/archiv/artikel/es-kommen-schwere-zeiten-fuer-denkmale-in-nrw.html [letzter Aufruf 11.05.2022].

16   David Kasparek: Die Villa zum Beispiel (30.11.2021), in: marlowes, https://www.marlowes.de/die-villa-zum-beispiel/ [letzter Aufruf 11.05.2022].

17   Zit. n. Jan Sellner: Der Abriss der Schmitthenner-Villa hat begonnen (27.12.2021), in: Stuttgarter Nachrichten, https://www.stuttgarter-nachrichten.de/inhalt.architektur-in-stuttgart-der-abriss-der-schmitthenner-villa-hat-begonnen.b8730094-d380-4874-a541-2cec1dc2ba9d.html?fbclid=IwAR3ka6YLULgB9umfc7L-iDwVfNPYh_L6-cso7RYyHFCzCmezzbaBwo5-JVU [letzter Aufruf 11.05.2022].

versteht sich von selbst. Die Perspektiven, die sich dadurch eröffnen, hat Gerrit Confurius so beschrieben: „Das Subjekt der Umnutzung konstituiert sich nicht nur als eines, das sich selbst den Gegebenheiten unterordnet, sondern auch als eines, das sich selbst den Gegebenheiten unterordnet, um in ihnen unverhoffte Aspekte zu entdecken."[18] Und es könnte den Blick darauf öffnen, dass gerade die Umdeutungen und Neubewertungen von Bausubstanz ein wichtiger Teil des Umgangs mit der Baugeschichte sind.

Denn es gilt, die Architektur der übergroßen Menge des Bestands nicht als eine fixierte Aussage zu verstehen, die nicht verändert werden darf. Wir dürfen diesen Bestand nicht nur dahingehend betrachten, ob er einen Wert für die Gegenwart hat, weil er uns etwas über die Geschichte und den Weg erzählt, auf dem wir ins Heute gelangt sind. Dies blockiert den Umgang mit dem Bestand mehr, als dass es ihn kreativ befeuert. Architektur muss viel häufiger als bisher als offenes System mit einem Sortiment immer wieder neu arrangierbarer Elemente verstanden werden denn als eine zu einem unveränderlichen Werk komponierte Einheit, deren nachträgliche Veränderung prinzipiell des Qualitätsverlusts verdächtig ist. Es geht nicht mehr darum zu fragen, was man haben will, sondern darum, was man mit dem machen kann, was es gibt. Mit kleinen Eingriffen. Mit präzisen Interventionen. Mit originellen Ideen. Gefragt ist echte Kreativität. Solche kleinen Eingriffe – auf der Basis der „Analyse des Objekts und der finanziellen Anforderungen der Bewohner im Einklang mit deren Wohnbedürfnissen"[19] – könnten im Rahmen der Bauforschung erfasst und zugänglich gemacht werden, als ein zu erweiternder Entwurfskatalog, der gerade das anschaulich macht, was sich ansonsten der bildmächtigen Dokumentation entzieht, idealerweise ergänzt durch Hinweise zur Prozessgestaltung, die den Umgang mit den Nutzer:innen und Eigentümer:innen leichter macht.

Es gibt viel zu gewinnen

Doch damit allein ist es nicht getan. Hier liegt auch eine Herausforderung für das Selbstbild der Architekt:innen, die genauso wenig wie die Modernisierungspraxis im Wohnungsbau mit schematischen Modellen bewältigt werden kann. Wenn Architekt:innen nicht mehr meinen, vermeintlich zeitlose Werke schaffen zu müssen, die keiner nachträglichen Veränderung bedürfen, ist das eine ungeheure Chance. Sie erlaubt es, die Fülle des Bestehenden als Ausdrucksmittel zu nutzen, daraus Ornamente zu entwickeln, neue Kombinationen zu wagen, die sich die Entwerfenden wegen des Zwangs, zeitlos sein zu müssen, versagen, weil sie zu modisch sein könnten. Wenn ich auf

---

18   Gerrit Confurius: Architektur und Baugeschichte. Der intellektuelle Ort der europäischen Baukunst, Bielefeld 2017, S. 343.
19   Tajeri 2018 (wie Anm. 13).

den Bestand zurückgreife, erübrigt sich dies. Es „braucht den Architekten vom Typus des Konventionen perforierenden Bastlers."[20] Mit dem Schwerpunkt auf dem Bestand könnte die Architektur lebendiger werden, an Ausdrucksmöglichkeiten gewinnen und Architekt:innen müssten die Veränderungen durch Nutzer:innen nicht als Beschädigung verstehen, sondern als das Fortführen des Potenzials, das ihnen die Architektur eröffnet. Auch hier wäre eine Bauforschung zu forcieren, die untersucht, wie anders über die Aneignungspraktiken von Nutzer:innen nachgedacht werden kann, sodass diese nicht als Beschädigung der Architektur wahrgenommen werden. Aus solchen Untersuchungen können im Rückschluss Möglichkeiten erarbeitet werden, wie Aneignungen beim Umbauen, beim Erweitern erleichtert werden könnten, ohne dass diese sich in einer eng gefassten Wahlmöglichkeit einer zukünftigen Veränderung erschöpfen, wie etwa im Ersetzen eines Bauteils oder in der Farbgestaltung.

Letztlich hieße das aber nichts anderes, als dass man die enge Verknüpfung von Form und Qualität aufgeben müsste, die die Diskussionen um Architektur und Städtebau schon seit Langem so quälend und ermüdend macht. Die Entweder-oder-Diskussionen, in denen bestimmten Architekturformen prinzipiell Wertschätzung verweigert und sie anderen ebenso vorurteilsvoll zugestanden wird, geht an der Herausforderung des Bestands kilometerweit vorbei. In welchem Stil und mit welcher formalen Präferenz ein Gebäude errichtet wurde, welcher Stadtvorstellung ein Quartier folgt, kann keine Basis für die Frage sein, wie man seine Qualität beurteilt. Eine vorurteilslose Akzeptanz alles Gebauten, die eine neugierige und erfindungsreiche Suche danach anstößt, wie bestehende Qualitäten gesichert und neue mit möglichst wenig Materialeinsatz gewonnen werden können, ist die Basis dafür, den Bestand in all seinen Facetten zur Leitlinie auch zukünftiger Gestaltung zu machen. Es ist nicht länger der Sache dienlich, ein Modell der Vergangenheit als anderen überlegen zu bezeichnen. Wer heute noch daran festhält, die europäische Stadt auf einen eng umzirkelten Bereich der Gesamtstadt mit starren formalen Vorgaben zu reduzieren, hat die Aufgabe, die der Bestand in Gänze stellt, nicht verstanden – nicht nur, weil das den Zugang zum Umgang mit dem Bestand jenseits eigener Präferenzen einschränkt und blockiert, sondern auch, weil sich eine Person mit dieser Haltung beständig weigert, die Logik und die Prozesse verstehen zu wollen, die zu anderen Formen und Organisation von Stadt geführt haben. So schränkt man nur die Möglichkeiten ein, mit dem Bestand einen produktiven und kreativen Umgang zu finden. So rechtfertigt man nur weiteren Abriss. Und letztlich werden die Menschen mit der Umgebung und den Häusern, in denen sie wohnen und heimisch sind, gleich ebenso pauschal mit abgewertet.

---

20   Confurius 2017 (wie Anm. 18), S. 102.

Die Chance besteht hingegen darin, neue Qualitäten zu entdecken. Aus dem Bestehenden etwas zu entwickeln, bedarf der Zusammenarbeit vieler, fordert handwerkliches Geschick. Das Resultat ergibt sich in einem Prozess und aus dem, was verfügbar ist. Den Bestand zu erhalten, heißt auch zu akzeptieren, wie er im Laufe der Jahre angeeignet wurde. Auch Anbauten und Erweiterungen sind Bestand. Es wird unmöglich werden, die saubere Einheitlichkeit von Bauten herzustellen, die so oft als das Wünschenswerte dargestellt wird – und so oft so langweilig ist.

Auch hier kann die zukünftige Praxis durch eine Forschung vorbereitet werden, die zeigt, wie derartige Prozesse, anders als die bisher bekannten linearen und hierarchischen Planungen, strukturiert werden können und an welcher Stelle welche Fragestellungen bearbeitet werden müssen, um ein Ineinandergreifen der Expertise vieler in angemessenem Aufwand und mit belastbarem Ergebnis zu gewährleisten. Allerdings ist hier nicht nur die Forschung gefragt, sind nicht nur Architekt:innen und Handwerker:innen gefragt, ihre Zusammenarbeit anders zu organisieren. Es ist eine Herausforderung an Vermittlung von Architektur, an das Verständnis von Stadt. Von Architektur sollten nicht Problemlösungen erwartet werden, die als passgenaue technische Lösungen das Problem zum Verschwinden bringen. Dies würde voraussetzen, dass die Fragen an Architektur so gestellt werden, dass genau dies möglich ist. Und das wiederum hieße nichts anderes, als dass die Erwartungen an Architektur genau auf solche Fragen reduziert würden – wieviel Energie je Quadratmeter es braucht, um sie zu betreiben etwa. Ignoriert werden damit Konflikte, die sich nicht technisch lösen lassen. Es geht eben nicht nur oder in erster Linie darum, eine bestimmte Anzahl von Wohnungen neu zu bauen, sondern darum, den Bestand auch im Bereich der Finanzierung und im Sinne des Gemeinwohls so zu behandeln, dass der Wohnraum effizient genutzt werden kann, dass der Gesamtbestand alles Gebauten, das Wohnen als ein mit dem Arbeiten, mit der Freizeit verknüpfter Prozess zu gestalten ist, der Straßen, Fahrangebote, Freiräume, Einkaufsmöglichkeiten aufeinander bezieht, ohne darin je eine endgültige Antwort in Form einer Lösung zu finden, die nicht mehr verändert werden muss.

Auch Neubauten werden irgendwann der Bestand sein, mit dem ein Umgang zu finden sein wird. Sie verlagern die Herausforderung, mit ihnen als Bestand umzugehen, nur in die Zukunft. Die Kontrolle dessen, was in ihnen und um sie herum passiert, ist daher nur kurzzeitig einfacher: Es sind Bauten und Areale, die auf eine Nutzung optimiert sind, die in ihnen zunächst auch stattfindet. Sie ordnet den Menschen einer durch die Architektur strukturierten Handlungs- und Bewegungsvorstellung unter (die von den Nutzer:innen zu Beginn in den meisten Fällen auch so gewollt ist), bis die Bauten Patina ansetzen, sich die Rahmenbedingungen, die Prämissen ändern, unter denen die Häuser gebaut worden sind, und sich – und genau das ist die Qualität des Bestands – über die ursprüngliche Nutzung und

Bauabsicht eine neue Nutzung oder eine neue Funktion legt, die jene produktiven Leerräume erzeugt, die die Planenden nicht vorhersehen konnten. Dies als Qualität zu verstehen und darauf zu reagieren, ist nicht zuletzt eine gute Gelegenheit für Architekt:innen: Sie könnten sich mehr, als es ihnen bei funktions- und nutzungsoptimierten Neubauten gestattet wird, darauf konzentrieren, den Raum als eine eigene Qualität zu entwickeln, die Sensibilität für ihn zu fördern. Wenn das kein Gewinn ist.

Bildnachweis: *(Abb. 1–3)* Christian Holl

Schluss mit der Abreißerei!

Jörg Heiler und Roman Adrianowytsch

Für eine neue UMBaukultur

Unsere Gebäude verbrauchen zu viel Energie, zu viel Material, zu viele Ressourcen. Architektur kann nennenswert zur ökologischen Wende und zum Klimaschutz beitragen. Dazu müssen wir den Gebäudebestand erhalten und weiterentwickeln. Wir müssen wegkommen von einem linearen Prozess des Herstellens, Verwendens und Wegwerfens hin zu einem zirkulären Prozess. Bestandsbauten sind keine Last, sondern ein Potenzial – für Identitätsstiftung, als Zeitzeugnis, als Ressource für Nachhaltigkeit und für sorgsamen Umgang mit Energie und Material. Die Abreißerei muss also ein Ende haben. Das gilt natürlich auch für die Gebäude, die unsere Gesellschaft nach dem Zweiten Weltkrieg errichtet hat. Und von diesen gebauten Strukturen vor allem für die, die keine Denkmale sind und somit nicht unter Schutz stehen und die aufgrund ihres relativ jungen Alters oder im Vergleich zu älterer historischer Bausubstanz keine populäre Wertschätzung erfahren.

Ungefähr 30 Prozent des Kohlendioxid-Ausstoßes in Deutschland verursacht die Baubranche, 40 Prozent der Energie, 50 Prozent der Ressourcen verbraucht sie, und sie ist für 60 Prozent des Abfalls verantwortlich. Zum Vergleich: Pro Jahr stehen 230 Kilogramm Verpackungsabfälle pro Einwohner:in dem Zehnfachen an Bau- und Abbruchabfällen gegenüber. Abriss und Neubau sind Ausdruck einer Wegwerfgesellschaft. Im Angesicht der nun auf unseren Füßen stehenden Krisen des Klimawandels, der Ressourcenknappheit und der Verschmutzung unseres Planeten ist es höchste Zeit für einen Paradigmenwechsel. Die Ausbeutung von Menschen, die häufig mit der Rohstoffgewinnung, insbesondere auf der Südhalbkugel, einhergeht, macht dies umso mehr unausweichlich. Wir brauchen daher eine Strategie des Bestandserhalts, des Pflegens, Reparierens und der kreativen Wiederverwendung.

Seine Position zum nachhaltigen und ressourcenschonenden Planen und Bauen hat der Bund Deutscher Architektinnen und Architekten (BDA) erstmals 2009 in seinem Klimamanifest „Vernunft für die Welt" formuliert.[1] In den vergangenen Jahren hat sich der Fokus insbesondere auf den Umgang mit dem künftigen Gebäudebestand gerichtet. Die Forderungen des BDA-Positionspapiers „Das Haus der Erde" sind eindeutig: „Dem Erhalt des Bestehenden kommt Priorität zu!"[2] Für uns ist dieses Postulat der neue Imperativ des Bauens, sowohl was den Gebäudebestand als auch die Bestandsflächen anbetrifft. Architektur, Städtebau und Landesentwicklung sind hier gleichermaßen zu betrachten. Die wirtschaftlichen, sozialen und kulturellen Chancen liegen in der behutsamen Nachverdichtung, Umnutzung, Aufstockung, Sanierung und Neuinterpretation. Als Gesellschaft können wir maßgeblich zur ökologischen Wende beitragen,

1   Bund Deutscher Architekten (BDA): Vernunft für die Welt (2009), https://www.bda-bund.de/ wp-content/uploads/2015/12/Manifest_Vernunft_fuer_die_Welt.pdf [letzter Aufruf 06.11.2022].
2   Bund Deutscher Architektinnen und Architekten (BDA): Das Haus der Erde. Positionen für eine klimagerechte Architektur in Stadt und Land (2019), https://www.bda-bund.de/wp-content/ uploads/2020/06/2020_BDA_DasHausDerErde_Monitor.pdf [letzter Aufruf 06.11.2022].

München, Hotel Königshof, Ernst Hürlimann, wieder aufgebaut 1955, umgebaut 1972, abgerissen 2019

wenn das Potenzial bestehender Bauten und Strukturen erkannt und genutzt wird.

Der Wert des Bestands ist vielfältig und reichhaltig. Das Vorhandene ist ein noch nicht gehobener Schatz. Da ist zum einen der Wert des Materials und der Konstruktion. Deren Abbruch vernichtet Substanz und nutzbaren Raum zugleich. 30 Prozent unseres Wohnungsbestands stammten aus der Bauzeit von 1960 bis 1980. Sicher ist es eine große Aufgabe, diesen klimagerecht weiterzuentwickeln, aber gerade im globalen Kontext ist es eben auch ein großes Geschenk. Um dies in unserem marktwirtschaftlichen System richtig bewerten zu können, muss endlich Bausubstanz im gesamten Lebenszyklus und Energieverbrauch betrachtet werden. Derzeit hat Bestand einen zu geringen Preis. Das muss sich ändern. Wir brauchen Kostenwahrheit. Zum anderen hat unser Bestand einen enormen kulturellen Wert. Der Gasthof, das Bauernhaus, die Schule und das Gesundheitshaus, unzählige Verwaltungsgebäude, Einfamilienhäuser oder Fabriken – diese Gebäude sind kulturelle Zeugnisse der Gesellschaft. Ihre Bauzeit, Bauweise, Bautechniken, Lage und Typologie sind sichtbare Zeitzeugnisse, zugleich als Erinnerungsorte identifikationsstiftend.

Ein weiterer Wert ist der gesellschaftliche. Der Baubestand ist das Zuhause eines sozialen Gefüges von Menschen. Neubauten verdrängen oft die alten Bewohner:innen. Mit dem Bewahren des Bestands geht der Erhalt und damit der Gewinn von Nachbarschaften und gesellschaftlichem Zusammenhalt einher.

Die Überzeugung und das Wissen sind da. Praktisch setzen wir Architekt:innen das einfach noch zu wenig um – wir haben uns aber auf den Weg gemacht und müssen jetzt ins konkrete Machen kommen. Unser Sorgetragen für den Bestand wird aber auch verhindert. Das hat der BDA Bayern zum Anlass genommen, gemeinsam mit dem Bayerischen Landesverein für Heimatpflege dreizehn ganz konkrete Forderungen zu formulieren, die sofort und direkt eine UMBaukultur voranbringen können. Die Forderungen wurden mit den Schlagworten „Die Abreißerei muss ein Ende haben!" im März 2022 veröffentlicht.[3] Dabei gibt es nicht nur eine Stellschraube, sondern ein ganzes Bündel an politisch realistischen, rechtlichen, fördertechnischen oder steuerlichen Maßnahmen auf Bundes- und Landesebene.

Gefragt sind dabei der Gesetzgeber und das Engagement aller gesellschaftlich verantwortlichen Gruppierungen, um notwendige Rahmenbedingungen zu schaffen und einzufordern. Beispielsweise eine UMBauordnung, die zwar für die grundsätzlichen Schutzziele des Bauens sorgt, aber den Bestand nicht „überfordert", sondern im Gegenteil dessen Potenziale fördert. Da es hier in dieser wichtigen Publikation über die Nachkriegsmoderne auch um den Umgang mit Baudenkmalen geht, sei angemerkt, dass für eine Stärkung des

3 Bund Deutscher Architektinnen und Architekten (BDA), Landesverband Bayern: Pressekonferenz „Die Abreißerei muss ein Ende haben!" am 7. März 2022 (22.02.2022), https://www.bda-bayern.de/2022/02/die-abreisserei-muss-ein-ende-haben/ [letzter Aufruf 06.11.2022].

Bestandserhalts, gerade dieser Epoche, die im Bayerischen Denkmalschutzgesetz in Artikel 1 definierte Bedeutung eines Denkmals durch die Kriterien „sozial" und „identitätsstiftend" erweitert werden sollte. Damit erhielten die Denkmalschutzbehörden einen größeren Spielraum für eine Einordnung des Bestands als Denkmal und Bauherr:innen damit den Zugang zu Förderungen, die den Bestandserhalt der Realität wieder ein Stück näherbringen.

Gerade gegenüber Bauten der 1950er bis 1970er Jahre mangelt es an Wahrnehmung und Verständnis für darin schlummernde – auch ästhetische – Werte. Hier ist noch viel Vermittlungsarbeit zu leisten, dazu sind wir Architekt:innen bereit. Dieser Thematik haben wir uns 2021 ausführlich im Rahmen der Debatte „Ist das ein Haus oder kann das weg?" gewidmet, in der Annemarie Bosch in ihrer Einführung treffend einen Imagewandel propagierte: „Alt ist das neue Cool!"[4]

Uns beschäftigt zudem ebenso die Frage – und wir diskutieren dies innerhalb des Berufsstands kontrovers und intensiv –, welchen Beitrag wir leisten können und müssen. Wie können wir die in „Das Haus der Erde" formulierte Selbstverpflichtung, zu der wir stehen, mit Leben füllen und in unseren Büros umsetzen? In einem kürzlich auf Landesebene veranstalteten „BDA Konsil" haben wir uns ausführlich darüber beraten, was die erforderliche Transformation in der Praxis für unseren Berufsalltag bedeuten würde, wenn wir beispielsweise wirklich keine Neubauten mehr planten.

„Der globale Norden ist gebaut", so beschrieb es die Architektin und Aktivistin Niloufar Tajeri im Rahmen des Konsils und zitierte den Weltklimarat, der für unsere Hemisphäre künftig ausschließlich klimaneutralen Umbau empfiehlt. Welche Aufträge haben wir dann noch? Und wie müssen wir unser Berufsbild weiterentwickeln? Wie wird unsere Arbeit künftig honoriert, wenn die Beratung unserer Bauherrenschaft in Richtung weniger oder Nicht-Bauen geht?

Wir sehen in dieser Zeitenwende für uns Architekt:innen, gerade für die junge Generation, vor allem Perspektiven in Form neuer Tätigkeitsfelder. Der BDA-Bund formuliert es in seiner Publikation zur Ausstellung „Sorge um den Bestand" als „Aufbruch ins Bestehende", hin zu einer „reduktiven Strategie, die die planetarischen Grenzen anerkennt und im Bestehenden durch kreatives Interagieren und Weiternutzen die gesellschaftlichen Zukunftsräume schafft".[5] Wir werden die komplexe Aufgabe des „Arbeiten mit dem, was da ist" nicht nur als Fakt, sondern vor allem als Katalysator für Innovation verstehen. Unser Berufsbild wird vermehrt qualitativ hochwertige Prozesse oder Konzepte in Architektur und Städtebau ausmachen. Dabei wird weniger das Bauen als Methode von Architektur eine Rolle spielen, sondern vielmehr das Schaffen von Raum für uns Menschen

4 Annemarie Bosch: Ist das ein Haus oder kann das weg? (10.03.2021), in: Bund Deutscher Architekten (BDA) Bayern: BDAtalk, https://www.bda-talk.de/ [letzter Aufruf 11.08.2022].
5 Olaf Bahner, Matthias Böttger, Laura Holzberg: Die Poesie der Notwendigkeit. Architektur ist Bestand, in: Bund Deutscher Architektinnen und Architekten (BDA) (Hg.): Sorge um den Bestand. Zehn Strategien für die Architektur, Berlin 2020, S. 14–22, hier S. 19.

45 *(Abb. 2)*   München, Osram-Hauptverwaltung, Walter Henn und
Dieter Ströbel, erbaut 1965, abgerissen 2018

als Kern und Ziel von Architektur im Vordergrund stehen. Und darin steckt eine enorme Verantwortung und zugleich Chance – gerade für eine neue UMBaukultur für die Nachkriegsmoderne, die von einer demokratischen und freien Gesellschaft errichtet wurde.

Eine solche Gesellschaft ist nicht selbstverständlich und einfach zu haben – und damit sind auch ihre Bauten etwas besonders Wertvolles. Das erfahren wir gerade jetzt wieder und wissen es aus unserer eigenen Geschichte. Die Schrecken und das Leid des letzten, vom nationalsozialistischen Deutschland verursachten Weltkriegs haben unter anderem Bayerisch-Schwaben, vor allem Augsburg, besonders hart getroffen. Von den neunzehn Luftangriffen war die Bombennacht vom 25. auf den 26. Februar 1944 die verheerendste. Große Teile der Altstadt, das Rathaus von Elias Holl, der Perlachturm und die Fuggerei wurden schwer zerstört. Stadtbaurat Walther Schmidt (1951–1967), aus der Postbauschule unter Robert Vorhoelzer kommend, betrieb eine „schöpferische Rekonstruktion". Er sah die Zerstörungen auch als Gelegenheit, die Stadt fortschrittlich zu organisieren und auf die veränderte Mobilität vorzubereiten. Er betrieb keinen Historismus, sondern glaubte an die Kraft der Moderne. Sehr schnell mussten sehr viele neue Wohnungen geplant und gebaut werden. Neue Stadtviertel mit Plätzen, Einkaufsmöglichkeiten, öffentlichen Einrichtungen und Anbindungen an den ÖPNV entstanden. Bei Kaufbeuren wurde Neugablonz als „Vertriebenenstadt" mit eigenem Charakter komplett neu gebaut. So entstand in ganz Bayerisch-Schwaben viel Alltagsbaukultur, die nicht den Einzug in die Denkmalliste fand.

Diese Tradition hat sich in den 1960er und 1970er Jahren fortgesetzt. Diese Architekturen, bei denen häufig auch noch selbstverständlich „Kunst am Bau" betrieben wurde, waren und sind weiterhin stark gefährdet. Auch sie sind Zeitzeugen, vermitteln die damals neuen Formensprachen, Material- und Farbwelten. Allzu leichtfertig wurde und wird hier weiterhin gedämmt, geklebt, gedübelt. Auch das ist Verlust an Identität, Erinnerung und „goldener Energie".

Es ist unglaublich, dass bis zur Gebäudeklasse 3 ohne Antrag einfach abgerissen werden kann. Wir brauchen mehr Wertschätzung, Respekt, Sorgfalt, Kreativität und individuellen Umgang mit dem Bestehenden. Dies allerdings nicht nur als Architekt:innen, sondern auch als Auftraggeber:innen, Gesetzgeber und Behörde. Die geopolitischen Verwerfungen, der derzeitige schreckliche Krieg in Europa, der Lieferengpässe und Verknappungen, Kostensteigerungen und Energieknappheit mit sich bringt, und schließlich die für uns alle spürbaren Folgen des Klimawandels müssen unser Denken, Handeln, Planen und Bauen endlich grundlegend ändern. Dabei spielt das, was wir schon haben, nämlich der Bestand, eine zunehmend wichtige Rolle. Für uns als Gesellschaft und Architekt:innen muss Bauen im Bestand nicht mehr *second best*, sondern *first choice* werden.

Bildnachweis: *(Abb. 1–3)* Fotograf Alexander Fthenakis, München, Architekt BDA

Raum, Zeit, Bauforschung

Andreas Schwarting

Zwischen Archäologie und Sanierungspraxis

Die Architektur der letzten Jahrzehnte stellt den weitaus größten Anteil des gesamten Baubestands in Deutschland dar.[1] Der Umgang damit wird zu einer gewaltigen Herausforderung für die aktuelle Planungs- und Baupraxis, deren Strukturen noch immer weitgehend auf den Neubau zielen – von der Ausbildung an den Hochschulen über die Bauämter bis hin zur Baugesetzgebung. Umbau, Umnutzung, Revitalisierung und denkmalgerechte Sanierung setzen jedoch ein detailliertes Wissen um die spezifischen Eigenschaften der Gebäude voraus, welches insbesondere durch die historische Bauforschung gewonnen werden kann, also mit der präzisen Dokumentation des Bestands. Doch eignet sich eine Methode, die im archäologischen Kontext des 19. Jahrhunderts entstanden ist, überhaupt für die zunehmend industriell gefertigten Bauten des späten 20. Jahrhunderts? Je jünger das untersuchte Gebäude ist, desto mehr tritt ja das konkrete „Bauwerk als Quelle"[2] gegenüber einer Vielzahl sekundärer, publizierter und unpublizierter, zeichnerischer, schriftlicher, fotografischer und nicht zuletzt mündlicher Quellen in den Hintergrund.

Doch soll es hier weniger um eine anwendungsbezogene Handreichung gehen. Stattdessen soll die Beziehung zwischen historischer Bauforschung und Architektur der Moderne auf einer grundsätzlicheren Ebene betrachtet werden, haben sich doch beide im 19. Jahrhundert entwickelt und weisen aufschlussreiche Parallelen auf. Dazu soll zunächst ein Blick auf das Geschichtsbild und Epochenbewusstsein der Moderne gerichtet werden, um dann zu skizzieren, welche Rolle die historische Bauforschung in einer zukünftigen Baupraxis spielen kann, die auf den Erhalt, den Umbau und die Neunutzung des Bestands zielt.[3]

Zeitkonzepte

Die Architektur der Moderne entsteht vor dem Hintergrund einer seit dem 19. Jahrhundert zunehmenden Beschleunigungserfahrung – neue Verkehrsmittel, Intensivierung des Welthandels, ungebremstes Stadtwachstum und neue Kommunikationsmöglichkeiten führen zu umfassenden Veränderungen der Lebenswelt innerhalb immer kürzerer Zeiträume. Eine neue, hoch differenzierte Bautypologie bildet sich heraus, Planungs- und Bauprozesse verändern sich, um zunehmend große Bau- und Gebäudevolumen zu bewältigen. Durch die Einbeziehung wissenschaftlicher Erkenntnisse halten in immer

---

1   Vgl. dazu Bundesstiftung Baukultur (Hg.): Neue Umbaukultur, Baukulturbericht 2022/23, Berlin 2022, www.bundesstiftung-baukultur.de [letzter Aufruf 06.12.2022].

2   Wulf Schirmer: Das Bauwerk als Quelle, in: architectura. Zeitschrift für Geschichte der Baukunst 24 (1994), H. 1/2 (Das Bauwerk als Quelle, Festschrift für Walter Haas), S. 323.

3   Dieser Artikel basiert auf meinem Vortrag „Bauforschung und Moderne" von der Jahrestagung der Vereinigung der Denkmalfachämter in den Ländern vom 15. bis 18. Mai 2022 in Münster (erscheint als Arbeitsheft der LWL-Denkmalpflege, Landschafts- und Baukultur in Westfalen), der für die vorliegende Publikation überarbeitet wurde.

mehr Bereichen Vorfertigung und Industrialisierung Einzug. Zu diesen quantitativen Prozessen tritt jedoch ein qualitativer Aspekt hinzu: eine veränderte Zeit- und Epochenwahrnehmung. Geschichte wird nicht mehr nur als schlichte Abfolge von Ereignissen entlang einer Zeitachse wahrgenomen, sondern bedingt durch einen zunehmend wissenschaftlichen Blick auch in ihrer Fülle der sozialen, wirtschaftlichen und räumlichen Beziehungen. Darüber hinaus richtet sich der Blick auf unterschiedliche Formen und Verlaufsgeschwindigkeiten historischer Prozesse.[4]

In jüngerer Zeit ist es beispielsweise Hans Ulrich Gumbrecht, der mit *1926. Ein Jahr am Rande der Zeit* eine nicht lineare Darstellungsform historischer Zusammenhänge entwickelt.[5] In diesem „Versuch über historische Gleichzeitigkeit"[6] geht es um eine neue historiografische Praxis nach dem Ende der „großen Erzählungen" wie es der französische Philosoph Jean-François Lyotard in seiner Studie *Das postmoderne Wissen* 1979 konstatiert hatte. Im ersten Teil des als Hypertext angelegten Werks werden vollkommen heterogene Phänomene beschrieben, darunter etwa: „Amerikaner in Paris", „Drahtlose Verständigung", „Jazz", „Mumien", „Ozeandampfer" oder auch „Völkerbund". Versteht man diese sogenannten Dispositive – etwa in Anlehnung an architektonische Grundrissdarstellungen – als Horizontalschnitte durch den zu betrachtenden Korpus, werden im zweiten Teil des Buchs gewissermaßen Vertikalschnitte gesetzt, sogenannte binäre Codes, wie etwa „Authentizität versus Künstlichkeit", „Gegenwart versus Vergangenheit", „Individualität versus Kollektivität" oder „Sachlichkeit versus Überschwang". Als dritte (Projektions-)Ebene werden sogenannte zusammengebrochene Codes beschrieben, denen die binäre Struktur abhanden gekommen ist, so etwa „Männlich = Weiblich (Problematische Geschlechterrollen)". Da diese zusammengebrochenen Codes über die Alltagswelt des untersuchten Jahres 1926 hinausweisen, ließe sich ihre Übersetzung ins Architektonische am ehesten mit einer räumlichen Darstellung der Axonometrie oder Perspektive vergleichen, die ja ebenfalls über die zwei Dimensionen des Zeichnungsträgers hinausgeht.

In der Architekturgeschichte ist es Sigfried Giedion, der sich bereits 1941 mit *Space, Time and Architecture* von dem im 19. Jahrhundert etablierten „Gänsemarsch der Stile"[7] abwendet, um aus der selbstgewählten Perspektive des Historikers, der „in der Zeit"[8] steht, nicht über ihr, Phänomene aus unterschiedlichen baugeschichtlichen Epochen und wissenschaftlichen Disziplinen synchron und simultan zu

---

[4] So etwa durch die französische Annales-Schule seit den 1920er Jahren, mit Historikern wie Lucien Febvre oder Fernand Braudel.
[5] Hans Ulrich Gumbrecht: 1926. Ein Jahr am Rande der Zeit, Frankfurt am Main 2001.
[6] Ebd., S. 465.
[7] Der Begriff geht wahrscheinlich auf den Kunsthistoriker Wilhelm Pinder (1878–1947) zurück, vgl. Klaus Jan Philipp: Gänsemarsch der Stile. Skizzen zur Geschichte der Architekturgeschichtsschreibung, Stuttgart 1998, S. 13.
[8] Sigfried Giedion: Bauen in Frankreich. Bauen in Eisen. Bauen in Eisenbeton, Leipzig 1928, S. 1.

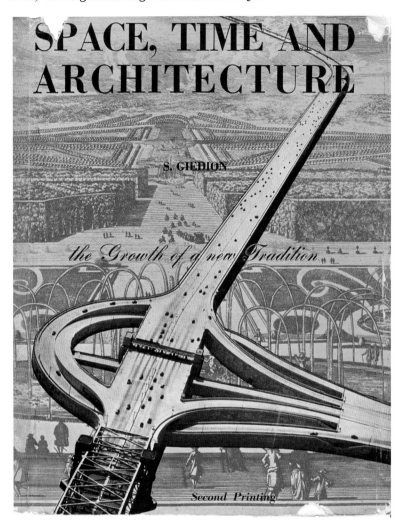

beschreiben.[9] Dieser Ansatz wird auch auf dem Buchumschlag von Herbert Bayer deutlich, der die Bewegung und Raumerfahrung im Schlossgarten von Versailles collageartig mit einem amerikanischen Highway in Beziehung setzt *(Abb. 1)*. Giedion führt den Aufsatz „Raum und Zeit" des Mathematikers Hermann Minkowski an, der 1908 nachweisen konnte, dass die Zeit als vierte Dimension dem Raum anzugliedern sei – eine Entdeckung, die ebenso wie die Relativitätstheorien von Albert Einstein auch in künstlerischen Kreisen in den ersten Jahrzehnten des 20. Jahrhunderts lebhaft diskutiert wurde und die für die moderne Architektur und Kunst ungemein inspirierend war.[10] Für die Architekturhistoriografie sieht Giedion darüber hinaus neue

9   Sigfried Giedion: Raum, Zeit, Architektur. Die Entstehung einer neuen Tradition. Zürich/München 1989 [engl. Erstausgabe 1941].

10   Ebd., S. 41. Ausführlich zu dem Thema: Ulrich Müller: Raum, Bewegung und Zeit im Werk von Walter Gropius und Ludwig Mies van der Rohe, Berlin 2004.

(Abb. 2)   Sigfried Giedion: *Space, Time and Architecture*, 1941, Doppelseite

Zugriffsmöglichkeiten auf historische Zusammenhänge, die jenseits linearer Zeitkonzepte beschrieben und interpretiert werden können. So vergleicht er den Denkmalentwurf für die III. Internationale von Wladimir Tatlin mit der fast drei Jahrhunderte zuvor entstandenen Laterne der Kirche Sant' Ivo della Sapienza von Francesco Borromini und bescheinigt beiden Projekten den klaren Ausdruck des „gleichen Gefühls" und die Entwicklung aus dem „gleichen Geist" heraus *(Abb. 2)*.[11]

Dieser streitbare, in jedem Fall aber moderne Zugriff auf die Gesamtheit der Baugeschichte ist damit durchaus vergleichbar mit dem Zugriff der historischen Bauforschung auf ein konkretes Objekt. In dessen Materialität ist ebenfalls seine gesamte Geschichte eingeschrieben, denn nicht nur die Herstellung eines Bauelements und die Spuren des Bauprozesses, sondern auch der Gebrauch (oder Nicht-Gebrauch) sowie jede bauliche Veränderung bis hin zu Zerstörung oder Abbruch hinterlassen Spuren, sodass die unterschiedlichsten Bauphasen und Bauzustände mit geeigneten Untersuchungsmethoden wieder vergegenwärtigt werden können.

In Bezug auf die menschliche Psyche, auf die wirkmächtige Präsenz des persönlich Erlebten, hat es Christa Wolf im ersten Satz ihres Romans *Kindheitsmuster* in Anlehnung an William Faulkner so formuliert: „Das Vergangene ist nicht tot; es ist nicht einmal vergangen".[12]

---

11   Giedion 1989 (wie Anm. 9), S. 97.
12   Christa Wolf: Kindheitsmuster, Berlin/Weimar 1976, S. 9; William Faulkner: Requiem for a nun, New York, 1951, S. 92.

Wie sehr die moderne Architektur und historische Bauforschung in einer gemeinsamen Epoche verwurzelt sind, wird rein zufällig in dem von Gumbrecht untersuchten Jahr 1926 deutlich. So wurde in diesem Jahr nicht nur mit dem Bauhausgebäude in Dessau eine der wichtigsten baulichen Ikonen der Moderne feierlich eingeweiht, sondern auch in Bamberg die erste „Tagung für Ausgrabungswissenschaft und Bauforschung" durchgeführt, in deren Rahmen die Arbeitsgemeinschaft archäologischer Architekten um Personen wie Walter Andrae, Armin von Gerkan, Uvo Hoelscher und Fritz Krischen gegründet wurde. Die wenig später daraus hervorgegangene Koldewey-Gesellschaft versteht sich bis heute als Akademie, deren Forschungsinteresse sich kontinuierlich von der Antike über das Mittelalter und die frühe Neuzeit bis hin zur Moderne des 20. Jahrhunderts erweitert hat.[13]

Was ist modern?

Doch um was für eine Architektur handelt es sich bei der Moderne? Was sind deren prägende Eigenschaften und worin besteht der Unterschied zu früheren Epochen? Diese Fragen wurden bereits in der Entstehungszeit des Neuen Bauens gestellt und lebhaft diskutiert. Einer der bemerkenswertesten Beiträge dazu stammt von dem österreichischen Architekten Josef Frank. Auf der Tagung des Deutschen Werkbunds in Wien 1930 verwies er in seinem Vortrag „Was ist modern" darauf, dass Modernität ebenso wenig eine gestalterische Eigenschaft sei wie bestimmte ingenieurbautechnische Leistungen.[14] Modernität sei kein formales System, sondern vielmehr die Gleichzeitigkeit vieler solcher Systeme und damit auch deren Überwindung in Richtung einer neuen gestalterischen und konstruktiven Freiheit.

Eine solche Sicht widerspricht dem noch immer weitverbreiteten Bild einer Moderne, die sich gestalterisch durch klare, reduzierte Formen, inhaltlich durch strikte Funktionalität und konstruktiv durch industrielle Fertigung auszeichnet. Besonders breiten Nachhall fand dabei der Begriff des International Style, der 1932 von Henry-Russell Hitchcock und Philip Johnson geprägt worden war.[15] Doch deren Konzentration auf stilistische Merkmale – Architektur als Organisation von Raum und nicht als Tektonik, modulare Regelmäßigkeit und das Vermeiden applizierter Ornamentik – ist nur bedingt geeignet, die Architektur der Moderne zu beschreiben. Die

13   Siehe dazu Koldewey-Gesellschaft (Hg.): Skizzen zum 50-jährigen Bestehen der Koldewey-Gesellschaft, Stuttgart 1976; Klaus Tragbar: Zwischen Berlin und Pergamon. Anmerkungen zur Geschichte der Koldewey-Gesellschaft, in: Ralf-Bernhard Wartke (Hg.): Auf dem Weg nach Babylon. Robert Koldewey – ein Archäologenleben, Mainz 2008, S. 162–175; sowie weitere Informationen auf www.koldewey-gesellschaft.de [letzter Aufruf 06.12.2022].

14   Josef Frank: Was ist modern, in: Die Form 5 (1930), S. 399–406.

15   Henry-Russell Hitchcock, Philip Johnson: The International Style. Architecture since 1922, New York 1932.

(Abb. 3)   Olympia, Ausgrabung des Zeus-Tempels, 1876

(Abb. 4)   Rekonstruktion der Ostfassade des Zeus-Tempels, Zeichnung, Wilhelm Dörpfeld, 1892

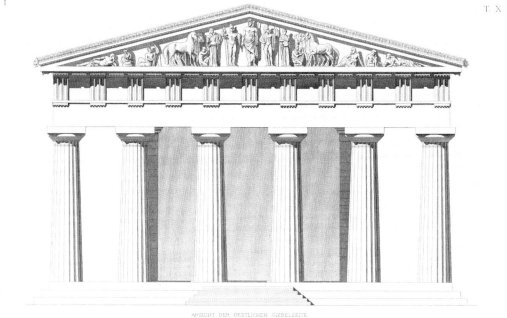

Architekturhistoriografie der letzten Jahrzehnte hat sich daher immer mehr mit der von Frank beschriebenen Kontingenz der architektonischen Strömungen im 20. Jahrhundert, auch mit den traditionalistischen Ansätzen, auseinandergesetzt und dabei den Blick auf die avantgardistische Moderne und das Neue Bauen verändert.[16]

Doch ganz gleich, wie weit der Begriff der Moderne zeitlich und architektonisch gefasst wird – zu den ursprünglich im Rahmen der archäologischen Bauforschung untersuchten Ruinen antiker Gebäude scheint sie in größtmöglichem Gegensatz zu stehen *(Abb. 3)*. Geht es nach Armin von Gerkan in der archäologischen Bauforschung darum, aus den ruinösen Überresten antiker Gebäude „überraschend vollständige Auskunft"[17] über den ursprünglichen Zustand gewinnen zu können *(Abb. 4)*, stehen die zu untersuchenden Gebäude aus dem 20. Jahrhundert zumeist noch aufrecht. Die Entwurfsintentionen wurden von den Planenden mehr oder weniger klar formuliert und zumeist existieren bauzeitliche Fotografien und Artikel in Fachzeitschriften. Bauliche Veränderungen sind ebenfalls häufig dokumentiert, musste dafür doch in aller Regel eine Genehmigung eingeholt werden, die sich wiederum in entsprechenden Archivbeständen niederschlägt. Damit ist der Blick auf diese Architektur geprägt durch eine Vielzahl von Quellen, die – bewusst oder unbewusst – jeweils mit bestimmten Intentionen entstanden sind, sei es bereits bei der Planung oder auch in der Architekturhistoriografie.

Beispielhaft für einen solchen Mechanismus ist die Siedlung Dessau-Törten von Walter Gropius aus den Jahren 1926 bis 1928. Sie gilt als ein frühes Beispiel industrieller Bauproduktion, deren Siedlungslayout von der Lage der Kranbahnen vorgegeben war und deren Häuser unter Anwendung aller möglichen Rationalisierungsmaßnahmen und wissenschaftlicher Experimente so kostengünstig wie möglich erstellt wurden. Das formale Erscheinungsbild wird dabei als Ausdruck industrieller Bauproduktion gedeutet. Bereits von Gropius wurde die Siedlung in dieser Weise beschrieben und bis in die Gegenwart wird eine solche Sicht tradiert.[18] Ein genauerer Blick auf die bestehenden Häuser und die Umstände deren Entstehung zeichnet ein anderes Bild. So hat die Ausrichtung der spinnennetzartig um ein Zentrum gespannten Straßenzüge mit dem flexiblen Schienensystem des relativ kleinen Montagekrans nichts zu tun, vielmehr ließen sich

16 So etwa Kai Krauskopf, Hans-Georg Lippert, Kerstin Zaschke (Hg.): Neue Tradition. Konzepte einer antimodernen Moderne in Deutschland von 1920 bis 1960, Bd. 1–3, Dresden 2009, 2012. Einen wichtigen Anstoß für viele weitere Publikationen gaben die Begleitbücher zu drei Ausstellungen des Deutschen Architekturmuseums: Vittorio Magnago Lampugnani (Hg.): Moderne Architektur in Deutschland 1900 bis 1950. Reform und Tradition, Stuttgart 1992; Vittorio Magnago Lampugnani, Romana Schneider (Hg.): Moderne Architektur in Deutschland 1900 bis 1950. Expressionismus und neue Sachlichkeit, Stuttgart 1994 sowie Romana Schneider (Hg.): Moderne Architektur in Deutschland 1900 bis 2000. Macht und Monument, Stuttgart 1998.

17 Armin von Gerkan: Die gegenwärtige Lage der archäologischen Bauforschung in Deutschland, in: Zentralblatt der Bauverwaltung 44 (1924), Nr. 44, S. 375.

18 Vgl. etwa Gilbert Lupfer, Paul Sigel: Walter Gropius 1883–1969. Propagandist der neuen Form, Köln 2004: „So gab z.B. der Schienenverlauf des Drehkrans den Siedlungsgrundriss vor" (S. 56).

(Abb. 5) Siedlung Dessau-Törten, Walter Gropius, Haustyp Sietö II-1927, Straßenfassade

(Abb. 6) Ankara, ehemalige Deutsche Botschaft, 1925, Bauaufnahme 2010

dessen Schienen gut an die Topografie des nahen Lorkbachs und die Geometrie des städtebaulichen Entwurfs anpassen. Bei den Siedlungshäusern handelt es sich darüber hinaus um vergleichsweise konventionell gemauerte Bauten.[19] Deren Erscheinungsbild folgt weniger dem Fertigungsprozess, sondern war Gegenstand eines komplexen künstlerischen Entwurfs, wie sich nicht zuletzt an den verwendeten Stahlfenstern nachvollziehen lässt, die etwa ein Drittel teurer waren als vergleichbare Holzfenster.[20] Der Bauhausschüler Hubert Hoffmann bemerkte dazu, dass „vor allem die reizvolle Wirkung zarter Profile als Kontrast zu schwerem Beton" ausschlaggebend für die Wahl der Fensterkonstruktion gewesen sei *(Abb. 5)*.[21]

Anders als die Dessauer Bauten ist etwa zeitgleich das erste deutsche Botschaftsgebäude in Ankara ein echtes Industrieerzeugnis *(Abb. 6)*. Die hölzerne Konstruktion wurde als transportabler Bausatz im deutschen Niesky von der Firma Christoph & Unmack hergestellt und weist im Gegensatz zu den nur wenig später von Konrad Wachsmann entworfenen Bausystemen der Firma keinerlei gestalterische Referenzen zur Moderne auf. Das Gebäude hat seinen Montagecharakter recht früh unter Beweis stellen müssen, denn das dynamische Wachstum der neuen türkischen Hauptstadt machte schon nach wenigen Jahren ein neues, repräsentativeres Botschaftsgebäude notwendig. Nach dessen Fertigstellung wurde das Holzhaus demontiert, auf dem nahe gelegenen landwirtschaftlichen Mustergut des Staatsgründers Kemal Atatürk wiedererrichtet und diente seither als Gästehaus.[22] Durch ein verformungsgerechtes Bauaufmaß und eine restauratorische Untersuchung konnten die hohe Variabilität und Qualität der Konstruktion nachgewiesen werden. So war es 1936 möglich, nach dem Versetzen des Gebäudes trotz eines veränderten Grundrisses praktisch alle relevanten Bauteile weiter zu nutzen, teilweise waren sie sogar bei der Untersuchung noch in einem funktionstüchtigen Zustand, wie etwa die ursprünglich als Verbundfenster ausgebildeten Fensterkonstruktionen.

Beide Projekte sind in höchst unterschiedlicher Weise „modern" – das unscheinbare Holzhaus mit Walmdach und Sprossenfenstern wurde als kostengünstiges industriell gefertigtes Bausystem mit größtmöglicher Variabilität konzipiert, während die Bedeutung der Siedlung Dessau-Törten mehr in der Suche nach einem angemessenen formalen Ausdruck für das industrielle Bauen liegt als in ingenieurbautechnischen Innovationen.

19   Ausführlich dazu Andreas Schwarting: Rationalität als ästhetisches Programm. Die Siedlung Dessau-Törten, Dresden 2010.
20   Vgl. ebd., S. 320.
21   Hubert Hoffmann: Versuche und Vorurteile, in: form+zweck 18 (1986), H. 6, S. 7–9.
22   Siehe dazu Martin Bachmann, Christine Pieper, Andreas Schwarting: Ein Holzhaus als Botschaft. Die erste diplomatische Vertretung des Deutschen Reichs in Ankara 1924, in: Istanbuler Mitteilungen (2015), Bd. 65, S. 207–264. Das Aufmaß wurde unter Leitung von Haiko Türk (BTU Cottbus) durchgeführt, die restauratorische Untersuchung erfolgte durch Hagen Meschke und Christine Pieper (HfBK Dresden).

Methodisch gesehen zeigt sich kein grundlegender Unterschied zwischen der Untersuchung von Bauten älterer Epochen und Bauten der Moderne. Beispiele für Modularität, Serialität und große Bauvolumina finden sich in vielen historischen Bauepochen seit der Antike. Darüber hinaus spielen für die Untersuchung ja nicht nur der möglicherweise industriell geprägte Bauprozess und die dabei verwendeten Produkte eine Rolle, sondern ebenso die weitere Gebäudegeschichte, die sich in aller Regel durch eine Vielzahl unterschiedlichster Interventionen und baulicher Veränderungen auszeichnet. Die Wahl einer geeigneten Untersuchungsmethode wird sich daher weniger nach dem Baujahr richten, sondern nach einer ganzen Reihe von Kriterien, zu denen der bauliche Kontext ebenso gehört wie die verwendeten Konstruktionen und Materialien, die Besonderheiten der Gebäudegeschichte, die zugrunde liegende Fragestellung und nicht zuletzt der zeitliche und finanzielle Rahmen.

Zunehmend relevant wird die Zusammenarbeit mit anderen Fachdisziplinen.[23] Waren es seit jeher die Archäologie, Kunstgeschichte und Geodäsie, mit deren Disziplinen ein enger Austausch gepflegt wurde, bieten sich in Hinblick auf neuere Baubestände weitere Vernetzungsmöglichkeiten an. Gerade bei den großen Bauvolumina der 1960er und 1970er Jahre kommen durch die Verwendung neuer Materialien und Industrieprodukte für die Weiternutzung erhebliche Herausforderungen hinzu, nicht zuletzt aus Gründen der nach heutigen Standards mangelhaften Energieeffizienz.

Im Rahmen mehrerer Studienarbeiten wurde in unmittelbarer Nachbarschaft der Hochschule Konstanz ein Schulgebäude aus dem Jahr 1968 untersucht, welches von dem Bauhausabsolventen Hermann Blomeier für die damaligen Handelslehranstalten errichtet worden war.[24] Durch den geplanten Auszug der heutigen Wessenbergschule stellte sich die Frage nach möglichen Ansätzen für eine denkmalgerechten Sanierung und Weiternutzung. Das Gebäude ist mit vielen Details weitestgehend in seinem bauzeitlichen Zustand überliefert und steht seit 1989 unter Denkmalschutz *(vgl. Abb. 6; Abb. 7)*.

Aus einer Vielzahl von Recherchen, Voruntersuchungen, Raumbüchern und Entwurfsprojekten ist in diesem Zusammenhang die Masterthesis von Martin Klingler im Fach Bauingenieurwesen

---

23   Siehe dazu Koldewey-Gesellschaft (Hg.): Bericht über die 48. Tagung für Ausgrabungswissenschaft und Bauforschung vom 28. Mai bis 1. Juni 2014 in Erfurt, Dresden 2015, mit dem Tagungsthema „Bauforschung vernetzt. Interdisziplinäre Konzepte".

24   Zu Hermann Blomeier siehe Andreas Schwarting: Bauen nach dem Bauhaus. Zu drei Projekten des Architekten Hermann Blomeier (1907–1982), in: architectura. Zeitschrift für Geschichte der Baukunst 48 (2018) , H. 1/2, S. 154–183; Ders.: Bodensee-Wasserversorgung Sipplingen, Stuttgart/London 2018; Ders.: Ein „neuzeitlicher Pfahlbau" – der Ruderverein Neptun in Konstanz von Hermann Blomeier, in: Koldewey-Gesellschaft (Hg.): Bericht über die 49. Tagung für Ausgrabungswissenschaft und Bauforschung vom 4. Mai bis 8. Mai 2016 in Innsbruck, Dresden 2017, S. 263–271.

besonders erwähnenswert.[25] Die Arbeit wurde fakultätsübergreifend von den Fachgebieten Denkmalpflege und Bausanierung (Fakultät Bauingenieurwesen) sowie Energieeffizientes Bauen (Fakultät Architektur und Gestaltung) betreut.[26] Auf der Basis einer detaillierten Bauanalyse am Bestand konnte aufgezeigt werden, dass mit minimalen Eingriffen eine Reduktion des Primärenergiebedarfs um mehr als 50 Prozent zu erzielen ist – ohne Austausch der Fensterkonstruktionen und unter weitestgehender Beibehaltung der bauzeitlichen Oberflächen. Dies ist umso eindrucksvoller, als eine solch große Reduktion in aller Regel durch Maßnahmen erzielt wird, die ökologisch fragwürdig sind, da sie mit großem Bedarf an neu zu fertigenden Bauteilen und Dämmstoffen einhergehen und darüber hinaus mit hohen Verlusten an Substanz und Erscheinungsbild erkauft werden.

Die Notwendigkeit einer umfassenden Kehrtwende im Bauwesen ist inzwischen deutlich geworden. So hat der Bund Deutscher Architekten 2019 in seinem Manifest „Das Haus der Erde" eindeutig den Vorrang des Bestands vor dem Neubau gefordert.[27] In diesem Transformationsprozess kann die Bauforschung das Instrumentarium für ein detailliertes Verständnis des Gebauten bereitstellen. Dabei wird die Zusammenarbeit mit Ingenieurwissenschaften wie der Bauphysik immer wichtiger, denn nur durch ein Verständnis der bauklimatischen Zusammenhänge können fundierte Entscheidungen im Zuge einer behutsamen energetischen Sanierung getroffen werden. Die Basis für erfolgreiche Kooperationen ist die stärkere Verankerung der Bauforschung in der grundständigen architektonischen Lehre und darüber hinaus deren Verknüpfung mit Fragen des Bauens im Bestand sowie des energieeffizienten Sanierens. In dem Maße, wie die Baupraxis sich zunehmend mit dem Bestand auseinanderzusetzen hat, wird die Bauforschung immer stärker Teil dieser Baupraxis werden müssen.

Noch ein letzter Gedanke: Dem oben erwähnten Zitat von Christa Wolf folgt ein weiterer, bemerkenswerter Satz. „Das Vergangene ist nicht tot; es ist nicht einmal vergangen. Wir trennen es von uns ab und stellen uns fremd."[28] Christa Wolfs persönliche und historische Auseinandersetzung findet als Beschreibung der eigenen Kindheit in der dritten Person statt. Auch die wissenschaftliche Forschung setzt Distanz zum Forschungsgegenstand voraus, die hier von besonderer Bedeutung ist, denn mit der Architektur der letzten 50 Jahre verbindet uns unsere eigene Geschichte. Als Zeitgenossen haben wir deren Entstehung in Teilen mitverfolgt, sie ist uns scheinbar

25   Martin Klingler: Wärmetechnische Analyse von denkmalgeschützten Bestandsgebäuden am Beispiel der Wessenberg-Schule Konstanz, unveröff. Masterthesis, Hochschule Konstanz (HTWG), Konstanz 2016.

26   Prof. Dr.-Ing. Sylvia Stürmer, Fakultät Bauingenieurwesen; Prof. Dr.-Ing. Thomas Stark, Fakultät Architektur und Gestaltung.

27   Bund deutscher Architektinnen und Architekten (BDA): Das Haus der Erde. Positionen für eine klimagerechte Architektur in Stadt und Land (2019), https://www.bda-bund.de/2019/08/das-haus-der-erde_bda-position/ [letzter Aufruf 01.08.2022].

28   Wolf 1976 (wie Anm. 12) , S. 9.

(Abb. 7) Konstanz, Handelslehranstalten (heute Wessenbergschule), Hermann Blomeier, 1968, Innenhof

(Abb. 8) Konstanz, Handelslehranstalten (heute Wessenbergschule), Hermann Blomeier, 1968, Gymnastikhalle

wohlbekannt. Die historische Bauforschung als Methode, sich mit der Fremdheit historischer Bauzusammenhänge auseinanderzusetzen, kann umgekehrt bei jüngeren Objekten dazu beitragen, vermeintlich Vertrautes zu verfremden, um es dann aus einer neuen Perspektive besser verstehen und bewerten zu können.

Bildnachweis: *(Abb. 1)* Sigfried Giedion: *Space, Time and Architecture*, Cambridge Mass. 1941 (Umschlag) *(Abb. 2)* Sigfried Giedion: *Raum, Zeit, Architektur*, Zürich 1989, S. 96–97 *(Abb. 3)* Ernst Curtius (Hg.): *Die Ausgrabungen zu Olympia. Bd. 1. Übersicht der Arbeiten und Funde vom Winter und Frühjahr 1875–1876*, Berlin 1876, Tafel IV, V *(Abb. 4)* Ernst Curtius: Friedrich Adler (Hg.): *Olympia. Die Ergebnisse der von dem Deutschen Reich veranstalteten Ausgrabung*, Tafelbd. 1, Berlin 1892, Tafel X *(Abb. 5)* Privatbesitz *(Abb. 6)* Bauaufnahme BTU Cottbus, Zeichnung Sebastian Kniesche, Elke Richter *(Abb. 7–8)* Südwestdeutsches Archiv für Architektur und Ingenieurbau, KIT Karlsruhe, Fotos: Heinz Kabus

Analog und digital

I.

Bestandserfassung und Bestandsdokumentation junger Baubestände

Das Gesicht der Universität Regensburg

Ann-Helen Hagelloch und Daniel Viehmann

Fassadenkonstruktionen und Bauprozesse von Bauten der 1960er und 1970er Jahre

(Abb. 1) Universität Regensburg, Luftaufnahme, Blickrichtung nach Norden

Die Universität Regensburg *(Abb. 1)* ist die erste Neugründung einer derartigen Hochschule in Bayern seit Jahrhunderten. Ein einzigartiger Campus entstand im Dialog mit der Regensburger Altstadt. Ein Ort zum Studieren, Lernen und Forschen, ein städtebaulicher Organismus, der darüber hinaus deutlich mehr leistet als es für seine Kernkompetenz notwendig ist. Die zahlreichen hochwertigen Außenräume dienen nicht nur den Student:innen als Lernort, sondern werden von der städtischen Bevölkerung als Landschaftspark und Freizeitareal genutzt.

Inzwischen ist die Universität über 50 Jahre alt und zahlreiche Gebäude aus der Entstehungszeit haben ihren Charakter, ihre rohe Gestalt sowie die ursprüngliche Konstruktionsweise bewahrt. Kleine Veränderungen, zum Beispiel der Auftrag einer Farbschicht auf der Hülle einiger Bauwerke, verunklären diese Entwurfsgedanken jedoch. Auch stehen aufgrund der langen Nutzungsdauer und dem fortschreitenden Zeitgeist Veränderungen, energetische Ertüchtigungen und die Anpassung an neue Normen und Vorgaben an. Die Gebäude werden sich in den nächsten Jahren und Jahrzehnten stark wandeln oder teilweise durch Neubauten ersetzt. Soll eine so starke Veränderung unterstützt werden oder liegt es vielleicht in der Bauherrenverantwortung, diese wertvollen und geschichtsträchtigen Strukturen zu erhalten?

Dabei zeigt sich, dass die historische Bauforschung auch für Bauten, die in Relation gesehen über eine sehr kurze Lebensspanne verfügen, einen Beitrag leisten kann. Der Stahlbeton spielt hierbei eine Schlüsselrolle. Er verfügt über zahlreiche Spuren aus der Erbauungszeit und hat ein sehr langfristiges Gedächtnis für Fehler am Bau, aber auch für Schäden, die im Laufe der Zeit entstehen. Für Betrachter:innen ist er ein offenes Buch, für Nutzer:innen oft eine kalte, ungeliebte Oberfläche.

Städtebauliches Konzept

In der bayerischen Baugeschichte nimmt die Universität Regensburg eine Sonderposition ein und setzt in architektonischer und städtebaulicher Hinsicht Maßstäbe, die ihresgleichen suchen. Grundgedanke der Rahmenplanung sind die Ausrichtung auf die Altstadt, die Funktionstrennung der unterschiedlichen Fortbewegungsarten und der strukturelle wie auch typologische Bezug auf die Kernstadt. Den Mittelpunkt der Universität bildet das zentrale Forum, an dem sich allgemeine Einrichtungen konzentrieren. Die Anlage wurde bewusst auf die Anhöhe des Kamms Galgenberg gesetzt, um einen Blick in die Altstadt zu ermöglichen. Die Fachbereichsbauten reihen sich entlang der zentralen fußläufigen Achse aneinander.[1]

Bauforscherische Fragestellung und Methodik

Ziel ist es, neue Erkenntnisse über die Fassadenkonstruktionen und Bauprozesse von Bauten der 1960er und 1970er Jahre zu gewinnen. Dabei zeigt sich, dass die Bauforschung auch für diese, in Relation gesehen, sehr jungen Gebäude eine wichtige Rolle spielen kann.

Konkret stellen sich unterschiedliche Fragen: Wurden die Bauten vor Ort erstellt oder bestehen sie aus Fertigteilen? Wie ist der Aufbau der einzelnen Fassadenelemente und wie sieht im Vergleich zum gebauten Objekt die ursprüngliche Planung aus? Handelt es sich um präzise Details, die auch detailgetreu umgesetzt wurden oder gibt es Differenzen?

[1] Vgl. Oberste Baubehörde (Hg.): Die bayerische Staatsverwaltung: 1948–1968. Ein Tätigkeitsbericht der Obersten Baubehörde im Bayrischen Staatsministerium des Innern, München 1968, S. 26.

(Abb. 2)   Universität Regensburg, Westfassade des Zentralen Hörsaalgebäudes

Neben der Baukonstruktion stellt sich die Frage nach dem Bauprozess: Wie entstand ein solches Bauwerk und wie war dessen struktureller Ablauf. Daneben ist der aktuelle Bauzustand von Bedeutung. Haben die Gebäude die letzten Jahrzehnte gut überstanden oder gibt es Schäden und bauliche Mängel? Was könnten mögliche Ursachen sein?

Im Folgenden wird auf die oben genannten Aspekte anhand des Zentralen Hörsaalgebäudes näher eingegangen: Es werden jeweils möglichst charakteristische und aussagekräftige Ausschnitte durch ein verformungsgerechtes Handaufmaß und eine genaue Begutachtung analysiert und mit den ursprünglichen Werkplanungen verglichen. Die Detailbetrachtung geschieht an allen Bauteilen des aufgenommenen Ausschnitts, ein Schwerpunkt wird aber im Bereich der Betonbauteile gesetzt.

Fallbeispiel: Zentrales Hörsaalgebäude

Das Zentrale Hörsaalgebäude (1971–1974)[2] ist eine Eigenplanung des damaligen Universitätsbauamts Regensburg. Städtebaulich ist der eingeschossige Baukomplex Teil des Forums im Zentrum des Universitätsgeländes. Die Westfassade fasst die Campusachse *(Abb. 2)* und die südliche Seite den zentralen Platz der Universität. Das Gebäude stellt sich als klassischer, von innen heraus entwickelter Organismus dar. Bauteile aus dem Inneren treten außen in Erscheinung. Während die Säle massiv bleiben, löst sich das Foyer in horizontal gegliederte,

2   Vgl. Universitätsbauamt Regensburg (Hg.): Geplant, gebaut. Universität Regensburg, Regensburg 1977, S. 153.

raumhoch verglaste Fassaden auf *(vgl. Abb. 2)*. Das gestufte Dach mit seiner markanten Konstruktion ist für das Gebäude prägend. Ein großzügiger Dachüberstand über den geöffneten Fassadenbereichen verbindet den Innenraum mit dem Außenbereich. Das Ganze wird vom überwiegend massiv ausgeführten Großen Saal im Südwesten überragt. Zentrales Element des Hörsaalgebäudes ist sein großzügiges, von Nord nach Süd gerichtetes, gestuftes Foyer, das sich allseitig mit dem Campus verknüpft. Neben seiner erschließenden Funktion dient es mit zahlreichen Sitzstufen dem Aufenthalt zwischen den Vorlesungen und bei größeren Veranstaltungen als repräsentative Halle. Das Foyer nimmt die größten Hörsäle H 1 bis H 4 auf.

Ausschnittsbetrachtung

Die bauforscherische Detailbetrachtung *(Abb. 3)* erfasst die Zugangssituation neben dem Hörsaal H 2 auf der Ostseite des Gebäudes *(Abb. 4)*. Daneben wird die markante Dachkonstruktion ausführlich bauforscherisch betrachtet: An der Ostfassade befinden sich nach außen gesetzte, geschosshohe, in der Höhe gestufte Stützen, die mit auskragenden Konsolen die Dachkonstruktion tragen. Die Dachkonstruktion besteht aus zwei gleichschenkligen, gefassten, glatten Winkeln, die sich zu U-Profilen zusammenfügen und mit einer Auskragung einen Dachüberstand erzeugen. Das Dachtragwerk lagert mit Abstandhaltern auf den Konsolen. Zwischen den U-Profilen ist ein Luftraum, der über der Fassade und im Inneren mit Betonplatten geschlossen ist. Die Fassade gliedert sich horizontal und schließt an die Rückseite der Stützen an. Diese stellen die Grundkonstruktion dar, die einzelnen Elemente sind über Halfenschienen mit der Haupttragkonstruktion verbunden. Die äußeren horizontalen Sprossen bestehen aus Nadelholz mit einer braunen Farbfassung. Die allseitig gerundeten Windfänge mit plastisch ausgeformten Türen sind jeweils symmetrisch in die Fassadenachsen eingestellte weinrote Kästen aus Aluminium. Im Inneren sind sie mit Pendeltüren und außen mit anschlagenden Türen, die sich ins Freie öffnen, versehen. Die Betonwand zum angrenzenden Hörsaal verfügt im Innenraum und außen über eine horizontale Brettschalung. Die Betonflächen zeigen im Außenbereich zahlreiche, meist vertikale Haarrisse und stark schadhafte Dehnungsfugen.

Spuren und Fugen im Beton

Die Stützen und Wände weisen den Abdruck einer Brettschalung auf *(Abb. 5)*, während die winkelförmigen Träger der Dachkonstruktion und deren dazwischen gelagerte Abdeckplatten eine glatte Oberfläche besitzen. Die Brettschalung folgt systematisch der horizontalen und vertikalen Ausrichtung der Bauteile.

Auf etwa halber Höhe der Stützen zeigt sich eine minimale Fuge im Beton, die wahrscheinlich auf einen Betonierabschnitt hindeutet.

Vermutlich ist sie das Produkt eines fehlerhaften Verarbeitungsprozesses, bei dem der bereits eingefüllte Beton schon zu weit abgebunden war und sich nicht mehr ausreichend mit dem oberen verbinden konnte. Vielleicht lässt sich ein solcher „Fehler" aber auch nicht vermeiden, wenn zunächst die Schalung des oberen Abschnitts erstellt werden musste.

An der Wand zu H 2 finden sich im ersten Drittel im Außenraum eine elastoplastische Fuge und verteilt mehrere, meist vertikale Risse sowie ein 13 Zentimeter tiefer Rücksprung im Sockelbereich. Im Innenraum sind diese Auffälligkeiten an der Wand nicht auszumachen. Hier sind lediglich verschiedene Graufärbungen des Betons zu erkennen. Die paarweise angeordneten winkelförmigen Träger der Dachkonstruktion liegen mit einer deutlichen Baufuge auf den Konsolen auf. Die Fuge zwischen den Trägern ist bis auf circa 40 Zentimeter im Außenbereich geschlossen. Die Abdeckplatten der Dachkonstruktion liegen stumpf gestoßen nebeneinander; das Wasser der Dachkonstruktion läuft direkt auf die Dämmung und wird von der darunterliegenden Dachbahn abgeführt. Die Platten zwischen den U-Trägern sind stumpf gestoßen und jeweils mittig mit einer Scheinfuge[3] versehen.

Betonarten und deren Fertigung

Die Art der Schalung gibt im Zusammenspiel mit dem Fugenbild und dem Präzessiongrad der Ausführung Aufschluss über die Betonarten und deren Herstellung. Die ablesbare Brettschalung in Verbindung mit den verhältnismäßig großen Bauteilen, vor allem in Bezug auf die Wand zu H 2, deutet auf die Fertigung in Ortbeton hin, gleiches gilt für die Stützen. Kiesnester, unterschiedliche Verfärbungen des Materials und die ablesbaren Betonierabschnitte der Stützen bestärken diese Annahme. Die Stützen weichen teilweise vom geplanten Maß von 40 × 100 Zentimeter[4] ab. Im aufgenommenen Ausschnitt liegt die größte Abweichung bei plus 13 Millimeter. Toleranzen unterschiedlichen Ausmaßes finden sich im gesamten Baukomplex. Die innere und äußere Schale der Außenwand zu H 2 bestehen ebenfalls aus Ortbeton. Im Außenbereich lassen sich die oben beschriebenen Merkmale deutlich ablesen; zudem finden sich dort Dehnungsfugen, die in ihrer

---

3   Die Scheinfuge liegt außerhalb des Bereichs, der durch die verformungsgerechte Bauaufnahme erfasst wurde.

4   Während der Werkplan 71051-A-6-316 (Werkplan (o. lfd. Nr.), ZH, Grundriss Hörsaal 300, 71051-A-6-316, 14.8.1970) die Stütze neben der Wand von H 2 mit 40/100 bezeichnet, sind alle anderen Stützen mit 41/100 beschriftet. Die Maßangaben von 41/100 finden sich ebenfalls im Ausführungsplan 71051-A-4-314 (Werkplan (o. lfd. Nr.), ZH, Außenanlagen, 71051-A-4-314, 18.8.1970). Im Plan 71051-A-6-3xx (Werkplan (o. lfd. Nr.), ZH, Hörsaal 300 Galerie, 71051-A-6-3xx, 12.10.1970) sind wie 40/100 beschriftet. Es sind keine Spuren der Ausbesserungen zu erkennen. Der Plan 71051-A-6-316 trägt im Änderungsindex allerdings die Eintragung „Stützen u. Außenwände ergänzen" mit dem Datum 20.9.1971. Es stellt sich nun die Frage, ob es sich hierbei um eine Änderung im Bauprozess handelt oder um eine schlechte Absprache der Zeichnenden. Nimmt man allerdings die Maße der gebauten Stützen, so reduziert 41/100 die durchschnittliche Abweichung deutlich. Derzeit lässt sich allerdings die Frage nicht beantworten, welche der beiden Angaben nun die tatsächlich korrekte ist.

70 *(Abb. 3)* Universität Regensburg, Detailansicht des bauforscherisch untersuchten Ausschnitts

(Abb. 4) Verformungsgerechte Bauaufnahme, bestehend aus Grundriss, Ansicht, Schnitt

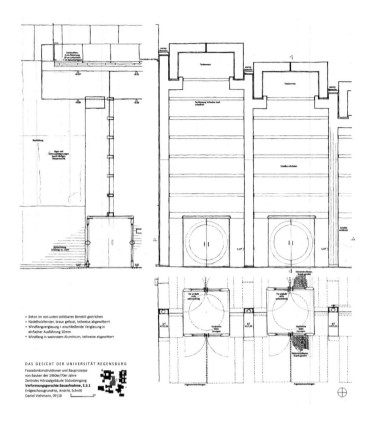

(Abb. 5) Kartierungspläne, Fugen- und Schalungsspuren (links) und Betonarten (rechts)

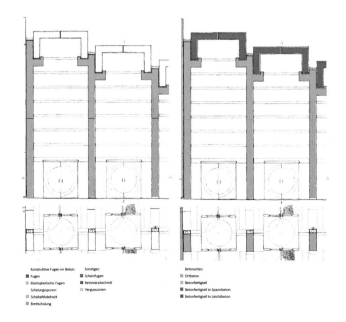

horizontalen Lage verhältnismäßig unregelmäßig sind. Die Besonderheiten der Außenwand machen stutzig. Bei der Betrachtung der Werkplanung[5] wird allerdings schnell deutlich, dass es sich hier um ein mehrschaliges System handeln muss. Der Wandaufbau besteht aus einer tragenden Innenwand, einer nur wenige Zentimeter starken Dämmschicht und einer Außenschale in Beton. Bei der inneren tragenden Schale konnte die Konstruktion nicht am Bauwerk überprüft werden, allerdings sprechen die konstruktiven Anforderungen wie auch die Werkplanung[6] für Ortbeton.

Die Dachkonstruktion zeigt sich deutlich differenziert. Sehr homogene Bauteile wie auch präzise Baufugen deuten auf die Verwendung von Betonfertigbauteilen hin. Die großen Spannweiten von geplanten 15,8 bis zu 25,2 Meter der gedoppelten winkelförmigen Träger lassen die Vermutung aufkommen, dass es sich hierbei um Spannbeton handelt. Diese Behauptung findet Unterstützung durch die Erwähnung in der Publikation *Geplant, gebaut* von 1977.[7] Die zunächst offene und später geschlossene Fuge zwischen den beiden Spannbetonwinkeln deutet auf eine Vergusszone hin. Im Detailplan[8] findet sich in der Zeichnung „Detail Trog versetzt" am oberen Stoß eine nach unten geneigte 19,5 × 7 Zentimeter große Aussparung. Leider gibt der Plan keine weiteren Angaben darüber, was dies für einen Hintergrund hat. Womöglich handelt es sich hierbei ebenfalls um eine Vergusszone. Das historische Foto zeigt aber ganz deutlich, dass die Spannbetonwinkel hier mit Warteeisen versehen sind.[9] Die Abdeckplatten sind lose aufgelegte Fertigteile.

Rekonstruktion des Bauprozesses

Die historische Aufnahme[10] *(Abb. 6)* zeigt den Blick aus dem großen Saal heraus auf H 3 und lässt erkennen, dass es sich um zwei Bauabschnitte handeln muss: einen nördlichen und einen südlichen mit der Trennung zwischen der Stütze und der Wand von H 2. Die vertikalen Elemente wurden vor der Ortbetonwand errichtet.

Nach der Herstellung der Fundamente wird die Schalung der Stützen bis zur Höhe des Betonierabschnitts aufgerichtet. Die Bewehrung wird in Lage gebracht und die Betonmischung eingefüllt. Nach dem Erhärten wird die Schalung abgebaut und, wo möglich, für den oberen Teil wieder aufgerichtet. Diesmal allerdings mit den Konsolen. Die Prozedur mit der Bewehrung und dem Einfüllen wiederholt sich. Die Stützen sind fertig, erhärtet und können aus ihrem Korsett befreit werden. Die vorgefertigten Spannbetonträger werden in Position

5   Werkplan (o. lfd. Nr.), ZH, Grundriss Hörsaal 300, 71051-A-6-316, 14.8.1970.
6   Ebd.
7   Universitätsbauamt 1977 (wie Anm. 2), S. 153.
8   Dachdetail (o. lfd. Nr.), ZH, Foyer, A 428 Detailplan, 15.8.1971.
9   Historische Aufnahme des SBR 3_2_Audi Max.UNI-1 ZH-49.
10   Historische Aufnahme des SBR 3_1_Audi Max.UNI-1 ZH-13, 3_1_Audi Max.UNI-1 ZH-49.

(Abb. 6) Universität Regensburg, bauzeitliches Foto des Zentralen Hörsaalgebäudes mit Bauabschnitten, historische Aufnahme des SBR 3_1_Audi Max.UNI-1 ZH-17

gebracht und zunächst von einem Gerüst gestützt.[11] An der Verbindungsstelle zwischen den beiden Trägern gibt es eine Aussparung, die mit Warteeisen versehen ist und anschließend vergossen wird. Die Platten zwischen den gedoppelten und gespiegelten Spannbetonträgern finden ihre Lage. Der nördliche Bauabschnitt ist im Rohbau fertiggestellt und die Wand zu H 2 kann geschalt werden. Hier kann leider nicht gesagt werden, wo sich die Betonierabschnitte befinden. Zwar deuten die Verfärbungen im Inneren mögliche Stufen an, aber das ist sehr vage. Auch kann nicht gesagt werden, ob die mehrschalige Außenwand in einem Arbeitsgang entstand, oder ob die Außenschale nach Fertigstellung des Inneren errichtet wurde. Die in ihrer Höhenlage leicht unregelmäßige Dehnungsfuge deutet an, dass sie direkt in den frischen Beton gelegt wurde.

Der Rohbau ist soweit fertiggestellt. Die Dachhaut kann aufgebracht werden, die Abdeckplatten finden ihre Position[12] und der Innenausbau beginnt.

11   Historische Aufnahme des SBR 3_2_Audi Max.UNI-1 ZH-46.
12   Historische Aufnahme des SBR: 3_1_Audi Max.UNI-1 ZH-24.

Die zahlreichen erhaltenen originalen Pläne aus der Erbauungszeit des Gebäudes lassen einen guten Einblick in die damalige Ausführungsplanung zu. Beim Zentralen Hörsaalgebäude finden sich allerdings keine grundlegenden Änderungen gegenüber der Planung. Lediglich die in Ortbeton gefertigten Bauteile weisen Toleranzen gegenüber dem Soll auf, allerdings ist das bei dieser Konstruktionsmethode nichts Ungewöhnliches. Leider kann aufgrund unterschiedlicher Angaben in den Plänen der geplante Durchmesser der Stützen nicht korrekt ermittelt werden.[13]

Der Dachaufbau *(Abb. 7)* weicht im Detail von seiner Planung[14] ab. Diese gibt an, dass auf den Spannbetonträgern 3 Zentimeter Roofmatten (Dämmung), anschließend die Dachbahn und dann wieder 3 Zentimeter Roofmatten vorhanden seien. Beim Bau wurden die Dachbahnen allerdings direkt auf den Beton aufgebracht und darüber 6 Zentimeter Dämmung. Der Luftraum zwischen dem PS-Hartschaum und der Betonabdeckplatte beträgt statt den geplanten 8,5 immerhin 10 Zentimeter. Auch die Betonfertigteile wurden mit 8 Zentimeter geplant, aber nur mit 6 ausgeführt.

Insgesamt handelt es sich um ein sehr präzise ausgeführtes Gebäude, das die sehr ausführliche und teilweise sehr großmaßstäbliche Planung überwiegend detailgetreu im Maßstab 1:1[15] auf der Baustelle vor Ort umsetzte.

Bauzustand und Bauschäden

Am Zentralen Hörsaalgebäude zeigen sich zahlreiche Schäden und Alterserscheinungen, aber auch Bauteile, die sich in einem guten bis sehr guten Zustand befinden.

Der Beton hat sich überwiegend gut erhalten, im betrachteten Ausschnitt sind keine nennenswerten Abplatzungen zu sehen; lediglich an der Wand zu H 2 finden sich einige Haarrisse. Diese scheinen allerdings aufgrund ihres geringen Ausmaßes wie auch der mehrschaligen Ausführung wohl eher unbedenklich zu sein. Vermutlich ist diese Konstruktion auch der Auslöser für die Rissbildung. An anderen Stützen und Wänden außerhalb des detailliert betrachteten Ausschnitts finden sich Abplatzungen des Betons mit freiliegender Bewehrung. Hier ist vermutlich die seinerzeit übliche 15-Millimeter-Betonüberdeckung in Verbindung mit kleineren Haarrissen die Ursache.

Die gestrichenen Betonoberflächen der Fassade sind teilweise, vor allem im Bereich der Front des Dachüberstands und der Wand zu H 2, mit einer starken Patina überzogen. Dieser Zustand ist Folge der Konstruktion, die keine Vorrichtungen zum kontrollierten Abführen des Wassers in den genannten Bereichen hat. Es läuft sowohl an der

---

13   Siehe Anm. 5.
14   Detailplan A 428 (wie Anm. 8).
15   So beispielsweise Detailplan A 428.

(Abb. 7) Universität Regensburg, Detailaufnahme einer Probeöffnung der Dachkonstruktion

Wand als auch an der Vorderseite des Dachüberstands herunter. An beiden Stellen ist es vermutlich ein unbewusst geplanter Umstand. An der Wand zu H 2 zeigt sich die Bitumenbahn direkt über der Ortbetonwand und die Abdeckplatten der Dachkonstruktion liegen lediglich nebeneinander. Der Dachüberstand ist so konstruiert, dass mit herunterlaufendem Wasser zu rechnen ist.

Die Fassaden weisen vereinzelt erblindete Scheiben auf, vermutlich eine Alterserscheinung. Bei den horizontalen Sprossen der Fassade löst sich im unteren Bereich die Farbfassung; oben sind sie stark mit Vogelkot verunreinigt. Dies ist wahrscheinlich der Grund für die nachträglich angebrachten Vogelschutznetze.

Die Windfänge befinden sich trotz ihres Alters in einem guten Zustand. Im Außenraum löst sich – vor allem in den Bereichen, die nicht vom Dachüberstand überdeckt sind – die weinrote Farbfassung. Die Türen schließen oft nicht mehr von alleine und bleiben offen. Vermutlich befinden sie sich nicht mehr exakt in ihrer ursprünglichen Lage und setzen deswegen auf dem Boden auf. Auch scheinen die Unterflurtürschließmechanismen am Ende ihrer Lebenszeit angekommen zu sein. Die Geschwindigkeit des Schließvorgangs variiert von Tür zu Tür und teilweise treten starke Knack- und Rumpelgeräusch auf. Während die Spannbetonträger keine sichtbaren Alterserscheinungen aufweisen, befindet sich die Dachbahn in einem teilweise sehr fragwürdigen Zustand. Zwar können im betrachteten Ausschnitt keine Schäden festgestellt werden, allerdings finden sich in anderen Bereichen des Gebäudes zum Teil regelmäßige massive Wassereinbrüche. Der starke Bewuchs der „Dachrinnen" ist hier sicherlich nicht besonders förderlich. Er verhindert und verzögert das Ablaufen des Regenwassers und fördert die Humusbildung, was die Problematik noch verschärft. Das Wurzelwerk der Pflanzen greift die Dachbahn an.

Die u-förmigen Abdeckplatten weisen deutliche Mängel auf. Wiederum nicht im detailliert betrachteten Ausschnitt, aber an anderer Stelle ist der Beton stark abgewittert oder zerbrochen; auch finden sich Probeöffnungen, die nicht wieder geschlossen wurden *(vgl. Abb. 7)*. Der Zustand des Zentralen Hörsaalgebäudes zeigt sich somit heterogen. Die Gebäudekonstruktion befindet sich aber weitestgehend in einem guten Zustand.

Resümee

Die intensive Beschäftigung mit spezifischen Betonbauten der 1960er und 1970er Jahre zeigt deutliches Potenzial für deren Erforschung. Die Methoden der historischen Bauforschung liefern zuverlässige Antworten auf gestellte Fragen und führen zielgerichtet zu Ergebnissen. Das seinerzeit bevorzugte Material Stahlbeton ist von besonderer Bedeutung, es besitzt zahlreiche Spuren aus seiner Erbauungszeit: Alterspuren und Schäden zeigen fehlerhafte Verarbeitungsprozesse, aber auch starke Mängel im Bauunterhalt. Die verarbeiteten

Betonarten konnten überwiegend präzise durch spezifische Merkmale am Bauwerk bestimmt werden. Das umfangreiche Archiv des Staatlichen Bauamts Regensburg verfügt über eine große Anzahl an originalen Werkplänen, die im Laufe der Bearbeitung neue Denkanstöße lieferten. Diese führten zurück ans Objekt. So konnten Fragen, die sich beispielsweise durch die Auffälligkeiten der Wand zu H 2 des Zentralen Hörsaalgebäudes stellten, geklärt werden. Die Rekonstruktion des Bauprozesses fällt aufgrund der umfangreichen Spuren am Bauwerk leicht. Letzte Fragen konnten mittels Plan- und vor allem anhand des Bildmaterials geklärt werden.

Diese Arbeit zeigt, dass die historische Bauforschung einen wertvollen Beitrag zum Erkenntnisgewinn von Bauten der 1960er und 1970er Jahre leisten kann. Die Gebäude unterliegen momentan aufgrund von Nutzeranforderungen und Gesetzesänderung einem starken Veränderungsdruck. Jede zusätzliche Information kann für die Instandsetzung und die dauerhafte Erhaltung der Bauten nützlich sein. Die Universität Regensburg hat das große Glück, über einen weitgehend unverfälschten und geschlossenen Gebäudebestand aus der Entstehungszeit zu verfügen. Diese einzigartige städtebauliche und architektonische Situation gilt es für die Nachwelt zu erhalten.

Bildnachweis: *(Abb. 1)* Universität Regensburg, 2014, S. 16 *(Abb. 2)* Universitätsbauamt Regensburg, 1977, S. 153 *(Abb. 3)* Hagelloch, Regensburg *(Abb. 4–5)* Hagelloch, Viehmann, Regensburg *(Abb. 6)* Staatliches Bauamt Regensburg *(Abb. 7)* Viehmann, Regensburg

Serielle Gebäude und wie man sie findet

Leonhard Wesche, Pedro Achanccaray und Sebastian Hoyer

*Eine Methodik der Künstlichen Intelligenz
zur Gebäudeerfassung*

Mit der Industrialisierung wurden wichtige Verfahren zur Standardisierung von Fertigungsprozessen entwickelt. Die fortschreitende Rationalisierung wurde in der Zeit der Weimarer Republik durch die Entwicklung neuer Konstruktionsweisen beschleunigt, Architekt:innen des Neuen Bauens setzten sie nun auch abseits der Architektur von Industrie und Infrastruktur, zum Beispiel im Siedlungsbau, ein. Entgegen der nationalsozialistischen Propaganda, die eine Rückkehr zum Handwerklichen, Lokalen beschwor, ging die Rationalisierung und Standardisierung des Bauens im NS-Staat weiter: Weder zuvor noch danach wurden in Deutschland so viele Baracken diverser Typen errichtet wie zwischen 1933 und 1945 für die Vernichtungsmaschinerie des NS. Auch nach dem Zweiten Weltkrieg setzten die Entwicklungen zur Rationalisierung nicht aus, sodass während und nach dem Wiederaufbau die Ansätze in vielen wirtschaftlichen Bereichen weitergeführt und ausgebaut wurden.

Ein typisches Einsatzgebiet von Massenfertigung und standortunabhängiger Planung im Baukastenprinzip sind Gewerbeimmobilien. Ihre Entwicklung wird im Folgenden aufgezeigt und die Potenziale eines Deep-Learning-Algorithmus (DL) werden als Auswertungs- und Erfassungsmethode dargelegt.[1]

Der Aufschwung des Mittelstands

Nach Kriegsende begann der Wiederaufbau in Deutschland. Das zunehmend geteilte Land entwickelte sich in den beiden politischen und wirtschaftlichen Systemen unterschiedlich – der Nutzen rationalisierter Bauweisen wurde aber auf beiden Seiten klar erkannt. Dies führte dazu, dass bereits zum Ende des Jahres 1949 die Industrieproduktion auf Vorkriegsniveau lag und der Wiederaufbau sich stetig in den Ausbau der wirtschaftlichen Leistung umwandelte. In dieser Zeit des „Wirtschaftswunders" sank in der Bundesrepublik die Arbeitslosenquote vom Anfang der 1950er Jahre bis in die Mitte der 1960er Jahre von circa 11 auf circa 0,7 Prozent.[2]

Nicht nur durch die neu gewonnene Kaufkraft von Einzelpersonen, sondern auch gerade durch die großen Investitionen der mittelständischen Unternehmen stieg die Nachfrage nach Bauwerken für fast alle Zweige des Lebens und der Wirtschaft an. Um die große

1 Im interdisziplinären Forschungsprojekt „Denkmal Massenphänomen Gewerbehalle" arbeiten seit 2020 das Institut für Bauwerkserhaltung und Tragwerk und das Institut für Geodäsie und Photogrammetrie der Technischen Universität Braunschweig sowie das Niedersächsische Landesamt für Denkmalpflege zusammen. Es wird durch die Deutsche Forschungsgemeinschaft (DFG) unter der Projektnummer 442249122 gefördert und ist Teil des Schwerpunktprogramms (SPP) 2255 – „Kulturerbe Konstruktion". Das Projekt befasst sich mit der Einordnung von Systemhallen in Stahlbauweise der Hochmoderne und schafft einen Überblick der entwickelten Systeme zu dieser Zeit. Das Ziel des Projekts ist die Entwicklung und Anwendung von modellbasierten Detektionsverfahren zur automatisierten luftbildbasierten Erfassung von seriell gefertigten Gewerbehallen.

2 Vgl. Statistisches Bundesamt: Arbeitslosenquote der Bundesrepublik Deutschland in den Jahren 1950 bis 2021, 2021.

Nachfrage zu befriedigen, wurde viel Arbeitskraft und Energie in die Entwicklung von effizienten und wirtschaftlichen Systemen investiert.

Entwicklung von Typenbauwerken

Durch die Bestrebungen der Rationalisierung wurden vermehrt typisierte Bauteile für verschiedenste Konstruktionen entwickelt. Dabei erstreckten sich die Planungen weit über die Kernbereich des Wohnungs- und Industriebaus hinaus. Große Bekanntheit haben der rationalisierte Schulbau oder die Fertighäuser erlangt, welche zum Beispiel im Quelle-Katalog[3] bestellt werden konnten. Gewerbehallen jedoch erhielten weniger öffentliche Aufmerksamkeit. Dabei traten ab der Mitte der 1950er Jahre immer öfter Angebote für seriell herge-stellte Hallen auf, die als „Systemhallen" bezeichnet werden können. Die früheste Entwicklung einer solchen Halle nach dem Zweiten Weltkrieg stammt aus dem Jahr 1952 von der damaligen Firma Donges Stahlbau GmbH aus Darmstadt. Sie stellte für die damalige Zeit eine hoch innovative Konstruktion dar, worauf später noch genauer eingegangen wird.

Der Wandel vom individuellen zum seriellen Hallenbau lässt sich anhand der Zeitschrift *Industrie-Anzeiger*[4] gut beobachten. Bei ihr handelt es sich um ein Informationsblatt der Industrie, in dem haupt-sächlich Werbeanzeigen zu speziellen und innovativen Produkten-wicklungen enthalten sind. So sind darin bereits zu Beginn der 1950er Jahre Werbeanzeigen von Hallenbauunternehmen zu finden, welche ihre Dienstleistungen im individuellen Hallenbau anboten. Doch schon zum Ende der 1950er Jahre traten vermehrt Anzeigen mit den Bezeichnungen „Normhallen", „Standardhallen", „Typenhallen" oder „Modulhallen" auf. Diese Entwicklung fand im Jahr 1966 ihren Höhe-punkt *(Abb. 1)*. Wenig erstaunlich ist daher, dass sich die Fachliteratur dieser Jahre häufig der rationalisierten Entwicklung von Gewerbehal-len widmete: so zum Beispiel Ernst Neufert mit *Welche Hallen für die Industrie?*[5] von 1963 oder Günther Schäfers Dissertation *Typung von Hallen*[6] von 1964. Aber auch Handbücher für die Bemessung, wie *Stahl im Hochbau*[7] von 1967, behandelten die Neuheiten der seriellen Tragkonstruktionen für Gewerbehallen und deren Dachtragwerke.

---

3 Vgl. Quelle-Fertighaus-GmbH: Die Quelle-Fertighaus-Fibel, Fürth 1963.
4 Girardet Verlag: Industrie-Anzeiger. Organ des Wirtschaftsverbands Stahl- und Metallverarbeitung e. V., Düsseldorf ab 1948.
5 Ernst Neufert: Welche Hallen für die Industrie? Bedarfsuntersuchung und Marktangebot für vorgefertigte Hallen, Berlin 1963.
6 Günther Schäfer: Typung von Hallen. Untersuchung über Abmessung, Konstruktion und Wirtschaftlichkeit von Typenkonstruktionen für Industriehallen, Diss., Braunschweig 1964.
7 Verein Deutscher Eisenhüttenleute (Hg.): Stahl im Hochbau. Handbuch für Entwurf, Berechnung und Ausführung von Stahlbauten, Düsseldorf 1967.

(Abb. 1) Typische Werbeanzeigen aus dem Jahr 1956 (oben) und 1966 (unten), *Industrie-Anzeiger*

Für die Entwicklung massenhaft gefertigter Gewerbehallen ist die Verständigung über ein einheitliches Achsmaß essenziell. Dabei konnte auf Vorarbeiten von Ernst Neufert zurückgegriffen werden, welcher sich bereits 1943 in seiner *Bauordnungslehre*[8] dem „Industriebaumaß" von 2,5 Meter gewidmet und sich für die Umsetzung und Anwendung eingesetzt hatte. So war es möglich, auch über eigene Unternehmensgrenzen hinaus Produkte und Systeme zu entwickeln, zum Beispiel Dach- oder Fassadenelemente.

Durch diese Maßabstimmung konnten die unterschiedlichsten Bauteile verschiedener Hersteller aufgrund ihrer Eignung zur seriellen Vorfertigung mit wenig Vorplanung kombiniert und je nach Logistik schnell zur Baustelle transportiert werden. Standardisierte Verbindungstechniken sorgen hier für einfachen und schnellen Aufbau ohne großen Arbeitsaufwand, da auf der Baustelle meist nur kleine Hebezeuge zur Montage zum Einsatz kamen.

Solche Entwicklungen waren jedoch nicht nur in der Bundesrepublik zu verzeichnen, vielmehr gab es in der DDR sehr ähnliche Bestrebungen zu rationalisierten Bauweisen. Das planwirtschaftliche System konzentrierte die Entwicklung auf wenige Unternehmen, die keinem marktwirtschaftlichen Wettbewerb ausgesetzt waren – ihre Produkte wurden landesweit verkauft, sollten aber auch international vermarktet werden. Durch die Bildung des Metalleichtbaukombinats wurde die Entwicklungen an die einzelnen ausführenden Volkseigenen Betriebe weitergegeben und gleiche Systemelemente für verschiedenste Konstruktionen verwendet. Wesentliche Unterschiede zwischen Ost und West bestanden in der Anwendung der Maßordnungen. In der Bundesrepublik etablierte sich ein Rastermaß von 2,5 Meter,

8   Ernst Neufert: Bauordnungslehre, Berlin 1943.

sodass übliche Hallenspannweiten von 17,5 Meter, 20 Meter, 22,5 Meter oder 25 Meter entstanden. In der DDR hingegen setzte sich ein Rastermaß von 3 Meter durch, das zu Spannweiten von 18 Meter, 21 Meter oder 24 Meter führte.

Vielfalt an Systemhallen

Im Rahmen des Forschungsprojekts „Denkmal Massenphänomen Gewerbehalle" wurden bisher rund hundert verschiedene Systeme von vierzig Stahlbauunternehmen aus der Zeit bis in die 1980er Jahre in unterschiedlichsten Konstruktionsarten ermittelt *(Abb. 2)*. Die Konstruktionen unterscheiden sich vor allem in der Ausführung der Profile und Anschlusspunkte *(Abb. 3)*. Durch die Anforderungen aus der Nutzung beschränkte sich die äußere Erscheinung meist auf die übliche Hallenform mit Satteldach: Nur die Art der Dachentwässerung sowie die Dachdeckung, einhergehend mit der Dachneigung, machen markante Alleinstellungsmerkmale und Unterscheidungspunkte aus.

Eine besondere Entwicklung ist die sogenannte Dolesta-Halle der Donges Stahlbau GmbH, die ab 1952 auf dem Markt erhältlich war. Diese Systemhalle zeichnete sich durch eine besondere Konstruktion der Binder aus. Die Ober- und Untergurte bestehen aus kaltverformten Profilen aus Stahlblech, dabei ist der Obergurt breiter als der Untergurt, sodass durch die fachwerkartige Verbindung über die seitlichen Streben eine Dreiecksform entsteht. Zur Steigerung der Stabilität werden die Untergurte in den Rahmenecken mit Beton ausgegossen.

Eine weitere nennenswerte Entwicklung waren die kaltverformten Hutprofile der Firma Wuppermann. Diese wurden ab dem Ende der 1950er Jahre vielseitig für Dachbinderkonstruktionen sowie für Bogenhallen verwendet. Bei der Bogenhalle ist das Tragwerk als Dreigelenkbogen und Gitternetz ausgeführt, sodass Knotenpunkte mit sechs Anschlusspunkten entstehen. Die Spannweite beträgt 21,67 Meter und zur Aussteifung müssen nach maximal 27,6 Meter aussteifende Giebelbinder angeordnet werden.

In der DDR gab es ebenfalls nennenswerte Systeme. Eines davon ist das Stabsystem Ruhland, das als Stabnetzwerktonne oder als Raumfachwerk zusammengesetzt werden konnte. Bei der Stabnetzwerktonne weisen die Stabenden in den Anschlusspunkten eine Abschrägung von 6,56 Grad auf. So entsteht bei der üblichen Konstruktion eine Spannweite von 16,66 Meter mit einem Radius des Daches von 10,50 Meter. Diese zum Teil unterspannte Stabnetzwerktonne wurde überwiegend zur gewerblichen Nutzung errichtet und mit verschiedensten Wand- und Dacheindeckungen ausgeführt. Die Sporthalle des Typs KT 60 L verwendete als Grundmodul ebenfalls diese Stabnetzwerktonne. Hier waren jedoch an den Längsseiten der Halle Anbauten für Umkleideräume sowie Gerätelager angeschlossen.

83 (Abb. 2) Hallenansichten, von links nach rechts: Dolesta-Halle, Wuppermann-Bogenhalle, Stabnetzwerktonne Ruhland

(Abb. 3) Detailansichten, von links nach rechts:
Querschnitt Dolesta-Hallenbinder, Knoten Wuppermann-Bogenhalle, Knoten Stabnetzwerktonne Ruhland

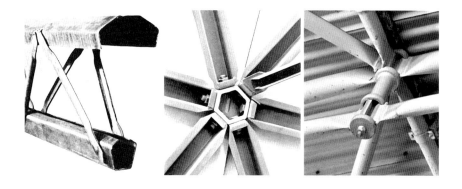

Potenziale der Gleichförmigkeit

Die bautechnische Entwicklungsgeschichte der Systemhallen lässt sich durch die Ergebnisse des Projekts, das zeitgenössische Kataloge und Publikationen systematisch ausgewertet hat, recht genau nachzeichnen. Hingegen ist völlig unbekannt, wo, wann und in welcher Anzahl die einzelnen Typen realisiert und gegebenenfalls modifiziert wurden. Erst recht ist nicht zu ermessen, wie viele Bauwerke noch erhalten sind und wo und in welchem Zustand sie sich befinden. Um dieser Frage nachzugehen, werden im Projekt neue, auf den ersten Blick ungewöhnliche Methoden entwickelt.

Durch die massenhafte Verwendung von identischen Konstruktionen bietet sich die einmalige Möglichkeit, diese automatisiert zu erfassen. Durch immer gleiche Gebäudeabmessungen und spezifische Attribute der Gebäude lassen sich die Systeme einfach voneinander unterscheiden.

Ein Beispiel für die gleichförmige Errichtung von Bauwerken ist dabei die bereits erwähnte Sporthalle des Typs KT 60 L des Metalleichtbaukombinats, von der rund dreihundert Exemplare zwischen 1969 und 1990 in der DDR errichtet wurden. Schon für das geübte Auge ist diese Sporthalle mit ihrer, aufgrund der Verwendung der Stabnetzwerktonne als Grundelement, markanten Dachform und dem Kontrast zu den immer gleichen Anbauten auf Luftbildern einfach zu finden.[9] Dadurch bietet dieses Gebäudesystem eine gute Ausgangsposition für die Erprobung von computerunterstützten Verfahren zur Erfassung von seriell hergestellten Bauwerken.

Grundlagen der automatisierten Erfassung

Aus der Sicht der Photogrammetrie können die erwähnten seriell hergestellten Gebäude anhand von Bildquellen wie hochauflösenden optischen Satellitenbildern oder Orthophotos (DOPs) der staatlichen Behörden lokalisiert werden.

Hochauflösende digitale Orthophotos sind hilfreich, um Gebäude im Hinblick auf die Form des Dachs, das spektrale Erscheinungsbild, die Textur und gegebenenfalls das verwendete Baumaterial sowie ihre Lokalisierung und den Kontext um sie herum (zum Beispiel Sporthallen in der Nähe von Schulen und Sportplätzen) zu beschreiben. Digitale Oberflächenmodelle (DOMs), die Informationen über die Höhe jedes Pixels enthalten, ermöglichen es sogar, zwischen ähnlichen Gebäuden und ihren genauen Grenzen zu unterscheiden (zum Beispiel Sporthallen mit Anbauten). Allein mithilfe von DOPs und DOMs *(Abb. 4)* ist es bereits möglich, viele ähnliche Gebäude zu erfassen; da die Luftbilder jedoch nur eine Draufsicht ermöglichen, wäre es sehr schwierig, zwischen bestimmten Systemen mit ähnlicher Bauform zu unterscheiden.

Daten aus anderen Blickwinkeln, wie hochauflösende Schrägaufnahmen, vereinfachen die Unterscheidung zwischen ähnlichen Hallensystemen, da diese detaillierten Informationen über die gesamte Außenstruktur, nicht nur über das Dach, liefern. Außerdem werden in Schrägbildern geometrische Details, wie die Art der Dachentwässerung oder Dachmuster und Dachstruktur, sichtbar.

Zur manuellen Lokalisierung von Systemhallen eignen sich DOP- und 3D-Ansichten von Google Earth. In Google Earth werden für größere Städte 3D-Daten bereitgestellt, die wiederum aus Schrägluftbildern abgeleitet sind. Es wurde eine Datenbank mit den Standorten und Gebäudetypen erstellt, um einen Algorithmus zu trainieren, der diese automatisch erfassen kann. Für das Training des DL-Algorithmus wurden auch DOMs einbezogen, um die automatische Erfassung präziser und zuverlässiger durchzuführen.

9   Vgl. Annkathrin Heinrich et al.: Database of recorded serial manufactured MLK-buildings (GDR) (Release 1), Braunschweig 2022, doi: 10.24355/dbbs.084-202206080745-0.

In den letzten Jahren wurden DL-Algorithmen für Anwendungen im Bereich des Kulturerbes schon mehrfach eingesetzt, zum Beispiel für die Entschlüsselung alter Sprachen, die Restaurierung alter Texte oder die Erkennung unbekannter Kulturgüter und deren Überwachung im Laufe der Zeit. Der Hauptvorteil von DL ist die Fähigkeit, repräsentative und besonders geeignete Merkmale für eine bestimmte Aufgabe zu erkennen und fortschreitend erlernen zu können. Anstatt beispielsweise geometrische, optische und formale Merkmale zu extrahieren, um ein Gebäude zu beschreiben, lernt ein DL-Algorithmus eine neue Art von Merkmalen, die diese Gebäude am besten repräsentieren und charakterisieren. Da dieser Lernprozess hierarchisch in Schichten abläuft, haben die gelernten Merkmale keine physikalische Bedeutung und beziehen sich hauptsächlich auf das Vorhandensein von Kanten, Texturen und Farben im Bild.

Computer-Vision-Algorithmen ermöglichen es Computern und Systemen, sinnvolle Informationen aus digitalen Bildern abzuleiten und auf der Grundlage dieser Informationen Maßnahmen zu ergreifen oder Empfehlungen auszusprechen. Eine der gebräuchlichsten Aufgaben der Computer Vision ist die semantische Segmentierung, die darin besteht, jedem Pixel in einem Bild ein Label oder eine Klasse zuzuweisen. Da die genaue Position von Systemhallen interessant ist, wird ein DL-Algorithmus für die semantische Segmentierung verwendet. Hier gibt es nur zwei Klassen: Systemhalle und Hintergrund.

Dieser Algorithmus muss mit einem Datensatz trainiert werden, der aus Bildern und den entsprechenden Referenzen besteht (Bilder mit Informationen der Klassenzugehörigkeit zu jedem Pixel). Bei den Bildern handelt es sich um DOPs und DOMs, wobei die DOPs Informationen in den Bändern Rot, Grün, Blau und Infrarot enthalten. Beide Bildtypen haben eine räumliche Auflösung von 20 Zentimeter und decken jeweils ein Gebiet von 1×1 Kilometer ab. Insgesamt wurden sechsundsechzig Bilder zur Erstellung des Datensatzes verwendet.

Aus dem gesamten Datensatz werden zwei exklusive Datensätze (das heißt sich gegenseitig ausschließende Datensätze ohne gemeinsame Elemente) erstellt: Training und Test. Der Trainingsdatensatz wird verwendet, um die Parameter des DL-Algorithmus so zu kalibrieren, dass das Ergebnis der Referenz bestmöglich entspricht. Der Testdatensatz hingegen wird verwendet, um den Algorithmus zu bewerten, sobald dieser trainiert wurde. Zu erwähnen ist, dass die Elemente aus dem Testdatensatz beim Training nicht berücksichtigt werden. Der Datensatz für die Tests ist dem trainierten DL-Algorithmus also unbekannt. Darüber hinaus wird ein dritter Satz, der sogenannte Blindtest, getrennt vom gesamten Datensatz erstellt. Der Blindtest besteht nur aus Bildern, bei denen unbekannt ist, ob es Systemhallen in diesen Bereichen gibt. Auf diese Weise können neue Standorte von Systemhallen des gesuchten Typs gefunden werden, die

(Abb. 4) a) Digitale Orthophotos (DOP) und b) Digitale Oberflächenmodelle (DOM), die von verschiedenen Standorten der Sporthalle des
Typs KT 60 L aufgenommen wurden

(Abb. 5) Ergebnisse des DL-Algorithmus aus dem Testdatensatz:
a) Systemhalle Typ Ruhland und b) Systemsporthalle des Typs
KT 60 L. Orange: manuelle Erfassung, Blau: automatische Erfassung

(Abb. 6) Ergebnisse bei Verwendung von a) nur DOP und
b) DOP+DOM zum Trainieren des DL-Algorithmus. Orange: manuelle
Erfassung, Blau: automatische Erfassung

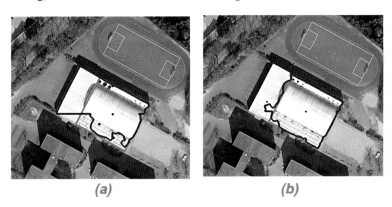

(a) *(b)*

den Datensatz erweitern, um das Training des Algorithmus weiter zu verbessern.

Der verwendete DL-Algorithmus für die semantische Segmentierung ist der sogenannte U-Net.[10] U-Net hat eine Kodierer-Dekodierer-Struktur, bei der der Kodierer die Bildgröße reduziert und dabei die wichtigsten und repräsentativen Merkmale extrahiert, und der Dekodierer das Bild in seiner ursprünglichen Größe rekonstruiert, wobei die Lokalisierung dieser Merkmale erhalten bleibt.

Ergebnisse

Der DL-Algorithmus erkennt fast alle Systemhallen im Datensatz erfolgreich und beweist damit seine Fähigkeit zu lernen, wie diese zu erfassen sind. Die Erfassungsrate im Testsatz betrug fünfundzwanzig korrekt erkannte Gebäude mit nur zwei falsch positiven Treffern und einer Verfehlung.

(Abb. 5) zeigt zwei Bilder aus dem Testdatensatz mit Erkennungen für die Typen a) Ruhland und b) KT 60 L. Die vom DL-Algorithmus erzeugte automatische Erfassung (blaue Kontur) stimmt in beiden Fällen fast perfekt mit der manuellen Erfassung (orange Kontur) überein.

Um die Auswirkung der Einbeziehung von Höheninformationen zum Trainieren des DL-Algorithmus zu analysieren, wurden zwei Experimente durchgeführt: eine Auswertung von DOPs allein und eine kombinierte Auswertung von DOPs und DOMs. Durch die Berücksichtigung der DOMs konnten signifikant besserer Ergebnisse erzielt werden, da sie nur den Teil des Gebäudes abgrenzen, welcher der seriellen Sporthalle des Typs KT 60 L entspricht *(Abb. 6)*.

In den Gebieten, die für die Blindtests verwendet wurden, konnten zwei neue Standorte der gesuchten Systemhallen erfasst werden. Diese Objekte werden dem Trainingsdatensatz hinzugefügt, um das Training des DL-Algorithmus weiter zu verbessern. Zudem wurden vier falsch positive Ergebnisse festgestellt. In diesen Fällen verwechselte der Algorithmus Systemhallen mit Gebäuden, die eine ähnliche Dachform, aber eine andere Struktur aufweisen.

10 Vgl. Olaf Ronneberger, Philipp Fischer, Thomas Brox: U-net: Convolutional networks for biomedical image segmentation, in: Nassir Navab et al. (Hg.): Medical image computing and computer-assisted intervention, Basel 2015, doi: 10.1007/978-3-319-24574-4_28, S. 234–241.

Zur Verbesserung der Erfassungsergebnisse ist es sinnvoll, parametrisierte 3D-Modelle und Schrägluftbilder zu berücksichtigen. Anhand von Plänen verschiedener Systemhallen sollen 3D-Modelle erstellt und gerendert werden, um daraus synthetische DOPs und DOMs zu extrahieren. Auf diese Weise soll der Datensatz für das Training des Algorithmus vergrößert werden, um gegebenenfalls auch Bauwerke zu erfassen, von denen uns bisher keines real bekannt ist. Darüber hinaus sind sehr hochauflösende Schrägluftbilder auszuwerten, um zwischen bestimmten Systemhallen besser unterscheiden zu können, da diese Bilder eine höhere Informationsdichte über die Details der einzelnen Gebäude und der markanten Gebäudeteile besitzen. Für erste Versuche in dem Forschungsprojekt eignet sich das Gewerbegebiet rund um die Hansestraße im Norden von Braunschweig gut. Durch die frühe Erschließung in den Kernjahren des Systemhallenbaus bietet dieser in den 1960er Jahren entstandene Standort großes Potenzial zum Ausbau der Untersuchungen und Anwendungen. Die Stadt Braunschweig stellt umfangreiche Daten als Grundlage zur Verfügung.

Ziel ist es, mit den zuvor genannten Erkenntnissen und neu entwickelten Methoden weitergehende Erkenntnisse über die Verbreitung von Systemhallen zu gewinnen. Eine Anwendung auf andere seriell gefertigte Gebäude ist denkbar. Zudem sind Erkenntnisse über einzelne Bausysteme essenziell für die Entwicklung langfristiger Erhaltungs- und Nutzungskonzepte dieser massenhaft verbreiteten Bauten. Das Projekt wird zudem eine hohe Relevanz für die Denkmalpflege der Bauten der Nachkriegs- und Spätmoderne erlangen: Einerseits wird mit der Geschichte der Systemhallen eine bislang wenig beachtete Baugattung aufgearbeitet, andererseits kann die neue digitale Erfassungsmethodik frühe, womöglich einzigartige Beispiele ermitteln, deren Wert als Denkmale der Baukonstruktions-, Wirtschafts- und Kulturgeschichte somit klarer zu bestimmen sein wird.

Bildnachweis: *(Abb. 1)* Werbeanzeigen aus verschiedenen Ausgaben der Zeitschrift *Industrie-Anzeiger*, 1956, 1966 *(Abb. 2)* Links, Jungbluth, O.: Geschweißte typisierte Mehrzweckbauteile im Stahlleichtbau unter Verwendung kaltverfestigter Sonderprofile, in: *Schweißen und Schneiden* 9 (1959), H. 6; Mitte, Albrecht, R.: *Montagelehre Theorie und Praxis*, Verlag Wilhelm Ernst und Sohn, München 1973; rechts, VEB Metalleichtbaukombinat: Stahl Tragwerke, Werbebroschüre, o. J. *(Abb. 3)* Links, Jungbluth, O.: Geschweißte typisierte Mehrzweckbauteile im Stahlleichtbau unter Verwendung kaltverfestigter Sonderprofile, Schweißen und Schneiden 9 (1959), H. 6; Mitte, Makowski Z. S.: Raumtragwerke aus Stahl, Verlag Stahleisen m.b.H, Düsseldorf 1963; rechts, Heinrich, A.: Fotografie, Magdeburg 2022 *(Abb. 4)* Senatsverwaltung für Stadtentwicklung, Bauen und Wohnen Berlin, Lizenz: dl-de/by-2-0; Amt für Geoinformation, Vermessungs- und Katenwesen Mecklenburg-Vorpommern *(Abb. 5–6)* Amt für Geoinformation, Vermessungs- und Katasterwesen Mecklenburg-Vorpommern

Erfassung und Bewertung von Kirchen der Zeit zwischen 1945 und 1990 in Westfalen-Lippe

Michael Huyer

Eine Projektbilanz

Veranlasst durch gewaltige Wandlungsprozesse innerhalb der christlichen Kirchen sind gerade die jüngeren Kirchenbauten seit geraumer Zeit in ihrem Bestand bedroht. Vorrangig durch Nutzungsänderung oder Aufgabe zeichnen sich bauliche Veränderungen ab – bis hin zu Abrissen. Vor dem Hintergrund dieser Bedrohungslage wurde das Projekt „Erkennen und Bewahren – Kirchenbau der Nachkriegszeit in Nordrhein-Westfalen" initiiert. Es lief von 2009 bis 2015, gefördert vom damaligen Ministerium für Bauen und Verkehr. Die denkmalfachliche Bewertung der über 1.300 erfassten Bauten erfolgte ausschließlich mit Personalmitteln der LWL-Denkmalpflege, Landschafts- und Baukultur in Westfalen (LWL-DLBW) von 2015 bis 2018. Da es parallel dazu eine entsprechende Bearbeitung der rheinischen Kirchenbauten durch die LVR-Denkmalpflege gab, konnte ein regelmäßiger fachlicher Austausch etabliert werden.[1]

Die Erfassung der Kirchen

In einem ersten Schritt mussten alle infrage kommenden Sakralgebäude der Zeit von 1945 bis 1990 ermittelt und erfasst werden. Hierfür waren ausgewiesene Expert:innen als freiberufliche Erfasser:innen tätig. Bevor alle Kirchen im Rahmen von Ortsterminen aufgesucht wurden, hatte es eine Auswertung der Fachliteratur, aber auch der „grauen Schriften" gegeben. Mitunter waren selbst Planunterlagen gesichtet worden. Alle ermittelten Daten wurden in sechzehnseitige Erfassungsbögen eingetragen. Als nächstes erfolgte die Eingabe der Daten und Fotos (Gesamtansichten und Details) in die Amtsdatenbank KLARA-Delos, um systematische Auswertungen zu ermöglichen.

Gegenstand des Projekts waren sämtliche Pfarrkirchen, die nach 1945 (vollständig) neu erbaut worden waren. Originalgetreue Wiederaufbauten fanden somit keine Berücksichtigung. Gleichermaßen blieben bauliche Erweiterungen bestehender Kirchen außen vor, es sei denn, eine Erweiterung wäre zum architekturbestimmenden Bauteil geworden und hätte den Altbau gleichsam in den Hintergrund gedrängt. Nur in Einzelfällen fanden jüngere Gebäude oder Kirchen ohne Pfarrfunktion, zum Beispiel Krankenhauskapellen oder Klosterkirchen, Beachtung. Die obere Zeitgrenze lag bei 1990, womit sichergestellt war, dass eine abgeschlossene Epoche betrachtet werden konnte.

Die Erfassung war hinsichtlich ihres inhaltlichen Umfangs breit angelegt. Demnach galt es, möglichst alle relevanten Aspekte zu benennen: neben der Ortsgeschichte, dem Städtebau, der Gemeindegeschichte, insbesondere die Merkmale Gebäudeentwurf, Baugestalt, Konstruktion, Materialität, bauliche Veränderungen usw. bis hin zur liturgischen Konzeption und Details der Ausstattung.

---

1   Der vorliegende Text ist die leicht überarbeitete Fassung meines Vortrags auf dem „Forum Bauforschung Moderne" an der Fachhochschule Dortmund, Fachbereich Architektur, veranstaltet vom DFG-Netzwerk NBJB 1945+ vom 23. bis 25.05.2019.

So kamen insgesamt 1.328 Kirchen zusammen, die sich mengenmäßig sehr unterschiedlich auf die kirchlichen Obereinheiten verteilen, das heißt, die Evangelische Kirche von Westfalen, die Lippische
Landeskirche, das Erzbistum Paderborn sowie die Bistümer Münster
und Essen. Im Hinblick auf die beiden letztgenannten Bistümer ist zu
erwähnen, dass es hier jeweils zugehörige Gemeinden sowohl im Be-
arbeitungsgebiet des LVR als auch des LWL gibt.

Die Bewertung der Kirchen

Die Bewertung der erfassten Bauten bildete den zweiten wichtigen
Schritt des Projekts. Als Grundlage dienten allein die im Denkmalschutzgesetz NRW (§ 2) festgeschriebenen Kriterien. Insofern hat für
ein Baudenkmal eine Bedeutung – entweder für die Geschichte des
Menschen, für Städte und Siedlungen oder für die Entwicklung der
Arbeits- und Produktionsverhältnisse – vorhanden zu sein. Zudem
müssen für die Erhaltung und Nutzung der Objekte künstlerische,
wissenschaftliche, volkskundliche oder städtebauliche Gründe vorlie-
gen. Es handelt sich demnach um dieselben Tatbestandsmerkmale, die
für jedes andere Baudenkmal gleichermaßen heranzuziehen sind.

Bei der Bearbeitung der Bauten im Hinblick auf ihren Zeugnis-
wert erwies sich das VDL-Arbeitsblatt Nr. 29, „Kirchenbauten nach
1945 – Bewertung ihrer Denkmaleigenschaft", als sehr hilfreich.[2]
Dieses war 2009 von der Arbeitsgruppe Inventarisation erarbeitet
worden.

Nicht anders als beim Denkmalschutzgesetz NRW handelt es
sich bei den im Arbeitsblatt angeführten Aspekten um abstrakt beziehungsweise übergreifend formulierte Kriterien, die bei jedem Gebäude individuell geprüft werden müssen. Dabei ist grundlegend
festzustellen: Je weniger denkmalkonstituierende Punkte für ein
Bauwerk Relevanz besitzen, desto stärker müssen diese Kriterien ins
Gewicht fallen. Ein Kriterium alleine ist für die Erfüllung der Denkmaleigenschaft noch nicht ausreichend, denn eine ortsgeschichtliche
Bedeutung ist in der Regel bei jedem Kirchenbau gegeben. Vor diesem
Hintergrund erfolgte eine strenge Auswahl durch die westfälische
Inventarisation. Insgesamt gab es mehrere Bewertungsdurchgänge.
Diese führten die für das Kirchenprojekt freigestellten Bearbeiter:in-
nen unter Einbeziehung der wissenschaftlichen Gebietsreferent:innen
für Inventarisation durch.[3] Letztlich wurde die Fachkompetenz des
gesamten Hauses einbezogen.

2   Vereinigung der Landesdenkmalpfleger in der Bundesrepublik Deutschland, Arbeitsgruppe
Inventarisierung: Kirchenbauten nach 1945. Bewertung ihrer Denkmaleigenschaft (2009),
Arbeitsblatt 29, https://www.vdl-denkmalpflege.de/fileadmin/dateien/Arbeitsblätter/Nr29.pdf
[letzter Aufruf 16.05.2022].

3   Bis 2010 leitete Dorothee Boesler das Projekt bei der LWL-DLBW, anschließend der Verfasser.
In der Bewertungsphase waren Marion Niemeyer-Onana, Knut Stegmann und Heinrich Otten
freigestellt. Den beiden Letztgenannten sei für die Unterstützung bei vorliegendem Artikel
gedankt.

Nachdem die Auswertungsphase abgeschlossen war, galt es, die
Ergebnisse zu präsentieren und erneut in den fachlichen Austausch
zu gehen. Angesichts der teils emotional geführten Auseinandersetzung um einzelne Kirchen setzte unser Haus auf eine starke Betonung
der Fachlichkeit. Als Diskussionsgrundlage zu den Einzelfällen
erhielten die Beteiligten, insbesondere die Unteren Denkmalbehörden
sowie die kirchlichen Obereinheiten, Übersichtslisten mit den
Bewertungen. Für potenziell denkmalwert eingeschätzte Bauten
wurden zudem prägnante Kurzbegründungen erstellt. Eine solche
Kurzbegründung betont in der Regel zwei bis drei Hauptgründe im
Hinblick auf eine potenzielle Denkmaleigenschaft.

Im Ergebnis hat das Fachamt des LWL von 1.328 untersuchten
Bauten knapp 360 zur Eintragung in die kommunalen Denkmallisten
vorgeschlagen. Inzwischen sind für über 130 Kirchen Eintragungsver-
fahren eingeleitet und durchweg positiv abgeschlossen worden.

Ungeachtet des gebotenen Vollzugs des Denkmalschutzgesetzes
NRW ist rückblickend ein erheblicher wissenschaftlicher Ertrag aus
dem Projekt zu konstatieren. Durch die hohe Zahl der erfassten Bauten bestand erstmals die Möglichkeit, Entwicklungen im Sakralbau
nach 1945 auch in größerem Maßstab und nicht nur an Einzelbauten
zu erkennen und zu belegen. Im Folgenden werden auszugsweise
sowohl statistische als auch fachliche Erkenntnisse vorgestellt.

Statistische Aussagen

Zunächst sei die Baukonjunktur der Sakralgebäude angesprochen, bei
der sich die heterogene Verteilung ablesen lässt. Die meisten Bauten
entstanden in den 1950er und 1960er Jahren. Ab der zweiten Hälfte
der 1980er Jahre wurden indes fast keine Kirchen mehr errichtet. Dies
belegt anschaulich, dass der betrachtete Zeitraum zugleich als eine
abgeschlossene Epoche anzusehen ist.

Es konnte festgestellt werden, dass die räumliche Verteilung der
Bauten ebenfalls nicht einheitlich ist. Dafür sind unterschiedliche
Gründe zu nennen: Zunächst hatten Kriegszerstörungen Erneue-
rungsbedarf geschaffen, der aufgrund der spezifischen Ausprägungen
und Konstellationen vor Ort eben auch zu völligen Neubauten führen
konnte. Außerdem verzeichneten wirtschaftlich prosperierende Ge-
biete Zuzug, der neue Gemeindekirchen erforderlich machte. Die
Ansiedlung von Geflüchteten oder Vertriebenen mit anderer Konfes-
sion begünstigte die Entstehung von Diasporakirchen.

Aufschlussreich war die Ermittlung des Herkunftsorts der Ent-
wurfsfertiger. Mehr als drei Viertel der Architekten hatten ihren
Bürostandort in der kirchlichen Obereinheit, in der der Kirchenbau
entstehen sollte. Auch dieser Umstand ist dafür geeignet, die beobachteten stark regional geprägten Wurzeln des Kirchenbaus zu erklä-
ren. Nicht selten wurde an örtliche Traditionen angeknüpft. Vor

diesem Hintergrund bildeten sich sozusagen eigene Bautraditionen innerhalb der kirchlichen Obereinheiten aus. Bei den Architekten sind zudem innerhalb der konfessionellen Einheiten unterschiedliche Grade der Spezialisierung feststellbar. So haben beispielsweise im Erzbistum Paderborn mehr als 20 Prozent der Architekten bis zu sechs oder mehr Bauten entworfen.

Man kann in diesen Fällen von regelrechten „Kirchenarchitekten" sprechen, wie bei Aloys Dietrich (1902–1975), der sogar über 20 Bauten plante. Ganz anders präsentiert sich die Situation der evangelischen Lippischen Landeskirche. Die dortigen Architekten konzipierten weit überwiegend nur einen Kirchenbau. Dazu passt der Umstand, dass nicht selten ein ortsansässiger Architekt als Entwerfer zum Zuge kam. Infolgedessen unterblieb hier aus naheliegenden Gründen eine Spezialisierung auf kirchliche Bauaufgaben.

Neben weiteren Aspekten wurden die Materialien der Kirchenfassaden ausgewertet und statistisch bearbeitet. Entgegen gewisser vorherrschender Einschätzungen wurde durch das Projekt deutlich, dass Sichtbeton keineswegs als dominierender Faktor im westfälischen Kirchenbau der Nachkriegszeit angesprochen werden kann.

Traditionsbestimmter Kirchenbau

Am Beispiel von einzelnen Bauten mögen im Folgenden neue Erkenntnisse zur baulichen Entwicklung aufgezeigt werden. Die in gebotener Kürze vorzustellenden Bauwerke, darunter kirchliche Baudenkmäler und Kirchen ohne Denkmaleigenschaft, stehen exemplarisch für bestimmte Beobachtungen beziehungsweise Sachverhalte.

Der Strang des traditionsbestimmten Kirchenbaus greift auf eine historische Formensprache respektive Gestaltungsmuster der Zwischenkriegszeit zurück. Diese Architektur wurde lange Zeit als unbedeutendes Phänomen abgetan, aber in den letzten Jahren identifizierte die Wissenschaft besagtes Phänomen als bedeutsame Entwicklung innerhalb der Architekturgeschichte. Unter Begriffen wie andere Moderne, konservative Moderne, antimoderne Moderne oder – entsprechend dem gleichnamigen Forschungsprojekt an der TU Dresden – Neue Tradition versucht man heute diese Erscheinung zu fassen. Die Auswertung unserer Erfassungsdaten brachte erstens zutage, dass der traditionsbestimmte Kirchenbau wichtiger Teil der Kirchenbaugeschichte in Westfalen-Lippe nach 1945 ist. Zweitens wurde im Überblick deutlich, dass die entsprechenden Bauten keine homogene Gruppe ausbilden.

Anhand von Beispielen mag dies verdeutlicht werden: St. Mariä Himmelfahrt in Gescher (1953/54, Architekt: Hein A. Schäfer) ist sowohl in ihren Großformen als auch der Detailbildung ein anschauliches Zeugnis für die Anknüpfung an romanische Bauformen. St. Michael in Arnsberg-Neheim (1950/51, Architekt: Josef Lucas) hingegen verbindet eine traditionsbestimmte Kubatur mit Detailformen der

1950er Jahre, darunter die charakteristischen Segmentbögen. Beide Bauten besitzen im Übrigen noch stark eigenständige Altarräume.

Parallel dazu existieren Kirchen mit stärker verknüpften Räumen, was beispielsweise mit durchlaufenden Decken einhergeht. Auch formal wurde ein anderes traditionsbestimmtes Bauen ausgeprägt: So ist St. Heinrich in Reken (1954/55, Architekten: Heinrich Benteler / Albert Wörmann) ein sachlicher Traditionsbau in Anknüpfung an die Zwischenkriegsarchitektur *(Abb. 1, Abb. 2)*. Die markante evangelische Wenschtkirche in Siegen-Geisweid (1955–1958, Architekt: Karl Brunne) verfügt über eine traditionelle Kubatur und eine ebensolche Grundrissgliederung. In beiden Fällen handelt es sich um längsorientierte Räume mit eingezogenen Apsiden. In Reken ist dieser Bauteil in gestelzter Bogenform und als Rechteckraum ausgebildet. In den Details und der städtebaulichen Figur folgt Geisweid, anders als der Bau im westlichen Münsterland, formal hingegen Vorstellungen der 1950er Jahre.

Dies ist ein ungemein wichtiges Ergebnis des Projekts: Es gab eine Gleichzeitigkeit und ein Nebeneinander von Entwicklungen. Beharrende und innovative Momente existierten parallel nebeneinander. Somit sind in der Vergangenheit häufig aufgestellte lineare Entwicklungs- respektive Fortschrittsmodelle mit aufeinanderfolgenden, sich ablösenden Stufen auch im Kontext des Kirchenbaus nach 1945 nicht mehr haltbar.

Kirchenbauten des Übergangs

Bei der Beschäftigung mit den sogenannten Übergangsbauten war zu bemerken, dass ein Nebeneinander von *historisch bestimmt* und *zeitgenössisch geprägt* häufig sogar innerhalb eines Kirchenbaus anzutreffen ist.

St. Anna in Telgte-Vadrup (1958/59, Architekt: Alfons Boklage, Bischöfliches Generalvikariat Münster) beispielsweise verfügt über eine traditionelle Kubatur, verbindet dies aber mit einem zentralisierenden Grundriss. St. Pius in Arnsberg (1956/57, Architekt: Johannes Reuter jun.) hat gleichermaßen eine traditionelle Kubatur sowie einen länglichen Grundriss mit eingezogenem Altarraum. Aber die Apsis wurde nicht mehr als geschlossener Bauteil aufgefasst, sondern erhielt bereits eine vollflächige Verglasung, und „Seitenschiffe" werden nurmehr durch eine Reihe von extrem schlanken Stahlstützen angedeutet.

Eine traditionelle Kubatur und die konventionelle Anordnung des Kirchengestühls charakterisieren ebenfalls die evangelisch-reformatorische Kirche in Detmold-Heidenoldendorf (1957/58, Architekt: Kurt Wiersing). Jedoch gelangt das Seitenlicht dort über eine raumhohe und raumprägende Verglasung wirkungsvoll zum Altar. Auch bei der gleichzeitig erbauten evangelischen Matthäuskirche in Münster (1957/58, Architekten: Hopp und Jäger) besteht eine grundsätzlich traditionelle Figur mit Kirchenschiff und Turm. Indes findet sich hier die zeittypisch dynamische Gestaltung: einerseits durch fallende

95 *(Abb. 1)* Reken, St. Heinrich, Heinrich Benteler und Albert Wörmann, 1954/55

(Abb. 2) St. Heinrich, Innenansicht

(Abb. 3) Münster (Westfalen), Matthäuskirche, Hopp und Jäger, 1957/58, Innenansicht

Erfassung und Bewertung von Kirchen der Zeit zwischen 1945 und 1990 in Westfalen-Lippe

Dachlinien und andererseits durch ein markantes Flugdach auf dem Turm. Die tragende Skelettkonstruktion gliedert die ansonsten homogenen Backsteinflächen. Im Innenraum tritt die Skelettkonstruktion ebenfalls in neuartiger Weise prägend in Erscheinung *(Abb. 3)*. Es besteht aber weiterhin eine traditionelle Gestühlanordnung.

Zunehmende Heterogenität nach 1960

Vor allem ab den 1960er Jahren nahm die Heterogenität der Bauformen zu. Dennoch blieben Neuerungen oft mit traditionsbestimmten Elementen verknüpft. So ist St. Kilian in Paderborn (1965/66, Architekt: Joachim G. Hanke) zwar ein moderner Rundbau in Sichtbeton, verkörpert aber eigentlich noch die gerichtete Ordnung mit seiner axialen Ausrichtung. In Porta Westfalica knüpfte man bei St. Walburga (1968/69, Architekten: Emil Steffann / Gisberth Hülsmann) explizit über die Materialität an historisches Bauen an. Jedoch wurde eine zeittypisch verschachtelte städtebauliche Figur gewählt und zugleich die Form bedeutend reduziert. Der Raum besaß ursprünglich ein dreiseitig angeordnetes Kirchengestühl, heute allerdings verwendet man konzentrisch angeordnete Stapelstühle für den Gottesdienst.

Häufig finden sich erkennbare Formen wie das symbolhaft verstandene Zeltmotiv. So wird bei der evangelischen Johanneskirche in Lippstadt (Architekt: Rainer Mumme) aus den frühen 1960er Jahren die Idee der zeichenhaft für das pilgernde Gottesvolk stehenden Zeltform kombiniert mit einer traditionellen, gerichteten Ordnung. Verbindend für diese Zeit ist die weitgehende Reduzierung der Farbigkeit auf Materialfarben. Der Lippstädter Bau stellt einen der wenigen Vertreter dar, bei dem sich die farblose Verglasung bis heute erhalten hat. Eine ausgesprochen dynamische Zeltform wurde bei der evangelischen Jesus-Christus-Kirche in Bielefeld (1962–1966, Architekt: Dieter Oesterlen) umgesetzt *(Abb. 4)*. Sie erscheint in Kombination mit einer breiten, ausladenden Altarzone. Bemerkenswert sind ferner das konzentrische Gestühl und vor allem die spektakuläre Verglasung von Helmut Lander, bei der Farbglas und Klarglas nebeneinander Verwendung fanden *(Abb. 5)*. Diese Kirche ist Teil der bundesweit rezipierten Siedlungsplanung Sennestadt. Als freistehender skulpturaler Akzent führt sie die gestalterischen Möglichkeiten des Materials Beton eindrucksvoll vor.

St. Marien und St. Nikolaus in Borgholzhausen (1969–1971, Architekt: Otto Weicken) verkörpert anschaulich die Idee der Gottesburg. Hier wurde diese Vorstellung in Sichtbeton und skulpturalplastisch im Sinne zeitgenössischer Formen umgesetzt. Mit St. Georg in Heiden lotete der Architekt Manfred Ludes indes zur gleichen Zeit (1970/71) andere Wege aus. Zu den vielfältigen, damals möglichen Formen gehört auch die Auflösung des Baukörpers in Wandscheiben. In Heiden werden sie mittels der durchgehenden Verwendung des Achtecks zusammengehalten. Das Motiv prägt den Grundriss, die Decke und zum Teil die Verglasung. Grundsätzlich trat das Material in dieser Zeit stark als Gestaltungselement in den Vordergrund, wie die genannten Beispiele stellvertretend verdeutlichen.

Wegen ihrer vielfach schlichten, vermeintlich einfachen Ausführung sind Gemeindezentren vor allem aus den 1970er Jahren ein bislang eher gering geschätztes Phänomen. Diese Zentren wirken nach heutigen Vorstellungen zu wenig sakral. Meist zeichnet sie eine zurückgenommene städtebauliche Präsenz aus. Die Auswertung des Projekts führt jedoch eindrucksvoll vor Augen, dass sich dieser Baubestand außerordentlich heterogen präsentiert. Es gibt etliche Gemeindezentren, bei denen die Anlehnung an Formen aus dem Profanbau oder die städtebauliche Zurückhaltung durch Verzicht auf einen Turm als bewusstes Motiv genutzt wurden. In diesen Fällen ist nämlich die demonstrative Bescheidenheit in aufwendiger Weise umgesetzt, indem unter anderem sehr große Raumprogramme verwirklicht wurden. Nicht selten beeindruckt die architektonische Durchbildungen bis in die Details hinein. Gleichzeitig zeigen diese Bauten den Mut zur Erprobung neuer Konzepte, zum Beispiel konfessionsübergreifender Zentren oder auch multifunktionaler Raumlösungen.

Den Verzicht auf städtebauliche Dominanz verkörpert die evangelische Friedenskirche in Detmold (1967/68, Architekt: Rainer Mumme), der Baukörper wurde vielmehr in die Landschaft eingebettet. Dies geschieht allein schon über die Fortführung des Materials Sichtbeton in der Außengestaltung bei Wänden und Treppen. Waschbetonplatten finden sich hier, wie andernorts, im Außen- und im Innenraum. Dieses Phänomen ist zeitgleich auch im Wohn- und Verwaltungsbau zu beobachten. Der multifunktionale Raum in Detmold hat eine mobile Bestuhlung und sogar eine wohnzimmerähnliche Sitzecke mit Kamin. Das ökumenische Kirchenzentrum in Dortmund-Scharnhorst (1971–1974, Architekten: Hans Ulrich Gastreich / Mechthild Gastreich-Moritz) besitzt ein bemerkenswert großes Raumprogramm. Es ist eine der wenigen gemeinsamen Anlagen von evangelischer und katholischer Kirche, bei denen bewusst eine ähnliche Gestaltung Ausgangspunkt der Planungsüberlegungen gewesen war. Städtebaulich prägend befindet sich das Zentrum am Ende einer Fußgängerzone, wobei sich die jeweiligen Einrichtungen gegenüberliegen. Völlig anders, nämlich losgelöst von seinem baulichen Umfeld, erscheint St. Norbertus in Arnsberg (1975/76, Architekt: Werner H. Hille), der Bau ist vielmehr wirkungsvoll als Solitär konzipiert *(Abb. 6)*. Er beeindruckt durch seine aufwendige skulpturale Gestaltung bei zugleich kleinteiliger Formgebung.

Bei der zeitgleich erbauten Martin-Luther-Kirche in Paderborn (1975/76, Architekten: Funk & Menze) wurde Multifunktionalität besonders konsequent zum Thema des Entwurfs gemacht. Baukuben definieren die Flächen. Über Schiebewände sind Räume zu vereinen oder zu trennen, wobei die mobilen Wände an den raumprägenden Stahlbetonbalken entlanggeführt werden. Selbst der verschiebbare (!) Altar ist in einem kleinen abtrennbaren Raum untergebracht. Auf jegliche traditionelle Würdeformeln wurde erkennbar verzichtet.

(Abb. 4)   Bielefeld-Sennestadt, evangelische Jesus-Christus-Kirche, Dieter Oesterlen, 1962–1966

(Abb. 5)   Evangelische Jesus-Christus-Kirche, Innenansicht, Altarraum, Verglasung von Helmut Lander, 1966

Demonstrative Bescheidenheit stellt hier die programmatische Aus-gangsüberlegung dar. Dementsprechend fehlt – wie so oft in dieser Zeit – konsequenterweise ein Turm. Ferner besteht die Verglasung gleichermaßen programmatisch begründet aus Klarglas.

Bei den wenigen Kirchenbauten der 1980er Jahre finden sich Reflexe der sogenannten Postmoderne. Während bei der evangeli-schen Andreaskirche in Münster (1981/82, Architekt: Lothar Kall-meyer) vor allem die Ausbildung des Turms Merkmale dieser Stilrich-tung aufweist, zeigt St. Marien in Hamm ihre postmoderne Haltung wesentlich deutlicher *(Abb. 7)*. Der von Peter Kulka entworfene Back-steinbau, entstanden 1984 bis 1986, ist durchgängig von spielerischer, zitathafter Formensprache geprägt. Das belegen unter anderem die Turmgestaltung oder auch der separate Uhrenturm.

Sakralbauten als Ergebnis kirchenspezifischer Bedingtheiten

Die Projektauswertung hat des Weiteren einige religions- beziehungs-weise liturgiegeschichtlich interessante Ergebnisse erbracht. So wurde etwa deutlich, dass – anders als häufig in der Literatur angenommen – kirchliche Vorgaben wie Konzilsbeschlüsse in der Regel nicht der Ausgang von Veränderungen waren, sondern diese vielmehr konzessionierten.

Schon vor dem Zweiten Vatikanischen Konzil konnte ein vorge-rückter Altar in der katholischen Kirche realisiert werden. Belege hierzu finden sich bei St. Stephanus in Detmold (1957/58, Architekt: Hermann Gehrig) und St. Martin in Dortmund (1959/60, Architekt: Theo Schwill). Das korrespondiert übrigens mit Beobachtungen an-dernorts, wie in Nienberge (heute Stadt Münster), wo eine mittel-alterliche Saalkirche 1957/58 durch beidseitige Anbauten (Architekt: Eberhard M. Kleffner) erweitert wurde.[4] Demgemäß fand auch hier schon sehr früh eine durch diese Voraussetzung naheliegende drei-seitige Gestühlanordnung statt.

Eingangs war schon angedeutet worden, dass ein prägender Ein-fluss der einzelnen kirchlichen Obereinheiten auf die jeweilige bau-liche Entwicklung festgestellt werden konnte. Das galt besonders bis zum Ende der 1950er Jahre. Das Landeskirchliche Bauamt verantwor-tete für die evangelischen Bereiche Westfalens einen großen Teil der Entwürfe und schuf eine Art traditionsbestimmten „Standardtyp". Dieser wurde mit leichten Variationen an vielen Orten wiederholt und teilweise von freien Architekten rezipiert. In Geseke-Störmede und Lippetal-Herzfeld stehen derartige evangelische Kirchen nach Ent-würfen von Adolf Schulz: die Christuskirche in Störmede entstand 1951/52, die Herzfelder Dankeskapelle erst 1953/54.

---

[4]   Vgl. Reinhold Waltermann (Hg.): 500 Jahre Sankt-Sebastian-Kirche Nienberge, Münster 1999, bes. S. 222.

Vielfach nahmen die kirchlichen Bauverwaltungen indirekt Einfluss auf das Baugeschehen in Form von Gutachten und fachlichen Stellungnahmen. Ein besonders anschauliches Beispiel ist der traditionsbestimmte Baustil im Erzbistum Paderborn. Hier wirkte Alois Fuchs (1877–1971) als einflussreicher Gutachter über Jahrzehnte – und zwar vor dem Zweiten Weltkrieg und danach.[5] Beim Vergleich von Bauten der 1930er und der 1950er Jahre wird die Ähnlichkeit dieser sogenannten Fuchsbauten in Paderborn augenfällig. Zu nennen sind insbesondere St. Meinolf (Architekt: Josef Braun) von 1933/34 und St. Georg (Architekt: Josef Lucas) von 1936/37 einerseits und St. Heinrich (Architekt: Josef Lucas) von 1954/55 sowie St. Elisabeth (Architekt: Ferdinand Hürland) von 1956/57 andererseits. Prägende Bauvorstellungen einflussreicher kirchlicher Repräsentanten oder Gruppen wurden grundsätzlich auf mehreren Wegen in alle Teile der jeweiligen kirchlichen Obereinheit transportiert. Dazu dienten eigene Zeitschriften und Tagungen. Letzten Endes wurden auch durch die Priesterausbildung Leitideen vermittelt, die sich dann auf Gemeindeebene manifestieren konnten. Dieser Einfluss spiegelt sich zudem darin, dass die Architekten – wie dargestellt – größtenteils ihren Bürostandort innerhalb der jeweiligen kirchlichen Obereinheit hatten.

Eine weitere Sonderentwicklung sind die verschiedenen Typenbausysteme, die in den kirchlichen Obereinheiten entwickelt wurden. Am bekanntesten sind sicher die sogenannten Bartning-Bauten auf evangelischer Seite, ein von Otto Bartning (1883–1959) entwickeltes

---

5 Der Theologe und Kunsthistoriker Alois Fuchs leitete das Diözesanmuseum Paderborn von 1913 bis 1967 und war zugleich Fachberater des Baudezernats im Paderborner Generalvikariat.

Bausystem auf Basis von Holzfertigteilen, das im Katalog bestellt werden konnte und vielfach in ganz Deutschland in verschiedenen Varianten, darunter eine mit Seitenschiffen, errichtet wurde).[6] Kaum noch bekannt ist das aus einem Wettbewerb hervorgegangene System nach einem Entwurf des Düsseldorfer Architekten Helmut Duncker für die Rheinische Landeskirche, für das es in Dorsten-Rade ein gebautes Exemplar gibt. Auf katholischer Seite experimentierte man ebenfalls – wenn auch deutlich später – mit Typenbausystemen. Hier gab es ein heute kaum mehr bekanntes Bausystem des Bischöflichen Generalvikariats Münster für Gemeindezentren.

6   Otto Bartning zeichnete für einen weiteren Typenentwurf verantwortlich, der zum Beispiel 1949/50 mit der Friedenskirche in Wettringen realisiert wurde.

Der vielfältige Ertrag des Projekts konnte hier nur ausschnitthaft und verkürzt dargestellt werden.[7] Eine umfassende Dokumentation in Form eines Arbeitshefts der LWL-DLBW befindet sich in Vorbereitung. Wesentliches Ziel ist die dauerhafte Bewahrung der ausgewählten Baudenkmäler innerhalb des großen Bestands der Kirchen nach 1945. Sie müssen als authentische Zeugnisse überliefert werden, nicht zuletzt, um sie mit den Methoden der historischen Bauforschung als originale Quellen untersuchen zu können.

Bauforschung ist als Grundlagenermittlung für die Entwicklung von Erhaltungskonzepten elementar. Wie bei jedem anderen Baudenkmal auch, sollten im Vorfeld von geplanten Maßnahmen, insbesondere Restaurierungen, bauhistorische Untersuchungen durchgeführt werden. Denn obgleich oftmals Entwurfspläne und Baueingabepläne vorhanden sind, ist eine genaue Befundaufnahme bei den Objekten unumgänglich, um umfassende Kenntnisse über das bestehende Bauwerk zu erlangen. Ungeachtet der Planung gab es nahezu auf jeder Baustelle situativ bedingte Anpassungen oder Abweichungen in mehr oder weniger großem Ausmaß. Außerdem setzt unmittelbar mit der Baufertigstellung ein unvermeidlicher Alterungsprozess ein, dem nicht selten mit Pflege- oder Reparaturmaßnahmen begegnet wurde. Daneben können geänderte liturgische Konzepte bis hin zu Nutzungsanpassungen oder gar Nutzungsänderungen den Bestand modifiziert haben. Die Forschung am Objekt selbst ist somit unerlässlich, um alle Aspekte des Bauwerks von seiner Genese bis hin zu seiner jüngsten Entwicklung zu erfassen und darauf fußend eine Einordnung und entsprechende Bewertung vornehmen zu können. Nur in Kenntnis der gesamten Geschichte des Bauwerks in seinem Kontext ist ein angemessener Umgang mit dem Denkmal möglich. Das gilt für alle Baudenkmäler, auch die Kirchen nach 1945.

[7] Siehe zudem: Heinrich Otten, Knut Stegmann: Kirchenbau nach 1945. Ein Bericht zum Abschluss des Erfassungs- und Bewertungsprojekts in Westfalen-Lippe, in: Denkmalpflege in Westfalen-Lippe (2018), H. 2, S. 40–42; Heinrich Otten, Knut Stegmann: Kirchenbau nach 1945 in Westfalen-Lippe. Ausgewählte Ergebnisse einer flächendeckenden Untersuchung, in: Denkmalpflege in Westfalen-Lippe (2019), H. 2, S. 4–10; Knut Stegmann, Heinrich Otten, Marion Niemeyer-Onana: Erkennen und Bewahren. Kirchenbau nach 1945 in Westfalen-Lippe, in: Westfalen. Hefte für Geschichte, Kunst und Volkskunde. Berichte der Jahre 2015–2019, Bd. 99, Münster 2021, S. 141–152.

Signalfarbe und Megastruktur
der 1970er Jahre

Robin Rehm

Aus der Ferne ist bereits die Monumentalkonstruktion des von 1971 bis 1977 nach Plänen von Richard Rogers und Renzo Piano als Museum für moderne Kunst errichteten Centre Georges Pompidou zu erkennen: In den Farben Blau, Rot, Gelb, Grün und Weiß gefasst, sticht sie aus der vom graubraunen Sandstein und mattsilbernen Zinkdächern evozierten Atmosphäre der Pariser Stadtlandschaft heraus *(Abb. 1)*.[1] Von Nahem betrachtet, präsentiert die Ostansicht ein blaues, symmetrisch angeordnetes Leitungssystem von teilweise beträchtlichem Durchmesser. Ihnen beigefügt sind schmale grüne Kanäle. Vertikaleinbauten in Rot mit orthogonalen Behältern gliedern die Gesamtanlage. Tiefer in die Konstruktion zurückversetzt, schimmern gelbe Elektrokästen und Kabelschächte. Dem Ganzen vorgelagert, strahlt das Weiß der senkrecht-horizontal ausgerichteten Tragkonstruktion mitsamt Diagonalverstrebung. Das mit den vier Farben Blau, Rot, Grün und Gelb markant sich artikulierende Gebäude gilt nicht nur in Frankreich als Architekturrevolution. Entsprechende, in ihren Abmessungen ins Kolossale gesteigerte Großbauprojekte erfasst Reyner Banham mit dem Ausdruck „Megastrukturen".[2] Deren Eigenart kann laut einer von Peter Cook, Mitinitiator von Archigram Anfang der 1960er Jahre, und Heinrich Klotz formulierten Charakterisierung als „überdimensionierte, kolossale, aus mehreren Einheiten bestehende Masse" begriffen werden. Eine Art und Weise zu bauen, die, kurz gesagt, dem Bedürfnis entgegenkommt und zugleich dasselbe hervorbringt: sich vom tradierten Stadt- und Architekturverständnis zu befreien.[3] Archigram gehört, wie das Team 10, Archizoom und Superstudio, zu den in diesen Dekaden aus gewisser Unzufriedenheit heraus ins Leben gerufenen Architekturvereinigungen, vergleichbar mit der 1919 von Bruno Taut initiierten Briefgemeinschaft Gläserne Kette.[4]

Mitte der 1960er Jahre analysiert Alexander Mitscherlich die Situation. „Unfrieden", gemäß Ernst Bloch Voraussetzung für eine Revolution,[5] befürwortet er, um „nicht mit einer Schilderung der finanzielle Decrescendos [zu] ermüden über das Wüstenrot- und

1   Zum Centre Pompidou siehe Alexander Fils: Das Centre Pompidou in Paris. Idee, Baugeschichte, Funktion, München 1980; Francesco dal Co: Centre Pompidou. Renzo Piano, Richard Rogers and the making of a modern monument, New Haven 2016.

2   Vgl. Peter Cook und Heinrich Klotz, zit. n. Reyner Banham: Megastructure. Urban Futures of the Recent Past, New York 1976, S. 196, im Original: „[M]egastructure: An over-scaled, colossal, multi-unit architectural mass".

3   Vgl. ebd., S. 196.

4   Vgl. Annie Pedret: Team 10. An Archival History, London/New York 2013; Marie-Theres Stauffer: Figurationen des Utopischen. Theoretische Projekte von Archizoom und Superstudio (Kunstwissenschaftliche Studien 146), Berlin/München 2008; Iain Boyd Whyte, Romana Schneider (Hg.): Die Briefe der Gläsernen Kette, Berlin [West] 1986. Peter Cook selbst ist es, der sich auf Schriften von Bruno Taut bezieht.

5   Ernst Bloch: Marx als Denker der Revolution, in: Marx und die Revolution. Vorträge von Bloch/Marcuse/Habermas/Fischer/Künzli/Fetscher/Marković/Tadić/Fromm, Frankfurt am Main 1972, S. 7–11.

(Abb. 1)   Paris, Centre Georges Pompidou, Richard Rogers und Renzo Piano, 1971–1977

Leonberghaus, die Bimsblock-Tristesse", die nichts übrig lässt als den Trost einer „Sonntagsfahrt ins Grüne".[6]

Großbauten und farbige Technik

Großbauprojekte wie das Centre Pompidou revolutionieren das Verhältnis der Architektur zur Technik – aber nicht ohne sich jenem Element zu bedienen, das die Rationalität maschinenmäßiger Bauteile zunächst negiert: die Farbe. Entsprechende Gebäudestrukturen mit farbigen Bauelementen sind zahlreich.[7] Ludwig Leos Umlauftank 2 (UT2) in Berlin-Charlottenburg, von 1968 bis 1974 geplant und errichtet für die Forschung der Technischen Universität, zeigt eine mächtige, zwecks eines zyklisch in sich geschlossenen Wasserkreislaufs in der Farbe Rosa gefasste Röhre mit einem fünf Decks hohen Aufbau in Dunkelblau und grünem Traggerüst *(Abb. 2)*.[8] Demgegenüber präsentiert sich das 1972 bis 1978 in Zürich-Herdern nach Plänen von Theo Hotz errichtete Fernmeldebetriebszentrum mit einem „durch Pulverlack im Farbton ‚silber metallisé'" beschichteten Aluminiumblech verkleideten Baukörper, expliziert Hubertus Adam.[9] Zugänglich über ein gelbes Schleusentor inszenieren flache und hohe Volumen sowie senkrechte und schräge Wandflächen ein optisches Spiel, das ein gelber Kamin im Zentrum und übermäßig skalierte Lüftungskanäle in zwei verschiedenen Gelbtönen an der Nordwest- und Nordostecke akzentuieren *(Abb. 3)*.[10] Mit den Farben wird nicht bloß das technische Erscheinungsbild der Gebäude sublimiert. Vielmehr gleichen sie sich Signalfarben an, die in der Architektur bis dahin allein ausschließlich technischen Konstruktionsdetails und der Haustechnik vorbehalten waren.

Folglich ist zwischen der konzeptuell auf Harmonie, beziehungsweise Komplementärkontrast, ausgerichteten Farbe und der rein technischen Farbe, die Obacht oder Gefahr signalisiert, zu unterscheiden. Speziell in der Architektur tritt hinzu, dass traditioneller Auffassung zufolge Farbe lediglich „Zutat" ist, wie Ulrich Conrads angesichts des Centre Pompidou anmerkt, auch dann, wenn sie die Rolle von auf

6   Alexander Mitscherlich: Die Unwirtlichkeit unserer Städte. Anstiftung zum Unfrieden, Frankfurt am Main 1972, S. 13, 58.
7   Techniken werden entwickelt, anhand derer Farbe mit Metall und Plastik verbunden werden kann. Siehe dazu erläuternde Beiträge in der damaligen Fachliteratur: o. A.: Kunststoff-Fassaden-Verkleidungen, in: Bauwelt 64 (1973), H. 20, S. 902–905; o. A. [Initialien Ru]: Technik: Farbe am Neubau, in: Bauwelt 67 (1976), H. 19/20, S. 614; Gottfried Th. Prölß: Farbzeichen. Zum Internationalen Farb-Design-Preis, in: Bauwelt 75 (1984), H. 47, S. 1994–2011.
8   Vgl. Georg Harbusch: „Es ist nichts Verwerfliches, nur eine Hülle zu gestalten." Ludwig Leo und der Umlauftank 2, in: Wüstenrot Stiftung (Hg.): Ludwig Leo: Umlauftank 2, Leipzig 2020, S. 27–108; Christoph Rauhut, Kerstin Wittmann-Englert, Philip Kurz im Gespräch mit Anh-Linh Ngo, in: Arch+ features 100: Architektur als Experiment. Ludwig Leos Umlauftank (2017), S. 3–22.
9   Hubertus Adam: Fernmeldebetriebszentrum, Zürich-Herdern, in: Ders. (Hg.): Theo Hotz. Architektur 1949–2002, Baden 2003, S. 30–39, hier S. 38.
10   Vgl. ebd.

(Abb. 3)   Zürich-Herdern, Fernmeldebetriebszentrum, Theo Hotz,
1972–1978

„Nutzung deutenden Signalfarben" übernimmt.[11] Conrads deutet die
mehrere Aufgaben umfassende Funktion der Signalfarbe an. Im 1975 in
Bauen + Wohnen publizierten Artikel „Die Sprache der Farbe in der
Architektur" diskutiert Helga Scholl die Eigenart solcher als Signal
eingesetzter Farben Gelb, Rot und Blau. Nach ihrer auf Regeln der
Sinneswahrnehmung basierenden Farbenästhetik kommt jedoch die
„Signalwirkung dieser Farben [...] nur im Kleinen richtig zur Wirkung".[12] Allein dann entfaltet gemäß Scholl die Farbe den für sie maß-
gebenden „Erinnerungswert".[13] Große Flächen mit reinen Farben un-
terbinden hingegen das Sich-Einstellen von Erinnerungen, negieren
zugleich ihren mit der Form korrelierenden Charakter. Letztlich bilden
sie „die höchste Stufe des Risikos [...], ausschließend und absolut zu
wirken".[14] Daher ist jede „,Aggressivität' der Farbe" zu vermeiden.[15]
Maßgebend sind, so gesehen, allein Harmonie herstellende Farb-
verhältnisse. Aber die Farbgebung von Großbaustrukturen, wie dem
Centre Pompidou, zielt nicht auf Wohlgefallen, sondern auf Heiteres.
„[W]ir wollten", äußert Richard Rogers rückblickend, „ein kulturelles

11   Ulrich Conrads: [Einleitung] Frankreichs Centre National d'Art et de Culture George Pompidou
in Paris, in: Bauwelt 68 (1977), H. 11, S. 316–317, hier S. 317. Siehe zum Verständnis der Farbe in
der Architektur als Angefügtes zudem Robin Rehm: Der Parthenon in Rot. Sempers
Farbenarchäologie, in: Uta Hassler (Hg.): Polychromie & Wissen, München 2019, S. 40–59.

12   Helga Scholl: Die Sprache der Farbe in der Architektur, in: Bauen + Wohnen 29 (1975), H. 10,
S. 412–414, hier S. 414.

13   Ebd.

14   Ebd.

15   Ebd.

Warenhaus schaffen, ein lustiges Gebäude zur Freude der Leute".[16] Das Centre Pompidou geht auf Distanz zum Anmutig-Schönen der Architektur. Stattdessen verknüpft es sich mit dem Komischen. Reyner Banham führt in seinem Standardwerk *Megastructure* hinsichtlich des Centre Pompidou aus: „Sogar die leuchtenden Primärfarben, mit denen die Kanäle und Rohre und Energiestationen bemalt sind, scheinen die Fröhlichkeiten der heiteren Megastrukturen Mitte der 60er Jahre wachzurufen."[17] Gebäudetechnik, wie die von Banham angesprochenen Objekte der Installation und Elektrizität, werden also nicht einfach bunt bemalt, sondern als Unansehnliches mittels weithin sichtbarer Farbe ins Satirische oder Komische transferiert.

Signalfarbe der Maschine: Le Corbusier

„Baukunst oder Revolution" fragt Le Corbusier in *Vers une architecture* nach den beiden Alternativen.[18] „Überall sieht man Maschinen, die dazu dienen, irgend etwas zu erzeugen und die ihre Erzeugnisse in Reinheit hervorbringen und auf eine Art, die wir bewundern müssen."[19] Verkehrsmittel wie Schiffe, Flugzeuge und Automobile werden von Le Corbusier tradierter Baukunst genauso gegenübergestellt wie Motoren, Turbinen und Pumpen. Die Architektur amalgamiert mit der Maschine. Seit dem 1921 von ihm entwickelten Maison Citrohan liebäugeln seine Hausentwürfe, konstatiert Stanislaus von Moos, mit solchen Fortbewegungsmitteln.[20] „[E]in Haus wie ein Auto", bekennt Le Corbusier, „entworfen und durchgebildet wie ein Gesellschaftswagen oder wie eine Schiffskabine. Die heutigen Wohnungsbedürfnisse können genau umschrieben werden und fordern eine Lösung."[21]

Innerhalb dieses Wechselverhältnisses von Architektur und Technik weist Le Corbusier der Farbe eine besondere Aufgabe zu. Komponierte er in den 1920er und 1930er Jahren Farbtöne, um, wie Arthur Rüegg darlegt, an Fassaden und in Innenräumen ein Vor- und Zurückspringen sowie Ineinanderübergehen von Wandflächen zu erzeugen,[22] so modifiziert er bei den ab 1947 entstehenden fünf Typen

---

16 Richard Rogers im Interview mit Alexander Fils, in: Fils 1980 (wie Anm. 1), S. 102.
17 Banham 1976 (wie Anm. 2), S. 214, im Original: „Even the bright primary colours with which the ducts and pipes and power-packs are painted seem to recall the gaieties of the merry megastructural middle sixties."
18 Le Corbusier: Kommende Baukunst, Berlin/Leipzig 1926, S. 233 [Hervorhebung im Original].
19 Ebd., S. 243.
20 Vgl. Stanislaus von Moos: Le Corbusier. Elemente einer Synthese, Frauenfeld 1968, S. 92–96.
21 Le Corbusier 1926 (wie Anm. 18), S. 79.
22 Vgl. Arthur Rüegg: Schräge Linien. Zur Farbgestaltung der Wohneinheit „Typ Berlin", in: Bärbel Högner (Hg.): Le Corbusier Unité d'habitation „Typ Berlin", Berlin 2020, S. 135–166, hier S. 137–138.

der Unité d'habitation das Konzept.[23] Generell fokussiert ihre Farbgebung auf das Prinzip der Gruppierung. Kombinationen entstehen, die Farben repetitiv zu Mustern zusammenfassen.[24] Die im Typ Marseille eingesetzten technischen Anlagen, angepriesen in *Vers une architecture*, sind farbig gefasst *(Abb. 4)*.[25] Nach Roberto Gargiani und Anna Rosellini sind Wassertanks und Pumpen rot, elektrische Leitungen gelb, andere Rohre weiß usw.[26] Bruno Taut, der 1927 in der Stuttgarter Weißenhofsiedlung ein kleines Einzelwohnhaus in Nachbarschaft zu den Wohnhäusern Le Corbusiers errichtete,[27] integrierte gelbe, rote und blaue Heizungsrohre und Radiatoren in seinem kurz vorher fertiggestellten Wohnhaus in Dahlewitz *(Abb. 5)*.[28]

23	Zu den vier Typen der Unité d'habitation siehe Franz Graf: Das vielfache Leben der Unité d'habitation, in: Bärbel Högner (Hg.): Le Corbusier Unité d'habitation „Typ Berlin", Berlin 2020, S. 167–201.
24	Vgl. Rüegg 2020 (wie Anm. 22), S. 139. Ansätze analoger Farbgestaltung finden sich bereits in Bruno Tauts 1913 für die Siedlung Falkenberg, Berlin-Grünau, entwickeltem Farbkonzept. Siehe dazu Robin Rehm: Geometrisches Ornament und erster Stil. Bruno Tauts farbige Fassadengestaltung der Siedlung Falkenberg, in: Giacinta Jean (Hg.): La conservazione delle policromie nell'architettura del XX secolo, Florenz 2013, S. 140–159. Ausgehend vom Material, wie heute gemeint ohne Reflexion, also unter Verzicht auf Einsicht in jeden ästhetischen Gehalt, der für Tauts Architektur eigentlich konstitutiv ist, ist dieses Konzept nicht zu erfassen.
25	Vgl. Rüegg 2020 (wie Anm. 22), S. 140.
26	Vgl. Roberto Gargiani, Anna Rosellini: Le Corbusier. Béton Brut and Ineffable Space, 1940–1965. Surface Materials and Psychophysiology of Vision, New York 2011, S. 52.
27	Vgl. von Moos 1968 (wie Anm. 20), S. 376.
28	Siehe die Erläuterung der farbigen Fassung der Heizungsinstallationen von Winfried Brenne: Die Konservierung und Restaurierung der Polychromie in der Stadt. Die Siedlungen in Deutschland, in: Giacinta Jean (Hg.): La conservazione delle policromie nell'architettura del XX secolo, Florenz 2013, S. 122–139, hier S. 132; siehe auch Arthur Rüegg: Farbe in der Architektur. Le Corbusiers Polychromie Architecturale und seine Farbenklaviaturen 1931 und 1959, in: Farbe + Design (1987), H. 41/42, S. 5–21, hier S. 8–9.

Le Corbusiers Interesse für Verkehrsmittel verbindet sich mit der Architekturfarbgebung. Seit Anfang des 19. Jahrhunderts werden feststehende Elemente von beweglichen farblich abgesetzt: Räder und Verbindungsstangen von Lokomotiven, Schaufelrädern und Antriebskurbeln von Schiffen etc. erscheinen leuchtend rot. Unter dem Lemma „Signalrot" heißt es 1927 in Hugo Hilligs *Fachwörterschatz des Malers und Lackierers*: „Teerfarbe von leuchtendem Rot, für Firmenschilder, Eisenbahnsignale usw. bestimmt. Lichtecht und haltbar."[29] Konkret gebrauchte man dafür den Namen „Zinnober-Ersatz" mit den Beinamen „Imitationszinnober, Zinnober-Imitation, Signalrot, Modellrot, Granatrot, Autorot, Wagenrot", ausgeführt vornehmlich in Öl und Lack.[30] Entsprechende Töne übernahmen, wie dargelegt, keine dekorative, sondern eine dem Zeichen entsprechende Aufgabe. Für Signalfarben, etwa Lacke zur Behandlung von Maschinen und Installationen, werden chemische Farben verwendet, die anders als Leim- und Mineralfarben gegenüber Witterung und mechanischem Abrieb unempfindlich sind. Nach 1950 wandelt sich die Farbtechnologie. Im Bereich der Architektur werden die alten Pigmentfarben, ehedem auf der Baustelle angerührt und gemischt, von Kunstharz- und Dispersionsfarben abgelöst.[31] Arthur Rüegg betont, dass die Farbe auf diese Weise ihre Beziehung zur Natur verliert. Nicht mehr liefern Pigmente mit ihrem jeweils eigenen Charakter den Farbton, sondern chemisch gewonnene Farbstoffe, die man anhand einer Farbenkarte auswählt.[32] Le Corbusier greift seit der Unité d'habitation in Marseille auf Industrieprodukte der in La Courneuve ansässigen Firma Berger zurück, die „in den Qualitäten ‚MATROIL' und ‚MATRONE' die von ihm verlangten Farbtöne in matter Qualität garantieren" kann.[33]

Die in den 1960er und 1970er Jahren vielerorts entstehenden Großbauten steigern die Nachfrage nach großflächig auftragbaren Farben. Anwendungsverfahren, die dem entgegenkommen, werden entwickelt. Insbesondere die Oberflächenbehandlung mit Farben von Beton, Metall, Glas und Kunststoffen gelangt in den Fokus von Architektur und Farbenindustrie. Farbmittelzusammensetzungen und Beschichtungsmethoden diversifizieren sich. „Die Industrie, immer noch ein empfindlicher Seismograph für neue Trends", stellt man 1976 in der *Bauwelt* nüchtern fest, „hat sich auf die Wünsche längst eingestellt: Sie hat ein Verfahren entwickelt, das es erlaubt Metallteile einfacher und wirksamer farbig zu lackieren als es bisher möglich war."[34] Gemeint ist eine „seit Anfang der 1960er Jahre" bekannte „Pulverbeschichtung", die „sich aber für den Fassadenbau erst seit einigen Jahren durchzusetzen beginnt."[35] Die Aluminiumpaneele von Hotz'

29	Hugo Hillig: Fachwörterschatz des Malers und Lackierers, Berlin 1927, S. 158.
30	Gustav Plessow: Die Anstrichstoffe. Ein Auskunftsbuch über ihre Rohstoffe, Herstellung, Eigenheiten, Verwendung, Bezugsquellen usw., Berlin/Leipzig 1928, S. 228.
31	Vgl. Rüegg 1987 (wie Anm. 28), S. 19.
32	Vgl. ebd.
33	Ebd.
34	O. A., Technik: Farbe am Neubau 1976 (wie Anm. 7), S. 614.
35	Ebd.

Fernmeldebetriebszentrum sind, wie erwähnt, mit entsprechendem Pulverlack behandelt *(vgl. Abb. 3)*. In den Jahren von 1970 bis 1980 werden zahlreiche Annoncen für die unterschiedlichsten Farbverfahren in der *Bauwelt* geschaltet. Angepriesen wird etwa ein „Pulverlack", der sich „SYNTHA-PULVIN 34 NE" nennt und als „mörtelsicher und schlagfest" erweist.[36] Außerdem findet sich „bandbeschichtetes Feinblech in Tafeln und Rollen" unter den Produkten, vertrieben unter dem Namen „THYSSEN color".[37] Le Corbusier antwortet auf diese Bestrebungen der Industrie, indem er für den von 1964 bis 1967 am Zürichsee errichteten Ausstellungspavillon das traditionelle Verfahren von Blechpaneelen aus Emaille aktualisiert, deren Farben Weiß, Gelb, Rot, Grün und Schwarz, so gibt Stanislaus von Moos zu bedenken, gleichwohl die Eigenart „des Signalhaften, Heraldischen, Festlich-Volkstümlichen" annehmen.[38]

Farbe und Collage: Archigram

Über die Baukonstruktion hinaus dehnt Banham den eingangs angesprochenen Ausdruck Megastrukturen auf einen sowohl die Stadt als auch das ganze Land betreffenden Maßstab aus. Angeführt wird von ihm das von Paolo Soleri nach 1964 entwickelte „Veladiga Arcology Project", das sich durch Kleinstwohnzellen auszeichnet, eingestellt in imposante, an Le Corbusiers Hohes Gericht in Chandigarh (1954–1957) erinnernde Betonbögen mit den massigen, „ursprünglich weiß gekalkt[en]" Pylonen, „seit 1962 sind sie grün, gelb und rot gestrichen."[39] Der Rückbezug auf Le Corbusier ist allenthalben in den in großen Dimensionen gedachten Entwürfen zu erkennen. Doch artikuliert sich diese Bezugnahme in einer Negation. Folglich lässt Banham anklingen, dass die Archigram-Mitglieder sich von Le Corbusiers bereits 1924 im Plan Voisin vorformulierter und in der Charta von Athen festgelegter Aufteilung der Stadtzonen in die voneinander separierten Zonen Wohnen, Arbeiten, Erholung und Verkehr konsequent abwenden.[40] Stattdessen propagieren ihre Projekte einfach das Gegenteil: nämlich die vollständige Integration aller fürs Leben notwendigen Bereiche in eine Gebäudestruktur.[41] Der Dialog, den Peter Cook, Warren Chalk, Dennis Crompton, David Greene, Ron Herron und Mike Webb in ihren Arbeiten mit Le Corbusier führen, zeitigt Projekte, die die Architektur der 1970er Jahre antizipieren. Peter Blake äußert über das Verhältnis von Archigram zu Le Corbusier: „Wenn ich darüber

36   Annonce VP-Vereinigte Pulverlack GmbH, in: Bauwelt 67 (1976), H. 19/20.
37   Annonce Thyssen, in: Bauwelt 67 (1976), H. 6.
38   Stanislaus von Moos zit. n. Arthur Rüegg: Monochromie und Ornament: Le Corbusier und die Farbigkeit der Architektur, in: Christian Brändle (Hg.): Le Corbusier und die Farbe. Pavillon Le Corbusier, Ausst.-Kat. Hochschule für Gestaltung Zürich, Zürich 2021, S. 32–47, hier S. 46.
39   Banham 1976 (wie Anm. 2), S. 201; zu Le Corbusiers Hohem Gericht in Chandigarh von Moos 1968 (wie Anm. 20), S. 311–312.
40   Vgl. von Moos 1968 (wie Anm. 20), S. 179–271.
41   Vgl. o. A.: Ein Archigram-Programm 1961–74, London 1994, S. 110–191.

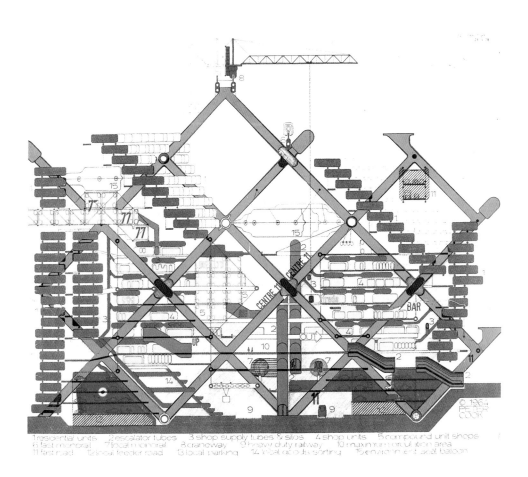

nachdenke, was Archigram für mich und einige meiner Zeitgenossen getan hat, denke ich unwillkürlich an Le Corbusiers Ausblick auf eine Architektur – worin er in den frühen zwanziger Jahren die Vision einer neuen Welt mit Bildern von Automobilen, Schiffen, Flugzeugen, von Getreidesilos, Fabriken und Armaturen beschworen hat. Die Schrift wirkt heute ein wenig antiquiert man müßte sie überarbeiten. Meine Freunde von Archigram haben genau das getan –."[42] In der Tat tauchen in den Archigram-Collagen die von Blake genannten Verkehrsmittel, Ballone und Zeppeline (Instant City, 1969–1970) und Unterseeboote (Seaside Bubbles, 1966) auf.[43] Cooks und Greenes Collage *Archigram Paper One* von 1961 präsentiert das mit dem Duktus von Le Corbusier, gleichwohl inhaltlich gegen ihn verfasste Programm: Entstehen soll eine Architektur mit Konstruktionen und Räumen, die mittels Gestalten des Fließens organische und kristalline Strukturen bildet und sich auf diese Weise gegen Vorgaben der Moderne wendet.[44] Zahlreiche Projekte resultieren aus der Konzeption für die Plug-in City.[45] Cook zeichnet den Aufriss einer solchen, in Makro- und Mikroelemente gegliederten Struktur *(Abb. 6)*. Farben differenzieren die Einheiten: Das Tragsystem ist grün. Rot sind der Krahn und die Garagen. Aufzüge werden Violett gekennzeichnet. Gelb und Rosa markieren Geschäfte. Wohneinheiten setzen sich in Schwarz und Weiß vom Gesamtsystem ab. Und Hellblau erscheint schließlich ein zeppelinförmiges Erlebnisenvironment. Das Konzept distanziert sich radikal von an Sinneswahrnehmung sich orientierenden Farbenlehren. Prinzipien, die der Moderne der 1920er Jahre angehören, wie harmonische Kombination, Komplementärkontrast, Ausrichtung aufs Tageslicht sowie das Vor- und Zurückspringen von Wandflächen, werden negiert. Momente, die die Sinne anrühren, werden vermieden. Maßgeblich sind nun, wie vorstehend mit Ulrich Conrads im Fall des Centre Pompidou konstatiert, die auf „Nutzung deutenden Signalfarben".[46] Maschinenfarben, die ehedem bewegliche Elemente von feststehenden absetzen und auf Gefahrenpotenzial verweisen, werden konsequent auf den Maßstab der sinneübertreffenden Strukturen inklusive ihrer Mikroeinheiten übertragen.

42   Peter Blake: Viertes Vorwort, in: Peter Cook et al.: Archigram, Basel/Berlin/Boston, 1991, S. 7.
43   Vgl. Alain Guiheux (Hg.): Archigram, Ausst.-Kat. Galerie Nord, Centre national d'art et de culture Georges Pompidou, Paris 1994, S. 35, 141–143, 201.
44   Vgl. Peter Cook et al.: Archigram, Basel/Berlin/Boston, 1991, S. 8–11.
45   Vgl. ebd., S. 36–43; siehe außerdem: Ausst.-Kat. Paris 1994 (wie Anm. 43), S. 87–94.
46   Conrads 1977 (wie Anm. 11), S. 317.

Von der Resonanz, die Archigram erhält, ist Cook erstaunt: „Und es gibt immer wieder neue Verbündete, in Japan vor allem, oder in dem, was um Los Angeles gärt. Am heftigsten aber, und das überrascht und fasziniert uns, artikuliert sich die Nachfrage im deutschsprachigen Raum."[47] Das Sublime korreliert von Haus aus mit dem Erhabenen. Wie von Blake angemerkt, der die Gestaltung des Beatles-Albums *Sgt. Pepper's Lonely Hearts Club Band* mitverantwortet, stoßen die Archigram-Collagen im London der 1960er Jahre auf reges Interesse.[48] Bevor die Tragkonstruktion des Centre Pompidou, die, wie Pontus Hulten berichtet, vorübergehend orange werden sollte, einen weißen Farbton erhält,[49] entwickeln 1968/69 Richard und Su Rogers in London das nicht realisierte Konzept des Zip-up-Hauses – einen gelben Bungalow mit rosa Stelzen, vergleichbar mit den von Cook für die Geschäftseinheiten vorgesehenen Farben der Plug-in City, wie Barry Bergdoll und Peter Christensen zeigen.[50] Dieser Impuls, den Archigram der Architektur Ende der 1960er Jahre verleiht, ist außerdem im kurz besprochenen Umlauftank Leos zu erkennen, dessen Fotografie *(vgl. Abb. 2)* auf dem Einband der Nummer 1 der Archigram-Zeitschrift *NET* zusammen mit einem Porträt von Colin Rowe erscheint. Das von Leo außen und innen umgesetzte Farbschema ähnelt dem von Archigram verwendeten Signalfarbenkonzept. Rückblickend äußert Peter Bade: „Die Farbgestaltung wurde nach dem Wettbewerb am Plexiglas-Modell besprochen. Diese Gespräche fanden in erster Linie zwischen Ludwig Leo und dem Senatsbaudirektor Müller statt. Im Ergebnis färbte man das aufgesattelte Laborgebäude blau, die Röhre pink und die gesamte tragende Stahlkonstruktion grün. Es waren Pop-Art-Farben könnte man sagen."[51] Was man bei Leos Umlauftank als Verknüpfung von Architektur und Pop-Art erachtet,[52] kennzeichnet die der Kunst der 1960er Jahre eigene Auflösung ehemals umrissener Gattungsgrenzen zwischen Architektur, Malerei und Plastik, herbeigeführt von der Collage. Theodor W. Adorno verweist auf das Phänomen in dem am 23. Juli 1966 an der Akademie der Künste in West-Berlin gehaltenen Vortrag „Die Kunst und die Künste": „Es ist, als knabberten die Kunstgattungen, indem sie ihre festumrissene Gestalt negieren, am Begriff der Kunst selbst. Urphänomen der Verfransung der Kunst war das Montageprinzip, das vor dem Ersten Weltkrieg in der kubistischen Explosion und, wohl unabhängig davon, bei Experimentatoren wie Schwitters und dann im Dadaismus und im

---

47   Peter Cook: Ergänzende Anmerkungen zu Wiederauflage und Übersetzung, in: Cook et al. 1991 (wie Anm. 44), S. 3.

48   Vgl. Blake 1991 (Anm. 42), S. 7.

49   Vgl. Interview von Alexander Fils mit Pontus Hulton, in: Fils 1980 (wie Anm. 1), S. 106.

50   Vgl. Barry Bergdoll, Peter Christensen: Home Delivery. Fabricating the Modern Dwelling, Ausst.-Kat. The Museum of Modern Art, New York, New York 2008, S. 148–151; Dal Co 2016 (wie Anm. 1), S. 39–42.

51   Interview mit Peter Bade, in: Wüstenrot Stiftung (Hg.): Ludwig Leo: Umlauftank 2, Leipzig 2020, S. 255–281, hier S. 257.

52   Vgl. Stauffer 2008 (wie Anm. 4), S. 149–181.

Surrealismus hochkam."[53] Zeichnerische und farbige Versatzstücke, etwa die Modulor-Figur von Le Corbusier, werden in Leos Repräsentationsdarstellungen, Bauplänen und der ausgeführten Konstruktion mit dem Umlauftank kombiniert.[54] Zudem ist es die im Umlauftank installierte Maschine, gefasst in Rot, Gelb und Grün, im Sinn der Signalfarbe, die sich der Buntheit ohne Harmonieprinzip bedienen. Die Maschine, von Le Corbusier zum Bestandteil der Lebenswelt deklariert, wird als technisch produziertes Objekt mittels Farbe ins Gebiet des Rationalen überführt. Leo rekurriert dabei genauso wie Archigram auf das Verkehrsmittel. Über die mehrere Etagen hohe Halle, die sich innen grün und orange zeigt, führt Bade aus: „Ich glaube, Ludwig Leo hatte genau das im Kopf: es sollte das Innere eines Schiffes sein, diese Halle. So hatten wir es auch alle empfunden."[55] Analogien bilden sich: Das durch die imposante Röhre strömende Wasser entspricht diesem Bild und erinnert an ein von einer riesigen Schraube angetriebenes Schiff.

Megastruktur und Reflexion

Das Schiff geriert einmal mehr zum Vorbild. Ihm, wie auch anderen Fortbewegungsmitteln, gleicht sich die in Rede stehende Architektur großen Maßstabs an.[56] Le Corbusier liefert das Passepartout: In *Vers une architecture* collagiert er die Fotografien von Notre-Dame de Paris und des Tour St. Jacques sowie des L'Arc de Triomphe und der L'Opéra Garnier mit der Silhouette des Ozeandampfers Aquitania *(Abb. 7)*. Das riesige Linienschiff, Repräsentant der Technik, der Europa mit Amerika verbindet, konturiert Künftiges. „Der

53   Theodor W. Adorno: Die Kunst und die Künste, in: Ohne Leitbild. Parva Aesthetica, Frankfurt am Main 1967, S. 158–182, hier S. 179. Adornos Wendung „Verfransung der Künste" deutet auf die der Kunst der 1960er Jahre eigene Auflösung der Grenzen zwischen den einzelnen Kunstgattungen hin. Georg W. Bertram, Stefan Deines und Daniel Martin Feige beschäftigen sich im Vorwort ihres Sammelbands, der den Titel von Adornos Berliner Vortrag übernimmt, mit der dort diagnostizierten Auflösung der Kunstgattungen. Dass „die Grenzen zwischen ihnen mehr und mehr durchlässig werden", resultiert nach ihrem Verständnis Adornos daraus, dass es in der Moderne „zunehmend zu einer Assimilierung künstlerischer Formen durch die Gesellschaft" kommt und die Kunst „in der Folge an kritischem Potential" verliert. Georg W. Bertram, Stefan Deines, Daniel Martin Feige: Vorwort, in: Dies.: Die Kunst und die Künste. Ein Kompendium zur Kunsttheorie der Gegenwart, Frankfurt am Main 2021, S. 9–14, hier S. 9. Aber der Plural der Künste bezeichnet die in der Kunsttheorie der Tradition klar umrissene Trennung zwischen den Gattungen. Indes resultiert ihr Singular aus der Doktrin Kant'scher Ästhetik, die die fortan alle Kunstgattungen in sich einschließende Kunst mittels des Materials legitimiert. Vgl. Jacques Rancière: Das Unbehagen in der Ästhetik, Wien 2016, S. 15–16.
54   Die Zeichnung eines Aufrisses des für den Umlauftank projektierten Labors zeigt eine stehende Figur mit hochgestreckter Hand, die für Le Corbusiers Modulor genauso bezeichnend ist wie für die Baunormenlehre Ernst Neuferts. Vgl. Abbildung der Technikinstallationen und des Laboraufrisses: Wüstenrot Stiftung (Hg.): Ludwig Leo: Umlauftank 2, Leipzig 2020, S. 98–107, 123.
55   Interview mit Peter Bade (wie Anm. 51), S. 257.
56   Zur Rolle der Bewegung bei der Legitimation von Architektur in der Moderne siehe Robin Rehm: Aby Warburgs „moderner Aviatiker". Das Design und das Verkehrsmittel, in: Siegfried Gronert, Thilo Schwer (Hg.): Positionen des Neuen. Zukunft im Design, Stuttgart 2019, S. 144–157.

Ozeandampfer", erläutert Le Corbusier diesen Vorgang, „ist die erste Etappe auf dem Weg zur Verwirklichung einer Welt, die der Wille eines neuen Geistes organisiert."[57] Der Schattenriss der Aquitania, sorgfältig von einer Linie umzogen, beinhaltet die Produktion eines plastischen beziehungsweise technischen Objekts. Aus der Nähe betrachtet erweckt ein Detail besondere Aufmerksamkeit. Auf dem Oberdeck in unmittelbarer Nachbarschaft zu Tour St. Jacques und L'Arc de Triomphe setzen sich vom dunklen Grund des Schiffskörpers Luftschächte mit für sie charakteristischen 90-Grad-Krümmungen und in Fahrtrichtung weisenden Trichtern ab. Analog dazu kommentiert Le Corbusier eine Fotografie vom Deck der „‚Aquitania‘, Cunard Line", die gebogene Lüftungsschächte, ein Steuerrad und den Maschinentelegraf wiedergibt, mit den Worten: „Dieselbe Ästhetik wie bei eurer englischen Pfeife, bei euren Büromöbeln, bei eurer Limousine."[58]

Die Collagen von Archigram greifen das dem Schiffsbau entlehnte Motiv des Luftkanals auf. In Ron Herrons *Free Time Node Trailer Cage* (1966) figuriert es, gelb gefasst, in einer grünen Rahmenkonstruktion als Anschluss für Wohnzellen.[59] Das Centre Pompidou flankieren entlang der Esplanade im Westen und an den an der Rue Beaubourg gelegenen Ecken kolossale Lüftungsschlote in Weiß. Die Farbfassung der riesigen Schlote mit ihren um 90 Grad gekrümmten Öffnungen korrespondiert mit dem weißen Tragsystem, für das man, wie erwähnt, vorübergehend Orange vorsah. „Ich dachte", erinnert sich Hulten, „daß das schrecklich wäre. Nun, Orange ist eine gute Farbe in New York, aber in Paris sieht das billig aus. Mein Vorschlag war dann Dunkelblau, wie die Straßenschilder in Paris. Das ist eine sehr interessante Farbe, die anders zu verschiedenen Tageszeiten wirkt. Jetzt ist die Struktur weiß gestrichen – ich bedaure das sehr."[60] Mit Weiß entschied man sich für eine weniger aus der Umgebung herausstechende Farbe. Kaum vergleichbar ist sie mit dem tradierten Verständnis, etwa eines „Symbol[s] der Reinheit", wie es Gustav Theodor Fechner in der *Vorschule der Ästhetik* nennt.[61] Viel-

57   Le Corbusier 1926 (wie Anm. 18), S. 82; zu den Schiffsmotiven bei Le Corbusier: von Moos 1968 (wie Anm. 20), S. 90, 95, 245; Ders.: Der Fall Le Corbusier. Kreuzbestäubungen, Allergien, Infektionen, in: Vittorio Magnago Lampugnani, Romana Schneider (Hg.): Moderne Architektur in Deutschland 1900 bis 1950. Expressionismus und Neue Sachlichkeit, Stuttgart 1994, S. 178.

58   Le Corbusier 1926 (wie Anm. 18), S. 79.

59   Vgl. Ausst.-Kat. Paris 1994 (wie Anm. 43), S. 59.

60   Interview von Alexander Fils mit Pontus Hulton, in: Fils 1980 (wie Anm. 1), S. 106–107, hier S. 106.

61   Gustav Theodor Fechner: Vorschule der Ästhetik, Bd. 2, Leipzig 1925, S. 228 [Nachdruck Hildesheim/New York 1978]. In Jan de Heers Studie über Le Corbusiers Architekturpolychromie wird herausgearbeitet, dass im Kontext der Zeitschrift *L'Esprit Nouveau* Regeln der empirischen Ästhetik, die sich in Abgrenzung zur Metaphysik auf die Physiologie und Psychologie beruft, beispielsweise Fechners *Vorschule der Ästhetik*, eine kunstkonstituierende Bedeutung zukommt. Dort heißt es: „Nous sommes aujourd'hui quelques esthéticiens qui comme la physiologie ou la physique." Einleitung, in: L'Esprit Nouveau 1 (1920), o. S., zit. n. Jan de Heer: The Architectonic Colour. Polychromy in the Purist Architecture of Le Corbusier, Rotterdam 2009, S. 33; vgl. zu Fechners Ästhetik ebd., S. 34–36; Robin Rehm: Das Bauhausgebäude in Dessau. Die ästhetischen Kategorien Zweck Form Inhalt, Berlin 2005, S. 95.

mehr kann das Weiß symbolisch mit dem Schiff in Zusammenhang gebracht werden. Das Symbol als Besonderes, in dem sich Allgemeines ausspricht, ist Bestandteil intellektueller Reflexion der 1970er Jahre.[62] Der erwähnte Luftschacht des Centre Pompidou ist ein solches Symbol und findet sich, wie oben gezeigt, als Motiv des Schiffs auch in anderen Architekturprojekten, etwa bei den mit hellem und dunklem Gelb Zu- und Abluft kennzeichnenden Luftschächten des Hotz'schen Fernmeldebetriebszentrums *(vgl. Abb. 3)*.[63] In der Farbe der Post gefasst, in Größe und Ausrichtung variierend, drückt sich in ihnen, wie bei anderen Gebäuden dieser Zeit, eine Schiffssymbolik aus, deren Sprache nicht die Sinne, sondern das Denken, also das Technisch-Logische, zum Ausgangspunkt des Architekturkonzepts macht. Gegen formale Ästhetik – aber nicht ohne sie –, merkt Hubertus Adam an, wird einzelnen Elementen ein „Maschinencharakter" verliehen.[64] Nicht zufällig bezeichnet Hotz das in der Nähe vom Fernmeldebetriebszentrum gelegene Postbetriebszentrum (1970–1985) in Zürich-Mülligen als „Flugzeugträger",[65] ein Verweis, in dem sich prinzipiell die von Le Corbusier mit dem modernen Verkehrsmittel verknüpfte Voraussetzung des Neuen in der Sphäre der Bewegung artikuliert.[66]

Megastrukturen erfordern spezielle Betrachtungsweisen. Aus Distanz sind sie, aufgrund ihrer Größe, mit den Sinnen kaum zu erfassen. Eine Möglichkeit, solche Architekturen adäquat zu rezipieren, bietet die Reflexion über das, was sich dem Auge in der Gebäudestruktur an reellen Objekten mitteilt. Erfolgt eine Differenzierung mittels deutlich voneinander abweichender Farbtöne, sind diese nicht als dekorative Zutat zu begreifen, die das an und für sich Technisch-Unansehnliche quasi übertüncht. Vielmehr besitzen sie Signalcharakter, der dem jeweiligen Gegenstand eine dem Baukonzept adäquate Symbolsprache

62   Vgl. Alfred Lorenzer: Kritik des psychoanalytischen Symbolbegriffs, Frankfurt am Main 1970.
63   Vgl. Adam 2003 (wie Anm. 9), S. 38.
64   Vgl. ebd.
65   Peter Berger (Theo Hotz Partner, Zürich) erwähnte diese Aussage von Theo Hotz während eines am 28. April 2022 gehaltenen Vortrags im Institut für Technologie in der Architektur an der ETH Zürich.
66   Vgl. Rehm 2019 (wie Anm. 56).

verleiht. Die Farbe streift mithin ihre traditionelle Bestimmung als Täuschendes ab und verdinglicht paradoxerweise nun den der Technik konzeptuell beigefügten Inhalt. Sie gestattet also, die Megastrukturen – trotz ihrer das sinnliche Fassungsvermögen übersteigenden Größe – der Reflexion zuzuführen und ihnen künstlerischen Gehalt zu verleihen.

Bildnachweis: *(Abb. 1)* Alexander Fils: *Das Centre Pompidou in Paris. Idee, Baugeschichte, Funktion*, München 1980, S. 10   *(Abb. 2)* *Arch+* features. Architektur als Experiment. Ludwig Leos Umlauftank, 100, 2017, S. 2   *(Abb. 3)* Hubertus Adam, Ulrike Jehle-Schulte Strathaus, Philip Ursprung: *Theo Hotz. Architektur 1949–2000*, Baden 2003, S. 35   *(Abb. 4)* Roberto Gargiani, Anna Rosellini: *Le Corbusier. Béton Brut and Ineffable Space, 1940–1965*   *(Abb. 5)* Bruno Taut: *Ein Wohnhaus*, Stuttgart 1927, Frontispiz   *(Abb. 6)* Archigram, conception de Alain Guiheux, l'exposition „Archigram" dans la Galerie Nord Centre national d'art et de culture Georges Pompidou, Paris 1994, S. 87   *(Abb. 7)* Le Corbusier, *Kommende Architektur*, Berlin/ Leipzig 1926, S. 73

Evidenz und Konsequenz

II.

Bauforschung und denkmalpflegerische Entscheidungswege

Bauforschung an jüngeren Denkmälern im Rheinland

Gundula Lang

Erfahrungen des Denkmalfachamts

123 Das LVR-Amt für Denkmalpflege im Rheinland (LVR-ADR) ist als Denkmalfachamt über seine gesetzlich definierten Aufgaben der Beratung und der Erstellung von Gutachten mit allen Fragen zu Denkmalschutz und Denkmalpflege befasst.[1] Durch die gesetzliche Regelung unterscheidet sich die Bauforschung des Amts von universitärer Bauforschung insofern, als regelmäßig nicht eine selbst entwickelte Fragestellung oder ein frei definiertes Forschungsinteresse Anlass für Bauuntersuchungen sind, sondern der Wunsch von Denkmaleigentümer:innen, Veränderungen an ihrem Objekt vorzunehmen. Bauuntersuchungen, die das LVR-ADR selbst durchführt, oder an welchen es beratend beteiligt ist, sind also fast immer an bauliche Maßnahmen an geschützten Denkmälern gebunden. Diese befinden sich dann stets in einem Veränderungsprozess, der von der reinen Instandsetzung über die Umnutzung mit Veränderung bis zum Teilabbruch oder auch Totalverlust reichen kann. Dementsprechend vielfältig sind auch Ausmaß und Umfang der Bauuntersuchungen. Drei Gruppen lassen sich dabei ausmachen: Untersuchungen, die sich aus technischer Sicht unter Einbeziehung der architekturhistorischen Bedeutung des Denkmals mit dem Ziel der konkreten Schadensbehebung auf ein spezifisches Bauteil beziehen, solche, die vollumfänglich aus wissenschaftlichem, bauhistorischem Erkenntnisinteresse das gesamte Denkmal umfassen, und solche, die das Denkmal vor seinem Totalverlust durch Abbruch möglichst vollständig zu dokumentieren versuchen.

Bautechnische Untersuchungen in architekturhistorischem Kontext

Haus Mayer-Kuckuk, 1967 von Wolfgang Döring in Bad Honnef errichtet, besteht aus einem Tragwerk aus schwarzen Holz-Leimbindern mit aussteifenden weißen Dreiecksplatten und Stahlkreuzen sowie Füllungen aus weißen Tafelelementen mit Schall- und Wärmedämmung als Wandabschluss. Dieses Tragwerk war nach mehr als 40 Jahren Standzeit und einer ersten Sanierung in den 1990er Jahren gravierend geschädigt. Die Binder waren deformiert, Lamellen und Leimfugen trennten sich voneinander, das Holz war von Pilzen befallen und Fruchtkörper waren gewachsen; von außen lange Zeit nicht erkennbar, faulten die Leimbinder von innen heraus *(Abb. 1)*.

[1] Bezüglich der Aufgaben des Denkmalfachamts vgl. § 22 Abs. 3 und 4 DSchG NRW vom 11.03.1980 (darin unter der Bezeichnung Denkmalpflegeamt) und § 22 Abs. 4 und 5 DSchG NRW vom 06.04.2022. Hinweis: Zum Entstehungszeitpunkt dieses Textes war das 2022 novellierte Denkmalschutzgesetz durch den Landtag von NRW bereits beschlossen, aber noch nicht in Kraft getreten. Da sämtlichen im Folgenden dargestellten Entscheidungen das DSchG NRW in der Fassung vom 11.03.1980 zugrunde liegt, beziehen sich die Verweise auf dieses Gesetz, sofern nicht anders angegeben.

(Abb. 1)   Bad Honnef, Haus Mayer-Kuckuk, Fäulnis-, Pilz- und
Schädlingsbefall, 2008–2014

(Abb. 2)   Haus Mayer-Kuckuk, Gartenseite, 1967 und 2015

Bei der Sanierung[2] galt es, den denkmalfachlichen Anforderungen der Erhaltung der Substanz wie auch der experimentellen Konstruktion aus industriell hergestellten Materialien Rechnung zu tragen. Auf der Grundlage der bauzeitlichen Pläne, von Schadenskartierungen und -analysen sowie unter Hinzuziehung von Fachleuten der Holztechnologie, Statik und Tragwerksplanung, der Restaurierung und Denkmalpflege wurden verschiedene Instandsetzungsmethoden geplant und diskutiert, die aber bei der substanziellen Erhaltung der schadlosen Teile der Leimbinder gravierende Eingriffe in die Konstruktion des Tragwerks nach sich gezogen hätten. In Rede stand zum Beispiel der Ersatz der geschädigten Leimbinderköpfe durch Vollholz, die dann eine bessere Widerstandskraft gegen die Witterung haben. Um eine statisch und bauphysikalisch wirksame Verbindung zwischen diesen neuen Balkenköpfen und dem verbleibenden Leimbinder herzustellen, sollten thermisch getrennte Stahlbauteile und Stahlschwerter zu Hilfe genommen werden. Damit wäre jedoch der Holzbau zu einem Stahlbau mutiert – was der denkmalfachlichen Prämisse der Konstruktionserhaltung widersprochen hätte. In der folgenden Entwicklung anderer, ähnlich stark eingreifender Instandsetzungsmethoden und deren Diskussion wurde unter Betrachtung der architekturhistorischen Bedeutung von Haus Mayer-Kuckuk die Erkenntnis gewonnen, dass es der Besonderheit des Bauwerks für die Architekturgeschichte nur gerecht wird, wenn die experimentelle Konstruktion mit den dafür charakteristischen Materialien beibehalten bleibt.[3] Die technisch einzige Lösung dafür war die komplette Erneuerung des Tragwerks unter Verwendung der gleichen Materialien – Leimbinder und Dreiecke aus Sperrholz. Somit stellte diese Lösung trotz des hohen Substanzverlusts auch denkmalfachlich den sinnvollsten Umgang dar *(Abb. 2)*. Grundlage für diese Erkenntnis und für die Entwicklung einer denkmalfachlich akzeptablen Lösung waren nicht nur die bautechnischen, holztechnologischen, restauratorischen und statischen Bauuntersuchungen, sondern vor allem die architekturhistorischen und bauhistorischen Erkenntnisse, die am Objekt selbst und durch das Studium der bauzeitlichen Quellen gewonnen werden konnten.

Ebenfalls mit dem Fokus auf ein geschädigtes Bauteil erfolgte bereits im Jahr 1998 eine Bauuntersuchung der Metall- und Glasfassaden des Rathauses Bensberg (1962–1972) von Gottfried Böhm. Charakteristisch für den Böhm'schen Bau ist der Wechsel von massiven Sichtbetonteilen und durchgängigen Fensterbändern, deren Glasscheiben scheinbar rahmenlos auf den Beton stoßen. In den Treppentürmen schrauben sie sich der Treppe folgend in polygonalen

2   Architekt: Christian Welter, projektplus GmbH, Siegen.
3   Für eine ausführliche Darstellung der Instandsetzung und ihrer denkmalfachlichen Bewertung vgl. Gundula Lang: Utopie trifft Realität. Instandsetzung einer experimentellen Holzkonstruktion der 1960er Jahre: Haus Mayer-Kuckuk in Bad Honnef, in: Niedersächsisches Landesamt für Denkmalpflege (Hrsg.): Denkmalpflege als kulturelle Praxis. Zwischen Wirklichkeit und Anspruch. Dokumentation der VDL-Jahrestagung, Oldenburg 2017 (Arbeitsheft zur Denkmalpflege in Niedersachsen 48), Oldenburg 2018, S. 144–155.

126 Geometrien nach oben, woraus sich komplexe Anschlüsse der Fenster an den Sichtbeton ergeben. Hier entstanden Schäden durch eindringende Feuchtigkeit: Ausblühungen auf den Wandflächen, korrodierende Bewehrungen und Betonabplatzungen. Für eine Instandsetzungsplanung, die den charakteristischen, abrupten Wechsel von Beton zu Glas beibehält, war zunächst eine Schadensanalyse notwendig. Da keine aussagekräftigen Zeichnungen der Fensterkonstruktion vorlagen, die Rückschlüsse auf die Fehlerquelle zuließen, wurde die Konstruktion geöffnet und der Bestand aufgenommen. Die Verglasungen hatten eine Stärke von 8 Millimeter, waren an ihrer Oberkante in eine Betonfuge eingelassen und mit Dichtungsmasse versiegelt. Der untere Abschluss war mit einem Blendrahmenprofil aus eloxiertem Aluminium mit Glashalteleiste ausgeführt und ebenfalls mit Dichtungsmasse versiegelt, seitlich waren die Glasscheiben rahmenlos aneinandergestoßen und verklebt, auf eine überkragende Fensterbank wurde bewusst verzichtet. Aufgrund der polygonalen Geometrien der Fassaden und der mehrfach geneigten Öffnungen waren im Aluminium-Blendrahmen dreidimensionale Gehrungsstöße erforderlich. Diese, so wurde bei der Untersuchung des Bestands klar, waren sowohl nach innen als auch nach außen durchlässig: Hier drang Wasser in den Rahmen und von dort ins Innere der Wand. Zusätzlich zu einer Ausbesserung der geschädigten Betonflächen musste also die Fensterkonstruktion neu überdacht werden, um zu vermeiden, dass der Schaden erneut entsteht. Aus denkmalfachlicher Sicht war dabei unbedingt die rahmenlose Erscheinung der Fenster sowie der Verzicht auf eine den Beton abdeckende und Wasser ableitende Fensterbank zu berücksichtigen. Eine optisch wahrnehmbare Abdichtung zwischen Fenster und Wand hätte den charakteristischen Wechsel von Sichtbeton zu Glas verunklart.

Diese Forderungen lagen der Suche nach einem Lösungsweg als Prämisse zugrunde. Es galt zu verhindern, dass in der eigentlichen Tragkonstruktion des Fensters Feuchtigkeit durch die dreidimensionalen Gehrungsfugen eintritt. Eine Wiederholung der aufgefundenen Konstruktion schloss sich aus, da bereits geringe Ungenauigkeiten bei der handwerklichen Ausführung der Gehrungsschnitte in Verbindung mit den polygonalen Glasscheiben, die auf den Treppenhausschrägen nach unten zu rutschen drohten, erneut zu Undichtigkeiten und Feuchtigkeitseintrag mit den entsprechenden Folgeschäden am Beton geführt hätten. Eine Abdichtung durch Versiegelung stellte keine langfristige Sicherheit dar, da die vertikalen Gehrungsstöße in den Fensterrahmen damit nicht dauerhaft abzudichten waren und solche elastischen Fugen schadensanfällig, wartungsintensiv und somit unsicher sind. Der gewählte Lösungsansatz sah vor, die Funktion der Lastabtragung von derjenigen der Abdichtung zu trennen: Eine neue konstruktive Lösung leitet die Feuchtigkeit über ein doppeltes Zinkblech ab, das hinter die Verglasung geführt und aufgekantet ist. Die Tragkonstruktion der Fensterscheiben erfolgt über Punkthalterungen mit Halteleiste, die die Kräfte direkt in die Betonbrüstung unterhalb

(Abb. 4)   Rathaus Bensberg, 2019

Bauforschung an jüngeren Denkmälern im Rheinland

ableiten *(Abb. 3)*. Trotz dieser konstruktiven Veränderungen wurde die charakteristische Wirkung der rahmenlosen Fensterbänder als eine der wesentlichen Besonderheiten der Architektur respektiert. Während die Punkthalterungen mit ihrem silbrigen Glanz in der Nahsicht leider auffallen, konnte das prägende Erscheinungsbild in der Fernsicht beibehalten werden *(Abb. 4)*.[4]

Bei der Instandsetzung von Haus Mayer-Kuckuk und dem Rathaus Bensberg waren also in Ergänzung zu statischen, bauphysikalischen und energetischen Bauuntersuchungen bautechnische Untersuchungen im Kontext der besonderen architekturhistorischen Bedeutung nötig, um ein aktuell aufgetretenes Schadensbild derart von allen Seiten zu beleuchten, dass eine Instandsetzung dem Wesen des Gebäudes und der Bedeutung des Denkmals gerecht wird.

Bauhistorische Untersuchungen zum
wissenschaftlichen Erkenntnisgewinn

Bauhistorische Untersuchungen an Bauten der Moderne und Nachkriegsmoderne, die nicht konkret auf das Schadensbild an einem Bauteil fokussiert sind, sondern das ganze Objekt in den Blick nehmen, um seine Entstehungs-, Nutzungs- und Instandsetzungsgeschichte zu erforschen, geraten nur langsam in den Blick des LVR-ADR. Die Erfassung, Bewertung und Instandsetzung jüngerer Denkmäler gehören bereits zum Alltag, die Restaurierung moderner Materialien, wie Kunststoffe, Kunstharze, Leichtmetalle, Surrogat-Baustoffe oder auch kunststoffgebundene Beschichtungen, Farbsysteme, Mörtel usw., gewinnt stetig an Bedeutung[5] und der Fokus der historischen Bauforschung – traditionell bis ins 19. Jahrhundert – weitet sich allmählich auch auf jüngere Denkmäler aus.

Ein erstes Beispiel einer vollumfänglichen bauhistorischen Untersuchung an einem Denkmal der Moderne wurde im Rahmen der Gesamtinstandsetzung des ehemaligen Ratsschiffs MS Stadt Köln *(Abb. 5)* erarbeitet. Die Abteilung Dokumentation des LVR-ADR entwarf eine objektspezifische Raumbuchstruktur, die als Grundlage für die Erforschung des Motorschiffs unter Federführung der Abteilungen Bau- und Kunstdenkmalpflege und Restaurierung diente. Das Schiff wurde im Januar 1938 anlässlich der für 1940 geplanten Internationalen Verkehrsausstellung (IVA) vom Rat der Stadt Köln unter dem nationalsozialistischen Bürgermeister Karl Georg Schmidt bei der Werft Christof Ruthof

---

4   Michael Schuchardt, imp Schuchardt GmbH, Odenthal: Sanierungsgutachten Metall-Glas-Fassaden Rathaus Bensberg, 1998.

5   Zur Einrichtung einer auf moderne Materialien spezialisierten Stelle in der Abteilung Restaurierung im Jahr 2020 sowie Fortbildungsveranstaltung des LVR-ADR und der TH Köln / Fakultät für Architektur siehe Andrea Pufke (Hg.): Moderne Materialien und Konstruktionen. Dokumentation zum 29. Kölner Gespräch zu Architektur und Denkmalpflege in Köln, 18. November 2019 (Mitteilungen aus dem LVR-Amt für Denkmalpflege im Rheinland 37), Köln 2020, https://denkmalpflege.lvr.de/media/denkmalpflege/publikationen/online_publikationen/Heft37_Moderne_Materialien_barrierefrei.pdf [letzter Aufruf 09.05.2022].

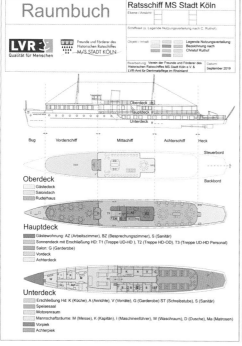

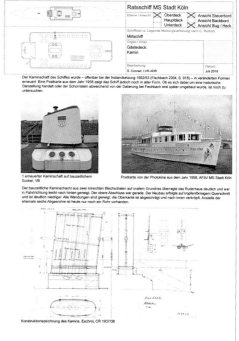

in Mainz-Kastel in Auftrag gegeben. Es lief im Juni 1938 vom Stapel und entsprach dem modernsten Stand der Technik. Mit zunehmender Bombardierung der Stadt Köln wurde es 1940 nach St. Goarshausen verbracht und getarnt. Dort überstand es als eines der wenigen Schiffe auf dem Rhein den Zweiten Weltkrieg ohne gravierende Beschädigungen. Nach kurzer Nutzung durch den amerikanischen High Commissioner of Germany wurde es 1952 der Stadt Köln zurückgegeben, grundlegend instandgesetzt und bis 2008 als Gästeschiff genutzt. Danach führten unterlassener Bauunterhalt und Vandalismus zu schweren Korrosions- und Feuchtigkeitsschäden. Der Verein der Freunde und Förderer des historischen Ratsschiffes MS Stadt Köln[6] bemüht sich seit 2012 um die dringend notwendige Gesamtsanierung[7] des Schiffs. Nach der Rumpfsanierung, die 2019 abgeschlossen wurde, und der 2020 fertiggestellten Abdichtung der frei bewitterten Decks und der Dachflächen ist noch die Instandsetzung des Schiffsinneren notwendig, sowohl der Repräsentationsräume, der Maschinisten- und Maschinenräume wie auch der technischen Ausstattung. Zur Planung war aber zunächst die Klärung der Entstehungs- und Entwicklungsgeschichte wichtig: Welche historischen Zeitschichten sind vorhanden, welche sind bedeutsam, welchen kommt Denkmalwert zu, welche sind zu erhalten oder können verändert werden? Dafür wurde von einem interdisziplinär besetzten Team des LVR-ADR sowie Vereinsmitgliedern und dem beauftragten Schiffsbauingenieur eine bauhistorische Untersuchung erarbeitet, die nur im Zusammenwirken von Schiffbaukunde und Denkmalpflege mit den Fachbereichen Restaurierung, Architektur-, Kunst- und Technikgeschichte derart vollständig erfolgen konnte.[8] Grundlage waren Quellen wie die bauzeitlichen Konstruktionszeichnungen, historische Fotos, Erinnerungen von Zeitzeug:innen sowie restauratorische Befunduntersuchungen und Materialanalysen.

Die bauhistorische Untersuchung hat drei Teile: eine geschichtliche Einführung, ein Raumbuch mit Erläuterungen zu allen wesentlichen Bauteilen und Leitlinien zum konservatorisch-restauratorischen Umgang. Auf einer Übersichtsseite sind die Grundrisse der drei Decks und eine Seitenansicht des Schiffs abgebildet. Farbig hervorgehoben sind die verschiedenen Nutzungsflächen mit einer Farbcodierung, die der schnellen Orientierung im Raumbuch dient. In einem Kopfbogen werden die wesentlichen Angaben zur Verortung erfasst, die in den bauzeitlichen Plänen verwendeten Raumbezeichnungen werden genannt, die Fläche wird im Grundriss verortet und herausgezoomt. Winkel markieren darin die Blickrichtungen von Fotos. Der heutige Zustand wird mit den Konstruktionszeichnungen von 1938

6   https://www.ratsschiff-koeln.de [letzter Aufruf 19.10.2019].
7   Planung und Bauleitung: Frank Waldorf, Bad Honnef.
8   Für eine ausführliche Darstellung dieser Zusammenarbeit vgl. Gundula Lang: MS Stadt Köln auf Erhaltungskurs. Erforschung und Instandsetzung des historischen Ratsschiffes durch Ehrenamt und Denkmalamt, in: Stephanie Herold, Christian Raabe (Hg.): Erhaltung. Akteure – Interessen – Utopien. Jahrestagung 2019 des Arbeitskreises Theorie und Lehre der Denkmalpflege e. V., Holzminden 2020, S. 104–111, https://books.ub.uni-heidelberg.de/arthistoricum/catalog/book/694 [letzter Aufruf 09.05.2022].

und historischen Fotos abgeglichen, restauratorische Untersuchungen verifizieren die Erkenntnisse anhand des Befunds, beschreibende und bewertende Texte fassen die Ergebnisse zusammen. Somit stellt die bauhistorische Untersuchung eine Dokumentation und hilfreiche Planungsgrundlage dar.

Grundlage dafür waren die fachlichen Anforderungen des LVR-ADR, die im „Leitfaden zur Dokumentation und bauhistorischen Untersuchung von Baudenkmälern"[9] formuliert worden sind. Dieser Leitfaden stellt eine erste Orientierungshilfe zur Erstellung einer bauhistorischen Dokumentation dar; die konkreten Anforderungen, zum Beispiel die Wahl der Methode der Bauaufnahme – Handaufmaß, Tachymeter, Photogrammetrie, Laserscan – oder der Maßstab, sind im Einzelfall objektbezogen zu definieren. Relevantes Endprodukt der Bauaufnahme ist eine 2D-Strichzeichnung – Grundrisse, Schnitte, Ansichten, Detailzeichnungen –, außerdem eine fotografische und eine schriftliche Erfassung des Bestands von außen und von innen, die systematisch vorgeht und Gebäude, Gebäudeteile und Räume numerisch benennt. Und schließlich soll eine wissenschaftliche, bauhistorische Untersuchung erfolgen, die die Aufarbeitung der archivalischen Überlieferung, die Auswertung von Quellen und Literatur, Darstellungen der Entwicklungs- und Nutzungsgeschichte, Datierungen, restauratorische Untersuchungen, Darstellung von Bauphasen sowie gegebenenfalls ein Inventar der Ausstattung umfassen soll.

Bauhistorische Untersuchung zur Dokumentation vor Abbruch

Eine Sonderform der bauhistorischen Untersuchung ist die Dokumentation eines Denkmals vor seinem Abbruch. Das LVR-ADR ist mit Abbrüchen von Denkmälern in besonderer Weise im Bereich des Braunkohletagebaus befasst. Dieser Umstand und die Einführung des § 29 des DSchG NRW,[10] der die Verursacher:innen von Veränderungen oder Abbrüchen zur wissenschaftlichen Untersuchung und Dokumentation verpflichtet, war Anlass, einen Leitfaden[11] dazu zu verfassen.

---

9   LVR-Amt für Denkmalpflege im Rheinland: Leitfaden zur Dokumentation und bauhistorischen Untersuchung von Baudenkmälern (06.2022) mit Anlagen, https://denkmalpflege.lvr.de/media/denkmalpflege/publikationen/online_publikationen/Leitfaden_Dokumentationvon Baudenkmaelern.pdf und https://denkmalpflege.lvr.de/media/denkmalpflege/publikationen/online_publikationen/02Leitfaden_Anlage1_3.pdf [beide: letzter Aufruf 11.11.2022].

10 § 29 DSchG NRW: „(1) Wer einer Erlaubnis nach § 9 Abs. 1 oder einer Entscheidung nach § 9 Abs. 3 bedarf oder in anderer Weise ein eingetragenes Denkmal oder ein eingetragenes oder vermutetes Bodendenkmal verändert oder beseitigt, hat die vorherige wissenschaftliche Untersuchung, die Bergung von Funden und die Dokumentation der Befunde sicherzustellen und die dafür anfallenden Kosten im Rahmen des Zumutbaren zu tragen. [...]". § 27 DSchG NRW vom 06.04.2022 übernimmt diesen Inhalt nahezu wortgleich.

11 LVR-Amt für Denkmalpflege im Rheinland Leitfaden zur Dokumentation von Baudenkmälern vor Abbruch/Veränderung gem. § 27 DSchG NRW (06.2022), https://denkmalpflege.lvr.de/media/denkmalpflege/publikationen/online_publikationen/Leitfaden_Abbruchdokumentation.pdf [letzter Aufruf 11.11.2022].

In allen Fällen, in denen die Nutzung und Erhaltung eines Denkmals aus technischen Gründen, aufgrund anderer öffentlicher Interessen oder mangels Zumutbarkeit nicht möglich ist und seitens der Denkmalbehörden einem Abbruchverlangen zugestimmt werden muss, ist nach Auffassung des Denkmalfachamts ein Sekundärdokument in Form einer ausführlichen Bauaufnahme und bauhistorischen Untersuchung zu erstellen, um das Baudenkmal der Nachwelt zu überliefern.

So war es im Falle des Kindergartens der HiCoG-Siedlung, der Amerikanischen Siedlung in Bonn-Plittersdorf, welche Wohnraum für 1.500 Botschaftsangehörige und Mitarbeitende der Dienststelle des High Commissioner of Germany bot. Sie wurde südlich der Bonner Rheinaue auf der Grundlage eines Bebauungsplans und eines Lageplans von Sep Ruf von der Architektengemeinschaft Otto Apel, Rudolf Letocha, William Rohrer, Martin Herdt sowie den Gartenarchitekten Hermann Mattern und Heinrich Raderschall errichtet. Bei der ganzen Siedlung mit Kirche und Kindergarten sowie ihrer Grünanlage handelt es sich um nur ein zusammengehöriges Baudenkmal gemäß § 2 DSchG NRW, das gemäß § 3 DSchG NRW in die Denkmalliste eingetragen ist.

Der Kindergarten *(Abb. 6)*, 1952 errichtet von Otto Apel und seinem Mitarbeiter Eberhard Brandl, stellt also einen Teil des Denkmals dar. Aus technischen Gründen musste seitens der Unteren Denkmalbehörde der Stadt Bonn aber eine Abbrucherlaubnis erteilt werden, denn nachvollziehbar und plausibel wurde dargelegt, dass bei einer Instandsetzung ein erheblicher Anteil der historischen Substanz verloren ginge. Gemäß dem Leitfaden des LVR-ADR wurde eine Dokumentation[12] mit zeichnerischer Bauaufnahme und fotografischer und schriftlicher Bestandserfassung in einem Raumbuch gefertigt. Diese Unterlagen wurden um eine wissenschaftliche Untersuchung sowie um eine Darstellung der Bauhistorie ergänzt, die textlich sowie zeichnerisch in Bauphasenplänen dargestellt wurde. Dabei sind zahlreiche bauzeitliche Quellen recherchiert worden: historische Fotos,

12   Erstellt von der Firma Stoa eG, Köln.

bauzeitliche Pläne mit Grundrissen, Schnitten und Ansichten, Konstruktionszeichnungen von Details und die Pläne der Haustechnik.

Auch für das Casino der Bayer AG in Krefeld-Uerdingen war seitens der Stadt Krefeld als Untere Denkmalbehörde eine Abbrucherlaubnis zu erteilen. Der 1960/61 von der Architektengemeinschaft HPP als „Speisehaus" für Werksangehörige der damaligen Fa. Bayer auf dem Werksgelände errichtete und in eine parkartige Umgebung von Gartenarchitekt Roland Weber eingebettete Bau sei zwar ein Denkmal gemäß § 2 DSchG NRW und auch gemäß § 3 DSchG NRW in die Denkmalliste einzutragen, seine Erhaltung aber wegen planungsrechtlicher Zusammenhänge unzumutbar, so die Entscheidung des Oberverwaltungsgerichts Münster.[13] In der Erlaubnis für den Abbruch war infolge des § 29 DSchG NRW als denkmalrechtliche Nebenbestimmung die Bedingung der Dokumentation gemäß dem Leitfaden des LVR-ADR formuliert worden.

Diese bauhistorische Untersuchung und Dokumentation[14] umfasst zunächst eine Beschreibung der stadträumlichen Situation und der Lage des Gebäudes samt seiner Einbindung in die umgebende Parklandschaft und der wesentlichen Ausblicke auf den Rhein bis an das gegenüberliegende Ufer. Sie greift dabei auf die bauzeitliche Baubeschreibung und auf Äußerungen der Ingenieurabteilung der Bayer AG zurück und verwertet das ausführliche Denkmalwertgutachten der Abteilung Inventarisation des LVR-ADR. Die dann folgende Darstellung der Baugeschichte verwendet Lagepläne und Genehmigungspläne aus dem Jahr 1960 und stellt jeweils den damaligen Zustand dem heutigen gegenüber. Die historischen Pläne wurden dafür neu vektorisiert und der heutige Bestand wurde zeichnerisch neu aufgenommen. Außerdem werden bauzeitliche Fotos aus den 1960er Jahren Aufnahmen aus dem Jahr 1990 gegenübergestellt und im Grundriss verortet. Die Bauaufnahme erfolgte als zeichnerische Bestandserfassung, als fotografische Dokumentation von außen, innen und oben sowie durch textliche Beschreibung. Besonders hervorzuheben ist, dass die Dokumentation sich nicht darauf beschränkt, allein die Architektur in ihrer Räumlichkeit und Gestaltung zu zeigen, sondern auch Materialien mit ihrem Schichtaufbau, Konstruktionsdetails, Ausstattungselemente, Hinweisschilder, technische Ausstattung und sogar die Anleitungen dazu fotografisch festhält *(Abb. 7)*. Zum Casino der Bayer AG und auch vom Kindergarten in der HiCoG-Siedlung sind somit Sekundärdokumente entstanden, die beide Bauwerke anschaulich, umfänglich und auch individuell je nach Besonderheit in die Tiefe gehend für die Nachwelt darstellen.

---

13 Die Eigentümerin hatte für das Gebäude als Kantine der Werksangehörigen keine Verwendung mehr und die Seveso-Richtlinie, die Lage des Gebäudes im Überschwemmungsgebiet sowie die Darstellung der Fläche als GIB mit Zweckbindung Güterverkehrs-Hafennutzungen und hafenaffines Gewerbe im Regionalplan Düsseldorf machte jegliche Umnutzung unmöglich. Vgl. OVG Münster, Urteil vom 14.05.2018, 10 A 1475/16.

14 Erstellt von der Firma baumass – architekturvermessung und baudokumentation, Erftstadt.

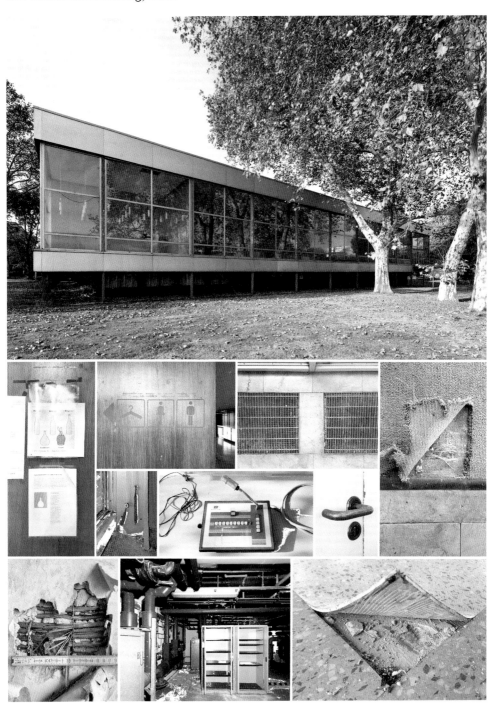

Während solche Dokumentationen vor Abbruch im Rheinland zum Standard geworden sind, seit der Leitfaden im Jahr 2015 erschienen ist, egal, aus welcher Epoche die Denkmäler stammen, bleibt die Erstellung von bauhistorischen Untersuchungen bei Instandsetzungen des jüngeren Baubestands häufig ein Desiderat. Konstruktive Veränderungen oder auch die Verwendung anderer Materialien können gerade bei moderner und nachkriegsmoderner Architektur große Auswirkung auf das Erscheinungsbild und das Wesen der Denkmäler haben. Um adäquate Lösungen zu entwickeln, müssen die bautechnischen Untersuchungen eine architekturhistorische Betrachtung einbeziehen. Auch wenn der jüngere Baubestand regelmäßig über eine weitaus reichere Quellenlage verfügt als der traditionelle Gegenstand der historischen Bauforschung aus den Epochen bis zum Barock, sind bauhistorische Untersuchungen mit Auswertungen dieser Quellen und ihrer Ergänzung durch Bauuntersuchungen für das Verständnis und für eine sorgfältige, Denkmälern angemessene Maßnahmenplanung genauso notwendig wie statische, bauphysikalische und energetische Untersuchungen oder Schadstoffanalysen, die am jüngeren Baubestand heute selbstverständlich erfolgen.

Das DSchG NRW in der Fassung vom 6. April 2022 eröffnet den Denkmalbehörden die neue Möglichkeit, die Entscheidung über einen Antrag auf Erteilung einer denkmalrechtlichen Erlaubnis für zwei Jahre auszusetzen, „soweit dies zur Klärung der Belange des Denkmalschutzes, insbesondere für Untersuchungen des Denkmals und seiner Umgebung erforderlich ist."[15] Ob dies dazu beitragen wird, dem Manko an Bauforschung an jüngeren Denkmälern abzuhelfen, bleibt abzuwarten.

Bildnachweis: *(Abb. 1)* Fotos: Hartmut Witte   *(Abb. 2)* Fotos: Wolfgang Döring und Hartmut Witte   *(Abb. 3)* Michael Schuchardt, imp Schuchardt GmbH, Odenthal, Fotos und Zeichnungen: Michael Schuchardt   *(Abb. 4)* Fotos: Rasmus Radach   *(Abb. 5)* LVR-ADR, Foto: Rasmus Radach, LVR-ADR, 2019 *(Abb. 6)* LVR-ADR, Fotos: unbekannt und Stoa eG, Köln   *(Abb. 7)* LVR-ADR, Fotos: baumass – architekturvermessung und baudokumentation, Erftstadt

15   § 24 Abs. 5 DSchG NRW vom 06.04.2022.

Bestandsaufnahme, Bindungsplan, Zielstellung und deren Effekt auf die Erhaltungsbilanz bei Denkmalen der DDR-Moderne

Benjamin Rudolph und Mark Escherich

Man hat mitunter den Eindruck, dass bei der Sanierung von baulich-räumlichen Strukturen der 1960er und 1970er Jahre – auch bei solchen, die als Denkmal gelistet sind – noch immer andere Maßstäbe gelten als bei anerkannten historischen Objekten wie Schlössern, Kirchen oder Fachwerkhäusern. Bei Erstgenannten ist man eher zu denkmalpflegerisch unvorteilhaften Zugeständnissen bereit, etwa der Verwendung von Kunststofffenstern, Außendämmung oder dem Austausch ganzer Fassaden. Auch durch den nicht sachgerechten Umgang, nicht nur durch Abriss, kann man Zeugnisse der DDR-Architektur im schlimmsten Falle zerstören oder zumindest nachhaltig schädigen. Ein solches Beispiel bietet etwa die 2011 erfolgte Sanierung der denkmalgeschützten SED-Bezirksleitung im thüringischen Gera (1974–1977; Entwurf: Gerd Kellner),[1] die mit dem erheblichen Verlust von bauzeitlicher Substanz und einer tiefgreifenden Veränderung des äußeren Erscheinungsbilds verbunden war. Es wurde nicht nur ein Teil der authentischen Fassadenelemente gegen vergröbernde Nachbildungen ersetzt, sondern ein großer Teil des Objekts erhielt auch eine geputzte Lochfassade anstelle der ursprünglich vorhandenen eleganten Vorhangfassade aus farbigem und klarem Glas. Der durch ein markantes Vordach hervorgehobene Eingang wurde völlig neugestaltet – und dies alles geduldet von den Denkmalämtern.

Um solche Missgriffe zu vermeiden, erscheint es gerade bei den jüngsten Hinterlassenschaften der Architekturgeschichte sinnvoll zu sein, die Sanierung intensiv bauhistorisch-denkmalpflegerisch zu begleiten, vor allem in der Phase der Vorplanung. Hierzu hatte der Erstautor dieses Beitrags als Inhaber des Büros SUM MONUMENTUM in den letzten etwa 10 Jahren mehrfach bei DDR-Bauten Gelegenheit; der Zweitautor hingegen beschäftigt sich universitär, in Lehre und Forschung, mit derartigen Erbe- und Denkmalfragen und gleichzeitig als Praktiker der städtischen Denkmalschutzbehörde, zum Beispiel auch mit dem Beispiel der SED-Bezirksparteischule Erfurt. Die hierbei gesammelten Erfahrungen werden im Folgenden anhand von drei Objekten und unter der Fragestellung, welchen Effekt solche Voruntersuchungen auf das Sanierungsergebnis hatten, erörtert.

Von entscheidender Bedeutung sind vertiefende Kenntnisse zum Bauwerk, insbesondere zu seiner Konstruktion und Ausstattung, die im Rahmen einer zeichnerisch-bauhistorischen (analytischen) Bestandsaufnahme zu gewinnen sind. Diese basiert bei Bauten der 1960er und 1970er Jahre viel weniger auf eigens erstellten Bauaufmaßen als bei älteren Denkmalen. Auch wenn gelegentlich Teilaufmaße notwendig sind, liegen für die DDR-Moderne in der Regel immer noch aktuelle Bauzeichnungen in Form von archivalischen Unterlagen vor – nachträgliche Veränderungen haben oft noch gar nicht oder nur in geringem Maße stattgefunden. Diese Unterlagen sind zum einen

---

1   Vgl. Anja Löffler: Denkmaltopographie Bundesrepublik Deutschland. Kulturdenkmale in Thüringen, Bd. 3: Gera, Erfurt 2007, S. 297–299.

die Entwurfs-/Genehmigungs- beziehungsweise Ausführungs-/Werkplanung, zum anderen zeitgenössische Fotografien, die den Aufbau des Gebäudes dokumentieren und gegebenenfalls auch Abweichungen von der Planung kenntlich machen. Idealerweise können die mit dem Bau beschäftigten Protagonist:innen – vor allem die Architekt:innen/Planer:innen – noch bezüglich baulicher Einzelheiten befragt werden. Ein Überblick über andere Vertreter der Baugattung (bautypologische Reihenuntersuchung) ermöglicht schließlich eine Verortung und Würdigung des Gebäudes innerhalb des zeitgenössischen Baugeschehens.[2]

Auf der Basis dieser grundlegenden Informationen können nun in einem zweiten Schritt sogenannte Bindungspläne erstellt und eine denkmalpflegerische Zielstellung erarbeitet werden. Während diese schriftlich fixiert, was zu erhalten ist und wie saniert werden soll, veranschaulichen Bindungspläne dies grafisch. Damit soll sichergestellt werden, dass das Ergebnis der Sanierung weitgehend dem Vorzustand entspricht und letztlich der Denkmalwert trotz meist notwendiger Anpassungen keine Minderung erfährt. Da sich im Laufe der Planung immer wieder Änderungen ergeben können, sollten die Bearbeiter:innen von Bindungsplan und Zielstellung auch im weiteren Prozess beteiligt werden, etwa, wenn sich herausstellt, dass eine Fassade doch nicht zu erhalten ist und alternative Lösungen gefragt sind.

Mensa der Technischen Universität Ilmenau

Anlass für die Erarbeitung einer denkmalpflegerischen Zielstellung gab die anstehende und inzwischen (2019–2022) durchgeführte Fassadensanierung der seit 2011 als Denkmal gelisteten Ilmenauer Mensa *(Abb. 1)*.

Vor Beginn der Planungen sollte in Bezug auf die gewünschten Veränderungen geprüft werden, wie der Bestand denkmalpflegerisch einzuschätzen ist und welche Maßnahmen überhaupt möglich sind. Die Grundlage für die denkmalpflegerische Zielstellung bildete eine bauhistorische Untersuchung des gesamten Ensembles (Mensa mit Umformerstation und Freiflächen), allerdings mit dem Schwerpunkt beim Mensabauwerk.[3] Es sollte ermittelt werden, in welchem Umfang erstbauzeitliche Ausstattungselemente überliefert sind *(Abb. 2)*, und welche baulichen Eingriffe der Bau seit der Wende erfahren hat. Das heißt, dass vonseiten der Denkmalbehörde vorgegeben war, dass das Gewicht des Denkmalwerts auf den DDR-Zeitschichten lag.

2 Vgl. Mark Escherich: Late modern beyond the icons. Industrialisierte Alltagsarchitektur nach 1960 erforschen und denkmalkundlich inventarisieren (Reihenuntersuchung als Beitrag zur Forschung), doi: 10.25644/ehew-9179, in: Michel Melenhorst et al. (Hg.): 100 YEARS BAUHAUS. 3rd RMB and 16th Docomomo Conference, Technische Hochschule Ostwestfalen-Lippe und Docomomo Germany, Lemgo 2019, S. 383–393, hier S. 387 ff.

3 Vgl. SUM MONUMENTUM, Benjamin Rudolph: Ilmenau, Mensa der Technischen Universität. Bestandsdokumentation und denkmalpflegerische Zielstellung, Weimar 2018 (unveröff. Typoskript, vorh. im Thüringischen Landesamt für Denkmalpflege und Archäologie, Bau- und Kunstdenkmalpflege, Dienststelle Erfurt).

(Abb. 2)   Grundriss Erdgeschoss, Kartierung der überkommenen baugebundenen Ausstattung, 2018

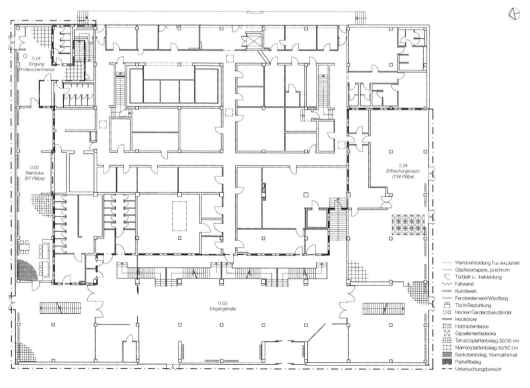

Die Mensa der Technischen Universität Ilmenau, errichtet 1968 bis 1972, war der erste Bau eines an der Technischen Universität Dresden (TU-Projekt, Kollektiv Ulf Zimmermann) entwickelten Typenprojekts, das später noch an sechs weiteren Standorten (Merseburg, Ost-Berlin, Halle, Greifswald, Leipzig und Dresden) umgesetzt wurde.[4] Der zweigeschossige Flachbau mit zurückgesetzter Lüfterzentrale erhebt sich auf rechteckigem Grundriss. Ein Stahlskelett im Konstruktionsraster von 6 × 6 Meter (Erdgeschoss) beziehungsweise 6 × 12 Meter (Obergeschoss) bildet das Tragwerk; die Geschossdecken sind als Menzelschalen ausgebildet. Das Obergeschoss kragt etwas über das untere aus, in beiden Geschossen läuft ein Fensterband fast vollständig um die vier Seiten. Den Brüstungsbereich bilden im Erdgeschoss einzelne verputzte und weiß gefasste Mauerscheiben in Kombination mit Oberlichtbändern, während die geschlossenen Wandfelder im Obergeschoss mit weiß lackierten Alu-Color-Lamellen versehen sind, die im Kontrast zu den schwarz gefassten Rahmungen des sichtbaren Stahltragwerks stehen. Die Lüfterzentrale ist durch betonplastische Elemente (Ausgang, Ansaug- und Abluftöffnung) betont.

Die Mensa in Ilmenau markiert den ersten ausgeführten Bau (Prototyp) der Typenreihe, die sich durch hohe architektonische Qualität, jeweils individuelle Ausstattung sowie Innen- und Freiraumgestaltung auszeichnet. Bestimmend für die Fassade ist das Raster der konstruktiven und schwarz gefassten Stahlglieder im Obergeschoss, in das Fensterelemente sowie die Wetterschürze aus in Weiß nasslackierten Alu-Color-Lamellen eingefügt wurden.

Bei einer ersten größeren Instandsetzung 1996 wurden die bis dahin erhaltenen und den Bau prägenden Fensterbänder (Holz-Aluminium-Fenster mit Isolierverglasung) ausgetauscht und gegen standardisierte Aluminiumfenster ersetzt. Dabei orientierte man sich weitgehend an der vorhandenen Fenstergliederung, allerdings wurden einzelne, zuvor festverglaste Fenster mit Fensterflügeln versehen (so durchgängig im Bereich der Nordfassade), sodass sich gegenüber dem primären Zustand ein abweichendes und uneinheitliches Bild ergibt. Weiterhin wurden die bis dahin weiß gefassten Wandflächen des Erdgeschosses neu verputzt und mit einem unpassenden orangefarbenen Anstrich versehen; auch die Lüfterzentrale wurde entsprechend neu gefasst. Diese Eingriffe bedeuteten nicht nur einen gravierenden Verlust von authentischer Bausubstanz, sondern haben auch das Erscheinungsbild negativ verändert.

[4] Vgl. Benjamin Rudolph: Zum Mensabau in der DDR zwischen 1960 und 1989. Eine Bestandsaufnahme, in: Aus der Arbeit des Thüringischen Landesamtes für Denkmalpflege und Archäologie (Arbeitsheft des Thüringischen Landesamtes für Denkmalpflege und Archäologie 36), Erfurt 2010, S. 106–147 (zu Ilmenau, S. 108f., S. 121f.); Benjamin Rudolph: Bautypologische Reihenuntersuchungen als Werkzeug der Denkmalerfassung. Mensen in der DDR (1960–1989), in: Mark Escherich (Hg.): Denkmal Ost-Moderne. Aneignung und Erhaltung des baulichen Erbes der Nachkriegsmoderne (Schriftenreihe Stadtentwicklung und Denkmalpflege 16), S. 144–155.

In der denkmalpflegerischen Zielstellung wurde gefordert, den Bau in seinem Erscheinungsbild, seiner Konstruktion und seinen wesentlichen Ausstattungselementen zu bewahren. Bezogen auf die Fassade bedeutete dies Erhaltung und Reparatur (Aufarbeitung) der überkommenen erstbauzeitlichen und prägenden Bauelemente (Stahlkonstruktion, Sonnenschutzblenden, Attika- und Brüstungsfelder im Obergeschoss mit den charakteristischen Alu-Color-Lamellen). Hinsichtlich der bereits überformten respektive erneuerten Bauteile wurde die Rückführung auf den erstbauzeitlichen gestalterischen und materialmäßigen Zustand empfohlen. Dies umfasste die farbliche Neufassung der geschlossenen Wandflächen im Erdgeschoss sowie die Abnahme der sekundär angebrachten Verkleidung der Lüfterzentrale mit Asbestplatten auf Unterkonstruktion (vermutlich aus der Zeit um 1990). An dieser sollte der erstbauzeitliche Verputz, der sondiert worden war, freigelegt, gesichert und konserviert werden, da diesem angesichts der durch Sanierung verlorenen Originalputzflächen in der Erdgeschosszone eine erhöhte Bedeutung zukommt. Mittel- oder langfristig sollte ein Austausch der neuen Fensterelemente und der Ersatz von diesen gegen an der Gliederung und der Profilierung der erstbauzeitlichen Fenster orientierten Elemente erfolgen. Die seitens des Nutzers gewünschte energetische Verbesserung in Gestalt einer Wärmedämmung kann, wenn überhaupt, nur als Innendämmung erfolgen, um das äußere Erscheinungsbild nicht zu beeinträchtigen – soweit der Katalog der Forderungen.

Mit der nun abgeschlossenen Fassadensanierung konnte das ursprüngliche Bild der Ilmenauer Mensa zurückgewonnen werden. Positiv hervorzuheben ist vor allem die Rückführung der orangefarbenen Putzflächen auf die originäre weiße Fassung. Die charakteristischen Alu-Color-Lamellen konnten leider nicht erhalten werden; bedingt durch den Einbau einer 3 Zentimeter dicken Innendämmung wurden sie ersetzt, allerdings kommen die neuen Lamellen mit ihrer vertikalen Staffelung dem Original sehr nahe. Andere Detaillösungen sind gestalterisch weniger überzeugend. So negiert etwa die aufgesetzte Verblechung der Attika im Vergleich zum Vorzustand die elegante Staffelung der Gebäudeecken, indem sie einfach rechteckig über diese hinweggezogen wurde. Auch die neu eingefügten Tropfbleche zwischen den Alu-Color-Lamellen und der Stahlkonstruktion sind gestalterisch nachteilige Veränderungen. Neugestaltung, aber positiv zu bewerten, ist hingegen das Übertragen des Sonnenschutzes der Südseite vom Obergeschoss auf die Erdgeschosszone; hier wurde das System von 1972 nachgebaut, sodass der untere Schutz nicht als spätere Zutat erkennbar ist und sich gut einfügt. Anders als gefordert wurden die geputzten Wände der Lüfterzentrale nicht freigelegt, sondern mit Eternitplatten bekleidet, was der exponierten Lage im Thüringer Wald geschuldet ist; diese tragen durch das Raster der Stöße nun gestalterisch deutlich mehr auf als die geschlossen wirkenden Putzflächen. Positiv ist jedoch, dass die Platten in gebrochenem Weiß sich an der in Schwarz-Weiß angelegten Erstfassung orientieren und dass der bauzeitliche Putz darunter geblieben ist.

Für den Ministerrat der DDR wurden in den späten 1960er Jahren zwei neue Gästehäuser errichtet, das eine als Erweiterungsbau der Schlossanlage Schönhausen bei Berlin (1966–1968; Entwurf: Walter Schmidt), das andere in der bedeutenden Handels- und Messestadt Leipzig (1967–1969; Entwurf: Helmut Ullmann, Rüdiger Sudau und Frieder Gebhardt).[5] Beide Komplexe sind individuell projektierte Bauten von besonders hoher Qualität, sowohl was die äußere Erscheinung als auch Raumformen und Ausstattung anbelangt. Die engen Bezüge zwischen beiden Häusern werden vor allem in der Ausstattung sehr deutlich.

Dem Leipziger Ensemble, bestehend aus Hoch- und Flachbau (*Abb. 3*), kommen Denkmalwerte aus historischen, architektonisch-städtebaulichen und künstlerischen Gründen zu. Unterstrichen werden muss hier insbesondere ein erinnerungskultureller Aspekt, denn an diesem Ort fanden mehrere staatstragende Begegnungen und Verhandlungen zwischen Vertreter:innen der DDR- und BRD-Regierung sowie anderer Länder statt, von denen die Gewährung eines Milliardenkredits durch Franz Josef Strauß 1983 nicht nur die am meisten bekannte, sondern auch eine sehr existenzielle für die DDR war. Eine Seltenheit für das damalige DDR-Bauwesen stellte ferner die konstruktive Ausbildung des Gebäudes als monolithischer Stahlbetonskelettbau dar.

Der große Anteil an Verkehrsfläche beziehungsweise die Großzügigkeit im Inneren zeugen von einem ausgeprägten Repräsentationsbedürfnis. Nicht zuletzt sollte die betont moderne Gestaltung mit großen Glasflächen, die spannungsreiche Dualität von einem scheibenförmigen Hoch- und einem, um ein Atrium organisierten, liegenden Flachkörper sowie der Einsatz von hochwertigen Oberflächen aus Natur- und Betonwerkstein, farbigem Glasmosaik und Aluminium das Niveau internationaler Architektur der 1960er Jahre widerspiegeln. Zugleich ist der Bau auch als Aushängeschild der DDR zu verstehen, die hier mit großem finanziellem und bautechnischem Aufwand einen solitären Repräsentationsbau schuf.

1978 wurden erste Schäden am Gebäude festgehalten – Ausbiegungen von Fenstern, sich lösende Fassadenplatten sowie Rissbildungen – und unverzüglich beseitigt. Ablösungen an der charakteristischen roten Glasmosaikbekleidung der Brüstungs- und Sturzplatten des Hochbaus führten 1981/82 zur Kaschierung mit bronzefarbenen Aluminium-Riffelblechen. Damit ging das originäre Erscheinungsbild teilweise verloren. Nach der politischen Wende wurde das Haus 1992 an die Hamburger Unternehmensgruppe Block verpachtet und der Hotelbetrieb als Gästehaus am Park (Leuchtreklame am Hochbau)

5   Vgl. SUM MONUMENTUM, Benjamin Rudolph: Leipzig, Schwägrichenstr. 14 – ehem. Gästehaus des Ministerrats der DDR. Bestandsdokumentation und denkmalpflegerische Zielstellung, Weimar 2020 (unveröff. Typoskript, vorh. beim Landesamt für Denkmalpflege Sachsen und bei der Unteren Denkmalschutzbehörde Stadt Leipzig).

(Abb. 3)   Leipzig, Gästehaus des Ministerrats der DDR, Ansicht Gesamtanlage von Südwesten, 2020

weitergeführt. 1995 wurde das Grundstück von der Treuhand an den Pächter verkauft und infolgedessen das gesamte Inventar versteigert. Der geplante Abbruch und der Neubau kamen zwar nicht zustande, allerdings verschlechterte sich der Zustand zunehmend durch Vandalismus und die Ausschlachtung von Baumaterial.

Als das Gästehaus im Jahre 2013 zum Denkmal erklärt wurde, war der Bau infolge jahrelangen Leerstands bereits stark verwüstet *(Abb. 4)* und großer Teile seiner wandfesten Ausstattung beziehungsweise der Raumschalen beraubt. Der Zerstörungsgrad reichte von der flächigen Beschmierung mit Graffiti über Glasbruch in nahezu allen Fenstern und Verglasungen bis hin zur teils vollständigen Entfernung der Böden und Wandflächen aus Naturstein. Die Grundlage für die denkmalpflegerische Zielstellung bildet die Bestandserfassung des gesamten Ensembles mit dem Schwerpunkt Außenbau, Fassade und wandfeste Ausstattung. Originale Bauelemente wurden exemplarisch geborgen und als Musterbauteile dokumentiert *(Abb. 5)*. Darüber hinaus sollte ermittelt werden, welche baulichen Veränderungen oder Verluste der Bau während der Nutzung als Gästehaus sowie nach der politischen Wende erfahren hat. Aufgrund der politischen Bedeutung des Bauvorhabens war der archivalische Niederschlag im kommunalen Bauaktenarchiv und Stadtarchiv sehr dünn; allerdings konnte im Bundesarchiv eine Dissertation ausfindig gemacht werden, die die Untersuchung von Gästehäusern in der DDR zum Inhalt hatte und zahlreiche Erkenntnisse lieferte.

(Abb. 4) Leipzig, Gästehaus des Ministerrats der DDR, Hochhaus, Ausschnitt Westfassade, 2020

(Abb. 5) Fundstücke/Materialproben, 2020; obere Reihe: Wandfliesen aus den Bädern (lindgrün, hellgelb, blau, hellgrau), untere Reihe: Glasmosaikplättchen Brüstungen Hochbau in Rot und Weiß (1 bis 5), Bruchstück eines Blindfensters am Hochbau (weißes Glas) (6)

Nach 25 Jahren Leerstand und Verwüstung erfolgt seit 2021 (geplant bis 2023) die Sanierung und Umnutzung zu Wohnzwecken (Eigentums- und Mietwohnungen) durch einen Investor.

Aufgrund der sehr weitreichenden Verluste an wandfester Ausstattung und auch angesichts des geplanten tiefgreifenden Umbaus mit weitreichenden städtebaulichen Folgen – unter anderem einer Aufstockung des Flachbaus und einem Neubau auf dem Grundstück – zielt der denkmalpflegerische Umgang in verstärktem Maß auf die Wahrung und Wiederherstellung einerseits des äußeren Erscheinungsbilds, andererseits auf einzelne (repräsentative) Innenbereiche (Halle mit Wandbild von Bernhard Heisig, Foyer, Atrium und Dachterrasse) ab, als die wesentlich konstituierenden Elemente der Denkmaleigenschaft des Objekts.

Entsprechend wurden die Erhaltung der Plattenbekleidung, die Konservierung und Ergänzung des charakteristischen Glasmosaiks sowie die Instandsetzung prägender Elemente wie der Fahnenmasten und des Vordachs gefordert. Die sämtlich zerstörten Fenster mussten erneuert werden, wobei die neuen Elemente in Profilierung und Teilung den Bestandsfenstern entsprechen sollten. Die Ergänzung eines Staffelgeschosses auf dem Flachbau beziehungsweise die Vergrößerung des Aufsatzes auf dem Hochkörper zu einem vollen Staffelgeschoss waren denkmalpflegerische Zugeständnisse an den Bauherrn, der ohne diese Flächen angeblich nicht wirtschaftlich sanieren hätte können. In der Erscheinung stellen sie erhebliche bauliche Eingriffe dar, die das Proportionsgefüge der städtebaulichen Großplastik nachteilig verändern.

In der weiteren Bearbeitung stellte sich dann heraus, dass die erhaltenen Terrazzoplatten an den Giebelseiten des Hochkörpers im Bestand schwerlich zu halten waren und ebenfalls fallen würden. Hier ließ sich die behördliche Denkmalpflege jedoch nicht auf die seitens des Investors gewünschte Neugestaltung ein, sondern forderte Ersatzplatten aus Beton, die in Farbigkeit und Material dem primären Plattenbehang nahekommen. Ausgeführt wurde dann letztendlich eine Putzfassade, die das ehemalige Plattenraster nachahmt. Es handelt sich um einen geschliffenen Putz mit in Farbigkeit und Zuschlägen ähnlicher Optik, der durch aufgemalte Linien in Felder gegliedert ist. Die graue Natursteinbekleidung der Sockelzone wurde ebenfalls weitgehend erneuert, lediglich einzelne Bestandsplatten wurden integriert. Das charakteristische Glasmosaik der Brüstungen war aus dem wenigen überlieferten Material nicht neu aufzubauen; Nachforschungen erbrachten das Ergebnis, dass am Markt aktuell keine roten Glassteinchen im gleichen Format (5×5 Zentimeter) erhältlich sind. Daher musste man auf weiße Mosaikfliesen zurückgreifen, die von einer Leipziger Werkstatt mit roter Glasschmelze in drei verschiedenen Rottönen überzogen werden, um dem ursprünglichen Bild nahezukommen. Die Erdgeschosszone des zweigeschossigen, nun dreigeschossigen Flachbaus erhielt neue und größere Fensteröffnungen; der hier befindliche Wirtschaftstrakt hatte vornehmlich Oberlichtfenster, die allerdings mit der neuen Wohnnutzung verständlicherweise nicht in Einklang zu bringen waren.

Das Resultat der Sanierung ist eine optische Anlehnung an das originäre Erscheinungsbild des Baus aus den späten 1960er Jahren. Dabei ist die nahezu vollständige Erneuerung der Oberflächen vor allem der sehr schlechten Ausgangslage geschuldet. Der Bauherr war sichtlich bemüht, das Erscheinungsbild zu rekonstruieren, zumal das Objekt im öffentlichen Bewusstsein der Leipziger Bevölkerung stark verankert ist, doch waren dem, aus genannten Gründen, harte Grenzen gesetzt. Es konnte dennoch ein charakteristischer Vertreter der DDR-Moderne gerettet und zumindest strukturell wieder hergerichtet werden.

Erfurt: SED-Bezirksparteischule

Das Programm für den Neubau von Bezirksparteischulen der SED – einer speziellen Bauaufgabe der DDR und anderer sozialistischer Staaten – umfasste zwischen 1968 und 1979 sechs Neubauten, und zwar in Rostock (1968–1970), Erfurt (1969–1972), Neubrandenburg (1974/75), Potsdam (1975–1978), Frankfurt/Oder (1976–1979) und Schwerin (1979).[6] Bestimmend für alle Bauten ist ein klares

---

6   Vgl. Rocco Curti, Benjamin Rudolph: Die ehemalige SED-Bezirksparteischule in Erfurt, in: Die Denkmalpflege 67 (2009), H. 1, S. 32–47.

(Abb. 6) Erfurt, Bezirksparteischule der SED, Ansicht Gesamtanlage von Südwesten, 2009

Raumprogramm, das in etwa als kleine Hochschule mit Internat beschrieben werden kann und auch nach außen über funktional differenzierte Baukörper ablesbar ist. Typisch ist außerdem die Ausbildung einer Höhendominante als Punkt- oder Scheibenhochhaus, eine mehr oder weniger aufwendige Gestaltung des Mehrzwecksaals sowie eine reiche Ausstattung mit architekturbezogener Kunst. Mit Ausnahme von Erfurt erfuhren alle Schulen seit 1990 tiefgreifende bauliche Umgestaltungen und sind in ihrer ursprünglichen Form nicht mehr erlebbar. Der Erfurter Bau hingegen ist sowohl äußerlich als auch hinsichtlich seiner wandfesten und mobilen Ausstattung außergewöhnlich gut überliefert und stellt somit das einzige authentische Zeugnis dieser speziellen Bauaufgabe in Deutschland dar. Dieser Umstand wurde 2008 mit der Eintragung in das Denkmalbuch der Stadt Erfurt gewürdigt.

Den Entwurf für die Erfurter SED-Bezirksparteischule lieferte ein Kollektiv des Wohnungsbaukombinats Erfurt um Heinz Gebauer und Walter Schönfelder, das sich ausschließlich mit Sonderbauvorhaben beschäftigte. Im Jahr der Fertigstellung, 1972, gewann der Bau den Architekturpreis des Bezirks Erfurt. Dem Schulkomplex liegt die Figur einer introvertierten, frei um einen Innenhof gruppierten Rechteckanlage aus verschieden hohen kubischen Baukörpern zugrunde. Im Einzelnen handelt es sich 1.) um einen dreigeschossigen Seminarflügel, 2.) um ein zwölfgeschossiges Internatshochhaus als städtebauliche Dominante sowie 3.) um einen sich über zwei Seiten erstreckenden Lektions- und Wirtschaftstrakt, aus dem sich das markante Eingangsbauwerk mit dem Großen Mehrzwecksaal heraushebt *(Abb. 6)*.

Die genannten drei Hauptbauteile sind verschieden konstruiert. Der Seminarflügel wurde mittels eines vorfabrizierten Bausystems auf Grundlage einer Skelettbauweise errichtet. Bestimmend für seine Fassaden sind geschlossene Sturz- und Brüstungselemente aus Stahlbeton und dazwischenliegende Fensterbänder mit Stahlfenstern und rot lackierten Blindfenstern. Für das als Scheibenhochhaus ausgebildete Internatsgebäude kam eine Großtafel-Montagebauweise zur Anwendung. Das strenge Plattenraster von Ost- und Westfassade mit mittigem, dreigeteiltem Fensterelement wird auf der Außenseite durch den eingestellten, leicht überhöhten Treppenhausturm unterbrochen, der gleich einem Gewebe von plastischen Betonelementen überzogen ist. Dieses serielle Motiv wiederholt sich – in abgewandelter Form – unter anderem auch an den Stirnseiten des Internats. Eine besondere Gestaltung erfuhr die Eingangshalle, die mit dem darüberliegenden Großen Mehrzwecksaal eine bauliche Einheit bildet. Den Kubus von Letzterem umschließt ein geschosshohes Band aus blauen prismenförmigen Emaille-Elementen mit ausgeprägter Licht-Schatten-Wirkung, wobei die Struktur der einzelnen Platten mit der zurückgesetzten, weiß gefassten Attika und dem in Stützen aufgelösten Eingangsbereich kontrastiert.

Im Jahr 2012 wurde der Bestand im Auftrag der Denkmalbehörden bauhistorisch untersucht und bewertet.[7] In einem Gesamtlageplan wurden höchst-, hoch- und mittelwertige Bauteile, Räume und Fassaden definiert und es wurde damit grafisch veranschaulicht, wo die sensiblen, zwingend zu erhaltenen Strukturen liegen (sogenannter Bindungsplan). Weiterhin wurden damals die Fensterelemente von Internatshochhaus, Seminargebäude und Wirtschafts-/Lektionstrakt – Holzblendrahmenfenster, Stahl- und Aluminiumfenster – als ausgewählte Fassadenelemente erfasst und Empfehlungen zum Umgang mit diesen (Erhaltung/Aufarbeitung und Vorschlag denkmalgerechter Ersatz) erarbeitet, da eine Sanierung der Gesamtanlage über kurz oder lang abzusehen war. Diese kam jedoch vorerst nicht zustande, mit Ausnahme von kleineren Modernisierungsmaßnahmen, wie dem Austausch einzelner Fenster im Internatshochhaus. Obwohl für die Erneuerung analog zum Bestand plädiert wurde – die Aufarbeitung kam aus wirtschaftlichen Gründen nicht infrage –, genehmigte man seitens der Denkmalbehörden den Einbau von Kunststofffenstern. Begründet wurde dieses Zugeständnis mit der Würdigung von Belangen des Bauherrn im Rahmen der Ermessenserwägung, die seit den 2000er Jahren nicht nur im Thüringer Denkmalgesetz verpflichtend ist, und dem vom Zweitautor behaupteten Umstand, dass es den Betrachter:innen aus der Fernsicht verborgen bleibe, ob es sich um Holz- oder Kunststofffenster handle. Die maßgebliche Wahrnehmung des Internatshochhauses ist – so das Argument des Zweitautors von der städtischen Denkmalbehörde – nicht von der Haptik und Nahperspektive auf die einzelnen Fenster bestimmt – eine Aussage, die der Erstautor dieses Beitrags und Bearbeiter der Zielstellung nicht teilt.

7   SUM MONUMENTUM, Benjamin Rudolph: Ehemalige Bezirksparteischule der SED Erfurt. Denkmalpflegerische Analytik / Gutachten zur denkmalgerechten Instandsetzungsfähigkeit ausgewählter Fassadenelemente, Naumburg 2012 (unveröff. Typoskript, vorh. beim Thüringischen Landesamt für Denkmalpflege und Archäologie, Bau- und Kunstdenkmalpflege, Dienststelle Erfurt und bei der Unteren Denkmalschutzbehörde Stadt Erfurt).

Nach den bis dato erfolgten kleineren baulichen Eingriffen und Nutzungsanpassungen am Schulbau[8] erfolgt aktuell (2022) die Sanierung der Gesamtanlage als Ausbildungsstätte für den Bundeszoll. Dabei dient der mittlerweile 10 Jahre alte Bindungsplan dem dort tätigen Architekturbüro als praktikabler denkmalpflegerischer Kompass. Positiv ist auch, dass Bauherr und zukünftiger Nutzer die Substanz und das überkommene Erscheinungsbild des historischen Gebäudekomplexes grundsätzlich zu bewahren beabsichtigen. Beide sehen sich aber auch bemüßigt, nicht nur verschlissene Bauteile zu erneuern, sondern auch energetische Maßnahmen zu ergreifen. So werden die Längsfronten von Internatshochhaus und Seminargebäude künftig mit einer Außendämmung versehen, die die charakteristische Plattenstruktur überdeckt. Seitens der städtischen Denkmalbehörde wurde dies nur erlaubt unter der Bedingung, dass die markanten Nuten und Randfaschen an den Stößen der Großtafeln in Gestalt von vertieften Putzrillen und geputzten Randfaschen in der Dämmung betonend nachgebildet werden. Damit lässt sich an das originäre Erscheinungsbild anknüpfen, die Struktur entspringt aber natürlich keiner technisch-konstruktiven Erfordernis. Ein weiteres denkmalpflegerisches Zugeständnis liegt darin, dass mit der Außendämmung auch die Laibungen der Fenster respektive deren Anschläge um mehrere Zentimeter zurückgearbeitet werden müssen, um einen Dämmstreifen aufzunehmen, andernfalls würde die Dämmung die Blendrahmen der bereits in den letzten Jahren erneuerten Fenster überschneiden. Die Dämmung führt also zu erheblichen konstruktiven Eingriffen in die bis dahin unversehrt gebliebene Substanz. Der Zweitautor fragt sich aber grundsätzlich, ob auch angesichts der fast städtebaulichen Dimension der Parteischule Erfurt eine „auf umfassende Substanzerhaltung ausgerichtete Denkmalpflege" an ihre Grenzen gekommen ist[9] und bezieht sich dabei auf das Abschlussthesenpapier des BMBF-Forschungsprojektes „Welche Denkmale welcher Moderne?" von Bauhaus-Universität Weimar und TU Dortmund, an dessen Erarbeitung er beteiligt war. Vielleicht ist es also unter Umständen angemessen, solche Großbauten der Spätmoderne „gemäß ihrer eigenen Konzeption eher als Ensembles und weniger als Einzelbauwerke aufzufassen und konsequenterweise mit den Ansätzen der städtebaulichen Denkmalpflege zu erhalten"[10] – also das Erhaltungsziel etwas hin zu Strukturen, Erscheinungsbildern und Typologie zu verschieben. Der Erstautor sieht solche Ansätze kritisch, weil sie eine denkmalpflegerische Behandlung analog der anderen etablierten Denkmalgattungen aufweichen und immer wieder als Argument für

---

8   Vgl. Mark Escherich im Gespräch mit Dina Falbe zur Parteischule Erfurt, in: Dina Falbe (Hg.): Architekturen des Gebrauchs. Die Moderne beider deutscher Staaten 1960–1979, Weimar 2017, S. 74–83.

9   O. A.: Das bauliche Erbe der 1960er bis 80er Jahre: Auswahl, Akteure, Strategien. „Welche Denkmale welcher Moderne?", Thesenpapier, in: Die Denkmalpflege 75 (2017), H. 1, doi: 10.1515/dkp-2017-750108, S. 33–34.

10   Ebd.

letztlich gestalterisch unbefriedigende Sanierungen von Bauten der Nachkriegsmoderne bemüht werden. Dabei ist vor allem bei jenen die Überlieferungssituation hervorragend und es liegen beispielsweise Fenster und Türen in bauzeitlicher Form vor, was bei einem Fachwerkhaus des 18. Jahrhunderts, mit mehreren Erneuerungsphasen dieser Bauelemente, äußerst selten der Fall ist.

Für die Metallfenster und -türen (Stahl- bzw. Aluminiumkonstruktionen mit Isolierverglasung) der Bezirksparteischule wurde ein Gutachten durch einen Metallrestaurator erarbeitet,[11] das zu dem Schluss kommt, dass diese im Bestand erhalten und nach Teildemontage mit neuen Verglasungen ausgestattet werden können. Damit kann ein nennenswerter Teil der erstbauzeitlichen Bauelemente in situ erhalten werden – ein großer Gewinn für das Gebäude und eine Rarität im sonst üblichen (zumeist auf Erneuerung ausgerichteten) Umgang mit Denkmalen der Spätmoderne.

Ausblick

Betrachtet man die beispielhaft vorgestellten Sanierungen, so ist festzuhalten, dass denkmalpflegerische Voruntersuchungen in Form von Bindungsplänen und Zielstellungen insgesamt positive Effekte auf die Wahrung des Erscheinungsbilds und die Erhaltung originärer Bauelemente haben. Diskrepanzen ergeben sich fallbezogen durch erheblich unterschiedliche Erhaltungszustände und auch in der Vehemenz, mit der Architekt:innen und Fachplaner:innen denkmalpflegerische Ziele verfolgen. Sicher sind die heute geltenden Normen und Regelwerke einzuhalten, allerdings gibt es nach wie vor Spielräume, die ausgenutzt werden sollten. Hier ist seitens der Planenden mehr Mut gefordert, unkonventionelle Lösungen umzusetzen, auch wenn eine Baufirma das Totschlagargument der dann nicht gegebenen Gewährleistung bringt. In jedem Falle ist es von Vorteil, Architekturbüros mit der Sanierung zu beauftragen, die die Probleme der Sanierung der DDR-Moderne kennen und bereit sind, nach adäquaten Lösungen abseits der üblichen Wege zu suchen. Entscheidend ist aber auch, dass die Bearbeiter:innen von Voruntersuchungen mit ihrem objektbezogenen Wissensschatz in Entscheidungsfindungen bei der Planung und selbst während der Ausführung einbezogen werden.

Bildnachweis: *(Abb. 1–5)* Benjamin Rudolph *(Abb. 6)* Thüringisches Landesamt für Denkmalpflege und Archäologie

11 Büro & Praxis für Metallrestaurierung Bernhard Mai: Restauratorische Untersuchungen und Maßnahmenkonzeptionen zu den Türen und Fenstern aus Eisen- und Nichteisenwerkstoffen an der ehemaligen SED-Bezirksparteischule in Erfurt, Erfurt 2018 (unveröff. Typoskript, vorh. bei der Unteren Denkmalschutzbehörde Stadt Erfurt).

Ertüchtigung mit Substanzverlust

Elmar Kossel

*Das Haus des Lehrers und die Kongresshalle von
Hermann Henselmann am Berliner Alexanderplatz*

Mit der politischen Wende 1989/90 verloren viele Institutionen der DDR und damit auch viele Gebäude ihre ursprüngliche Funktion, so auch das Haus des Lehrers, kurz HdL genannt *(Abb. 1)*, und die angrenzende Kongresshalle von Hermann Henselmann. Das Ensemble hat alle Planungen und Abrisswellen am Alexanderplatz seit den 1990er Jahren, denen eine Reihe herausragender Bauten der DDR-Moderne geopfert wurden, überstanden und präsentiert sich heute als in weiten Teilen denkmalgerecht saniertes Ensemble, das einer zeitgemäßen Nutzung zugeführt wurde und dessen monumentaler Bildfries von Walter Womacka durch eine aufwendige Restaurierungskampagne erhalten werden konnte. Allerdings gehen sowohl der Erhalt als auch die neue Nutzung des HdL als Bürogebäude mit einem Kompromiss einher, der fast den gesamten Teil der noch vorhandenen historischen Substanz im Hochhaus vernichtet hat. Die mehrfach überformte und baufällige Fassade konnte nicht bewahrt werden und wurde durch eine neue Vorhangfassade ersetzt, die sich in ihrem Erscheinungsbild weitgehend an den Zustand Mitte der 1960er Jahre anlehnt. Der gesamte Bau wurde entkernt und die ursprünglich zwei Treppenhäuser wurden zu einem zentralen Erschließungskern zusammengelegt, sodass nicht nur die ursprünglichen Grundrisse, sondern auch die Transparenz des Foyers vollständig zerstört wurden. Ein Großteil der mobilen Ausstattung, wie vor allem Möbel und Geschirr, waren bereits in der unruhigen politischen Wendezeit verloren gegangen, sodass ein Erhalt der wenigen noch vorhandenen Einbauten, Details der originalen Fassade und die Baukeramik im Restaurant des HdL wünschenswert gewesen wäre. Die Kongresshalle überstand die Umbauarbeiten deutlich besser, da sie ihre angestammte Nutzung als Ausstellungs- und Veranstaltungshalle beibehielt und durch Ausbauten im Untergeschoss nutzbare Fläche hinzugewinnen konnte. Der Große Saal ist vorbildlich saniert und ertüchtigt; das Restaurant im Erdgeschoss erlaubt weiterhin eine Ablesbarkeit des runden Raumzuschnitts, lässt aber durch mobile Wände eine flexiblere Nutzung zu.

Um die architekturhistorische Bedeutung des HdL und der Kongresshalle zu verdeutlichen und damit auch die Substanzverluste in einen diskursiven Zusammenhang zu stellen, sei eingangs ein Blick zurück gestattet. Form, Ausstattung und Funktion sowie der künstlerische wie politische Anspruch, der in diesem Bau formuliert wurde, und auch die Probleme, die mit dem zum Teil prekären baulichen Zustand einhergingen, sollen in einer Rückblende vorgestellt werden.

153   *(Abb. 1)*   Berlin-Mitte, Haus des Lehrers, Hermann Henselmann, 1961–1964, nach der Sanierung, Aufnahme um 2013

Ertüchtigung mit Substanzverlust

Das Haus des Lehrers und die Kongresshalle mit ihrer Adresse Alexanderplatz 4 in Berlin-Mitte wurden von 1961 bis 1964 durch den damaligen Chef-Architekten Ost-Berlins Hermann Henselmann (1905–1995) und ein Kollektiv von Architekt:innen und Ingenieuren errichtet *(Abb. 2, Abb. 3).*[1] Das Ensemble bilden zwei der qualitativ herausragendsten und künstlerisch ambitioniertesten Bauten der frühen 1960er Jahre in der DDR und es kann auch als eines der bedeutendsten Ensembles der Nachkriegsmoderne in Berlin bezeichnet werden.[2] Am Ende des zweiten Bauabschnitts der Karl-Marx-Allee, am Übergang zum Alexanderplatz gelegen, besteht das Ensemble aus einer 54 Meter hohen zwölfgeschossigen Hochhausscheibe mit einer der ersten Vorhangfassaden der DDR und der überkuppelten zweigeschossigen Kongresshalle, die beide als Stahlbetonskelettbauten errichtet wurden. Der spannungsvolle Dialog zwischen Hochhausscheibe und quadratischem Flachbau mit runder Kuppel sowie das Wechselspiel zwischen offen und geschlossen beschrieb Henselmann als „produktiven Widerspruch" der diesem Entwurf als „Leitmotiv" zugrundeliege.[3] Der enorme künstlerische und gestalterische Aufwand, der bei den beiden Gebäuden angestrengt wurde, ist bemerkenswert. Die namhaftesten Künstler:innen sowie das Kollektiv unter der Leitung von Hermann

1   Zu Biografie und Werk von Hermann Henselmann und weiterführende Literatur zum Haus des Lehrers vgl.: Hermann Henselmann: Haus des Lehrers in Berlin, in: Deutsche Architektur (1964), H. 12, S. 714–735; Hermann Henselmann: Gedanken, Ideen, Bauten, Projekte, Berlin 1978, S. 115–116; Wolfgang Schäche (Hg.): Hermann Henselmann „Ich habe Vorschläge gemacht", Berlin 1995; Bruno Flierl: Hermann Henselmann. Bauen mit Bildern und Worten, in: Bruno Flierl: Gebaute DDR. Über Stadtplaner, Architekten und die Macht. Kritische Reflexionen 1990–1997, Berlin 1998, S. 172–207; Wolfgang Kil: Zukunft ist machbar. Das Haus des Lehrers am Alexanderplatz, in: Andres Lepik, Anne Schmedding (Hg.): Das XX. Jahrhundert. Ein Jahrhundert Kunst in Deutschland. Architektur in Berlin, Köln 1999, S. 70–71; Holger Barth, Thomas Topfstedt (Hg.): Vom Baukünstler zum Komplexprojektanten. Architekten in der DDR (Dokumentenreihe des IRS 3), Erkner 2000, S. 107–109; Elmar Kossel: Das Haus des Lehrers und die Kongresshalle von Hermann Henselmann, Magisterarbeit, Humboldt-Universität zu Berlin, Berlin 2001; Elmar Kossel: Oscar Niemeyer und Deutschland. Die Rezeption in der DDR / Oscar Niemeyer and Germany. Responses in East Germany, in: Andreas Paul, Ingeborg Flagge (Hg.): Oscar Niemeyer. Eine Legende der Moderne / A Legend of Modernism, Ausst.-Kat. Deutsches Architektur Museum, Frankfurt am Main 2003, Basel/Berlin/Boston 2003, S. 59–68; Thomas Flierl (Hg.): List und Schicksal der Ost-Moderne. Hermann Henselmann zum 100. Geburtstag, Berlin 2008; Elmar Kossel: Hermann Henselmann und die Moderne. Eine Studie zur Modernerezeption in der Architektur der DDR, Königstein im Taunus 2013; Elmar Kossel: Haus des Lehrers und Kongresshalle, in: Adrian von Buttlar, Kerstin Wittmann-Englert, Gabi Dolff-Bohnekämper (Hg.): Baukunst der Nachkriegsmoderne. Architekturführer Berlin 1949–1979, Berlin 2013, S. 254–256; Thomas Flierl (Hg.): Der Architekt, die Macht und die Baukunst. Hermann Henselmann in seiner Berliner Zeit 1949–1995, Berlin 2018; Elmar Kossel: Rezension zu Thomas Flierl (Hg.): Der Architekt, die Macht und die Baukunst. Hermann Henselmann in seiner Berliner Zeit 1949–1995. Berlin 2018, in: architectura. Zeitschrift für Geschichte der Baukunst / Journal of the History of Architecture 48 (2018), H. 1/2, S. 203–207.

2   Eine vergleichende Zusammenschau zwischen Ost und West in Bezug auf die Kunst am Bau und die Künstlernetzwerke schlagen auch vor: Ute Chibidziura, Constanze von Marlin (Hg.): 70 Jahre Kunst am Bau in Deutschland, Berlin 2020.

3   Henselmann 1978 (wie Anm. 1), S. 115.

(Abb. 2)   Berlin-Mitte, Haus des Lchrers und Kongresshalle,
Hermann Henselmann, 1961–1964, Aufnahme um 1965

(Abb. 3)   Grundriss Erdgeschoss

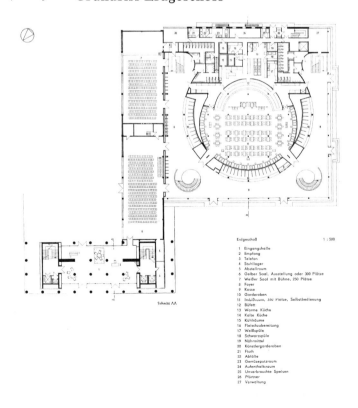

Erdgeschoß   1 : 500

1 Eingangshalle
2 Empfang
3 Telefon
4 Stuhllager
5 Abstellraum
6 Gelber Saal, Ausstellung oder 300 Plätze
7 Weißer Saal mit Bühne, 250 Plätze
8 Foyer
9 Kasse
10 Garderoben
11 Imbißraum, 550 Plätze, Selbstbedienung
12 Büfett
13 Warme Küche
14 Kalte Küche
15 Kühlräume
16 Fleischzubereitung
17 Weißspüle
18 Schwarzspüle
19 Nährmittel
20 Künstlergarderoben
21 Fisch
22 Abfälle
23 Gemüseputzraum
24 Aufenthaltsraum
25 Unverbrauchte Speisen
26 Pförtner
27 Verwaltung

Schnitt AA

Ertüchtigung mit Substanzverlust

Henselmann realisierten nichts weniger als ein „sozialistisches Gesamtkunstwerk".[4]

Die Vorhangfassade wird in Höhe des dritten und vierten Geschosses durch den monumentalen Fries *Das Leben in der DDR* oder auch kurz *Unser Leben* genannt, unterbrochen, der von Walter Womacka im Kollektiv mit Günter Bendel, Harald Hakenbach und Gerhard Bondzin entstand. Das 7 × 125 Meter messende Wandbild wurde aus Keramik, farbigem Glas, eloxiertem Aluminium und emailliertem Metall geschaffen.[5] Der Fries zeigt als eine Folge von verbundenen Einzelszenen das positive Selbstporträt der DDR als prosperierende sozialistische Gesellschaft. In den dahinterliegenden Dunkelgeschossen waren die Magazine der Lehrerbibliothek untergebracht. Entsprechend der Fassade wurde auch das Foyer im Erdgeschoss transparent und offen ausgeführt. Hinter den mächtigen Rundstützen mit der vertikal profilierten Aluminiumverkleidung befindet sich eine Glasfassade. Boden- und Deckenplatte setzen sich jenseits der Glaswände fort, sodass ein Ineinanderfließen von Innen- und Außenraum erreicht wird. Im Inneren sind die massigeren Stützen mit einer breiten Schattenfuge vom türkisblauen Deckenspiegel abgesetzt, dessen bündig eingebaute Lampenelemente der Architektur zusätzlich Eleganz verleihen *(Abb. 4)*. Für die Foyers, sowohl im Hochhaus als auch in der Kongresshalle, und für das Café Forum im ersten Stock des HdL entwarf Henselmann gemeinsam mit Karlheinz Wendisch verschiedene Sitzgruppen und weiteres Mobiliar. Jörg Streitparth stattete das Restaurant im zweiten Stock mit Mobiliar und Lampen aus. Für die weitere künstlerische Ausstattung fertigten die Keramikerinnen Hedwig Bollhagen und Heidi Manthey neben Geschirr aus den HB-Werkstätten baugebundene Keramikarbeiten.[6]

Die Erschließung des HdL entsprach mit offenen und flexiblen Grundrissen der Nutzung als Fortbildungs- und Begegnungsstätte der Lehrer mit öffentlichem Café und Restaurant sowie Kulturhaus. Henselmann hatte in den Schmalseiten des Gebäudes jeweils einen Erschließungskern mit Treppenhäusern und Aufzugsanlagen vorgesehen, der die Aussteifung des Baus sicherstellte und es ermöglichte, alle Nebenräume, wie Toiletten, Garderoben, Abstellräume oder kleinere Büros, direkt an den Stirnseiten des Hochhauses anzusiedeln – und damit eine beidseitige Erschließung der zentralen und teilweise beidseitig belichteten Fläche zu ermöglichen, wo er mit offenen

---

4   Das Kollektiv unter der Leitung Henselmanns bestand aus den folgenden Personen: Bernhard Geyer, Jörg Streitparth, Günther Haustein, Otto Kless, Hans Ullrich Schmidt, S. Wagner, Klaus Weißhaupt und Karlheinz Wendisch sowie Irene „Isi" Henselmann als Beraterin für den gesamten Innenausbau und die Ausstattung. Ingenieurtechnische Berater: Gunter Eras, Hermann Elze, Werner Maaß. Akustik Kongresshalle: Walter Reichardt, TU Dresden.

5   Zum Fries und dessen Genese vgl. Walter Womacka: Farbe bekennen. Erinnerungen, Berlin 2004, S. 166–174; Elmar Kossel: Walter Womackas Vorentwürfe zum Fries am Haus des Lehrers in Berlin, in: Amt für Kultur und Denkmalschutz Dresden (Hg.): Bewahren!? Mosaiken und keramische Wandflächen in der Denkmalpflege, Dresden 2022, S. 154–163.

6   Zur Ausstattung vgl. Henselmann 1964 (wie Anm. 1).

(Abb. 4)   Berlin, Haus des Lehrers, Großer Saal der Kongresshalle, Clubraum und Foyer mit Möbeln von Hermann Henselmann und Karlheinz Wendisch, Postkarte um 1964

Grundrissen und fließenden Raumstrukturen ganz im Sinne der Moderne arbeitete.

Verbunden durch einen eingeschossigen Flachbau mit dem Weißen und dem Gelben Saal für 250 beziehungsweise 300 Personen,
gliedert sich die Kongesshalle an das Hochhaus an. Der quadratische
zweigeschossige Baukörper öffnet sich über die Glasfassaden zur
urbanen Landschaft des Alexanderplatzes. In ihn ist ein Zylinder
eingestellt, dessen bekrönende mit Aluminium gedeckte Flachkuppel
weithin im Stadtraum sichtbar ist und die im Untergeschoss ein Restaurant für 350 Personen mit glänzend polierten Wänden aus gespie-
geltem Mahagoni-Furnier und der als „Milchstraße" bezeichneten
Deckenbeleuchtung beherbergt sowie im Obergeschoss die überkup-
pelte Kongresshalle. Über zwei skulptural geschwungene Wendeltrep-
pen erreichen die Besucher:innen das Obergeschoss und den Großen
Saal als gestalterischen Höhepunkt der Anlage. Der für 1.000 Personen ausgelegte Kongresssaal wird von den mittig eingehängten Re-
flektoren aus Plexiglas dominiert. An den Wänden sind aus akusti-
schen Gründen geometrische Reliefs und vertikale Glaspaneele
angebracht. Die Übergangzone von Wand und Kuppel wird zusätzlich durch einen umlaufenden Diffusorenkranz aus verschlungenen
goldenen Ringen und weißen sphärischen Vierecken akzentuiert, die
Kreis und Quadrat als Hauptmotive von Gestaltung und architektoni-
schem Entwurf konsequent variieren *(vgl. Abb. 4)*. Das plastische Band
wurde wie auch die charakteristischen Türgriffe an den Außentüren
des HdL und der Kongresshalle von dem international tätigen

Künstler und Metallgestalter Fritz Kühn (1910–1967) nach Entwürfen Hermann Henselmanns gefertigt.[7]

Die gestalterische Eleganz und Dynamik in Verbindung mit einer handwerklich hochwertigen Verarbeitung der teilweise sehr kostbaren Materialien geben dem Gebäude einen mondänen, ja fast weltläufigen Charakter – die Schriftstellerin Brigitte Reimann sprach in einem Brief an Henselmann in Bezug auf das Haus von „einer grazilen Pracht"[8] –, der den Wunsch der DDR nach Internationalität und Anerkennung im Zuge der großen Wende im Bauwesen in den 1960er Jahren beispielhaft verkörpert.

Funktion

In erster Linie war das Ensemble, wie die offizielle Bezeichnung verdeutlicht, das pädagogische Fortbildungszentrum für Lehrer:innen. Es erfüllte aber auch durch öffentliche Cafés und Restaurants sowie die Nutzung für Bälle und Konzerte die Funktion eines Kulturhauses. Als zeitweiliger Tagungsort der DDR-Volkskammer diente das Ensemble auch der Staatsrepräsentation, erfüllte bis zur Fertigstellung des Palasts der Republik 1976 eine zentrale politische Funktion. Henselmanns Bau setzt die Tradition des kriegszerstörten Lehrervereinshauses (1907/08) der Architekten Hans Toebelmann und Henry Gross am gleichen Ort fort. Nicht nur die Kontinuität des 1871 gegründeten Deutschen Lehrervereins spielte dabei eine Rolle, sondern vor allem zwei Ereignisse, die das sozialistische Selbstverständnis der DDR prägten: So hatte hier 1919 die Gedächtnisfeier für Rosa Luxemburg und Karl Liebknecht stattgefunden und 1920 der Vereinigungsparteitag von KPD und USPD.[9]

Nach der Phase der „nationalen Traditionen" während der 1950er Jahre gelang es Henselmann mit diesem Bau, die Rezeption der internationalen Moderne in der DDR einzuleiten. Möglich wurde dieser Schritt durch den weithin sichtbaren Einsatz der bildenden Kunst in Form von Womackas umlaufendem Fries *Das Leben in der DDR*, der durch seine Thematik die Architektur deutlich als sozialistisch kennzeichnen und damit von der des Westens klar unterscheiden sollte.

---

7 Zu Fritz Kühns Tätigkeit in beiden Teilen Deutschlands vgl. Günther Hanisch: Fritz Kühn in Memoriam, Berlin 1970 [1984]; Sigrid Hofer: Kulturtransfer zwischen Ost und West in Zeiten des Kalten Krieges, in: Ute Chibidziura, Constanze von Marlin (Hg.): 70 Jahre Kunst am Bau in Deutschland, Berlin 2020, S. 20–37, bes. S. 33–34; Constanze von Marlin: Neue Kunst für neue Staaten, in: Ute Chibidziura, Constanze von Marlin (Hg.): 70 Jahre Kunst am Bau in Deutschland, Berlin 2020, S. 58–83, bes. S. 69.

8 Brief Brigitte Reimanns vom 15. Dezember 1964 an Hermann Henselmann, in: Brigitte Reimann, Hermann Henselmann: Mit Respekt und Vergnügen. Briefwechsel, hg. von Ingrid Kirschey-Feix, Berlin 2001, S. 38.

9 Vgl. dazu Kossel 2013 (wie Anm. 1), S. 152.

Am Haus des Lehrers und an der Kongresshalle setzte sich Henselmann mit amerikanischen Hochhäusern und Verwaltungsbauten der 1950er Jahre auseinander, was einerseits in der zeittypischen Kombination von Hochhaus und Flachbau zum Ausdruck kommt, aber andererseits auch in Details, wie dem verglasten Foyer, das hinter einen umlaufenden Stützenkranz zurückgesetzt wurde, sowie der metallverkleideten Ecke am Hochhaus, die das Seagram Building Mies van der Rohes (1958) zitiert. Weitere entscheidende Vorbilder in formaler wie inhaltlicher Hinsicht waren für Henselmann die Bauten von Oscar Niemeyer am Platz der Drei Gewalten in Brasília (1958) sowie das Ministerium für Erziehung und Gesundheit in Rio de Janeiro (1937–1943; Oscar Niemeyer, Lúcio Costa, Le Corbusier). Der Bezug zu Niemeyers Staatsbauten war keinesfalls zufällig gewählt: Als bekennender Kommunist konnte Niemeyer für die DDR einen ideologisch sicheren Referenzpunkt bilden. Henselmann vereinfachte am HdL das brasilianische Vorbild, indem er das Doppelhochhaus zu einer einfachen Hochhausscheibe verknappte sowie Kuppel und Schale der Versammlungsräume für den Senat beziehungsweise das Abgeordnetenhaus zu einer einfachen Flachkuppel reduzierte. Henselmann lieferte damit den verkleinerten Prototyp des von der DDR-Regierung seit den frühen 1950er Jahren geplanten, aber nie realisierten zentralen Gebäudes auf dem Marx-Engels-Platz, für das Henselmann zeitgleich mit dem Bau des HdL zwei detaillierte Entwurfsvarianten anfertigte.[10] Die Planungen für ein repräsentatives Regierungsgebäude der DDR wurden 1964 aus Kostengründen aufgegeben und erst in den 1970er Jahren mit dem Palast der Republik und dem Fernsehturm in veränderter Form wieder aufgenommen. Henselmanns HdL lässt neben seiner offiziellen Funktion als Lehrervereinshaus, Kulturhaus und zeitweiliger Tagungsort der DDR-Volkskammer damit erahnen, wie die moderne Staatsarchitektur der DDR zu Beginn der 1960er Jahre hätte aussehen sollen.

Rezeption

Gleichwohl blieben dem Ensemble die Rezeption als Staatsbau der DDR und die damit verbundenen Ressentiments nach der Wende vonseiten der Politik und in der öffentlichen Wahrnehmung erspart, die letztlich in Verbindung mit dem politischen Wunsch nach der Rekonstruktion des historischen Stadtgrundrisses und dem Wiederaufbau des Stadtschlosses zum Abriss des Palasts der Republik von Heinz Graffunder und Kollektiv (1973–1976, Abriss 2006–2008) und des Außenministeriums der DDR von Josef Kaiser (1964–1968, Abriss 1995), aber auch etwa der Gaststätte Ahornblatt von Ulrich Müther (1969–1973, Abriss 2000) und zum entstellenden Umbau des Centrum

---

10   Peter Müller: Symbolsuche. Die Ost-Berliner Zentrumsplanung zwischen Repräsentation und Agitation, Berlin 2005; Kossel 2013 (wie Anm. 1), S. 166–176.

Warenhauses von Josef Kaiser (1967–1970) durch das Büro Kleihues +
Kleihues (2004–2005) führten.

Direkt nach der Wende – aber noch vor der Wiedervereinigung –
wurde für das Haus des Lehrers und die Kongresshalle am 2. Oktober
1990 noch eine Denkmalverdachtserklärung[11] nach dem 1975 erlasse-
nen Denkmalpflegegesetz der DDR ausgesprochen, und nach erneuter
Prüfung wurde das Ensemble dann auf der Grundlage des Berliner
Denkmalschutzgesetztes unter Schutz gestellt.[12] Neben den architektonischen und künstlerischen Qualitäten und der Grundannahme,
dass das bauliche Erbe der DDR als untergegangener Staat als abgeschlossene Epoche zu werten sei,[13] mag auch die Popularität des Gebäudes, das durch den Fries von Walter Womacka weithin sichtbar im
Stadtbild und fest im kollektiven Gedächtnis verankert ist, eine Rolle
gespielt haben. Auch die Wahrnehmung Henselmanns als „Künstler-
architekt",[14] die ihn weit entfernt von jeglicher Plattenbauästhetik
ansiedelt, die nahezu paradigmatisch für eine negative Wahrnehmung
der DDR-Architektur steht und sein Status als einzigem „Stararchi-
tekten der DDR", der anlässlich seines 90. Geburtstags 1995 auch die
Glückwünsche und Wertschätzung internationaler Kolleg:innen wie
etwa Aldo Rossi und Philip Johnson erfahren durfte,[15] mag dem Gebäude in die Hände gespielt haben. Auch die Zwischennutzung durch
Kreative, wie Fotograf:innen, Mediengestalter:innen, Video- und
Musikproduzent:innen und Künstler:innen, die den Standort zu einer
attraktiven In-Location aufwerteten[16] und das Gebäude gar zum
„Lustobjekt des Sozialismus"[17] werden ließen, die mediale Rezeption

---

11	Damit wurde das Haus des Lehrers pünktlich 25 Jahre nach Fertigstellung und parallel zum 40. Jubiläum der DDR – allerdings nach ihrem Untergang – unter Denkmalschutz gestellt. Es entsprach der Denkmalpraxis der DDR, viele Bauten, die teilweise nur 10 bis 20 Jahre alt waren, aber der staatlichen Repräsentation und zum Narrativ einer sozialistischen Erfolgsgeschichte im Kontext des Nationalen Aufbauprogramms dienten. Vgl. Mark Escherich: Zur Problematik der Denkmalpflege bei Bauten der 1960er und 1970er Jahre. Eine Bestandsauf- nahme, in: kunsttexte.de 1 (2005), https://journals.ub.uni-heidelberg.de/index.php/kunsttexte/ article/view/85916/80290 [letzter Aufruf 20.05.2022]; Ders.: Denkmal Ost-Moderne. Aneignung und Erhaltung des baulichen Erbes der Nachkriegsmoderne, Berlin 2012.
12	Vgl. dazu Norbert Heuler: Haus des Lehrers und Kongresshalle in Berlin, in: Die Denkmalpflege 63 (2005), H. 2, S. 151–156, S. 153; Ders.: Haus des Lehrers und Kongresshalle am Alexanderplatz in Berlin, in: Deutsches Nationalkomitee für Denkmalschutz (Hg.): 1960 plus – ein ausgeschlagenes Erbe? (Schriftenreihe des Deutschen Nationalkomitees für Denkmalschutz 73), Berlin 2007, S. 34–37, S. 35.
13	Vgl. Norbert Heuler: Gegenmoderne – Westmoderne – Ostmoderne. Eine konservatorische Zwischenbilanz aus Berlin, in: Escherich 2012 (wie Anm. 11), S. 52–69, hier S. 57.
14	Bruno Flierl: Hermann Henselmann – Chefarchitekt von Berlin, in: Flierl 2018 (wie Anm. 1), S. 69–84; Kossel 2018 (wie Anm. 1).
15	Schäche 1995 (wie Anm. 1), S. 48–49, 59–60.
16	Urs Füssler: Nicht nur Fassade. Das Haus des Lehrers bietet mehr als Standard, in: bauwelt 92 (2001), H. 28, S. 14–17; Jens Rübsam: Lustobjekt des Sozialismus, in: Das Magazin. Die Lust zu lesen (2001), H. 2, S. 80–84.
17	Rübsam 2001 (wie Anm. 16), S. 80.

des HdL in verschiedenen Werbespots und Musikvideos[18] jener Jahre sowie die Installation *Blinkenlights* des Chaos Computer Clubs[19] haben zur Bekanntheit und einer dezidiert positiven Rezeption des Gebäudes maßgeblich beigetragen. Das Ensemble wurde damit Teil der Popkultur und zu einem Fixpunkt für die Ostalgie der 1990er und frühen 2000er Jahre.

Denkmalschutz und Eingriffe in die Substanz

Nach dem Verlust seiner ursprünglichen Funktion durch die politische Wende 1989/90 wurde das Haus des Lehrers ab 1990 durch die Berliner Senatsverwaltung für Schule, Berufsbildung und Sport als Dienstgebäude genutzt. In den Wirren der Übergangszeit musste der Bau bereits eine Reihe von Verlusten hinnehmen, die vor allem die Innenausstattung wie Möbel, Geschirr und Keramik betraf. Die Kongresshalle wurde durch den Berliner Senat für Veranstaltungen vermietet und fristete in jenen Jahren als Austragungsort für Waffen- und Erotikmessen ein eher halbseidenes Dasein.[20] 1993 wurde der Verkauf durch den Berliner Senat beschlossen und 1995 das Ensemble ausgeschrieben; nachdem die Verhandlungen mit einem Investor 1996 gescheitert waren, konnten das Haus des Lehrers und die Kongresshalle 2001 an die Berliner Congress Center GbR (BCC) verkauft werden.[21] Das vom Investor erarbeitete Sanierungs- und Nutzungskonzept sah für die Kongresshalle vor, diese weiter als Kongress-, Ausstellungs- und Veranstaltungsgebäude zu nutzen, für das HdL war eine Nutzung als Bürogebäude vorgesehen.[22] Die Umbauarbeiten der Kongresshalle dauerten bis 2003, und das HdL wurde 2004 wiedereröffnet.

Während die Kongresshalle denkmalgerecht saniert und zeitgemäß ertüchtigt ist, konzentrierten sich die denkmalpflegerischen Vorgaben am HdL nurmehr auf das äußere Erscheinungsbild. Da sich

---

18 So spielt etwa das Video zu *Was zählt* der Band Die Toten Hosen von 2001 im Haus des Lehrers. Die Installation *Blinkenlights* ist darin ebenso zu sehen wie auch die technische Anordnung der einzelnen „Pixel" hinter den Fenstern der Hochhausfassade, die dabei zum Screen wird, siehe https://www.youtube.com/watch?v=JU7SuEl24Xk [letzter Aufruf 28.04.2022]; Stills zu einigen Werbesports finden sich bei Bettina Allamoda (Hg.): Model map. Zur Kartographie einer Architektur am Beispiel Haus des Lehrers in Berlin, Frankfurt am Main 2003, S. 40, 54–55, 88.

19 Die interaktive Installation *Blinkenlights* des Chaos Computer Clubs war von September 2001 bis Februar 2002 und erneut von Dezember 2003 bis Januar 2004 zu sehen und hatte danach im Oktober 2004 bzw. Oktober 2005 noch mal zwei kurze Gastspiele. Mittels eines Mobiltelefons konnte man die Fassade des Haus des Lehrers als Bildschirm nutzen, um Kurzbotschaften zu versenden oder Pingpong zu spielen: o. A.: Welcome to Project Blinkenlights (o. D.), http://blinkenlights.net/home [letzter Aufruf 28.04.2022]; Sven Killig: Pong auf Blinkenlights Reloaded (01.01.2004), https://upload.wikimedia.org/wikipedia/commons/4/49/MVI_1721_no-audio.ogv [letzter Aufruf 28.04.2022]; Allamoda 2003 (wie Anm. 18), S. 15.

20 Vgl. Allamoda 2003 (wie Anm. 18), S. 15.

21 Als Hauptgesellschafter der BCC fungiert die Wohnungsbaugesellschaft Mitte mbH. Das BCC betrieb Mitte der 1990er Jahre bereits das Haus am Köllnischen Park und war Pächter der Kongresshalle. Vgl. Heuler 2005 (wie Anm. 12), S. 154; Heuler 2007 (wie Anm. 12), S. 35; Cornelia Dörries: Haus des Lehrers & bcc Berlin (Die Neuen Architekturführer Nr. 87), Berlin 2006.

22 Vgl. Heuler 2005 (wie Anm. 12), S. 145.

(Abb. 5)   Berlin, Haus des Lehrers, Hermann Henselmann, Detail der Stütze und Eckausbildung mit originaler Metallverkleidung, Blick von Westen, Aufnahme um 2001

die mehrfach überformte Fassade des HdL in einem baulich ausgesprochen schlechten Zustand befand, entschied man, sie nicht zu sanieren, sondern abzureißen und sich mittels einer neuen Fassade dem äußeren Zustand der 1960er Jahre weitgehend wieder anzunähern *(vgl. Abb. 1)*. Bei Fertigstellung 1964 bestand die Curtain Wall aus Klarglas mit Brüstungsfeldern aus weiß beschichtetem und ungeteiltem Drahtglas *(vgl. Abb. 2)*,[23] die fix in die vertikale Fassadenaussteifung montiert waren.[24] Es ergab sich eine transparente, stark vertikal profilierte Fassade mit hellen, leicht grünlichen Brüstungsfeldern. Ein Sonnenschutz bestand nur innen, sodass aufgrund der Einbausituation und eines ungenügenden thermischen Schutzes bereits nach einem Jahr Schäden auftraten.[25] Da die beschädigten Scheiben aufgrund ihrer Montage nicht einfach ausgetauscht werden konnten, wurde außen ein zweiter Alurahmen mit einer vertikal geteilten, grünlichen Sicherheitsverglasung montiert.[26] Um eine bessere Belüftung und Klimatisierung zu erreichen, kamen neue Fenster mit einem kleineren Lüftungsflügel zum Einsatz. Allerdings blieb die Klimatisierung ein Problem, sodass 1981 bronziertes Sonnenschutzglas eingebaut wurde und sich das HdL seit diesem Zeitpunkt mit einer Fassade präsentierte, die in Material, Proportion und Farbigkeit nur mehr wenig mit der bauzeitlichen Vorhangfassade gemein hatte. Der Fries von Walter Womacka konnte denkmalgerecht und werkgetreu mit viel Liebe zum Detail restauriert werden.[27]

Um möglichst hohe Mieteinnahmen zu generieren, wurden die existierenden Grundrisse mit ihrer großen Verkehrsfläche zur Disposition gestellt und das Hochhaus schließlich mit Billigung der Denkmalpflege vollständig entkernt: „Um die geforderte wirtschaftlichere Nutzung des Gebäudes zu ermöglichen, stellte die Denkmalpflege nach langem Ringen grundsätzliche Bedenken zurück und akzeptierte den Einbau eines neuen zentralen Erschließungskerns als Ersatz für die beiden ursprünglichen Treppenhäuser."[28] Das neue zentrale Treppenhaus zerstört den offenen und transparenten Raumeindruck des HdL-Foyers, das einen Durchblick durch das Gebäude gestattet hatte, vollständig. Der Stützenkranz selbst wurde ebenfalls saniert, wobei die aufwendig gearbeitete

---

23 Das Erscheinungsbild der bauzeitlichen Fassade ist etwa auch in dem Artikel Henselmanns in die *Deutsche Architektur* dokumentiert, vgl. Henselmann 1964 (wie Anm. 1).

24 Zur Fassadenkonstruktion vgl. Bernhard Irmler: Die Kongresshalle am Haus des Lehrers in Berlin, Alexanderplatz, in: Koldewey-Gesellschaft, Vereinigung für Baugeschichtliche Forschung (Hg.): Bericht über die 43. Tagung für Ausgrabungswissenschaften und Bauforschung 2006, S. 69–71. Der Autor zeigt zwei Details der Fassadenkonstruktion als Horizontalschnitte, die als Ergebnis einer 1999 von der TU München durchgeführten Bauuntersuchung entstanden sind. Abb. 7 und 8 bei Irmler zeigen die Pfostenkonstruktion der ursprünglichen Fassade von 1964 und die überarbeitete Fassung von 1981.

25 Vgl. Heuler 2005 (wie Anm. 12), S. 154; Heuler 2007 (wie Anm. 12), S. 36; Silke Ihden-Rothkirch: Mich fasziniert die komplexe Lösung. Kerk-Oliver Dahm zur Rekonstruktion von Haus des Lehrers und Kongresshalle, in: Flierl 2008 (wie Anm. 1), S. 27–49, zur Fassade vgl. S. 35–37.

26 Vgl. Heuler 2005 (wie Anm. 12), S. 154; Heuler 2007 (wie Anm. 12), S. 36.

27 Vgl. Ihden-Rothkirch 2008 (wie Anm. 25), S. 37–39.

28 Heuler 2007 (wie Anm. 12), S. 36, und fast gleichlautend Heuler 2005 (wie Anm. 12), S. 154.

Metallummantelung der Stützenschäfte entfernt und durch eine Variante aus Kunststoff – wie auch an den Ecken des Hochkörpers – ersetzt wurde, die weder die Proportionen noch die Maße der „Kanneluren" oder die Materialästhetik der Oberfläche adäquat wiedergeben *(Abb. 5)*. An der Fassade beziehungsweise dem äußeren Erscheinungsbild des HdL sind damit abgesehen vom Fries keine originalen Oberflächen und Baudetails mehr vorhanden. Die neue Fassade, die der Berliner Architekt Kerk-Oliver Dahm realisierte, ist als eigenständiges Element kenntlich; sie adaptiert mit zeitgemäßen Mitteln und klimatechnischen Standards Proportion und Farbigkeit der 1960er Jahre. Die originalen Metallelemente, die noch erhalten waren, hätten das Erscheinungsbild der Fassade sicherlich deutlich aufgewertet.

Die keramischen Arbeiten
von Hedwig Bollhagen und Heidi Manthey

Neben dem Verlust der räumlichen Disposition des Foyers und damit zusammenhängend der inneren Grundrissorganisation fielen der Entkernung auch viele der teilweise noch erhaltenen Einbaumöbel, die Irene Henselmann entworfen hatte, sowie die baugebundenen keramischen Arbeiten von Hedwig Bollhagen (1907–2001) und Heidi Manthey (*1929) zum Opfer. Besonders die Zerstörung der kunsthistorisch bedeutsamen keramischen Arbeiten von Hedwig Bollhagen und Heidi Manthey im Restaurant Forum im zweiten Stock des Haus des Lehrers wiegt schwer.[29] Während Bollhagen als Inhaberin und künstlerische Leiterin der HB-Werkstätten in Marwitz und anderen Standorten seit den 1920er Jahren durch ihre funktionale Gebrauchskeramik, aber auch durch eine große Anzahl an Baukeramik und die Beteiligung ihrer Werkstätten an der Restaurierung historischer Bauten internationale Bekanntheit erlangt hat,[30] ist das keramische Werk Mantheys wohl immer noch eher einem Expertenkreis vertraut.[31]

---

29   Vgl. Kossel 2013 (wie Anm. 1), S. 151–152; im Wikipedia-Eintrag zu Heidi Manthey wird die Zerstörung ihrer keramischen Arbeiten im Haus des Lehrers als „Akt von Kulturbarbarei" gewertet: o. A.: Heidi Manthey (o. D.), https://de.wikipedia.org/wiki/Heidi_Manthey [letzter Aufruf 20.05.2022].

30   Vgl. Cornelius Steckner: Hedwig Bollhagen. Zur Geschichte der HB-Werkstätten in Marwitz bei Velten, in: Keramos (1988), H. 120, S. 81–96; Förderverein Ofen- und Keramikmuseum Velten (Hg.): Vollendung des Einfachen. Hedwig Bollhagen wird Neunzig (Schriftenreihe des Ofen- und Keramikmuseums Velten, Baustein 5), Velten 1997; Gudrun Gorka-Reimus (Hg.): Hedwig Bollhagen. Ein Leben für die Keramik, Berlin 2008.

31   Allerdings wird in den neueren Publikationen verstärkt auf Mantheys baugebundene Arbeiten hingewiesen, vgl. Förderverein Ofen- und Keramikmuseum Velten (Hg.): Heidi Manthey. Keramik, Ausst.-Kat. Hedwig Bollhagen Museum Velten 2019/20, Velten 2020.

Heidi Manthey[32] hatte von 1946 bis 1949 an der Leipziger Kunstgewerbeschule und im Anschluss bis 1953 in der Abteilung Keramik an der Burg Giebichenstein in Halle studiert. Nachdrücklich geprägt wurde sie durch den Maler, Glaskünstler und Raumgestalter Charles Crodel, der sie an Bollhagen vermittelte, wo er seit etlichen Jahren bereits als Keramikmaler tätig war. Seit 1956 arbeitete Manthey kontinuierlich in Marwitz und prägte dort einen ganz eigenen Stil aus, der, verspielter und poetischer, sich deutlich von den stärker geometrischen und herberen Arbeiten Bollhagens unterscheidet. Ab 1952 kam im Rahmen des Nationalen Aufbauprogramms der DDR der Bauplastik und damit auch den keramischen Arbeiten eine verstärkte künstlerische wie auch politische Bedeutung zu, sodass in der Folgezeit die HB-Werkstätten architekturgebundene Arbeiten nahezu flächendeckend für die gesamte DDR produzierten.[33] Im Verlauf der 1960er Jahre wandte sich Manthey der Fayence mit blauer Bemalung zu, einer Technik, die als typisch für die Keramikproduktion der DDR angesehen werden kann.[34] Erste baugebundene Arbeiten entstanden Ende der 1950er Jahre in Zusammenarbeit mit dem Bildhauer Waldemar Grzimek; Mantheys letzte Arbeiten dieser Art datieren in die 1980er Jahre. Ihre Hinwendung zu historischen Gefäßformen, besonders aus der barocken Tafelkultur, brachte Heidi Manthey auch ihren wohl wichtigsten öffentlichen Auftrag ein, der in Kooperation mit den Staatlichen Schlössern und Gärten Potsdam-Sanssouci sowie der Denkmalpflege erfolgte: die Neuschöpfung des im Zweiten Weltkrieg verloren gegangenen chinesischen Porzellans der friderizianischen Sammlungen für das Prunkbuffet in den Neuen Kammern in Potsdam, für das sie von 1986 bis 1988 insgesamt neunzehn Fayencen schuf.[35]

32   Zu Leben und Werk Heidi Manthey vgl. Heidi Manthey: Fayencen (mit einem Nachwort von Eckhart Krumbholz), Leipzig 1983; Bettina Zöller-Stock: Heidi Manthey. Ein halbes Jahrhundert Fayencekunst, in: Keramos (1999), H. 166, S. 49–66; Bettina Zöller-Stock: „Objektgeschäfte". Hedwig Bollhagen und Heidi Manthey – Zwei Keramikerinnen unter einem Dach, in: Gorka-Reimus 2008 (wie Anm. 30), S. 223–229.

33   Vgl. dazu Liste der baugebundenen Arbeiten, S. 48–57, in: Christiane Weidner (Hg.): Hedwig Bollhagen. Baukeramik und Baudenkmalpflege (Schriften der Hedwig Bollhagen Gesellschaft 2), Potsdam 2012, auch online: http://www.designkunst-ps.de/Bilder_PS/PS_Hedwig%20Bollhagen_Heft-2.pdf [letzter Aufruf 20.05.2022].

34   Als Fayence bezeichnet man zinnglasierte Irdenware. Im 15. Jahrhundert wurden die Werkstätten im italienischen Faenza führend in der Herstellung, der Stadt verdankt die Technik ihren Namen. Die blau-weißen Fayencen aus Delft, die besonders im 17. Jahrhundert eine Blütezeit erlebten, dürften wohl die bekanntesten Erzeugnisse dieser Art sein. Sie wurden als Kopien des in Europa damals noch unerreichten chinesischen Porzellans geschaffen. Bettina Zöller-Stock verweist auf die auffälligen Unterschiede in der Entwicklung der keramischen Techniken in Ost und West nach dem Zweiten Weltkrieg. Während in der BRD eine verstärkte Hinwendung zu „hochgebrannte[m], glasurbetonte[m] Steinzeug" zu verzeichnen war, so bildete sich im Osten die „Vorherrschaft niedriger brennender und der Malerei bedürftigerer Keramik wie Steingut und Fayence" heraus. Laut Manthey, so Zöller-Stock weiter, sei diese Entwicklung auch darauf zurückzuführen, dass es in der DDR einen Mangel an hochbrennenden Öfen gegeben habe. Vgl. Zöller-Stock 1999 (wie Anm. 32), S. 66.

35   Vgl. ebd., S. 56–57; Zöller-Stock 2008 (wie Anm. 32), S. 228–229.

Die keramische Wandgestaltung für das HdL von 1964 gilt als ihre wohl „bedeutendste eigenständige Wandgestaltung".[36] Die Wandscheibe im Restaurant rechts des Eingangs, die auf der Ostseite eine Nische abteilt, und die zentrale Wand mit der Durchreiche bedeckte Manthey mit quadratischen 13 × 13 Zentimeter messenden Fayencefliesen mit Blaumalerei. Regelmäßig in insgesamt drei horizontalen Reihen mit jeweils vier Szenen angeordnet, finden sich auf der Westwand insgesamt zwölf Medaillons, die aus jeweils sechs Fliesen zusammengesetzte Szenen aus Homers *Odyssee* zeigen und an Malerei der Volkskunst erinnern *(Abb. 6, Abb. 7)*. Die Darstellungsweise korrespondiert auf diese Weise mit der sehr freien Umsetzung klassischer Themen in Mantheys Werk. Zusätzlich schuf die Künstlerin dekorative Einzelfliesen mit Motiven wie „Korb", „Schale", „Eule" und „Harpye".[37] Die stets diagonal geteilten quadratischen Fliesen sind immer in eine helle und eine dunkle Fläche geteilt, deren modularer Rhythmus sich gut in den Stil des Restaurants einfügt. Neben runden Keramikplatten in „Rot-Roh" von Hedwig Bollhagen für den Fußbodenbelag, der rötlichen Holzverkleidung und den kupferfarbenen Lampen Jörg Streitparths setzte das Blau-Weiß der Kacheln einen kontrastierenden Farbakzent.[38]

Auffällig ist, dass Manthey keinen gängigen sozialistischen Inhalt darstellte, sondern einen klassischen Stoff frei umsetzte und auch in ihrer stilistischen Ausführung deutlich unabhängiger agierte. Walter Womacka hatte seinen ersten Entwurf *Die vier Elemente* zum Fries am HdL auf politischen Druck hin verwerfen müssen, da er dem staatlichen Auftraggeber zu unpolitisch anmutete.[39] Die Wahl von Motiven aus Homers Epos, ausgehend von der Strafe der Götter, der Irrfahrt mit ihren Prüfungen, der Katharsis und schließlich der glücklichen Heimkehr des Helden, könnte (neben persönlichen Präferenzen der Künstlerin) in einer systemkonformen Lesart als das Ankommen der Gesellschaft nach Irrungen und Hindernissen im neuen sozialistischen Staat interpretiert werden.

Die Rezeption der keramischen Arbeiten Mantheys aus einer architekturhistorischen Perspektive war von Beginn an von falschen Zuschreibungen und mit kritischen Untertönen versehenen Wertungen geprägt: Bereits in Henselmanns gut zwanzigseitigem Artikel, der im Dezember-Heft der *Deutschen Architektur* 1964 erschien, wird das Restaurant mit drei Abbildungen zwar vorgestellt, jedoch erfolgt

36	Zöller-Stock 2008 (wie Anm. 32), S. 227.
37	Die zwölf Medaillons maßen alle jeweils 17,5 × 24 Zentimeter und stellten die folgenden Szenen aus Homers Odyssee dar: „Odysseus und Kalypso", „Odysseus und Ino Leukothea", „Odysseus und Nausikaa", „Polyphemos", „Aeolos Winde", „Odysseus und Kirke", „Odysseus im Hades", „Odysseus und die Sirenen", „Skylla und Charybdis", „Penelope und die Freier", „Odysseus und Telemachos", „Odysseus und Penelope". Der Zyklus findet sich vollständig abgebildet in: Förderverein Ofen- und Keramikmuseum Velten 2020 (wie Anm. 31), S. 162–163; vgl. außerdem Zöller-Stock 2008 (wie Anm. 32), S. 227; Weidner 2012 (wie Anm. 33), S. 20–21.
38	Zu den keramischen Arbeiten im Haus des Lehrers vgl. Henselmann 1964 (wie Anm. 1), S. 729; Weidner 2012 (wie Anm. 33), S. 20–21, S. 50; Zöller-Stock 1999 (wie Anm. 32), S. 58; Zöller-Stock 2008 (wie Anm. 32), S. 227.
39	Vgl. Womacka 2004 (wie Anm. 5); Kossel 2022 (wie Anm. 5).

(Abb. 6) Berlin, Hauses des Lehrers, Blick von Süden in das Restaurant Forum im zweiten Obergeschoss, Keramikwand von Heidi Manthey mit Szenen aus der *Odyssee*, Bodenbelag in Terracotta „Rot-Roh" von Hedwig Bollhagen und kupferfarbene Lampen von Jörg Streitparth, um 1964

(Abb. 7) Detail, Keramikwand aus blaubemalten Fayencefliesen, Szene mit „Odysseus und Kalypso", Heidi Manthey, 1964

die ansonsten sorgfältige Zuschreibung hier recht nachlässig. Die Bildunterschrift vermerkt: „Entwurf: Werkstatt Bollenhagen [sic!], Velten".[40]

Peter Guth, der Mantheys Arbeit in seinem Überblickswerk zur architekturbezogenen Kunst in der DDR von 1998 als „geradezu kontrapunktisch zu Womackas Bildfries" charakterisiert,[41] schreibt die Arbeit auch fälschlich Bollhagen zu und kategorisiert sie als „genrehaft".[42] Zuschreibungen und Wertungen, die auch in der jüngeren Literatur noch kritiklos übernommen werden.[43] In den Forschungen zum keramischen Werk Heidi Mantheys sind die Zuschreibungen jedoch eindeutig und es finden sich auch Abbildungen der gesamten Szenenfolge der *Odyssee*.[44]

Zu einem nicht näher bestimmbaren Zeitpunkt verschwand die Keramikarbeit Mantheys unter einer Holzverkleidung. Allerdings wurde diese Verkleidung äußerst behutsam angebracht, da die Bohrungen für die Unterkonstruktion sehr sorgsam und nur in den Fugen erfolgten, sodass die Keramikfliesen völlig unbeschädigt in situ erhalten blieben; offensichtlich war man sich des künstlerischen Werts von Heidi Mantheys Arbeit bewusst.

Über die Gründe kann nur spekuliert werden. Vielleicht führte der Mangel an einer eindeutigen politischen Aussage im Sinne der Standards des Sozialistischen Realismus in Verbindung mit dem naiv anmutenden Stil der figürlichen Darstellung dazu, dass die Wanddekorationen Heidi Mantheys ab einem gewissen Punkt nicht mehr gewünscht waren, vielleicht störte der betont handwerkliche Gestus und eine geschmackliche Umorientierung war ausschlaggebend; vielleicht witterte man von staatlicher Stelle im Bearbeiten eines klassischen Stoffs aber auch ein subversives Potenzial – wohl von der Künstlerin nicht beabsichtigt –, wie es vielen Werken der DDR-Kunst und Literatur eigen ist, die sich der Mythologie bedienten.[45]

40   Henselmann 1964 (wie Anm. 1), S. 729. Die Abbildungen 25 und 26 zeigen die Keramikwand Mantheys im Eingangsbereich mit den Darstellungen der Odyssee aus zwei verschiedenen Perspektiven; Abb. 27 zeigt ein Medaillon („Odysseus und Kalypso") im Detail.

41   Peter Guth: Wände der Verheißung. Zur Geschichte der architekturbezogenen Kunst in der DDR, Berlin 1998, S. 422. Bollhagen wird in Guths Publikation lediglich zweimal erwähnt, einmal in der Bildunterschrift zu Abb. 33 auf S. 32 und in jener Fußnote zu den keramischen Arbeiten im Haus des Lehrers. Ein erstaunlicher Umstand, wenn man die schiere Menge und Qualität an Projekten bedenkt, die die HB-Werkstätten DDR-weit ausführten.

42   Ebd.

43   So findet sich etwa bei Christina Czymay weiter die Zuschreibung zu Bollhagen und die Wertung „genrehaft", vgl. Christina Czymay: Bauwerke der Hauptstadt der DDR. Hermann Henselmann und andere, in: Landesdenkmalamt / Biuro Stołeczengo Konserwatora Zabytków Warszawa (Hg.): Von Moskau lernen? Architektur und Städtebau des Sozialistischen Realismus (Beiträge zur Denkmalpflege in Berlin 38), Berlin 2011, S. 132–140, Zitat: S. 135.

44   Ein Zusammenführen beider Perspektiven wäre wünschenswert, da den überwiegend monografischen Untersuchungen zu Hedwig Bollhagen und Heidi Mantheys eine Einbettung in den politischen Kontext der Kunst am Bau während der DDR und – in Bollhagens Fall – der NS-Zeit guttäte.

45   Man denke an das Ikarus-Motiv in den Arbeiten von Wolfgang Mattheuer. Zum Thema der Antikenrezeption und verschiedener Mythen in der DDR-Literatur vgl. Volker Riedel: Stabilisierung, Kritik, Destruktion. Überlegungen zur Antikenrezeption in der Literatur der DDR, in: Zeitschrift für Germanistik (Neue Folge) 2 (1992), H. 2, S. 258–268.

Mantheys Arbeit blieb unter der Holzverkleidung dem Blick der
Benutzer:innen und Besucher:innen des HdL zwar entzogen, fiel aber
erst der Entkernung des HdL während der Umbauarbeiten 2001/02
endgültig zum Opfer.[46]

Fazit

In Anbetracht des hohen Investitionsdrucks im Bereich des Alexanderplatzes, des Abrisses und der entstellenden Umbauten vieler
bedeutender Bauten der DDR-Moderne ist es sicherlich als Glücksfall
zu werten, dass das Haus des Lehrers und die Kongresshalle erhalten
werden konnten. Der Neubau der Fassade ersetzt das immer mit
Baumängeln behaftete und in klimatechnischer Hinsicht stets als
Kompromisslösung zu betrachtende Palimpsest der Originalfassade
und gibt sich in Proportion und Farbigkeit als zeitgemäße Neuschöpfung der bauzeitlichen Fassadenfassung zu erkennen. Sicher darf
gefragt werden, ob die Maximierung der Büroflächen eine vollständige Zerstörung der originalen Grundrisse und der Erschließungssi-
tuation rechtfertigte und mehr noch, ob die Zerstörung der vollständig erhaltenen Keramikwand von Heidi Manthey, dem „Kontrapunkt"
zu Womackas Fries, notwendig war. Der Dialog dieser beiden sehr
unterschiedlichen baugebundenen Kunstwerke – vielleicht bewusst
konzipiert im Sinne von Henselmanns „produktivem Widerspruch" –
war durch das Verkleiden der Arbeit Mantheys zwar nicht mehr
gegeben, hätte aber im Zuge der Umbauarbeiten aufgrund des
exzellenten Erhaltungszustands wieder sichtbar gemacht werden
können.

Bildnachweis: *(Abb. 1)* Foto: Markus Hilbich, Berlin   *(Abb. 2)* Repro: Kai-Annett
Becker/Berlinische Galerie   *(Abb. 3)* Deutsche Architektur 1964/Heft 12/S. 718
(Abb. 4) Archiv des Autors   *(Abb. 5)* Foto: Elmar Kossel   *(Abb. 6)* Akademie der Künste,
Berlin, Hermann-Henselmann-Archiv Nr. 875 F. 38   *(Abb. 7)* Akademie der Künste,
Berlin, Hermann-Henselmann-Archiv Nr. 875 F. 58

46   Bei einer Baustellenbegehung 2001 konnte der Autor die Keramikwand noch unter der halbab-
gerissenen Holzverkleidung persönlich in Augenschein nehmen. In den Publikationen Heulers
finden weder Bollhagen noch Manthey oder gar die künstlerische Ausstattung des Hochhauses
generell Erwähnung.

Der Eiskanal in Augsburg

Frank Seehausen und Michael Habres

Zum Umgang mit einem jungen Denkmal

Dic olympische Kanuslalom-Strecke in Augsburg ist ein relativ junges Denkmal: 2017 wurde die erst 50 Jahre alte Anlage in die Denkmalliste nachgetragen; seit 2019 gehört die Kanustrecke als Bestandteil des Augsburger Wassermanagement-Systems zum UNESCO-Welterbe. Die im Vorfeld des Listennachtrags von Sportverbänden massiv vorgetragene Befürchtung, eine Weiterentwicklung und Anpassung der Anlage an die Vorgaben nationaler und internationaler Spitzenverbände sei nach einer Ausweisung als Denkmal nicht mehr möglich, hat sich nicht bewahrheitet: Die Kanustrecke wurde nach mehrjähriger Planung zwischen 2020 und 2022 im Rahmen einer umfassenden Sanierung nicht nur baulich instandgesetzt, sondern in Abstimmung mit dem Bayerischen Landesamt für Denkmalpflege (BLfD) so gut an heutige Anforderungen des Kanusports angepasst, dass sie 2022 als Austragungsort für die Kanuslalom-Weltmeisterschaft (ICF Canoe Slalom World Championships) dienen konnte.

Die im Augsburger UNESCO-Antrag relevante historische Dimension der gestalteten Wassernutzung lässt sich auch an der Kanustrecke ablesen: Das südöstlich der Stadt, unmittelbar am westlichen Lechufer gelegene Areal war seit dem Spätmittelalter zunächst mit Anlage des Hochablasses und der von dort in die Stadt führenden Nutzwasserkanäle für die wirtschaftliche Entwicklung der Stadt bedeutend.[1] Und schon im Laufe des 18. Jahrhunderts kam eine zusätzliche Bedeutung als stadtnahes Erholungsgebiet hinzu – mit explizitem Wasserbezug. Ein Kupferstich des frühen 19. Jahrhunderts *(Abb. 1)* zeigt auf der Insel zwischen Hauptstadt- und Neubach eine Gaststätte, die das Gelände in Verbindung mit einer Ausflugskutsche und einem mit modisch gekleideten Damen besetzten Kahn als gut organisiertes stadtnahes Ausflugs- und Erholungsziel charakterisiert. Bootsfahrten auf den umliegenden Kanälen wurden im Laufe des 18. Jahrhunderts fest etablierter Teil bürgerlicher Freizeitvergnügen. Dementsprechend ist auch auf der Uraufnahme von 1808/09 die Gestaltung einer Park- und Gartenanlage auf der sogenannten Spickelinsel mit geschwungenen Wegen zu erkennen *(Abb. 2)*.

Vom Eiskanal zur olympischen Kanustrecke

Nach 1945 wurde auf dem Kanalabschnitt zwischen dem Hochablass und der Gaststätte auf dem Spickel auch Leistungssport betrieben, und 1946 setzte schließlich mit der Suche nach einem Wildwasser für Training und Wettbewerbe die Nutzung des Eiskanals als Kanusportanlage ein. Damals wurden hölzerne Verengungen in den Hauptstadtbach und in den als Eiskanal geläufigen Stichkanal zwischen Neubach und Lech unterhalb des Wasserwerks eingebaut. Dieser ursprünglich

---

[1] Die folgende Beschreibung und Würdigung der olympischen Kanustrecke als Denkmal basiert auf dem an die Stadt Augsburg gerichteten Nachtragsschreiben des BLfD vom 24.04.2017, das von Hauptkonservator Dr. Harald Gieß verfasst wurde.

(Abb. 1)   Augsburg, sogenannte Spickelinsel, Darstellung auf einem
1819 publizierten Kupferstich

(Abb. 2)   Spickelinsel auf der Uraufnahme, 1808/09

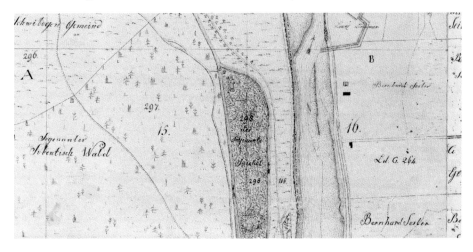

zur Ablenkung von Treibeis gedachte Stichkanal gab am Ende der ganzen Anlage den Namen „Eiskanal".[2] Damit begann die rasante und bis heute prägende sportliche Nutzung des Areals: 1947 fanden die ersten Kanuslalom-Veranstaltungen statt, ein Jahr später folgte die Austragung einer schwäbischen Meisterschaft, 1950 fanden die ersten Deutschen Meisterschaften statt, 1953 der erste internationale Kanuslalom und schon 1957 die Kanuslalom-Weltmeisterschaften.

Der nun auch international wahrgenommene Stellenwert der Augsburger Kanuten dürfte ein wesentlicher Faktor für die Entscheidung des olympischen Organisationskomitees gewesen sein, diese bisher nicht im Kanon der olympischen Wettkämpfe vertretene Sportart erstmals in die Reihe der olympischen Disziplinen aufzunehmen – basierend auf einem Vorschlagsrecht, das dem jeweiligen Gastgeberland zusteht und das den Ausbau der Augsburger Anlage zu einem Austragungsort der Olympischen Spiele in gut erreichbarer Nähe zu den Spielstätten in München ermöglichte. Die Augsburger Anlage bot als Sportstätte für diesen relativ jungen Sport und Olympia-Neuling nicht nur architektonisch eine Herausforderung, sondern wurde ähnlich wie am Hauptaustragungsort der Spiele in München und dem Austragungsort der Segelwettbewerbe in Kiel als zukunftsorientierter Modernisierungsschub für die Stadt verstanden.[3]

Genuin landschaftlich gedacht

Die notwendige Orientierung an der Fließrichtung der Gewässer und den Gegebenheiten der vorhandenen Anlage machte eine großräumige und genuin landschaftlich gedachte Anlage notwendig, die 30.000 Besucher fassen sollte. Verantwortlich für die Planung der sanft um das Wildwasser mäandernden und durch ihre konsequente Vermeidung paralleler Linien äußerst dynamisch wirkenden Anlage *(Abb. 3)* waren die Landschaftsarchitekten Gottfried und Anton Hansjakob.[4] Die Augsburger Architekten Reinhard Brockel und Erich R. Müller übernahmen die Gestaltung der Hochbauten und setzten auch damit einen bewusst modernen Akzent.[5] Bemerkenswert ist das Zusammenspiel von Landschafts- und Hochbauarchitektur, das die unterschiedlichen Handschriften der Planer in ein spannungsreiches Verhältnis

2   Die westlichen Teile zwischen dem Neubach und dem Stadtbach wurden im Zuge der Anlage der Kanustrecke 1970/71 verfüllt.

3   Vgl. Olaf Gisbertz: Olympia in der Provinz: Boomtowns Augsburg – Kiel 1972, in: Sigrid Brandt et al. (Hg.): Das moderne Erbe der Olympischen Spiele (ICOMOS. Hefte des Deutschen Nationalkomitees LXXVI), Berlin 2021, S. 165–170.

4   Gottfried Hansjakob (*1937) gründete nach Besuch der Gartenbauschule in Wien und Mitarbeit bei Günther Schulze (1927–1994) in Hamburg 1962 sein Büro in München, in das sein Bruder Anton (1943–2016) eintrat.

5   Reinhard Brockel (*1924) studierte an der TH München und gründete nach Assistenzzeit am Lehrstuhl für Baukonstruktion an der TH 1956 zusammen mit Erich R. Müller (1925–2011) ein Architekturbüro in Augsburg. Neben dem Eiskanal errichteten sie in Augsburg, ebenfalls im Zusammenhang der Olympischen Spiele, den markanten Hotelturm an der Imhofstraße nach dem Vorbild von Bertrand Goldbergs Marina City in Chicago.

treten lässt und der Dynamik dieser neuen olympischen Disziplin durchaus gerecht wird. Das Publikum verteilten sie locker auf sanft ins Gelände eingebundenen und lediglich aus Holzblöcken modellierten Terrassen entlang der Wasserstrecke, die, in Beton gefasst, als stark bewegter Wasserlauf und unter Ausnutzung des natürlichen Wasserzuflusses über den Lech und den Hauptstadtbach das Zentrum der Anlage bildet *(vgl. Abb. 3)*. Monumentalität und Starrheit wurden um jeden Preis vermieden, die Anmutung einer sanften und friedlichen Landschaft ohne hierarchische Plätze setzte den Maßstab für diese weltweit erste in einer Betonrinne angelegte Kanustrecke.

Akzentuierend wirken dagegen die Hochbauten, die mit ihrer reduzierten Materialität aus Beton, Holz und Glas zwar stimmig in die Landschaft eingebettet sind, sich aber mit ihren markanten Geometrien und ihrer konsequenten formalen Gestaltung von der sanft modellierten Landschaft prägnant abheben. Vor allem der leicht über die Betonrinne kragende Turm der Wettkampfleitung erhält eine unangefochtene räumlich und visuell ordnende Präsenz, indem die anderen Häuser horizontal ausgerichtet und wesentlich stärker in die Landschaft eingebunden sind.

Im spannungsreichen Wechselverhältnis von Bauwerk und Landschaft zeigt sich, dass die Anlage in Augsburg zwar eng mit jener räumlichen und künstlerischen Grundidee des Münchner Olympiaparks mit seinen in einer künstlich gestalteten Landschaft eingebetteten Sportanlagen verbunden ist, sich aber in Charakter und Ausformulierung davon deutlich unterscheidet.[6]

In Augsburg wurde die in unregelmäßigen Kurven bewegte, rund 600 Meter lange Betonrinne der Kanustrecke von einem in seiner Künstlichkeit bewusst gestalteten Geländestreifen harmonisch gefasst und subtil in den umgebenden Naturraum eingebettet. Doch anders als in München, wo sich die Seilnetzkonstruktionen der Stadionbauten von Günter Behnisch und Frei Otto wie selbstverständlich aus der Topografie der Landschaft entwickeln und diese in einer zweiten, konstruktiven Ebene weiterführen, kommt es in Augsburg trotz der Einbettung der Bauwerke in die Umgebung zu einer formal differenzierten Gestaltung. In der selbstbewussten Gegenüberstellung und Bezugnahme von Bauwerk und Landschaft zeigt sich ein sorgfältig ausformuliertes Verhältnis. Mit der funktionsbetonten gestalterischen Differenzierung der einzelnen Baukörper, mit der nicht nur eine hierarchische, sondern auch eine funktionale Differenzierung vorgenommen wird, ist die Anlage am ehesten mit den Bauten der Olympia-Regattastrecke in Oberschleißheim verwandt, deren markante, in ihrer horizontalen Ausrichtung betonte und bewusst dunkel gehaltene Holzarchitektur sich kongenial in die flache Moorlandschaft einfügt.[7]

6   Vgl. Günther Grzimek: Olympische Park Ideen, in: Garten + Landschaft (1993), H. 9, S. 30–35.
7   Vgl. Olympia-Regattastrecke in Oberschleißheim, in: Frank Seehausen: Sigrid Neubert. Architekturfotografie der Nachkriegsmoderne, hg. v. Ludger Derenthal, München 2018, S. 256–257.

(Abb. 3)   Augsburg, Kanustrecke, nördlicher Bereich, Ausführungsplan Gottfried und Anton Hansjakob, datiert 24.02.1971

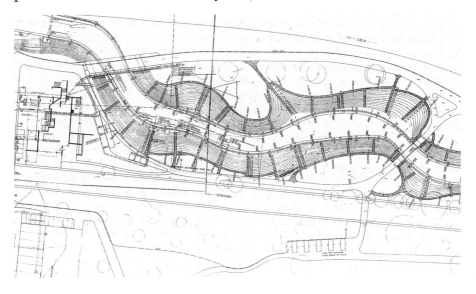

Doch lässt sich, ähnlich wie im Münchner Olympiapark, auch in
Augsburg eine Anknüpfung an örtliche und historisch gewachsene
Gegebenheiten erkennen – ebenfalls mit einem Wasserlauf als zentra-
lem Motiv, wenn auch mit unterschiedlicher Konnotation. In München
wurde der im 17. Jahrhundert angelegte Nymphenburg-Schleißheimer
Kanal zum Olympiasee geweitet und damit zum Zentrum einer bewusst
egalitär ausformulierten Freizeitlandschaft transformiert – verbunden
mit der feinfühligen Modellierung der erst wenige Jahre zuvor auf dem
Oberwiesenfeld aufgeschütteten Kriegstrümmer zu einer abwechslungsreichen Hügellandschaft. Dem Landschaftsarchitekten Günther
Grzimek gelang hier eine spielerisch leicht anmutende architektonische
Transformation historischer Zeitschichten zugunsten der Anforderungen einer deutlich veränderten Idee gesellschaftlicher Interaktion. In
Augsburg war mit der Neuinterpretation eines historischen Kanals die
gestalterische Veredelung und leistungssportliche Umdeutung einer
bereits etablierten Sport- und Freizeitnutzung verbunden, wobei weniger der Gedanke einer Überwindung als der einer Weiterentwicklung
im Vordergrund stand.

Wechselvolles Verhältnis: Bauwerk und Landschaft

Architektonisch zeigt sich mit der von Brockel und Müller gewählten
reduzierten Materialität und der Kombination markanter Tragstrukturen aus Sichtbeton und eingehängter oder aufgesetzter Volumina
aus leichten Materialien – vor allem Holzverschalungen und
Faserzementplatten – sowie dem Einsatz ruhiger und geneigter
Dachflächen eine Bezugnahme auf die umliegende, durch Wasser-
läufe und starke Begrünung geprägte Landschaft.

(Abb. 4) Augsburg, Kanustrecke, Gaststättengebäude,
Reinhard Brockel und Erich R. Müller, 1972–1974,
Aufnahme 2017

Kern der Anlage sind am Oberlauf der Kanustrecke das Presse-
und Organisationsgebäude sowie am Unterlauf das Gaststättengebäude *(Abb. 4)*. Beide Anlagen wurden aus funktionalen Überlegungen
auf einem Raster errichtet, das spätere räumliche Veränderungen
erleichtern sollte. Die jeweils locker um einen atriumartigen Innenhof
angeordneten Gebäudeflügel haben als formal verbindendes Motiv
steile Pultdächer und schaffen hierarchielose, aber differenzierte und
deutlich ablesbare Räume.

Höhepunkt der entlang der Kanustrecke angeordneten Architekturen ist der markante Turm der Preisrichter der – visuell beherr-
schend und auf den Wasserlauf bezogen – leicht über den Kanal ragt
(Abb. 5). Das allen Hochbauten zugrundeliegende Prinzip einer Beton-
struktur mit eingehängten oder eingestellten Holzkörpern wird hier
zum maßgeblichen Gestaltungsprinzip der Fassaden und nimmt vor
allem im oberen Teil des Turms mit seinem Wechselspiel von Struktur
und Verkleidung fast expressive Formen an. Die um den markanten
Turmbau gruppierten Flügel der Atriumanlage sind in ihrer wesens-
bestimmenden Architekturhaltung überliefert. Entsprechend der
rasterartig konzipierten Architektur konnten nach den Spielen von
1972 die bis heute genutzten Bootslagerräume in den Westflügel integriert werden, nachdem die während der Spiele weiter südlich gelegenen provisorischen Bootshäuser aufgegeben worden waren.

Das Gaststättengebäude entspricht – mit seinen gegeneinander
gesetzten Volumina separierter Gebäudeflügel mit markanten Pultdächern – in seiner Grundhaltung weitgehend dem Presse- und Organi-
sationsbau. Die beiden Bauten werden so zu räumlich dominanten, die
eigentliche Betonrinne der Kanustrecke rahmenden Großarchitektu-
ren. Die der Gaststätte im Osten und Süden vorgelagerte Freitreppen-
und Terrassenanlage sorgt dabei für eine harmonische Einbindung
der Baumasse in die umgebende Topografie.

(Abb. 5)   Turm des Presse- und Organisationszentrums,
Reinhard Brockel und Erich R. Müller, 1972–1974,
Aufnahme 2017

Im Sinne einer zu den Rändern hin abnehmenden Monumentalität der Hochbauten markieren das Startgebäude zwischen den Schleu-
senanlagen des Hochablasses und dem Presse- und Organisationsgebäude den Anfang, das Zielgebäude unterhalb der Gaststätte das Ende
der Gesamtanlage, gefolgt von der Ableitung des Wassers in den Lech.
Während das Startgebäude mit der freien Lechaue im Rücken das
Motiv des Pultdachs übernimmt, weist das Zielgebäude ein Flachdach
auf. Dieser Wechsel in der Dachform begründet sich aus dem visuel-
len Erleben vom Kanal aus. Mit dem Flachdach wird das Zielgebäude
aus diesem Blickwinkel zum unmittelbar am Wasser gelegenen Sockel
einer dahinter spielerisch aufsteigenden, geschichteten Architektur,
die mit den Freitreppen der Gaststätte und im Zusammenspiel mit
den Pultdächern gleichsam eine abschließende Bekrönung der Strecke
und der Landschaft bildet. Das visuelle Erleben der in die Landschaft
eingebetteten Baukörper entlang des Kanals folgt damit einer Wahrnehmung, die an der abwechslungsreichen Bewegung von Sportler
und Publikum orientiert und auf den Wasserlauf bezogen ist.

Die eigentliche Kanustrecke – mit ihrer im Oberlauf geradlinigen Führung sowie mit der das Zentrum der Gesamtanlage definierenden gekurvten Ausformung – bildet als ein in seiner Weite leicht variierender Betonkanal das Rückgrat der Anlage und bündelt alle anderen Bauten unter dem Primat einer rauschenden Dynamik. Die den Verlauf dieser Kanustrecke in sanften Krümmungen begleitenden Zuschauerränge sind mit vertikal eingebauten Holzbohlen nach einem Höhenschichtmodell terrassiert. Die so gebildeten Rasentreppen waren als veredelte Form der Lechauenlandschaft gedacht und reflektieren mit ihrer der Natur entlehnten Materialität ganz eigenständig das Grundprinzip einer nachhaltig gestalteten Umwelt.

Verklammert wird die Anlage schließlich von den beiden leicht geschwungenen Brücken, welche beide Seiten der Zuschauerränge über die Kanustrecke hinweg verbinden. Die nahezu mittig auf dem Gelände platzierte Stele für das Olympische Feuer, die formal die Flammenstele im Münchner Olympiastadion adaptiert, macht bis heute Anlass und Funktion der Augsburger Anlage als Austragungsort der Kanuwettbewerbe während der Spiele der XX. Olympiade sichtbar.

Generalsanierung und denkmalpflegerische Anforderungen

Die in den Jahren 2020 bis 2022 erfolgte Gesamtinstandsetzung war aufgrund des schlechten baulichen Zustands, aber auch aufgrund der veränderten Anforderungen an eine wettbewerbstaugliche Kanusportanlage dringend geboten. Voraus ging eine gründliche, denkmalfachlich definierte Erfassung und Untersuchung des überlieferten Bestands, die neben der Auswertung vorhandener Pläne ein Aufmaß, statische Untersuchungen, Schadstoffanalysen sowie Vorplanungen zu den Gebäuden, der eigentlichen Kanustrecke und den Freiflächen umfasste. Ergänzt wurden später restauratorische Untersuchungen, auch um die bauzeitliche Farbgebung mehrerer abstraktgeometrischer Betonreliefs zu klären, die sich im beziehungsweise am Gaststättengebäude befinden. Zentrale denkmalfachliche Zielsetzungen, die das BLfD und die Untere Denkmalschutzbehörde (Stadt Augsburg) für die anstehenden Maßnahmen formulierten, waren, trotz erheblicher Schadstoffbelastungen, der größtmögliche Erhalt bauzeitlicher Substanz und, trotz Änderungen der Nutzungen, die möglichst umfassende Bewahrung des bauzeitlichen Erscheinungsbilds und Charakters der Gesamtanlage. Die in vielen Bereichen notwendigen technischen Anpassungen an heutige Erfordernisse sollten möglichst unauffällig in den überlieferten Bestand eingebunden werden.

Ein Abgleich der Bestandssituation mit dem durch Planrecherchen dokumentierten Ursprungszustand machte deutlich, dass seit den Spielen von 1972 besonders in und an den beiden Hauptgebäuden etliche Umbauten vor allem zur nutzungsbedingten Anpassung der Räume vorgenommen worden sind: Ursprünglich offene Bereiche zeigten nachträgliche Verglasungen, in hohen Räumen fanden sich später eingefügte Galerieebenen, wenngleich zumeist unter Wahrung des die Architektur bestimmenden Grundrasters. Es war insofern ein Glücksfall, dass die Gebäude von Beginn an als anpassungsfähige und veränderbare Hüllen konzipiert waren und damit vielfältige Möglichkeiten für eine störungsarme Anpassung an Anforderungen durch spätere Um- und Weiternutzung boten. Im Zusammenhang der jüngsten, von Meier + Murr Architekten und der Wohnbaugruppe Augsburg verantworteten Sanierung wurden daher spätere bauliche Veränderungen nicht grundsätzlich zurückgenommen. Verschiedene Grundrissanpassungen, Rück- und Einbauten (z. B. eines Aufzugs), die wegen der Umnutzung des ehemaligen Gaststättengebäudes zum Organisationszentrum der Kanuslalom-Weltmeisterschaften 2022 und wegen der weiteren Nutzung des ehemaligen Presse- und Organisationsgebäudes als Vereins- und Bootshaus erforderlich waren, konnten aufgrund der soliden Grundstruktur der Bauten weitgehend problemlos ergänzt und umgesetzt werden.

Heute werden die beiden Hauptgebäude ihrer Funktion als prägende Architekturen der Gesamtanlage nach der Instandsetzung wieder gerecht *(Abb. 6, Abb. 7)*. Die Sichtbetonoberflächen an den Fassaden wurden gereinigt und partiell instandgesetzt. Auf eine flächige Abnahme der bei einer vorangegangenen Betonsanierung aufgetragenen Beschichtung wurde allerdings nach entsprechender Bemusterung verzichtet. Stattdessen wurden die einstigen Betonoberflächen mit einem Anstrich versehen, der der ursprünglichen Farbigkeit und Oberflächencharakteristik des Sichtbetons entlehnt ist, wodurch die Gesamterscheinung der Baukörper visuell beruhigt wird. Die tragenden Holzständerkonstruktionen wurden zimmermannstechnisch instandgesetzt und in den Zwischenräumen gedämmt; die erheblich schadstoffbelastete Nut- und Federschalung der Fassade bestandsgleich erneuert. Als besonderer Problemfall entpuppten sich während der statischen Untersuchungen die hölzernen Dachtragwerke: Die knapp dimensionierten, teilweise als Brett-Nagel-Konstruktion, teilweise als verleimte Stegträger ausgebildeten Binder boten keine Tragreserven, um eine energetische Ertüchtigung der Dachflächen vorzunehmen. Unter der Bedingung, dass die bauzeitlichen Dachkonstruktionen zumindest in zuvor definierten Bereichen als Primärdokumente erhalten bleiben, akzeptierte die Denkmalpflege letztendlich die großflächige Erneuerung der Dachtragwerke. Die Wiedereindeckung der Dächer erfolgte – wie zur Erbauungszeit – mit (nun allerdings asbestfreien) Faserzementschindeln. Die bauzeitlichen Fenster und Außentüren wurden zumindest am ehemaligen Presse- und Organisationsgebäude größtenteils repariert und energetisch ertüchtigt, selbst die Ausstattung im Gebäudeinneren (Böden, Türen usw.) konnte in weiten Teilen erhalten beziehungsweise in Anlehnung an den historischen Bestand erneuert werden.

Ein besonderes Augenmerk der Denkmalpflege galt schließlich der Kanustrecke als Herzstück der Anlage sowie den Freianlagen, die von Brugger Landschaftsarchitekten bearbeitet wurden. Der Kanal selbst war bereits vor der Unterschutzstellung saniert worden, sodass sich hier wenig Handlungsbedarf zeigte. Ganz anders verhielt es sich hingegen mit den Rasenstufen der die Fahrrinne begleitenden Zuschauerrängen: Obwohl schon einmal ausgetauscht, zeigten die senkrecht eingegrabenen, höhenlinienartig angeordneten Holzpfosten erhebliche Schäden und mussten erneut ausgewechselt werden. Als Zugeständnis an eine sicherere Begehbarkeit sowie an eine künftig einfachere Pflege akzeptierte die Denkmalpflege, dass die Stufenanzahl bei gleichbleibendem Gesamtgefälle leicht reduziert wurde – eine Änderung, die im Gesamterscheinungsbild kaum ins Gewicht fällt.

An die technischen Einrichtungen entlang der Strecke wurden vom Kanusportverband erhebliche Anforderungen gestellt: Unter anderem mussten Trainergänge auf beiden Seiten des Kanals angelegt, neue Kabeltrassen mit Verteilerkästen geschaffen, die nicht mehr zeitgemäßen Toraufhängungen erneuert und eine Flutlichtanlage installiert werden. Hinzu kamen umfassende Sicherheitsauflagen des Brand- und Katastrophenschutzes, die aber durch frühzeitige Beteiligung der Denkmalpflege und intensive Diskussionen um eine dem Denkmal angemessene Gestaltung und Materialität begleitet wurden, sodass der bauzeitliche Charakter der sanft in die Landschaft eingebundenen Wasserrinne und die sorgfältige Modellierung der Geländeoberfläche ungeachtet aller sicherheitstechnisch notwendigen Abweichungen selbst im Detail weitgehend erhalten werden konnte *(Abb. 8)*.

Die positiven Erfahrungen in Augsburg im Umgang mit der Kanustrecke könnten für eine weitere olympische Sportstätte in Bayern relevant sein, die erst 2020 auf die Denkmalliste gesetzt wurde: die eingangs erwähnte Olympia-Regattastrecke in Oberschleißheim, nördlich von München, die 1971 nach Plänen der Architekten Eberl & Partner fertiggestellt wurde.[8] Der großmaßstäbliche Holz-Betonbau mit seiner markanten Tribünenanlage weist nicht nur eine ähnliche Materialität, sondern auch in vielen Punkten eine vergleichbare Problematik wie die Anlage in Augsburg auf, die als junges Denkmal nun sogar auch Weltkulturerbe-Status besitzt.

Bildnachweis: *(Abb. 1)* Keyser, Georg Heinrich: Die Schönheiten der Königl. Kreisstadt Augsburg und deren Umgebungen: in 49 bildlichen Vorstellungen mit Beschreibung, Augsburg/Leipzig 1819, Blatt „L" *(Abb. 2)* BLfD, Michael Habres *(Abb. 3)* Archiv des Bundesleistungszentrums für Kanuslalom und Wildwasser, Augsburg *(Abb. 5–6)* BLfD, Harald Gieß *(Abb. 7–8)* BLfD, Michael Habres

---

8   Vgl. o. A.: Olympische Bauten. München 1972 (Architektur-Wettbewerbe: Schriftenreihe für richtungweisendes Bauen, 3. Sonderband: Bauabschluss Sommer 1972), Stuttgart 1972, S. 42–45. Siehe auch Axel Walter: Prämierte Architekturen zwischen Thymian und Wiesensalbei. Die Olympia-Regattastrecke von 1972 in Oberschleißheim, in: Denkmalpflege Informationen 153 (2012), H. 11, S. 41–42; Olympia-Regattastrecke 2018 (wie Anm. 7), S. 256–257.

181   *(Abb. 6)*   Augsburg, Kanustrecke, ehemaliges Gaststättengebäude nach der Instandsetzung, 2022

(Abb. 7)   Freitreppe im Innenhof des ehemaligen Gaststättengebäudes nach der Instandsetzung, 2022

(Abb. 8)   Kanustrecke nach Instandsetzung und technischer Modernisierung, 2022

Das Modellverfahren Mäusebunker

Christoph Rauhut und Kerstin Lassnig

Der Denkmalschutz als Protagonist

(Abb. 1)   Berlin-Lichterfelde, Zentrale Tierversuchslaboratorien,
Gerd und Magdalena Hänska / Kurt Schmersow, 1971–1982, Ansicht
von Osten 2021

„Einzigartig und provokativ. Ein epochales Landmark in Berlin.
Bedrohlich brutal und geheimnisvoll verschlossen. Ziemlich lang und
atmet mit Schnorcheln. Spannend, technisch, verspielt. Rückseite:
Kontrastreich, überraschend, irritierend", so beschreibt der Fotograf
David Hiepler (Neue Langeweile, Berlin) die Zentralen Tierlaborato-
rien, die die Berliner:innen schon bald nach deren Eröffnung
Mäusebunker tauften. Das Landesdenkmalamt Berlin setzt sich als
Initiator eines Modellverfahrens für den Erhalt und den Prozess hin
zu einer Umnutzung der ehemaligen Zentralen Tierlaboratorien in
Berlin-Lichterfelde ein *(Abb. 1)* und geht damit in herausfordernder
Situation einen neuen Weg.

Die Zentralen Tierlaboratorien wurden für die Medizinische Fakultät der Freien Universität Berlin als Erweiterung des Klinikums
Steglitz geplant. In Betracht gezogen wurde ein nahegelegener Bauplatz, in unmittelbarer Nähe des Schlossparks Lichterfelde und am
Teltowkanal gelegen. Beginn der Planungen war im Jahr 1962, im Mai
1971 wurde die Baugenehmigung für den „Neubau der Zentralen Tierlaboratorien (ZTL) der Medizinischen Fakultät mit Lehrstuhl für Ver-
suchstierkunde der Veterinärmedizinischen Fakultät der Freien Universität Berlin" erteilt. Grund für den langen Planungsvorlauf waren
die Komplexität des Vorhabens und der Baugrund des ausgewählten Grundstücks. Darüber hinaus mussten Teilflächen angekauft und
musste zur Umsetzung des Vorhabens ein Bebauungsplan aufgestellt
werden. An der Bäkestraße wurde der sogenannte Kleine Mäusebunker als Versuchsbau errichtet, der leider nicht erhalten ist. Hier wurden
nicht nur die später am Hauptgebäude ausgeführte Technik, sondern

auch die Raum- und Funktionsbezüge sowie die Gestaltung des Baukörpers mit seinen entwurfsbestimmenden Elementen und Materialien erprobt. Die Zentralen Tierlaboratorien sollten ursprünglich 1978 fertiggestellt werden. „Ein mustergültiger Bau, der auf unserem Planeten nicht seinesgleichen hat",[1] befand der damalige Berliner Bausenator Harry Ristock (SPD). Durch eine Finanzierungslücke von 30 Millionen D-Mark, die durch die aufwendige Gründung entstanden war, kam es jedoch von 1976 bis 1977 zu einem zweijährigen Baustopp *(Abb. 2)*. Nach Prüfung der Statik im Frühjahr 1976 wurde die Fortsetzung der Bauarbeiten auf Mitte 1978 verschoben und das Gebäude wurde die „erste öffentliche Bauruine Westberlins".[2] Im Januar 1979 konnte der Rohbau endlich fertiggestellt werden. Die Eröffnung der Zentralen Tierlaboratorien fand nach elfjähriger Bauzeit am 27. Februar 1982 statt. Begleitet wurde sie von Vorträgen zu tierschutzrechtlichen Aspekten des Tierversuchs und Untersuchungen am Tier in der medizinischen Forschung sowie einer Demonstration von Tierversuchsgegner:innen. Mit der Wiedervereinigung 1990 verband sich eine Neuordnung der Berliner Forschungslandschaft. Seitdem gehören die Zentralen Tierlaboratorien (heute Forschungseinrichtungen für Experimentelle Medizin) zur Charité – Universitätsmedizin Berlin. Im Jahr 2015 wurde auf dem Campus Berlin-Buch, neben dem Neubau einer Tierversuchsanlage für das Max-Delbrück-Centrum (MDC), mit der Errichtung eines Ersatzbaus begonnen und auch dieser ist nicht unumstritten: „Der Neubau der Charité soll den baufälligen ‚Mäusebunker' in Steglitz ersetzen. [...] Der Ausbau der Kapazitäten überrascht, da alle Fraktionen im Abgeordnetenhaus vor zwei Jahren eine Resolution unterschrieben haben, in der als Ziel der komplette Verzicht auf Tierversuche formuliert ist."[3] Beide Anlagen wurden einer gemeinsamen Verwaltung unterstellt. Im Juli 2020 wurden die letzten Tiere aus den ehemaligen Zentralen Tierlaboratorien gebracht, dessen Betrieb zum Jahresende eingestellt wurde. Bis zu seiner Schließung wurde das Gebäude mit der Haustechnik aus den 1980er Jahren betrieben.

Komplexität, Größe und unverwechselbare Form

Der Mäusebunker liegt am Ende der Krahmerstraße, die als Stichstraße vom Dorfanger Lichterfelde zum Ufer des Teltowkanals führt. Eingebettet in die Ausläufer des parkartig angelegten Freiraums am Kanal bildet es mit dem Klinikum Steglitz (Nathaniel Cortlandt Curtis Jr. und Arthur Quentin Davis mit Franz Mocken, 1961–1968) und dem Institut für Hygiene und Mikrobiologie (Hermann Fehling und Daniel Gogel, 1969–1974) eine einzigartige Gruppe von

1   Vgl. Harry Ristock, zit. n. Der Tagesspiegel, 20.09.1975, S. 8.
2   Vgl. Klaus Riebschläger, zit. n. FU-Info 25 (1975), S. 6–8.
3   Jens Anker: Charité baut neuen Mäusebunker, in: Berliner Morgenpost, 09.06.2015, https://www.morgenpost.de/berlin/article142227471/Charite-baut-neuen-Maeusebunker-in-Berlin-Buch.html [letzter Aufruf 02.03.2023].

(Abb. 2)   Berlin-Lichterfelde, Zentrale Tierlaboratorien, Baustelle 1975

jüngeren Forschungs- und Gesundheitsbauten in der Berliner Bildungslandschaft, die in einem engen funktionalen und räumlichen Zusammenhang stehen. Die drei Großbauten wurden in den 1960er Jahren als humanmedizinisches Zentrum der Freien Universität geplant.

1967 lag für die künftigen Zentralen Tierlaboratorien ein Entwurf von Gerd und Magdalena Hänska vor, der die Grundlage für alle folgenden Planungsschritte bildete. Gerd Hänska hatte an der Technischen Universität Berlin Architektur studiert und nach der Mitarbeit bei seinem Lehrer Peter Poelzig ein eigenes Büro gegründet, welches er gemeinsam mit seiner Frau Magdalena, später auch mit dem Sohn Thomas, betrieb. Erste Aufträge konnten Gerd und Magdalena Hänska ab 1963 ausführen, Mitte der 1960er Jahre begann mit den Zentralen Tierlaboratorien eine kontinuierliche Arbeit an Forschungs- und Wissenschaftsbauten: darunter der Ernst-Ruska-Bau für Elektronenmikroskopie des Fritz-Haber-Instituts (1972–1974) und der Berliner Elektronenspeicherring für Synchrotronstrahlung

BESSY 1 in Dahlem (1980–1982), ein Tierlabor für das Institut der Immunbiologie in Freiburg (1979–1982) oder das Institut für systematische Botanik der Freien Universität Berlin (1984–1987). Gegenüber diesen durchweg aufwendigen Projekten traten die Zentralen Tierlaboratorien nicht nur durch ihre Komplexität und Größe hervor, sondern auch mit einer hohen Bausumme, die im Projektverlauf auf über 100 Millionen D-Mark anstieg.

Das Gebäude hat eine Grundfläche von 117 × 37 Meter bei einer Höhe von bis zu 23 Meter und erhält durch die geneigten Außenwände und die gestaffelte Nordfront seine unverwechselbare Form. Die nach innen geneigten Dachkanten erlaubten es, den Baukörper näher an die westliche Grundstücksgrenze zu rücken und dadurch auf tragfähigem Untergrund zu platzieren. Aus energetischen Gründen sollten die vollklimatisierten Räume in einer möglichst kleinen Gebäudehülle untergebracht werden. Durch Ablufteinrichtungen, Kamine und Aufbauten entstand eine differenzierte Dachlandschaft, die den technisch determinierten Gebäudeentwurf ablesbar machte und Assoziationen einer riesenhaften Maschine mit komplexem Innenleben entstehen lässt. Die schon in den 1920er Jahren viel diskutierten Ideen von Bauwerken als Maschinen und funktionale Leistungsträger wurden in den 1960er Jahren durch neue utopische Vorstellungen noch übertroffen. Inspiriert wurden sie durch einen gesamtgesellschaftlichen Technologie-Optimismus und die sich entwickelnde Raumfahrt. Das Projekt der Zentralen Tierlaboratorien war sehr stark durch technische Aspekte bestimmt. Eine wesentliche Aufgabe war die Umsetzung einer leistungsfähigen Vollklimatisierung und der damit verbundenen Luftreinhaltung. Die Züchtung und Haltung der Versuchstiere und die Experimente verlangten einen hermetischen Abschluss nach außen und eine Einteilung des gesamten Gebäudes in unterschiedliche und streng voneinander getrennte Sauberkeitsbereiche. Die höchsten Anforderungen stellte der SPF-Bereich (Specific-Pathogen-Free), der frei von allen Krankheitserregern gehalten werden musste. Um den hohen Hygienestandard zu halten, war der Zutritt in die Sauberkeitsbereiche nur über zentrale und dezentrale Schleusen mit Umkleiden und Duschen möglich (Abb. 3, Abb. 4).

Eine spezielle Schutzkleidung für das Personal und Geräte verblieben im Sauberkeitsbereich oder wurden durch Materialschleusen ein- und ausgeführt. Ein erhöhter Luftdruck stellte sicher, dass beim Öffnen der Schleusen die Raumluft aus den sensiblen Bereichen gedrückt und durch die Strömung auch das Eindringen kleinster Verunreinigungen, Keime und Krankheitserreger verhindert wurde. Autoklaven und Tauchtanks dienten der Desinfektion von Geräten, Instrumenten und Käfigen. Für die Versorgung aller Bereiche mit gereinigter Luft und technischen Medien entschieden sich Gerd und Magdalena Hänska für ein dezentrales Konzept, in dem alle Geschosse unmittelbar und unabhängig voneinander angesteuert wurden. Das erlaubte kurze Leitungswege zu den versorgten Räumen und erleichterte die Inspektion und Desinfektion der Lüftungstechnik.

(Abb. 3) Berlin-Lichterfelde, Zentrale Tierversuchslaboratorien, Innenraum der Zentralen Tierlaboratorien, Aufnahme 2021

(Abb. 4) Aufzüge der Tierlaboratorien, Aufnahme 2021

Durch die aus dem Baukörper herausgeschobenen Ansaugrohre, einem wesentlichen Aspekt dieses Versorgungskonzepts, konnte dem Gebäude Frischluft zugeführt werden, die nicht durch die Wärmestauzone vor den Fassaden beeinträchtigt war. Die blauen Ansaugrohre sind Teil des charakteristischen Äußeren des Gebäudes. Für das dezentrale Versorgungssystem hatte das Architektenpaar einen geschossweisen Wechsel von sogenannten Programmräumen und reinen Technikgeschossen entwickelt. Beide Bereiche waren strikt getrennt, erhielten eine unabhängige Erschließung mit eigenen Treppen und Aufzügen und durften nur im Havariefall verbunden werden.

Aus Gründen der für die Forschungsräume notwendigen Sauberkeit und Hygiene sind diese von „normalen" Büros oder den technischen Anlagen strikt getrennt. In diesem Zusammenhang ist auch das Farbkonzept als ästhetisch wirksames Element einer ansonsten stark von funktionalen Überlegungen geprägten Architektur hervorzuheben. Die Farben fungieren als Leitsystem, passend zur strukturellen Organisation des Gebäudes. Durch das Farbkonzept sind alle Bereiche für die Nutzer:innen, das Forschungs-, Technik- und Tierpflegepersonal, deutlich gekennzeichnet. Die bauzeitliche Farbfassung hat sich fast vollständig erhalten und bildet einen wesentlichen Bestandteil des denkmalfachlichen Erhaltungsinteresses.

Wert und Bewertung

Die Zentralen Tierlaboratorien haben eine hohe geschichtliche, städtebauliche und künstlerische Bedeutung. Erstmals wurde mit dem Gebäude ein hochkomplexes großes Institutsgebäude für Tierzucht und Tierexperimente konzipiert, das bis dahin ohne bekannte Vorbilder war. Das technisch ausgefeilte Konzept und die einzigartige architektonische Umsetzung belegen mit dem benachbarten Klinikum Steglitz und dem Institut für Hygiene und Mikrobiologie den hohen Stand und Stellenwert der Planungs- und Baukultur der Freien Universität Berlin in den 1960er Jahren.

Mit dem direkt gegenüberliegenden Institut für Hygiene und Mikrobiologie stehen die Zentralen Tierlaboratorien in einem in Berlin einmaligen räumlichen und gestalterischen Dialog. Die beiden Bauten zeigen in ihrem Zusammenspiel zwei unterschiedliche Spielarten einer kunstvoll in Sichtbeton ausgeführten Architektur der 1960er und 1970er Jahre. Während Fehling und Gogel mit dem Institut für Hygiene und Mikrobiologie die plastische Formbarkeit von Beton durch einen aufwendig modellierten Gebäudekörper und schwingende Formen demonstrieren *(Abb. 5)*, lassen Gerd und Magdalena Hänska die Zentralen Tierlaboratorien als geschlossene Form im verbindenden Grünraum am Ufer des Kanals ruhen. Mit seinen geneigten Wänden, dem nach Norden abgestuften Baukörper im Übergang zum terrassiert angelegten Vorplatz und der hervorragend

(Abb. 5)   Berlin-Lichterfelde, Institut für Hygiene und Mikrobiologie, Fehling + Gogel, 1966–1974, Aufnahme 2021

detaillierten Betonfertigteilfassade entfaltet der Großbau in seinem Umfeld außergewöhnliche skulpturale Qualitäten. Gerd und Magdalena Hänska gelang es mit ihrem Entwurf, die technischen und betrieblichen Herausforderungen der hochkomplexen Bauaufgabe in eindrucksvoller Weise zu lösen. Im Gebäude wird das anspruchsvolle funktionale Programm kongenial in ein strukturelles Konzept übersetzt, in dem die betrieblichen und technischen Anforderungen baulich und räumlich organisiert und umgesetzt werden. Als „riesenhafte Maschine" werden die Zentralen Tierlaboratorien selbst zum Träger und Medium der funktionalen Prozesse und sind zugleich ein ebenso seltenes wie hervorragendes Beispiel einer skulpturalen Großform von hohem Wiedererkennungswert und zeichenhafter Klarheit. Der meisterhafte Umgang mit dem Material und die Zeichenhaftigkeit des Gebäudes machten die Zentralen Tierlaboratorien weit über die Grenzen Berlins hinaus bekannt. In der (Fach-)Öffentlichkeit wird es als hervorragender Exponent einer brutalistischen Gestaltungsauffassung anerkannt und diskutiert.[4]

Darüber hinaus sind die Zentralen Tierlaboratorien in ihrer Funktionsweise und ihrem baulichen Ausdruck ein wichtiges Zeugnis für das Forschungsfeld der Human-Animal Relations, das sich in einem transdisziplinären Verbund der Erforschung und Kenntlichmachung sich wandelnder Verhältnisse zwischen Mensch, Tier und Umwelt widmet.

---

4   Vgl. Landesdenkmalamt Berlin: Geschichtliche, städtebauliche und künstlerische Bedeutung (16.04.2021), www.modellverfahren-mäusebunker.de [letzter Aufruf 06.11.2022].

Über den Erhalt und eine mögliche Nachnutzung des Mäusebunkers wird seit Bekanntwerden der Verlagerung der FEM nach Berlin-Buch intensiv debattiert. Viele Menschen im In- und Ausland engagieren sich für die Bewahrung dieses außergewöhnlichen Bauwerks. Eine Petition zum Erhalt des Mäusebunkers war ein erster sehr wichtiger Schritt, um einen möglichen Abriss zu verhindern. Die beiden Initiatoren, der Architekt Gunnar Klack und der Architekturhistoriker Felix Torkar, haben es geschafft, mit etwa 10.000 Unterschriften und Unterstützung zahlreicher Fachleute eine große öffentliche Aufmerksamkeit auf das Thema zu lenken und hierbei auch den besonderen baukulturellen Wert des Gebäudes zu etablieren. Die BDA Galerie Berlin wandte sich im Oktober 2020 in ihrer durch den Architekten Ludwig Heimbach kuratierten Ausstellung „Mäusebunker & Hygieneinstitut: Versuchsanordnung Berlin", 2021 auch im Kontext der Architekturbiennale in Venedig gezeigt *(Abb. 6)*, unter anderem den folgenden Fragen zu: „Welchen Stellenwert hat die Architektur der Nachkriegsmoderne für die Gesellschaft? Welche Rolle spielt in den Debatten um Erhalt, Weiterbau und Rückbau das Thema Ressourcenökonomie?"[5]

In Absprache mit der Charité hat das Landesdenkmalamt Berlin im Jahr 2021 das Modellverfahren Mäusebunker initiiert. Ziel des Modellverfahrens ist es, auf ein Ergebnis hinzuleiten, das den denkmalgerechten Erhalt des Gebäudes ermöglicht, wirtschaftlich darstellbar ist und den Campus Benjamin Franklin städtebaulich und inhaltlich stärkt. Mit der Website www.modellverfahren-mäusebunker.de hat das Landesdenkmalamt Berlin eine Plattform geschaffen, die den Diskurs um den Erhalt des Mäusebunkers abbildet und die Öffentlichkeit in das Modellverfahren einbezieht. Auch der Landesdenkmalrat Berlin hat sich für das Modellverfahren Mäusebunker ausgesprochen: „Das Modellverfahren andererseits soll in einem offenen Prozess abklären, ob das Gebäude des ‚Mäusebunkers' für andere, private oder öffentliche Nutzungen an Dritte überlassen werden oder unter bestimmten Bedingungen als Teil des Charité-Standorts weiter genutzt werden kann."[6] Die Denkmalpflege versteht sich hier als Protagonist, der in enger Zusammenarbeit mit weiteren Disziplinen an aktuellen gesellschaftlichen Themenstellungen arbeitet. Auf der Website kommen zahlreiche Fachleute und zivilgesellschaftliche Akteur:innen zu Wort, die sich mit Fragen von Ressourcenökonomie und Nachhaltigkeit sowie aus sozialer, kultureller, technischer und wirtschaftlicher Perspektive mit dem Erhalt von Betongebäuden auseinandersetzen. „Eine der Herausforderungen beim Umbau brutalistischer Bauten besteht darin, dass ihre

5   BDA Galerie Berlin: Mäusebunker & Hygieneinstitut: Versuchsanordnung Berlin / Ausstellung verlängert bis 22.10.2020 (21.08.2020), https://www.bda-berlin.de/2020/08/maeusebunker-hygieneinstitut-versuchsanordnung-berlin/ [letzter Aufruf 06.11.2022].
6   Landesdenkmalrat Berlin, Protokoll der Sitzung vom 24.09.2021.

(Abb. 6)   Ausstellung „Mäusebunker & Hygieneinstitut: Experimental Setup Berlin. Architetture di G+M Hänska I Fehling+Gogel", Kurator Ludwig Heimbach und Landeskonservator Christoph Rauhut, 2021

Grundrisse und räumliche Organisation auf die jeweilige konkrete Nutzung zugeschnitten sind. Auch ihre skulpturalen Formen sind oft einzigartig und ungewöhnlich. Entsprechend schwierig müsste es eigentlich sein, sie umzunutzen und umzugestalten. Doch das Gegenteil ist der Fall. Sie machen es einem sehr leicht. Beton ist robust und schwer, und die Ästhetik liegt in der Dicke und den eckigen Formen. Dadurch ist es ziemlich einfach, etwas wegzunehmen, hinzuzufügen oder abzuändern. Das ist viel leichter als die Restaurierung eines Meisterwerks der frühen Moderne, bei dem die Proportionen das wesentliche Element des Entwurfs sind", bekräftigen beispielsweise Graeme Stewart und Ya'el Santopinto (ERA Architects) und treten damit gängigen Auffassungen von der Unflexibilität von Betonbauten entgegen. „In diese Gebäude wurden bereits große Mengen an Geld und Baumaterial investiert [...]. In Hinblick auf die Energie ist der Unterschied eklatant. So stellte sich beim Ken Soble Tower [Projekt von ERA in Hamilton, Ontario; Anm. d. Verf.] die Energiebilanz folgendermaßen dar: Wenn man ein ganz neues Gebäude errichtet hätte, würde es etwa 200 Jahre dauern, um die graue Energie des alten Betonbaus zu kompensieren."[7] Das Landesdenkmalamt Berlin versteht sich im Modellverfahren als Anwalt des Gebäudes und ist zugleich auch der Vertreter der Denkmalbelange. Anhand der Diskursthemen

7   Ya'el Santopinto, Graeme Stewart (ERA Architects): „Retrofitting Brutalism" als transatlantischer Dialog, ein Gespräch mit Gunnar Klack (08.2021), www.modellverfahren-mäusebunker.de [letzter Aufruf 06.11.2022].

soll aber auch aufgezeigt werden, dass es noch weitere Gründe für den Erhalt gibt: die ökologische und kulturelle Notwendigkeit, ökonomische Denkmodelle, die Idee der Co-Habitation, die städtebaulichen Chancen und auch der Mäusebunker als Marke. Ziel des Modellverfahrens ist es, die ehemaligen Zentralen Tierlaboratorien als einen Ort der Potenziale begreifbar und sichtbar zu machen.

Aus der Sicht des Landesdenkmalamts Berlin steht der Erhalt des Gebäudes im Vordergrund. Es soll eine Nutzungsperspektive gefunden werden, die gleichermaßen die Aspekte des Denkmalschutzes, der baulichen und funktionalen Machbarkeit und der Wirtschaftlichkeit berücksichtigt. In Kooperation mit der Charité und der Senatsverwaltung für Stadtentwicklung, Bauen und Wohnen werden im Laufe der Jahre 2022 und 2023 mehrere Werkstätten stattfinden, in denen in einem transdisziplinären Dialog künftige Nutzungsmöglichkeiten für den Mäusebunker entwickelt und erprobt werden. Angestrebt werden auch eine breite politische Unterstützung und Mitarbeit – auf Bezirks- und auf Landesebene. Gemeinsam mit den Kooperationspartnern wird erwogen, das Projekt als ein nationales Modellverfahren auf Bundesebene zu etablieren.

Das Modellverfahren Mäusebunker knüpft an das Berliner Modellprojekt Haus der Statistik an. Das Haus der Statistik wurde von 1968 bis 1970 am nördlichen Rand des Alexanderplatzes in Stahlbetonskelettbauwiese errichtet und steht seit 2008 leer. Auch hier wurde durch zivilgesellschaftliches Engagement ein Abriss verhindert. In einer neuen Kooperation von zivilgesellschaftlicher Initiative, öffentlicher Hand, landeseigener Wohnungsbaugesellschaft und landeseigener Immobilienmanagementgesellschaft entstehen in Bestand und Neubau: Raum für Kunst, Kultur, Soziales und Bildung, bezahlbares Wohnen sowie ein neues Rathaus für den Bezirk Mitte und weitere Verwaltungsnutzungen. Herausfordernd ist jedoch die Spezifik der ehemaligen Zentralen Tierlaboratorien. „Es sind ja auch am Mäusebunker schon viele Dinge ausprobiert, bzw. konzeptionell von Studierenden und von Kolleg*innen durchgespielt worden. Man kann sicher ein Nachnutzungskonzept finden, auch wenn es kein einfaches Objekt ist," sagt dazu Silke Langenberg, Professorin für Konstruktionserbe und Denkmalpflege am Departement Architektur der ETH Zürich.[8] Als anspruchsvoll für künftige Nutzungen stellen sich die individuelle Gebäudekonfiguration mit Normal- und Technikgeschossen, die Gebäudetiefe und die weitgehend fensterlosen Fassaden dar. Darüber hinaus besteht eine Reihe für Gebäude jener Zeit typischer Schwierigkeiten wie Schadstoffbelastungen, Betonschäden und eine veraltete (überdimensionierte) Haustechnik. Im Modellverfahren soll neben künftigen Nutzungsmöglichkeiten auch die künftige Trägerschaft des Mäusebunkers geklärt werden.

8   Silke Langenberg im Gespräch mit Felix Torkar (07.2021), www.modellverfahren-mäusebunker.de [letzter Aufruf 06.11.2022]. Vgl. auch den Beitrag von Silke Langenberg im vorliegenden Band.

Mit dem Modellverfahren Mäusebunker hat das Landesdenkmalamt Berlin eine aktivierende Rolle übernommen – mit dem Ziel, alle Verantwortlichen und Beteiligten aus Politik, Verwaltung, Fachöffentlichkeit und Zivilgesellschaft zusammenzuführen, um im Dialog eine neue Nutzungs- und Entwicklungsperspektive für das Gebäude zu erarbeiten. Es wurde ins Leben gerufen, um in einer inhaltlich wie rechtlich fordernden und komplexen Situation nach Lösungen zu suchen. Für die Zukunft des Gebäudes gab es zwei gegensätzliche Interessen: einerseits den durch das Landesdenkmalamt Berlin festgestellten Denkmalwert mit dem Ziel der Erhaltung, andererseits den Wunsch der Charité nach dem Abriss des Gebäudes und einer anschließenden Entwicklung des Geländes, wofür bereits die rechtlichen Grundlagen geschaffen worden waren. Zu Beginn des Verfahrens stand deshalb eine Sensibilisierung für den Wert des Mäusebunkers im Vordergrund. Die ausdrucksstarke architektonische Gestaltung und der spezifische Nutzungszweck lösten sowohl positive als auch negative Assoziationen in der Öffentlichkeit aus. „Von einem ‚Beton gewordenen Alptraum‘ spricht Pries [Axel Radlach Pries, Dekan der Charité; Anm. d. Verf.]. International wird das leerstehende Laborzentrum der Architekten Gerd und Magdalena Hänska hingegen als Meisterwerk sogenannter ‚brutalistischer‘ Architektur geschätzt, die nicht etwa wegen ihrer massiven Formen, sondern wegen des rohen Betons (französisch ‚beton brut‘) so heißt. Ein Meisterwerk muss eben nicht gefällig sein."[9] Die historische Nutzung in das künftige Konzept des Mäusebunkers einzubeziehen, wird eine wichtige Themenstellung im weiteren Dialog um die Zukunft des Gebäudes sein. Nach Auffassung von Silke Langenberg „ist der Bau nicht nur für die Charité ein wichtiger Zeitzeuge. Dass er nicht mehr entsprechend seiner ursprünglichen Bestimmung genutzt wird, könnte man im Übrigen auch positiv konnotieren [...]. Der Bau dokumentiert diese Vergangenheit – auch mit einer anderen Nutzung".[10] Nach Abschluss des städtebaulichen Verfahrens zum Campus Benjamin Franklin zum Jahresende 2021, sind die Grundstücke von Hygieneinstitut und Mäusebunker in die städtebauliche Vision der Charité bis 2050 als Bestandgebäude aufgenommen worden. Im weiteren Verfahren und im Rahmen der Werkstätten werden insbesondere die Bedarfe von Wissenschaft und Forschung eruiert und die Machbarkeiten untersucht. Darüber hinaus werden jedoch auch Nutzungen wie Kunst, Kultur und Kreativwirtschaft in die Betrachtung miteinbezogen. Die Bereitstellung und langfristige Sicherung von Ateliers, Studios und Proberäumen für Berliner Künstler:innen sind ein wichtiger Arbeitsschwerpunkt der

9   Jonas Bickelmann: Der Kampf für Berlins grauenerregendes Gebäude, in: Der Tagesspiegel, 11.10.2020, https://www.tagesspiegel.de/kultur/der-kampf-fur-berlins-grauenerregendstes-gebaude-4200889.html [letzter Aufruf 02.03.2023].
10   Langenberg 2021 (wie Anm. 8).

Landespolitik. Synergien zwischen Wissenschaft, Forschung sowie Kunst und Kultur können einen neuen Impuls in die Wissenschaftslandschaft im Südwestraum Berlins lenken. Die künftige Nutzung des Mäusebunkers soll auch im Kontext des Forschungscampus der Stiftung Preußischer Kulturbesitz sowie des Standorts der Freien Universität in Berlin-Dahlem entwickelt werden. Seit 2020 ist die Aufmerksamkeit und das öffentliche Interesse an dem Gebäude stark gestiegen. Ein Auslöser war auch der offene Brief von Architekt Arno Brandlhuber und Galerist Johann König sowie deren Angebot, das Gebäude auf Basis privatwirtschaftlichen Engagements zu übernehmen und dort ein neues kulturelles Zentrum für Berlin zu schaffen. Seitdem haben im Rahmen künstlerischer Aneignung zahlreiche Interventionen und Performances auf dem Grundstück des Mäusebunkers stattgefunden und das Gebäude wurde auch in verschiedenen Fernsehbeiträgen sowie in einer Ausstellung auf der Architekturbiennale in Venedig (2021) gewürdigt. Über eine ausführliche Dokumentation auf der Website www.modellverfahren-mäusebunker.de wird die Öffentlichkeit über den Stand des Verfahrens informiert. Es ist geplant, die Ergebnisse und Empfehlungen zum Verfahrensabschluss in einer Ausstellung in Berlin zu präsentieren. Das Landesdenkmalamt Berlin ist zuversichtlich, dass gemeinsam mit allen Beteiligten und mit dem bereits bestehenden großen bürgerschaftlichen Engagement für dieses besondere Zeugnis Berliner Architektur- und Wissenschaftsgeschichte eine adäquate und tragfähige Perspektive gefunden wird.

Bildnachweis: *(Abb. 1)* Neue Langeweile, Berlin, Foto: David Hiepler *(Abb. 2)* Landesdenkmalamt Berlin, FU Berlin, Sig. RF/023108, Foto: Reinhard Friedrich, Berlin *(Abb. 3–4)* Kay Fingerle Architektur, Berlin *(Abb. 5)* Anne Herdin, Landesdenkmalamt Berlin *(Abb. 6)* Foto: Servizio fotografico e immagine Iuav, Venedig

Serie und Maßstab

III.

Potenziale von Großstrukturen. Systemische Fragen der denkmalpflegerischen Praxis

Kontrollierte Umwelten

Andreas Putz und Christiane Weber

*Zur bauforscherischen Erfassung
von und in Netzwerken*

Der Baubestand der Moderne ist durch die rasant sich entwickelnde Industrialisierung der vergangenen 200 Jahre geprägt. Bauwerke und Infrastruktureinrichtungen für die Massen- und Informationsgesellschaft des 20. Jahrhunderts weisen nicht nur im Vergleich zu Bauten vor 1850 eine fast unüberschaubare Vielfalt an Materialien auf, sie sind in ihrer Funktionsweise und technischen Ausstattung auch ein Zeugnis des jeweiligen Stands der beschleunigten technologischen Entwicklungen. Diese technischen Einrichtungen sind einem hohen Erneuerungsdruck ausgesetzt, wobei diese Erneuerungszyklen deutlich schneller ablaufen, als die der Gebäudehülle. Ähnlich hohem Anpassungsdruck ist die bauliche Verkehrsinfrastruktur ausgesetzt. Verkehrsnetze wie das der Eisenbahn oder der Autobahnen sind einem beträchtlichen Bedarf an permanenter Wartung und Instandhaltung unterworfen. Anstelle nachhaltigem Umgang mit den vorhandenen Ressourcen erfolgten in den vergangenen Jahrzehnten eher Abriss und Neubau.

Unter den aktuell wachsenden Herausforderungen des Klimawandels und den zu Recht seit Jahren von Expert:innen und nun zunehmend auch von einer breiteren Öffentlichkeit geforderten Strategien der Ressourcenschonung müssen diese technischen und infrastrukturellen Netzwerke anpassungsfähiger gestaltet, im besten Fall dauerhaft erhalten und ertüchtigt werden. Grundlage bildet dabei die bauforscherische und denkmalkundliche Erfassung des jüngeren Bauerbes: Insbesondere die technischen Apparaturen und Installationen in ihrer Vernetzung und Funktionsweise müssen verstärkt Berücksichtigung finden. Sie sind oftmals, aber nicht immer baulich und strukturell mit dem Baukörper integral verbunden, sie gehen gleichzeitig über diesen hinaus und entgrenzen ihn.

In der baulichen und auch der baudenkmalpflegerischen Praxis erfolgt nur zu oft die vollständige und undokumentierte Entfernung bestehender gebäudetechnischer Anlagen, weil technisch verschlissen, veraltet und nicht mehr normgerecht. Dem historischen Bauwerk wird stattdessen eine neue, heutigen Komfortansprüchen und Normen entsprechende Apparatur eingesetzt, die ein neues Gebäudeklima erzeugen soll. Die oftmals beklagten Probleme bei der energetischen Ertüchtigung des jüngeren Baubestands ergeben sich in dieser Perspektive denn auch nicht primär aus einer mangelhaften oder (aus heutiger Sicht) unzulänglichen Konstruktionsweise des Bestands, sondern aus der Differenz heutiger und historischer Möglichkeiten und Ansprüche an die Kontrolle und Regulation von Umweltbedingungen. Ein Beispiel ist die Raumtemperatur, die aktuell unter dem Aspekt der Energieeinsparung neu verhandelt wird. In der Folge wird das Bauwerk als Hülle eines neuen Gebäudeklimas problematisiert – demgegenüber finden sich zunehmend, aber leider noch zu wenige Ansätze, gebäudetechnische und klimatische Zielvorstellungen dem Bestand anzupassen.

Der methodischen Herangehensweise und der Lehre der historischen Bauforschung an Architekturfakultäten stellen sich mit diesen Beständen folglich neue Herausforderungen: Sie müssen mehr bieten

als eine Dokumentation der baulichen Strukturen und die rein kultur-
historische Einordnung.[1] In diesem Beitrag werden die neuen, spezifisch
für die gebaute Umwelt des 20. Jahrhunderts erkannten Methoden und
Fragestellungen anhand ausgewählter Lehr- und Forschungsprojekte
der Universität Innsbruck und der Professur für Neuere Baudenkmalpflege der Technischen Universität München diskutiert.

Makromaßstab: Kulturerbe Infrastruktur

Die gebaute Umwelt des letzten Jahrhunderts ist maßgeblich geprägt
von Infrastrukturen.[2] Dies umfasst die großen Netzwerke der Ver-
kehrs- und Versorgungsanlagen: die Brücken- und Straßenbauten
ebenso wie die unterirdischen Architekturen der Großstädte,[3] vor allem
aber auch die erschließungstechnischen, sicherheitstechnischen und
versorgungstechnischen Grundlagen der Wasser-, Strom- und Gasver-
sorgungsnetze. Mit diesen technischen Bauten kommt der moderne
Sozialstaat seiner Verpflichtung zur Daseinsfürsorge nach. Diese Netzwerke sind besonders für die kleineren europäischen Nationalstaaten
wie die Schweiz, Irland oder Belgien bereits kultur- wie bautechnikhis-
torisch erforscht worden.[4] Diese großräumlich vernetzten baulichen
Anlagen sind auch in Deutschland Ausdruck staatlicher Verantwortung, sozialer Sicherheit und des wirtschaftlichen Aufschwungs der
Nachkriegsjahrzehnte. Sie erstrecken sich als gebäudetechnische Anlagen – Fernheizungen und Wärmepumpen, mechanische Lüftungen und
sensorgesteuerte Klimaanlagen, elektrische Beleuchtungen und Video-
überwachungsanlagen, Rohrpostleitungen, Telefon- und Datenkabel,
Fahrstühle, Rolltreppen, Fließbänder usw. – bis tief in die einzelnen
Gebäude hinein und garantieren in ihrer Gesamtheit weit mehr als nur
die Komfortansprüche modernen Wohnens.[5]

    In der Architekturgeschichtsschreibung des 20. Jahrhunderts ist
dies spätestens seit Reyner Banhams Darstellung der historischen
Genese der *architecture of the well-tempered environment* bekannt.[6]

1   Vgl. auch Ulrike Fauerbach, Andreas Putz: „Bauforschung" Today: Current Tendencies in Building Archaeology in Germany / „Bauforschung" aujourd'hui: tendances actuelles de l'archéologie du bâti en Allemagne, in: Christian Sapin et al. (Hg.): Archéologie du bâti. Aujourd'hui et demain (Actes du colloque ABAD, Auxerre, 10–12 octobre 2019), Dijon 2022, doi: 10.4000/books.artehis.25779.

2   Zum Begriff in seiner Bedeutung für die Nachkriegsjahrzehnte siehe grundlegend Dirk van Laak: Der Begriff „Infrastruktur" und was er vor seiner Erfindung besagte, in: Gunter Scholtz (Hg.): Archiv für Begriffsgeschichte, Bd. 41, Bonn 1999, S. 280–299; sowie Dirk van Laak: Infra-Strukturgeschichte, in: Geschichte und Gesellschaft, 27 (2001), H. 3, S. 367–393.

3   Vgl. Ana Tostões, Ivan Blasi (Hg.): Bridges and Infrastructure. DOCOMOMO Journal 45 (2011) H. 2; Ralf Liptau, Verena Pfeiffer-Kloss, Frank Schmitz (Hg.): Underground Architecture Revisited (ICOMOS. Hefte des Deutschen Nationalkomitees LXXIV), Berlin 2020.

4   Vgl. u. a. Michael Ryckewaert: Building the Economic Backbone of the Belgian Welfare State. Infrastructure, Planning and Architecture 1945–1973, Rotterdam 2011; oder auch Keller Easterling: Organization Space. Landscapes, Highways, and Houses in America, Boston 1999.

5   Vgl. Franz Graf, Giulia Mariona (Hg.): Les dispositifs de confort dans l'architecture du XXe siècle: connaissance et stratégies de sauvegarde, Lausanne 2016.

6   Vgl. Reyner Banham: Architecture of the Well-Tempered Environment, London 1969.

Auch die Denkmalpflege wird seit einigen Jahren zunehmend mit diesen Anlagen konfrontiert und arbeitet an Konzepten zum Umgang mit diesem technischen Erbe.[7] Selbst wenn diese im Einzelfall mit viel Aufwand instandgesetzt werden, können sie selten dauerhaft weitergenutzt werden, wie sich an der derzeitigen Sperrung des mit viel Aufwand instandgesetzten Umlauftanks Ludwig Leos an der Technischen Universität Berlin zeigt.[8]

Infrastrukturen sind vernetzte komplexe technische Systeme. Ihre für uns alltägliche Benutzung ist selbstverständlich und erfolgt zumeist unbewusst. Aufmerksam werden wir erst bei Störungen und Unterbrechungen, wenn zum Beispiel die Verbindung einmal ausfällt, wenn schadhafte Brücken über Jahre das Funktionieren des Autobahnnetzes behindern. Diese Bauwerke sind als vernetzte Strukturen nicht mehr per se einzeln dastehende, klar abgrenzbare Objekte, und diese Architektur ist als „Maschine" mit ihren technischen Installationen weit mehr als Rohbau, Tragwerk, Oberflächenverkleidung und -gestaltung. Es ist dann Aufgabe engagierter historischer Bauforschung, Systemgrenzen festzulegen.

An zwei Beispielen zu Bauaufnahme und Dokumentation von Netzwerken wird deutlich, welche Methoden der Bauforschung und baudenkmalpflegerischen Untersuchung dabei sinnvoll sind und wie diese an der TU München in der Lehre zum Einsatz kommen.

Beispiel 1: Transitstrecken zwischen Westdeutschland und Berlin (Jonatan Anders)

Das System des Berlin-Transits ist eine singuläre Erscheinung und als direkte Folge der Blockbildung im Ost-West-Konflikt nach dem Zweiten Weltkrieg von nationaler, wenn nicht internationaler historischer Bedeutung. Vier Strecken aus dem Bundesgebiet nach West-Berlin sicherten die Versorgung des exterritorialen Gebiets und dessen Verbindung mit der Bundesrepublik. Die Endpunkte dieser Strecken befanden sich neben Berlin in den Bundesländern Bayern, Hessen, Niedersachsen und Schleswig-Holstein (*Abb. 1*). Insbesondere bei den militärischen Abfertigungspunkten, in Dreilinden am Checkpoint Bravo (Berlin) sowie am Checkpoint Alpha in Helmstedt (Niedersachsen), wurde für die Reisenden die politische Stimmung im Kalten Krieg sehr deutlich und Deutschland als Frontland zwischen zwei weltpolitischen Blöcken klar erkennbar. Mit Jonatan Anders Master-Thesis *Berlin Dreilinden. Relikt des Transits. Entwicklung und Nachnutzung einer obsoleten Typologie* von 2020,[9] die 2021 mit dem

7   Vgl. Jörg Haspel: Modern World Heritage – Blindspot Technical Infrastructure?, in: Ana Tostões (Hg.): Modern Heritage. Reuse, Renovation, Restoration, Basel/Lissabon 2022, S. 51.
8   Vgl. Wüstenrot Stiftung (Hg.): Ludwig Leo: Umlauftank 2, Leipzig 2020.
9   Vgl. Jonatan Anders: Berlin Dreilinden. Relikt des Transits. Entwicklung und Nachnutzung einer obsoleten Typologie, MA-Thesis, Professur Neuere Baudenkmalpflege, Technische Universität München 2020.

1990
Übersicht Transitstrecken DDR
Maßstag 1:2 500 000

Studienpreis des Landesdenkmalamts Berlin ausgezeichnet wurde, liegt erstmalig eine gesamtheitliche Betrachtung der Bautypologie der Grenzübergänge im Berlin-Transit sowohl auf ost- als auch auf westdeutscher Seite vor. Die Arbeit geht von der Hypothese aus, dass die Übergänge als Teile eines zusammenhängenden Systems nur bei einer gemeinsamen Betrachtung verständlich werden können, und dass sich erst daraus denkmalpflegerisch sinnvolle Strategien für ihre Erhaltung ergeben. Die Arbeit erstreckt sich in den zeichnerischen und beschreibenden Analysen dabei vom regionalplanerischen Maßstab bis zum gestalterischen Baudetail, das nur als Teil eines größeren Systems historisch verständlich wird.

Im ersten Teil der Arbeit werden die baulichen Strukturen aller ehemaliger Transit-Grenzübergänge auf verschiedenen Maßstabsebenen baulich und funktional untersucht und in ihrem historischen Kontext dargestellt. In aufeinanderfolgenden Phasen werden spezifische bauliche Typologien differenziert, die die bauliche Anlage der west- und ostdeutschen Grenzübergangsstellen bestimmten. Im zweiten Teil der Arbeit wird die Entwicklung der obsolet gewordenen baulichen Strukturen nach der deutsch-deutschen Einheit untersucht. Erneut auf verschiedenen Maßstabsebenen werden differierende Nachnutzungsstrategien der Übergangsstellen dargestellt und erörtert. Denkmalpflegerisch von Relevanz ist dabei, welche baulichen Elemente des Systems bis heute überhaupt erhalten bleiben konnten. Im dritten Teil der Arbeit wird der Grenzübergang Berlin-Dreilinden bauhistorisch untersucht, der von 1967 bis 1973 nach Entwurf von Rainer G. Rümmler errichtet wurde. Das Baudenkmal ist aufgrund seiner Gestaltung und der Randlage in der gesamtdeutschen Hauptstadt ein Sonderfall – aber auch in Bezug auf den laufenden Findungsprozess einer geeigneten Erhaltungsstrategie, denn bis heute konnte keine dauerhafte Nutzung etabliert werden. Die offene Frage zur Zukunft Dreilindens beantwortet Anders im finalen Teil der Arbeit auf Grundlage intensiver Bestands- und Zustandsuntersuchung in Archiven und vor Ort in Form eines architektonischen Entwurfs.

Die bisherige offizielle Erinnerungspolitik der deutsch-deutschen Teilung rückt zumeist nur die ostdeutschen Perspektiven in den Fokus. Dies spiegelt sich auch in Bezug auf denkmalkundliche Ausweisungen und den denkmalpflegerischen Umgang mit den überkommenen baulichen Relikten, die oft als „schwieriges Erbe" oder *dissonant heritage* eine fachliche wie gesellschaftliche Herausforderung bleiben. Im theoretischen Teil seiner Arbeit reflektiert Anders explizit diese Schwierigkeiten und Widersprüche, etwa indem er auf die unterschiedlichen Erhaltungszustände der ehemaligen Grenzübergänge Marienborn (bisher einzige Gedenkstätte, kaum mehr vorhandene authentische Strukturen und Substanz) und Wartha (Rasthof Eisenach Nord, in privater Nutzung, bauliche Integrität erhalten) eingeht.

Ebenfalls einem zusammenhängenden Netzwerk widmete sich Yinzhe Zhang 2018 im Rahmen einer Projektarbeit an der Professur für Neuere Baudenkmalpflege. Die zentrale Müllabsauganlage im Olympischen Dorf in München war 2017 abgeschaltet worden und ist heute baulich nur noch in Fragmenten vorhanden.

Aus Anlass der Olympischen Spiele 1972 wurden im heutigen Olympischen Dorf in den Jahren 1969 bis 1972 Wohnräume für etwa 12.000 Menschen gebaut, zusätzlich wurden Gewerbe- und Büroeinheiten sowie öffentliche Einrichtungen wie eine Schule und eine Kirche geschaffen. Angestrebt wurde, das Problem der Müllbeseitigung ohne das übliche Netz oberirdischer Fahrstraßen in einer automatischen zentralen Anlage zu lösen. Man entschied sich für ein System der schwedischen Firma Centralsug AB, heute Envac AB. Bereits im Jahr 1961 hatte diese die erste Müllabsauganlage für ein Krankenhaus entwickelt. 1965 folgte der erstmalige Einbau einer Müllabsauganlage in einer Wohnsiedlung in Sundbyberg bei Stockholm. Die Anlagen von Centralsug AB bestehen aus einem geschlossenen pneumatischen Rohrleitungssystem, durch das der Müll zu einer Müllzentrale transportiert wird. Bei der Nutzung der Anlage lassen sich Verschmutzungen und Gerüche nahezu vollständig vermeiden und durch die automatische Steuerung wird direkter Kontakt zum Müll vermieden.

In München wurden über ein 5,1 Kilometer langes Netz mit 119 Abwurfschächten ungefähr 5.500 Wohneinheiten an das zentrale Müllabsaugsystem angeschlossen (Abb. 2). Die baulich präsenten Müllabwurfschächte waren jeweils einem der Treppenhäuser der Hochhäuser oder einer Häusergruppe der niedrigen Stufenbauten beziehungsweise Flachbauten zugeordnet. Im Schacht fiel der Müll auf die Trennscheibe des Schachtventils. Ein automatisches Programm steuerte die ganze Anlage. Zu einem festgelegten Zeitpunkt fingen die Vakuumturbinen in der Müllzentrale an zu arbeiten. Das Transportventil öffnete sich bei einem Unterdruck von 250 Millibar in den Rohrleitungen, der Müll wurde so in die Transportleitung eingesaugt und zur Müllzentrale verbracht. Nach 15 Sekunden schloss sich die Scheibe wieder, das nächste Schachtventil wurde geöffnet. Der Vorgang wiederholte sich regelmäßig, bis alle Schächte geleert waren. In der Zentrale, die bis zu 1,1 Kilometer von den Abwurfschächten entfernt lag, kam der Haushaltsmüll in Sammelbehältern an und wurde von einem Verdichter in Container gepresst und anschließend entsorgt.[10]

Die Müllabsauganlage wurde nach Beschluss der Olympiadorf-Betrieb Beteiligungsgesellschaft (ODBG) im Winter 2017 abgeschaltet, begründet durch die wiederkehrende Verstopfung der Röhren. Wegen

---

10   Beschreibung der Anlage, Müllentsorgung Leistungsverzeichnis Leerexemplare (Archiv ODBG, Ordner 8.1.015); Karl Volger, Erhard Laasch: Haustechnik. Grundlagen – Planung – Ausführung, Stuttgart ⁶1980, S. 609–612.

des immer populäreren Onlineshoppings wurden zuletzt deutlich mehr Verstopfungen von Verpackungskartons verursacht. Im September 2017 war zuerst eine Stelle bei einem Hauptabzweig in der Straßbergerstraße verstopft, danach folgten vier weitere Stellen. Betroffen waren schließlich 90 Prozent der ganzen Anlage. Die Verstopfungen waren fast ausschließlich auf nutzerseitiges Einbringen ungeeigneter Abfälle in die rein für kleinteiligen Restmüll konzipierte Anlage zurückzuführen. Kartons und leere Pakete verkeilten sich aufgrund der Kurven und Abzweige der Anlage leicht in den Röhren. Auch erlaubt das System keine Möglichkeit der Mülltrennung. Biomüll, Plastikabfälle, Papier und Altglas müssen im Olympischen Dorf durch die Einwohner:innen selbst zum Wertstoffcontainer gebracht werden. Am Nutzen der Müllabsauganlage wurde daher zunehmend gezweifelt. Die Abwurfschächte im Bereich der Studierendenwohnheime waren bei der Sanierung vor einigen Jahren bereits ausgebaut worden.

Der komplette Verlust des Müllabsaugsystems ist aus denkmalpflegerischer Perspektive jedoch bedauerlich, nicht nur, weil es sich um die letzte großmaßstäbliche derartige Anlage in Deutschland handelte. Die bauzeitliche Intention modernen Wohnens kann heute ebenso wenig nachvollzogen werden wie der Sinn der weiterhin sichtbaren oberirdischen Röhren und Schächte *(Abb. 3)*. Es handelt sich durchaus um ein technisches Kunstwerk: „Kunstwerk wurde hier nicht als singuläres Objekt verstanden, sondern als in die Gesamtsituation integriertes System. Trotzdem hat dieses System eine bestimmte individuelle unverwechselbare, ‚merk‘-bare Struktur, Form und Identität."[11] Mit diesen Sätzen hatte Hans Hollein 1971 sein Werk *Media Line* beschrieben, das andere System gestaltbildender Röhren im Olympischen Dorf.

Die Bauaufnahme und Dokumentation der Müllabsauganlage, die anlässlich der Stilllegung und absehbaren Demontage erfolgte, stellte die Studierende innerhalb des Zeitrahmens eines Semesters vor Herausforderungen. Entstanden ist eine Darstellung des Systems im Sinne eines Netzplans, der die räumlich-topografische Verortung der verschiedenen Knoten des Netzwerks und die Funktionsweise des technischen Systems erlaubt, und die Varianten der baulichen Details fotografisch und zeichnerisch dokumentiert.[12]

Mikromaßstab: Kulturerbe Haustechnik

Während sich in älteren Bauwerken die spezifischen bauphysikalischen und raumklimatischen Gegebenheiten aus Konstruktion und Nutzung ergaben, sind sie im jüngeren Baubestand Resultat konkreter Planung und Berechnung basierend auf den bauzeitlichen Anforderungen, der entsprechenden konstruktiven Gestaltung der

11 Erläuterungsbericht, Hans Hollein (Archiv ODBG, Ordner 8.7.011).
12 Vgl. Yinzhe Zhang: Vacuum Line im Olympischen Dorf. Ein pneumatisches Müllentsorgungssystem aus den 1970er Jahren, in: Andreas Putz (Hg.): into the open. Terrassenhäuser (halten, Beiträge zum neueren Bauerbe 01/2019), Aachen 2019, S. 96–111.

(Abb. 2)   Olympiadorf München, *Media Line* und
Saugrohranlage, Grafik 2018

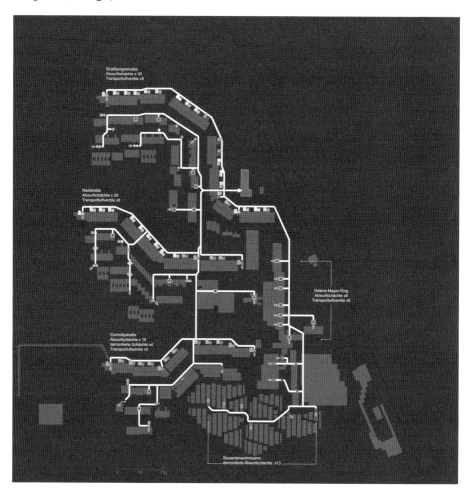

(Abb. 3)   Olympiadorf München,
stillgelegte Abwurfschächte, Aufnahme 2018

Gebäudehülle und der technischen Ausrüstung. Die Tendenz zur technisch-funktionalen Determinierung des Bauwerks findet ihren baulichen Ausdruck in der konstruktionsbestimmenden Bedeutung, die der gebäudetechnische Ausbau seit dem vorletzten Jahrhundert angenommen hat. Dieser besteht teilweise aus eigenständigen technischen Apparaturen, ist aber oftmals baulich und strukturell untrennbar mit dem Baukörper verbunden.

Nimmt man die gewachsene Bedeutung, die die technischen Möglichkeiten der Regulierung und Kontrolle des Raumklimas in der Architektur des 20. Jahrhunderts gewonnen haben, ernst, so wird klar, dass auch die bauforscherische Auseinandersetzung sich nicht mehr auf verformungsgenaue zeichnerische Aufmaße zur Reproduktion von Planunterlagen beschränken kann. Denn Planzeichnungen sind bei Bauten der Nachkriegszeit zumeist in unübersichtlicher Menge, wenn auch nicht in ausreichender Genauigkeit und Qualität, analog vorhanden – allerdings mit der Einschränkung, dass spätere Ein- und Umbauten meist nicht nachgetragen wurden. Im Rahmen von Bauerneuerungen und energetischen Ertüchtigungen sind bauphysikalische Bewertungen heute üblich, nicht zuletzt zum Nachweis einer aller Voraussicht nach (nach heutigen Vorschriften) ungenügend gedämmten Gebäudehülle. Entgegen solchen Untersuchungen, die die Unzulänglichkeit des Bestands und Nichteinhaltung heutiger Baunormen zu belegen haben, beruht ein bauforscherischer und baudenkmalpflegerischer Ansatz auf anderen Fragestellungen.

Weniger die Funktionstüchtigkeit und Normengerechtigkeit des Vorhandenen stehen im Fokus (das natürlich auch), sondern das System aus Bauteilen, Materialien, technischer Ausrüstung und die Nutzung innerhalb eines gegebenen Außenklimas. Alle Elemente dieses Systems haben sich seit Baufertigstellung zumeist geändert und bedingen gegenseitig die Beständigkeit und Nutzungsfähigkeit des historisch Gewordenen. Aus historischem Interesse wiederum ist es unerlässlich, frühere Ansätze und technische Mittel der klimatischen Regulierung nachvollziehen zu können. Methodisch können dabei empirische Messungen im Bestand Aufschluss über früheres Wissen und dessen bautechnische Anwendung geben.

Beispiel 3: Thermisch-dynamische Simulationen

Alain Corbin und John Crowley haben die Entwicklung kultureller Konzepte des Komforts im 19. Jahrhundert als Teil eines Zivilisationsprozesses dokumentiert.13 Die meisten Darstellungen des Innenraumklimas in der Architektur des 20. Jahrhunderts konzentrieren sich jedoch auf die technischen Aspekte im Zusammenhang mit der

13 Alain Corbin (Hg.): La pluie, le soleil et le vent: une histoire de la sensibilité au temps qu'il fait, Paris 2013; John E. Crowley: The Invention of Comfort: Sensibilities and Design in Early Modern Britain and Early America, Baltimore 2001; John E. Crowley: The Sensibility of Comfort, doi: 10.2307/2650987, in: The American Historical Review 104 (1999), H. 3, S. 749–782.

zunehmenden Dominanz von Klimaanlagen. Dabei wird übersehen, dass die thermische Behaglichkeit ebenso wie das Klima kein stabiler Index des energetischen Gleichgewichts ist, sondern ein Zustand im Wandel, auf den menschliche Aktivitäten und architektonische Gestaltung einen direkten Einfluss haben.

Ein effizienter, sparsamer Materialeinsatz und geringe Energiekosten prägten das Bauen in den ersten Jahrzehnten nach Gründung der Bundesrepublik. Beides ist heute sowohl ein energetisches wie bauphysikalisches Problem hinsichtlich Feuchte-, Schall- und Wärmeschutz. Bauzeitlich waren aus feuchte- und wärmetechnischer Hinsicht vielfach relativ undichte und kaum gedämmte Gebäudehüllen üblich, was neben (heute) hohen Betriebskosten zu relativ niedrigen relativen Feuchten im Gebäudeinneren führte. Somit entstehen bei bauzeitlich überlieferten Konstruktionen auch an ungünstigen Wärmebrücken an der Fassade üblicherweise kaum Feuchteschäden. Alle nachträglichen Effekte hinsichtlich Nutzung, Lüftung oder konstruktiven Veränderungen der Gebäudehülle müssen daher auf einem Verständnis des Gebäudes als Konstruktion und technische Anlage in ihrem ursprünglichen bauphysikalischen Zusammenhang aufbauen. Effekte von Systemeingriffen, beispielsweise durch energetische Ertüchtigungen und Maßnahmen der Instandsetzung wie etwa den Einbau thermisch höher isolierender Fenster oder zusätzliche Wärmedämmung der Außenhaut, lassen sich besonders gut mittels thermischer Simulationen überprüfen. Thermisch-dynamische Simulationen,[14] die in ein Gebäudemodell übertragen werden, erlauben Vergleiche zum Beispiel der klimatischen Soll-Zustände (bauzeitlich oder nach baulichen Eingriffen oder Nutzungsänderungen) mit dem erfassten klimatischen Ist-Zustand. Anstelle der rein rechnerischen Definition des potenziellen Energieverlusts, erlauben die Klimamessungen Aussagen zur thermischen Behaglichkeit.

Für diese Untersuchungen in Masterabschlussarbeiten und Forschungsvorhaben arbeiten wir mit dem Lehrstuhl für Bauphysik und dem Lehrstuhl für Gebäudetechnologie und klimagerechtes Bauen der TU München zusammen.[15] An der Professur für Neuere Baudenkmalpflege werden für die messtechnische Bestandsaufnahme von raumklimatischem Verhalten seit einigen Jahren Datenlogger benutzt,[16] mit denen Langzeitaufzeichnung unkompliziert möglich sind, auch in bewohnten Privaträumen. Gemessen und untersucht wurden zuletzt beispielhafte Wohngebäude, wie das Haus Erhard in Gmund am Tegernsee (1956) von Sep Ruf – ursprünglich ein Sommerhaus in einfacher Bauweise –, das Haus Groethuysen in München (1965) von

14   Zum Beispiel mithilfe der Simulationssoftware IDA ICE.
15   Z. B. Sophia Honal: Untersuchungen zum raumklimatischen Verhalten und zur Tageslichtversorgung zweier denkmalgeschützter Bungalow-Bauten von Sep Ruf mittels dynamischer Simulation, MSc-Thesis, Lehrstuhl für Bauphysik, Technische Universität München, 2021. Danneil, Tim: Untersuchungen zum energetischen und raumklimatischen Verhalten zweier denkmalgeschützter Bungalow-Bauten von Sep Ruf mittels dynamischer Simulation, MSc-Thesis Lehrstuhl für Bauphysik, Technische Universität München, 2021.
16   Onset HOBO-Datenlogger MX1101 und MX2302A.

Herbert Groethuysen oder das Haus Richter in München (1981) von Thomas Herzog – ein frühes Öko- und Solarhaus. Im Gegensatz zu passiver thermografischer Kurzzeitaufnahme der Gebäudehülle, die ein weites Spektrum der Interpretation zulässt und nur über einen Aspekt des Bestands informiert, geben diese Klimamessungen mit Messzyklen im Sommer und Winter von zwischen zwei Wochen bis drei Monaten aufschlussreiche Informationen über Raumtemperatur und relative Luftfeuchtigkeit, wobei sogar Aussagen zum Kohlenstoff-dioxid-Gehalt und anderes mehr möglich sind. Diese Messwerte der Innenräume werden mit aufgezeichneten Wetterdaten abgeglichen, die entweder einer eigenen Wetterstation entstammen und/oder örtlichen Wetterstationen. Diese Daten können unmittelbar ausgewertet oder in Kombination mit den vom Deutschen Wetterdienst (DWD) ausgegebenen Extremklimadaten für einen heißen Sommer 2045 in Simulationsmodelle übertragen werden. Die Überprüfung einzelner Bauteile hinsichtlich hygrothermischen Verhaltens erfolgt zum Beispiel mithilfe WUFI®-Pro-Simulation. Bei den jeweiligen Arbeiten, die als Masterthesen am Lehrstuhl für Bauphysik oder an der Professur für Neuere Baudenkmalpflege durchgeführt werden, geht es, ausgehend von einer genauen Bestandsaufnahme der Gebäude, um die Untersuchung der Vereinbarkeit von Maßnahmen zur Verbesserung des sommerlichen oder winterlichen Wärmeschutzes und Anforderungen an eine denkmalgerechte Erhaltung. Der vergleichenden Betrachtung des Einflusses unterschiedlichen Nutzerverhaltens dienen parallele empirische Untersuchungen baugleicher oder ähnlicher Bauten derselben Entstehungszeit. Komplexere Untersuchungen verschiedener Bürohochhäuser erfolgten 2020 bis 2022 im Rahmen des Zukunft-Bau-Projekts „HochhausBestand".[17]

Vom Mikro- zum Makrosystem

Der Einsatz von Methoden der Bauforschung an Bauten der zweiten Hälfte des 20. Jahrhunderts ist immer abhängig von den jeweils für die Erhaltung beziehungsweise Instandsetzung relevanten Fragestellungen. Viele dieser emblematischen Bauten der Nachkriegsmoderne, wie die Olympiadächer in München oder die Alsterschwimmhalle in Hamburg, sind vor allem durch ihre Konstruktion geprägt. Eben diese weitgespannten Seiltragwerke oder Schalenbauten stellen bei Sanierungen eine Herausforderung für die Denkmalpflege dar. Mit heutigen Statikprogrammen ist ihre Tragfähigkeit meist nicht mehr nachweisbar, was zum „Totrechnen" und letztlich zum Verlust dieser Bauten führt.

---

17   O. A.: Best Practice im Umgang mit Bürohochhäusern der 1950er/1960er Jahre (o. D.), https://www.arc.ed.tum.de/nb/forschung/empty-house/hochhaus-bestand/ [letzter Aufruf 21.11.2022].

Ein interdisziplinäres Forschungsprojekt im Rahmen des SPP 2255 – „Kulturerbe Konstruktion", an dem Wissenschaftler:innen aus Innsbruck (Bautechnikgeschichte), der TU München (Neuere Baudenkmalpflege) und der Hochschule Karlsruhe (Tragwerksplanung) arbeiten, entwickelt daher Methoden zur Retrodigitalisierung der damals für die Tragwerksplanung eingesetzten analogen Modelle (die sich meist nur als Fragment erhalten haben), um *digital twins* der nur extrem aufwendig zu vermessenden heutigen Bauwerke zu erstellen.[18] Anhand dieser digitalen Modelle lässt sich das Verhalten der realen Bauten für unterschiedliche Formen der Tragwerksanierung (beispielsweise Tausch der Dachhaut) und -ertüchtigung (Verstärkung der Randträger, Einbau von sekundären Tragstrukturen) simulieren.

Um die *digital twins* zu generieren, wurden verschiedene zerstörungsfreie Methoden der Retrodigitalisierung auf ihre Anwendbarkeit und Genauigkeit geprüft: Lichtstreifenscanner erzeugen ein 3D-Modell der Flächen durch Projektion eines einfachen Streifenmusters auf das Objekt. Die Tiefeninformation wird aus der Verzerrung des Streifenmusters, basierend auf der Form des Objekts, errechnet. Um den Grad der Verzerrung zu messen, werden die anfänglich projizierten Streifen mit den tatsächlichen Streifen am Objekt verglichen, um entsprechende Streifen beziehungsweise Pixel pro Scanlinie zu finden. Die Tiefe wird durch das Gerät in Bezug auf die Brennpunkte der Kamera ausgewertet und führt schließlich zu einer 3D-Punktewolke.

Die zweite untersuchte Methode ist die des 3D-Laserscans, bei der ein Scanner einen Laserstrahl aussendet, der von der Umgebung reflektiert und wiederum von einem Sensor aufgenommen wird. Der Strahl wird von einem Spiegel abgelenkt, der in Rotation versetzt wird. Dieser Vorgang findet 100.000 Mal pro Sekunde statt. Das vom Scanner empfangene Laserlicht wird entsprechend ausgewertet und generiert ebenfalle eine 3D-Punktewolke.

Bei Retrodigitalisierung von kleinformatigen Objekten, wie den im Forschungsprojekt zu untersuchenden Messmodellen, erwiesen sich die beiden Methoden allerdings als untauglich, da sie bei der Erfassung von filigranen Drähten oder transparenten Bauteilen versagten. Insbesondere die Messmodelle für Leichtbaukonstruktionen bestehen aus dünnen Stahldrähten, für deren Aufnahme sich nur die deutlich aufwendigere Methode der Photogrammetrie als zielführend erwiesen hat. Der erhöhte Zeitaufwand beim Messvorgang resultiert aus der manuellen Vermessung der Objekte. Dabei wird das Modell, welches in einem ersten Schritt mit Zielpunkten versehen werden muss, zunächst mit einer Kamera aus verschiedenen Blickwinkeln aufgenommen. Jeder sichtbare Punkt am Objekt muss auf mindestens zwei Fotos, in der Praxis jedoch auf mehreren Bildern deutlich zu erkennen sein. Durch die Verwendung von mindestens zwei

---

18   Zu *digital twins* siehe Alexander Nedashkovskiy et al.: Application of digital twin in industry 4.0, ResearchGate 2020. Hitesh Hinduja et al.: Industry 4.0: Digital Twin and its Industrial Applications, in: RIET-IJSET. International Journal of Science Engineering and Technology 8 (2020), H. 4, ResearchGate 2020.

korrespondierenden Bildpunkten aus zwei verschiedenen Aufnahme-positionen (Stereobildpaar) können die beiden Strahlen zum Aufnahmegerät und somit jeder Objektpunkt dreidimensional berechnet werden.[19]

Bei den beiden Anwendungsbeispielen des Architekten und Ingenieurs Frei Otto – dem Messmodell für den IL-Pavillon (ehemals Institut für Leichte Flächentragwerke) in Stuttgart und dem Formfindungsmodell der Mannheimer Multihalle – wurde daher die photogrammetrische Methode eingesetzt, kombiniert mit der Modellierungssoftware Rhinoceros3D.[20]

Beispiel 4: Messmodell des IL Pavillons
in Stuttgart von Frei Otto (Julia Nett)

Das Messmodell im Maßstab 1:75 des IL Pavillons (errichtet 1965, später innerhalb des Campus in Stuttgart-Vaihingen transloziert), welcher als Versuchsbau für den Deutschen Pavillon bei der Weltausstellung in Montréal 1967 errichtet wurde, befindet sich heute im Archiv des Deutschen Architekturmuseums (DAM) in Frankfurt am Main. Das Modell besteht aus dünnen, filigranen Federstahldrähten, die maßstäblich die Stahlseile des Seilnetzwerks modellieren *(Abb. 4)*. Da in den Punktwolken der Laserscans die dünnen Drähte nicht erfasst werden konnten, musste der *digital twin* unter Verwendung der photogrammetrischen Methode erstellt werden. In einem ersten Schritt wurden 19 Zielpunkte an dem 45 × 45 Zentimeter großen Modell angebracht. Nachdem die Fotos mit einer digitalen Spiegelreflexkamera (Pentax K1 mit 31-Millimeter-Objektiv) aufgenommen worden waren, wurden die Bilder mit der Photogrammetrie-Software Photomodeler anhand der 19 Zielpunkte manuell verortet und eine Überlappung wurde berechnet. Zur Bestimmung des Seitnetzzuschnitts wurden alle 175 Schnitt- und 12 Ankerpunkte extrahiert, um diese im nächsten Schritt in der Modellierungssoftware Rhinoceros3D zu verbinden. Die Zugstäbe an den Ankerpunkten wurden einmal manuell modelliert und an den vorgesehenen Stellen platziert.[21] Der so generierte *digital twin* *(Abb. 5)* modelliert das tatsächliche Tragverhalten des Seilnetzes. Er kann einerseits dazu dienen, die Schäden am Objekt zu kartieren, da eine zweidimensionale Darstellung des mehrfach

---

19 Baris Wenzel et al.: Last Witness and Digital Twin. Physical and Digital Modelling the Munich Olympic Sports Hall. A Case Study, in: Kai-Uwe Bletzinger et al. (Hg.): X. International Conference on Textile Composites and Inflatable Structures. Structural Membranes 2021, S. 1–12, https://www.scipedia.com/public/Wenzel_Moeller_2021a [letzter Aufruf 21.11.2022].

20 Die Arbeit entstand als Masterthesis am Arbeitsbereich Baugeschichte und Denkmalpflege und wurde von Mitgliedern des Forschungsteams betreut. Entwicklung des *digital twins* unter Anleitung von Baris Wenzel (Hochschule Karlsruhe).

21 Baris Wenzel, et al.: The Physical Model for the IL Pavilion and the Usage of Its Digital Twin, in: Klaus Holschemacher (Hg.): Proceedings of International Structural Engineering and Construction. State-of-the-art Materials and Techniques in Structural Engineering and Construction 9 (2022) H. 1, https://www.isec-society.org/ISEC_PRESS/EURO_MED_SEC_04/pdf/AAE-17.pdf [letzter Aufruf 21.11.2022].

gekrümmten Seilnetzes hier nicht zielführend ist. Um diese Maßnahmen zu unterstützen, soll in Kooperation mit dem von der Deutschen Forschungsgemeinschaft (DFG) geförderten Projekt zur Retrodigitalisierung des Fraunhofer Instituts in Darmstadt[22] ein Annotationssystem entwickelt werden, um die für die Erhaltung des Messmodells zu konzipierenden oder durchgeführten Restaurierungsmaßnahmen langfristig dokumentieren zu können.

In Übertragung des Maßstabs auf das eigentliche, heute unter Schutz stehende Bauwerk, den IL Pavillon auf dem Campus der Universität in Stuttgart-Vaihingen, soll der *digital twin* den Mehrwert bieten, Simulationen der Tragwirkung unter heutigen und zukünftigen Bedingungen durchzuführen – beispielsweise bei veränderten statischen Parametern durch zunehmende Belastungen aus durch den Klimawandel bedingte Starkwetterereignissen (größere Niederschlagsmengen und erhöhte Schnee- oder Windlasten) im Vergleich zur Bauzeit.

Fazit: Bedeutung interdisziplinärer Wissensstrukturen zur Erforschung und Bewertung von Netzwerken

Die Bauproduktion des 20. Jahrhunderts ist das Ergebnis eines komplexen Verhandlungsprozesses zwischen zahlreichen am Bau beteiligten Akteur:innen. Neben der Architektur spielen Bauprozessmanagement, Materialentwicklung, Tragwerksplanung und Gebäudetechnik eine deutlich größere Rolle als bei der Bausubstanz, die vor Industrialisierung und Technisierung der Gesellschaft entstand. Insbesondere beim Umgang mit dem Bestand der Nachkriegsmoderne und der aus dieser Zeit stammenden Infrastruktur sind die bisherigen Methoden des verformungsgerechten Bauaufmaßes allein nicht ausreichend. Da sich die Bandbreite der Materialien, aber auch die Herstellungs-, Produktions- und Bauprozesse in den vergangenen 70 Jahren immer weiter spezialisiert haben, ist eine differenzierte Analyse und Bewertung der damaligen Netzwerke eine wesentliche Forderung an die Bauforschung 1945+. Zur Analyse der historischen Umstände im Makro- wie Mikromaßstab müssen jeweils passende Methoden aus den unterschiedlichen Disziplinen der Bautechnikgeschichte, Denkmalpflege, Konservierung / Restaurierung und des Ingenieurwesens abgestimmt auf das jeweils zu untersuchende Bauwerk und die zu lösenden Fragen der Sanierungspraxis zur Anwendung kommen.

Zum Einsatz kommen dabei die unterschiedlichsten Methoden der bauforschenden Erfassung: von der beschreibenden Dokumentation bis zum Bauaufmaß mittels 3D-Scan oder Photogrammetrie. Das Methodenspektrum erweitert sich bei Erfassung großmaßstäblicher Netzwerke um Methoden der digitalen Bilderkennung und anschließender teilautomatisierter Modellierung. Methoden der Digitalisierung

---

22   O. A.: CultLab3D. Heritage Preservation Goes 3D (o. D.), https://www.igd.fraunhofer.de/de/branchen/Kultur-und-Kreativ/3d-scanning.html [letzter Aufruf 21.11.2022].

(Abb. 4)   Messmodell des IL Pavillons in der
Sammlung des DAM, Aufnahme 2021

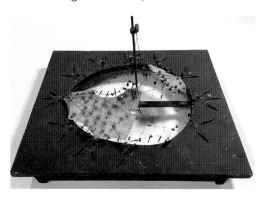

(Abb. 5)   Stuttgart-Vaihingen, IL Pavillon auf dem Campus der
Universität, Aufnahme 2021

im Bauwesen, wie die ersten Versuche mit *digital twins* bei kleinen Objekten, könnten in der Zukunft Wege zur Erfassung und Dokumentation des Bestands weisen. Während derzeit Historic-BIM-Projekte im Wesentlichen zur digitalen Rekonstruktion historischer (verlorener) Bauten dienen, werden solche Modelle zur Dokumentation, Speicherung und Vorhaltung historischer Informationen, also der jeweiligen Gebäudelebensgeschichten, zunehmend auch für die prospektive Planung relevant.

Im Umgang mit gebäudetechnischen Anlagen und Infrastrukturen empfiehlt es sich, die einschlägigen Normen und Definitionen im Hinblick auf Instandhaltung zu adaptieren (geschehen z. B. in DIN 31051), wie dies in den aktuellen Technischen Richtlinien *Instandhaltung von Betonbauwerken* (DIBt 2020) erfolgt ist. Anzustreben ist im Umgang mit dem Bestand nicht ein rechnerischer Idealzustand, auf den das vorhandene Bauwerk zu ertüchtigen ist, sondern ein angemessener Mindest-Soll-Zustand in Abhängigkeit vom Ist-Zustand und angestrebter (Rest-)Nutzungsdauer. Eine baudenkmalpflegerische Herangehensweise – aus der Analyse und dem Verständnis des Bestands und seiner Probleme heraus – mit dem Ziel, Möglichkeiten nachhaltiger baulicher Anpassung und Weiternutzung aufzuzeigen, ist für die umfangreichen technischen Installationen des jüngeren Baubestands noch zu entwickeln.

Diese differenzierten Untersuchungen, die die Grundlage für die Weiterentwicklung des Bestands bilden, basieren auf der Erweiterung des Methodenspektrums, das nur dann zum Einsatz kommen kann, wenn in Forschung und Praxis interdisziplinäre Teams zur Lösung dieser Herausforderungen zusammenfinden. Es muss daher das Ziel der Ausbildung an den Architektur- und Bauingenieurfakultäten sein, die zukünftigen Fachleute dahingehend zu sensibilisieren, welche Spezialist:innen aus Bereichen wie Bautechnikgeschichte, Bauphysik, Bauinformatik, Tragwerksplanung und Gebäudetechnik sie zu Rate ziehen müssen, um adäquate und kreative Lösungen für die Zukunft zu finden.

Bildnachweis: *(Abb. 1)* Quelle: Jonatan Anders, TU München
(Abb. 2) Quelle: Yinzhe Zhang, TU München   *(Abb. 3)* Foto: Andreas Putz
(Abb. 4) Foto: Benjamin Schmid   *(Abb. 5)* Foto: Baris Wenzel

Der. Die. Das.

Elke Richter

Zum Verhältnis von Typ, Serie und Individuum bei den Cottbuser Campusbauten 1969 bis 1989

Bauten 1955 bis 1968
A LG 1A
B Steinhaus
C Baracken
D Laborgebäude

Bauten 1969 bis 1989
1 Hauptgebäude IHS
  mit Bibliothek
2 Großer Hörsaal
3 Mensa
4 Lehrgebäude der
  Berufsschulen
5 Oberschule
6 Doppelkrippe
7 Ambulatorium
8 Wohnheime
9 Schwimmhalle
10 Turnhalle (24x24)
11 Turnhalle (GT60L)
12 Technikum I
13 Technikum II
14 Raumtragwerk
   (Stenkerhalle)
15 Weiterbildungszentrum
16 Technikum III

vor 1963 | 1969-1974 abgerissen | 1975-1980 abgerissen | 1982-1989 | ab 1990

Die Bildung von Typologien ist ein essenzielles Werkzeug bei der retrospektiven Erforschung von Gebäuden. Im planwirtschaftlich organisierten Bauwesen der DDR spielten vorgeplante Typenprojekte sowie seriell vorgefertigte Bauweisen spätestens ab den 1960er Jahren bereits bei der Errichtung eine wesentliche Rolle. Nach der berühmten Wende im Bauwesen wurde in der DDR schon 1956 die erste Liste von Typenbauten veröffentlicht, die allerdings nur drei Feuerwehrgebäude aufführte.[1] Die 3 Jahre später veröffentlichte verbindliche Liste der Typen- und Wiederverwendungsprojekte[2] umfasst hingegen bereits zehn Seiten, die überwiegend Wohn- und Landwirtschaftsbauten und zu 15 Prozent Gesellschaftsbauten nannte.[3] Im folgenden Jahrzehnt wurden die Anstrengungen im Bereich der Typisierung deutlich intensiviert, sodass Ende der 1960er Jahre bereits ein komplexes System sowohl serieller Bauweisen als auch vorprojektier-

---

1   Verordnung vom 01.08.1956 als Ergebnis des Beschlusses des Ministerrates vom 21. April 1955 zur Industrialisierung des Bauwesens, in: Gesetzblatt der Deutschen Demokratischen Republik, Teil 2, 1956, Nr. 34, S. 286.

2   Wiederverwendungsprojekte waren für konkrete Standorte geplant und eine begrenzte Anzahl von Wiederholungen gedacht. Siehe G. Vollbrecht: Die Projektierung als wichtige Voraussetzung zur Anlagenerrichtung, in: agrartechnik 25 (1975), H. 10, S. 488–489.

3   Die Gesellschaftsbauten umfassten eine Bandbreite, die vor allem Schulen, aber auch Gesundheitsbauten, Verkaufsstellen und Sportbauten auflistete. Abweichung von der Typenliste waren mit Zustimmung der Staatlichen Bauaufsicht im Bauministerium zulässig. Zentrale Typenliste vom 31. Juli 1959, Anlage zur Anordnung über die Anwendung von Typen für den allgemeinen Hochbau, in: Gesetzblatt der Deutschen Demokratischen Republik, Teil 2, 1959, Nr. 21, S. 241–251.

ter Bauten vorlag, das sich zudem in den einzelnen Bezirken der DDR unterschied.[4]

Die Frage der Typenprojektierung stellt sich als ein zentrales Thema bei der baugeschichtlichen Beschäftigung mit dem Zentralcampus der Brandenburgischen Technischen Universität Cottbus-Senftenberg (BTU) heraus. Dieser befindet sich rund 1 Kilometer nordwestlich der Cottbuser Altstadt und umfasst rund zwei Drittel aller heutigen BTU-Gebäude.[5] Die Hälfte der Bauten entstand nach 1991, um die Funktionsanforderungen der neu gegründeten Universität zu erfüllen (*Abb. 1*). Den Kern bilden jedoch Gebäude, die zwischen 1969 und 1989 für die Ingenieurhochschule Cottbus (IHS) errichtet wurden. Dazu kommt ein weiteres Dutzend Gebäude, das ursprünglich zur IHS gehörte, heute aber von anderen Trägern genutzt wird, beispielsweise dem Studierendenwerk. Ergänzend existieren auf dem Campus einzelne Bauten der 1950er Jahre, die von einer noch längeren Hochschulgeschichte am Standort zeugen.[6]

Mit der Gründung der IHS zum 3. September 1969 musste auf einem nahezu unbebauten Areal in kürzester Zeit eine neue Bildungsinfrastruktur geschaffen werden. Die Kurzfristigkeit der Planung zeigt sich schon darin, dass die Arbeit am Bebauungsplan und die architektonische Planung erst im Gründungsjahr begannen, in dem aber bereits 245 Studierende immatrikuliert sowie 140 Mitarbeiter:innen beschäftigt wurden. Hier waren nicht nur Bauten für das Lernen beziehungsweise Lehren, sondern mindestens im gleichen Maße das Wohnen und das Essen essenziell: Neben dem Hauptgebäude der IHS galt es in einem ersten Schritt zwischen 1969 und 1973 auch die Mensa und Wohnheime mit 3.000 Betten zu bauen. Kurz darauf folgten in einem zweiten Schritt von 1970 bis 1974 der Große Hörsaal mit 400 Plätzen, die Bibliothek und drei Lehrgebäude für vier Berufsschulen und eine Oberschule. Da die nicht hochschulischen Bildungsträger in den Komplex integriert waren, firmierte dieser nun als Bildungszentrum.

Insgesamt entstanden in den ersten 5 Jahren zwölf Gebäude, die sich auf sechs Bauaufgaben verteilten, da die Wohnheime und Lehrgebäude baugleich waren. Dabei reichte die Bandbreite von der

---

4   Vgl. auch den Beitrag von Wesche/Achanccaray/Hoyer im vorliegenden Band.
5   Die weiteren Bauten verteilen sich auf den Standort Sachsendorf im südlichen Stadtbereich von Cottbus und Senftenberg, die beide zur Hochschule Lausitz gehörten, die 2013 mit der BTU Cottbus fusionierte.
6   Deren Beginn war eine Landeshochbauschule bzw. Fachschule für Bauwesen mit nur 121 Studierenden und 11 Lehrenden, die 1948 bis 1955 bestand. Im Jahr 1951 wurde die Hochschule für Bauwesen Cottbus gegründet. Für diese wurde am Standort des heutigen BTU-Zentralcampus ab Mitte der 1950er Jahre ein großer Hochschulkomplex geplant, von dem man jedoch nur Rudimente realisierte, da die Hochschule 1962 aufgelöst wurde. Am Ort verblieb eine Ingenieurschule Bau- und Straßenwesen. Zu den Hochschulplanungen vor der Gründung der IHS siehe Alexandra Druzynski v. Boetticher: Planungen der 1950er und 1960er Jahre für den Campus der Cottbuser Hochschulen, in: Dies., Peter I. Schneider, Anke Wunderwald (Hg): Von der Kunst, ein Bauwerk zu verstehen. Perspektiven der Bau- und Stadtbaugeschichte von der Antike bis zur Gegenwart, Oppenheim 2020, S. 329–338.

unveränderten Realisierung bestehender Angebotsprojekte[7] über deutlich veränderte Angebotsprojekte bis hin zu Individualplanungen ohne oder mit Nutzung serieller Bauweisen. Hinsichtlich Letzterer kam am Bildungszentrum vor allem die Leichte Geschossbauweise (LGBW) zum Einsatz, die bereits 1964 im VEB Wohnungsbaukombinat (WBK) Cottbus entwickelt worden und ab 1968 für den Bezirk Cottbus zugelassen war. Es handelte sich um eine modular konzipierte Wand-Skelett-Bauweise für den niedriggeschossigen Gesellschaftsbau, mit der es auch möglich war, reine Skelett- beziehungsweise reine Wandbauten zu errichten.[8]

Standards nutzen, verändern und setzen

Die fast unveränderte Nutzung eines Angebotsprojekts betraf nur die Wohnheime, bei denen der Typ „Wohnheim 780 Plätze in P2" genutzt wurde, der erst seit 1969 vom WBK Cottbus verfügbar war.[9] Auch für die Mensa wurde ein Angebotsprojekt genutzt. Allerdings musste man auf ein Projekt aus einem anderen Bezirk zurückgreifen, das der VEB Industrieprojektierung Rostock bereits 1968 für die dortige Universität entwickelt hatte.[10] Da in Cottbus rund 20 Prozent mehr Nutzer:innen als in Rostock zu versorgen waren, wurde der Küchentrakt verändert und die im Projekt angegebene „Vereinheitlichte Geschossbauweise" nur teilweise übernommen.[11] Demzufolge mussten große Teile des Gebäudes neu geplant werden, was die Effizienz eines Angebotsprojekts im Grunde teilweise konterkarierte *(Abb. 2 a)*.

Für die Bauten der Berufsschulen und der Allgemeinen Schule konnte ebenfalls auf ein Angebotsprojekt zurückgegriffen werden, das vom WBK Cottbus für den allgemeinen Schulbau in LGBW

7   Angebotsprojekte waren von vornherein unabhängig vom Standort geplant und mussten dann an den konkreten Standort leicht angepasst werden (Leitungen, Gelände).
8   Ab 1975 war auch der Einsatz in anderen Bezirken erlaubt. Vgl. VEB Wohnungsbaukombinat Cottbus (Hg.): Leichte Geschossbauweise Cottbus (LGBW), Information (Schriftenreihe Komplexer Wohnungsbau 16), Hoyerswerda 1976, S. 1, 32. Zu finden unter: Spezialarchiv Bauen in der DDR, Informationszentrum Plattenbau, des Bundesinstituts für Bau- Stadt- und Raumforschung, https://bauarchivddr.bbr-server.de/bauarchivddr (im Folgenden BBSR/ Informationszentrum Plattenbau), Datei 02444-1302-infoheft-aug-1976 [letzter Aufruf 13.11.2022].
9   Vgl. BBSR/Informationszentrum Plattenbau (wie Anm. 8), Datei 03537-0688-studentenwohnheim-a1-3-02-Plattenbauw-5mp-780-pl, S. 1, 6.
10   Der Cottbuser Bau war die erste Wiederverwendung des Mensatyps, der danach in Freiberg (1973–1975) und Greifswald (1974–1976) errichtet wurde. Auf dem Rostocker Projekt basierte dann die Mensa der Hochschule für Elektrotechnik in Ilmenau (1968–1972), die in den 1970er Jahren weitere fünfmal gebaut wurde (Merseburg, Mensa Nord in Berlin, Halle/Saale, Leipzig und Dresden). Vgl. Benjamin Rudolph: Zum Mensabau in der DDR zwischen 1960 und 1989. Eine Bestandsaufnahme, in: Aus der Arbeit des Thüringischen Landesamtes für Denkmalpflege und Archäologie (Arbeitsheft des Thüringischen Landesamtes für Denkmalpflege und Archäologie, Neue Folge 36), Erfurt 2010, 106–147, hier S. 108–109. Vgl. auch den Beitrag von Rudolph/Escherich im vorliegenden Band.
11   Im dreigeschossigen Teil wurde statt der Streifenwandbauweise in 2 MP die Blockbauweise 1,1 MP mit Deckenelementen der P2 verwendet. Vgl. WBK Cottbus: Erläuterungsbericht vom 25.05.1970, S. 2, 9, in: Archiv Studentenwerk Frankfurt/Oder, Ordner Mensa – Informationszeichnungen.

a) Blick über die Mcnsa auf die Wohnheime, 1973; b) Lehrgebäude der
Berufsschulen, 1987; c) Hauptgebäude der Ingenieurhochschule
Cottbus mit Bibliothek, 1974; d) Großer Hörsaal, 1973

entwickelt und 1970 erstmals errichtet wurde.[12] Es bestand aus einem
dreigeschossigen Gebäuderiegel, dem auf einer Seite ein aufgestän-
derter Aulabau angelagert war.[13] Neu war am Bildungszentrum, dass
zur Vergrößerung der Schülerkapazität zwei Gebäuderiegel parallel
gestellt und durch einen zweigeschossigen Gang verbunden wurden,
von dem der gemeinsame Aulabau abgeht.[14] Der Bau ist daher als
Erstanwendung einer Variante zu bezeichnen, das als neues Angebotsprojekt in das Programm aufgenommen wurde *(Abb. 2 b)*.

Ähnliches ist bei den Wohnheimen zu beobachten. Zwischen den
parallel stehenden Blöcken wurden sogenannte Zwischenbauten mit
Souterrain und Hochparterre errichtet, in denen größere Aufent-
halts- und Sporträume untergebracht waren, die die Wohnheime
selbst nicht boten. Diese Zwischenbauten wurden 1969 als Individualprojekte errichtet und standen dann als Wiederverwendungsprojekte

12   O. A.: Polytechnische Oberschule in leichter Geschossbauweise in Cottbus, in: Deutsche
Architektur (1969), H. 1, S. 34–37.
13   Dieser Schultyp kam rund 10 Jahre ausschließlich im Bezirk Cottbus zum Einsatz und wurde
darüber hinaus auch in den Bezirken Berlin und Magdeburg verwendet. Vgl. Sekretariat der
Ständigen Konferenz der Kultusminister der Länder in der Bundesrepublik Deutschland (Hg.):
Typenschulbauten in den neuen Ländern. Modernisierungsleitfaden, Berlin 1999, S. 11, 71.
14   WBK Cottbus: Erläuterungsbericht zur 4-zügigen Polytechnische Oberschule mit
Verbindungsbau mit Mehrzwecksaal, o. D., Universitätsarchiv BTU Cottbus-Senftenberg,
Lehrgebäude 2, Ordner BBS Bau und TKC, o. S.

Der. Die. Das.

zur Verfügung.[15] Es verwundert, dass für diesen Wohnheimtyp die Zwischenbauten nicht ohnehin mitgedacht waren. Möglicherweise waren sie bereits in der Bearbeitung, aber noch nicht bestätigt. Dies könnte vom WBK Cottbus zum Anlass genommen worden sein, die Zwischenbauten als Individualbauten zu planen und sofort in das Angebot zu übernehmen.

Individuelles aus dem Baukasten

Die anderen drei Hauptbauten des neuen Campus – das Hauptgebäude mit Büros und Seminarräumen (1969–1971), der angegliederte Bibliotheksbau (1970–1973) und der Große Hörsaal (1972–1974) – umfassten speziellere Anforderungen, für die es keine vorgefertigten Lösungen gab *(Abb. 2 c, Abb. 2 d)*. Die daraufhin entwickelten individuellen Projekte griffen allerdings entweder auf zuvor publizierte Richtlinien zurück oder basierten auf den Erfahrungen anderer Individualprojekte.

Ersteres trifft auf den Bibliotheksbau zu, für den die IHS zunächst ihre Anforderungen formulierte.[16] Den architektonischen Entwurf arbeitete Wolfgang Pradel vom WBK Cottbus in Absprache mit dem Methodischen Zentrum für wissenschaftliche Bibliotheken beim Ministerium für Hoch- und Fachschulwesen aus. Dabei profitierte man davon, dass diese Forschungsstelle kurz zuvor Richtlinien publiziert hatte, und deren Co-Autor ebenfalls als Berater hinzugezogen wurde.[17] Der Bau entstand komplett in der LGBW, mit der sich die sehr speziellen Anforderungen des Bibliotheksbaus offensichtlich gut umsetzen ließen.

Den Großen Hörsaal baute das WBK Cottbus, Kollektiv Eberhard Kühn. Kühn griff dabei auf seinen erfolgreichen Wettbewerbsbeitrag für die neue Stadthalle in Cottbus (1968–1975) zurück. Beide Bauten gleichen sich in der Grundkonzeption, die sich aus einem höheren Hallenteil für die Veranstaltungssäle und einem dreiseitig umlaufenden niedrigeren Foyerbereich zusammensetzt. Auch bestehen beide Bauten aus einer Mischbauweise, bei der Ortbeton, Fertigteile der LGBW und ein Stahldachwerk des VEB Sächsischer Brücken- und Stahlhochbau Dresden kombiniert wurden. Die fast gleichzeitige Planung der Stadthalle und des Großen Hörsaals lässt nicht eindeutig bestimmen, ob in konstruktiver Hinsicht der Hörsaal ein Testlauf der Stadthalle war oder die Planung der Stadthalle verkleinert für den Hörsaal genutzt wurde.[18]

15   BBSR/Informationszentrum Plattenbau (wie Anm. 8), Datei 03537-0688-studentenwohnheim-a1-3-02-Plattenbauw-5mp-780-pl, S. 2.

16   Wolfgang Pradel: Informationszentrum in Cottbus, in: Deutsche Architektur (1975), H. 2, S. 104–107.

17   Peter Prohl, Peter Tzschacksch: Bau und Ausstattung wissenschaftlicher Fachbibliotheken. Grundlagen und Richtwerte, Berlin 1970, S. 12.

18   Der Wettbewerb zur Stadthalle wurde 1968 entschieden, jedoch das Projekt 1970 unterbrochen, da die Finanzierung nicht geklärt war. Zum Bau siehe Eberhard Kühn: Stadthalle in Cottbus, in: Deutsche Architektur (1976), H. 7, S. 292–297. Zum Bauablauf vgl. Roberto Hübner: Sozialistisches Bauen und Städtebauliche Prinzipien der DDR (Cottbuser Blätter 2017), Cottbus 2017, S. 50–54.

Nachdem die Gebäude für die Lehre, das Wohnen und die Essensversorgung ganz oder zumindest fast fertiggestellt waren, wurden ab 1972 die Sportstätten am Rand des Bildungszentrums in Angriff genommen. Diese waren essenzieller Bestandteil der (Hoch-) Schullandschaft, da Sportunterricht während des gesamten Studiums ein obligatorischer Bestandteil des Stundenplans war. So entstanden bis 1975 zwei Turnhallen und eine Schwimmhalle, die alle auf Angebotsprojekten basierten. Die Projektunterlagen wurden unterschiedlich stark verändert. Während die Turnhalle GT 60 L unverändert blieb, ersetzte bei der Sporthalle 24 × 24 das modernere Dachtragwerk Typ Ruhland als neuer Standard den ursprünglich vorgesehenen Typ Weimar. Dahingegen wurden bei der Schwimmhalle vom Typ HP-Schale die Räume anders angeordnet, es wurde ein zusätzliches Galeriegeschoss vorgesehen und statt der zweifach gekrümmten HP-Schalen wurden nun die nur einfach gekrümmten HP-Zylinderschalen benutzt.[19]

Ab 1975: Streng nach Plan und neue Aufgaben

Es verwundert nicht, dass, als diese Infrastruktur fertiggestellt war, die Hochschule ab Mitte der 1970er Jahre die Zahl der jährlichen Neuimmatrikulationen auf knapp 500 Studierende steigerte und auch die Anzahl der Beschäftigten während der 1970er Jahre signifikant zunahm. Anscheinend waren sowohl die Gebäude für die Lehre als auch die Mensa und die Sportbauten ausreichend groß konzipiert. Zur Erweiterung der Unterbringungsmöglichkeiten kamen im Westen zwei weitere Wohnheimkomplexe hinzu, und das Sozialangebot des Bildungszentrums wurde um zwei Bauten erweitert. Die Krippe für 144 Kinder war erneut eine komplette Übernahme eines Angebotsprojekts. Bei dem benachbarten Ambulatorium handelt es sich wiederum um einen Bau als Erstanwendung, der daraufhin in den Angebotskatalog des WBK Cottbus übernommen wurde.[20]

Ein völlig neues Betätigungsfeld ergab sich zur gleichen Zeit mit der Entstehung eines Versuchszentrums für die anwendungsbezogene Forschung in den Bereichen Betonfertigteilbau und Bautechnologie. Hierfür entstanden westlich und östlich einer Freifläche, die für Langzeitversuche genutzt werden konnte, das Technikum I (1975–1978) und das Technikum II (1978–1982) *(Abb. 3 a, Abb. 3 b)*. Technika wurden erst ab Mitte der 1970er Jahre als Teil einer republikweiten Forschungsförderung der Hochschulen errichtet. Hier sollte auf wirtschaftlich wichtigen Gebieten die hochschulische Grundlagenforschung – von der Entwicklung von Prototypen bis zur Produktion von

---

19 Ausführlicher Elke Richter: Der Schatz von Gegenüber. Die Alte Schwimmhalle Typ HP-Schale in Cottbus, in: Druzynski v. Boetticher/Schneider/Wunderwald 2020 (wie Anm. 6), S. 339–348.

20 Informationsbroschüre Ambulatorium Cottbus mit 14 ÄApl – Angebotsprojekt, BBSR/ Informationszentrum Plattenbau (wie Anm. 8), Datei 03540-0685-2-09-ambulatorium-cottbus.

(Abb. 3) Gebäude der Ingenieurhochschule der Bauphase nach 1975: a) Technikum I, 1978; b) Technikum II, 1980er Jahre; c) Weiterbildungszentrum, 1983; d) Technikum III, 1990

Kleinserien – unabhängig von den Industriekapazitäten schnell zur Anwendungsreife gebracht werden.[21]

Da es sich um sehr spezielle Bauaufgaben ohne Vorbilder handelte, konnten keine bewährten Lösungen aus dem Industriebau übernommen werden. Für das Technikum II wurde explizit festgestellt, dass eine Individualplanung notwendig war, „da für die vielfältigen Tätigkeitsmerkmale eines Technikums kein Angebots- oder WV-Projekt" bestand.[22] Auch wenn die Gebäude in Größe und Grundrissgestaltung auf den Zweck individuell zugeschnitten waren, kamen serielle Bauweisen zum Einsatz. Im Fall des Technikums I für den Betonfertigteilbau besteht die hohe Werkhalle aus einer Stahlskelettkonstruktion, die aus dem Portfolio des Metalleichtbaukombinats Ruhland zusammengestellt war. Bei dem Technikum II griff man auf die LGBW und das Dachtragwerk Ruhland zurück, um einen Mehrgeschosser mit Büros, Laborräumen und Seminarräumen sowie einen separaten Hörsaalbau zu errichten. Als Argument für die erneute Nutzung der LGBW spielte neben den Kosten auch die äußere Erscheinung eine Rolle, denn die Neubauten sollten sich dadurch gestalterisch bestens in das Bildungszentrum einfügen.

---

21 Vgl. Heinz Mestrup: Zur Geschichte der Friedrich-Schiller-Universität in der „Ära Honecker". Zwischen Beharrung, Improvisation und Innovation, in: Uwe Hoßfeld, Tobias Kaiser, Heinz Mestrup (Hg.): Hochschule im Sozialismus. Studien zur Geschichte der Friedrich-Schiller-Universität Jena (1945–1990), Köln 2007, S. 377–427, hier S. 402–403.

22 Erläuterungsbericht (vermutlich 1976), S. 3–4, Universitätsarchiv BTU Cottbus-Senftenberg, Ordner 2510/2520, Technikum II, Pos. 1 (Vorbereitung), o. Bl.

Mit der Fertigstellung des Technikums I ging eine Intensivierung der hochschuleigenen angewandten Forschung einher, die unter anderem die Entwicklung neuer Bauweisen umfasste. Diese waren prinzipiell für die Serienfertigung konzipiert, erreichten dieses Stadium jedoch nie. Damit blieben die beiden Experimentalbauten letztlich Unikate (*Abb. 3 c, Abb. 3 d*). Im Norden entstand das Weiterbildungszentrum von 1980 bis 1983 als Ergebnis eines umfassenden Forschungsprojekts zur sogenannten Wand-Skelett-Bauweise, an dem siebzehn Fachgebiete der IHS mitarbeiteten. Dabei lag der Fokus auf der Anwendung der Großtafelbauweise im innerstädtischen Neubau mit Fragen, zum Beispiel zur Blockrandbebauung, zur gewünschten Kleinteiligkeit sowie zur Nutzung in Kombination aus Läden im Erd- und Wohnungen im Obergeschoss. Im Forschungsprojekt war von vornherein ein Experimentalbau vorgesehen, der auf einem städtischen Baugrundstück nahe dem Bildungszentrum entstehen sollte. Trotz vollständig fertiggestellter Planungen wurde dieses Projekt kurzfristig abgesagt und stattdessen die wesentlich vereinfachte Variante auf dem Areal des Bildungszentrums realisiert und als Weiterbildungszentrum nachgenutzt.

Fast zeitgleich zur Wand-Skelett-Bauweise wurde die Riegellose Bauweise Cottbus (RBC) ab 1978 theoretisch entwickelt und ab 1983 in ersten, einfachen Experimentalbauten umgesetzt.[23] Mit der RBC sollte eine vorgefertigte Flachdeckenbauweise angeboten werden, die es in der DDR nicht gab. Auf dem IHS-Gelände entstand so als letzter Experimentalbau der RBC das Technikum III (1988–1989), bei dem als konstruktiver Sonderfall ein Geschoss- mit einem Hallenbau kombiniert wurde. Mit der politischen Wende 1989 wurden die Forschungen an der RBC dann endgültig eingestellt.

Fazit

Da das Bildungszentrum ein breites Aufgabenspektrum erfüllen sollte, wurde ein gutes Dutzend verschiedener Bauaufgaben im Bereich des Gesellschaftsbaus realisiert. Deren Entstehung ab Ende der 1960er Jahre fällt in eine Zeit, in der die Bemühungen nach Typisierung des Bauwesens bereits weit gediehen waren. Für häufig angewendete Bauaufgaben wie Wohnheim, Lern- und Sportstätten stand eine große Bandbreite von Angebots- oder Wiederverwendungsprojekten zur Verfügung. Dennoch erfolgte am Bildungszentrum erstaunlicherweise nur in drei Fällen die unveränderte Übernahme

---

23   Zur Entwicklungsgeschichte der RBC siehe detaillierter Konrad Frommelt, Elke Richter: The RBC building system. How to innovate between central plan and personal networks in the late GDR, in: João Mascarenhas-Mateus, Ana Paula Pires (Hg.): History of construction cultures. Proceedings of the 7th International Congress on Construction History, July 12–16, 2021, Lisbon, Portugal, Bd. 2, doi: 10.1201/9781003173434, S. 766–773.

von Angebotsprojekten *(Abb. 4, Abb. 5)*. Ebenso oft wurden Varianten als Erstanwendungen ausprobiert, um sie dann zu neuen Standards werden zu lassen. Die Abwandlung, sei es im Grundriss oder in der Konstruktion, ist hingegen viermal zu beobachten. Auch die Gruppe der individuell entworfenen Projekte teilt sich ungefähr hälftig auf: in Bauten in Mischbauweise, die einen höheren Planungsaufwand vermuten lassen, und in Bauten mit nur einer Bauweise. Bei Letzteren ist zu fragen, inwiefern sie als individuell gelten können, wenn durch die konstruktiven Festlegungen der Bauweise bereits die Raumgrößen sowie die Fassadengestaltung sehr determiniert sein konnten.

Insgesamt ist kein qualitativer Unterschied zwischen der unmittelbaren Aufbauphase vor 1975 und der Zeit danach auszumachen. Eine Erklärung dafür mag sein, dass um 1970 noch nicht für alle benötigten Bauaufgaben die entsprechende Typisierung abgeschlossen war, sodass bei dem vorhandenen Zeitdruck Individualprojekte entworfen werden mussten. In der zweiten Hälfte der 1970er Jahre waren Typenprojekte zwar mehr als etabliert, jedoch kamen entweder Optimierungstendenzen zum Tragen oder wie bei den Technika komplett neue Funktionsanforderungen hinzu. Mit der Realisierung des Technikums II war die Campusentwicklung dann im Grunde abgeschlossen, zumal die Studierendenzahl wie auch die Forschungsaufgaben stabil blieben. Leichte Erweiterungen der Raumkapazitäten ergaben sich durch die Nutzung der beiden Experimentalbauten durch die Hochschule.

Auch wenn das DDR-Bauwesen ab den späten 1960er Jahren bereits hochgradig typisiert und systematisiert war, erweist sich die gebaute Realität der IHS-Bauten als heterogen. Zwischen den Polen Angebotsprojekt und Individualbau wurde auf verschiedenen Ebenen mit dem Seriellen gearbeitet. Dies konnte den Gebäudeentwurf und die Anwendung bestehender Richtlinien ebenso betreffen wie die Wahl der Bauweise oder einzelner Konstruktionskomponenten. Die hier genutzten Kategorien ließen sich weiter differenzieren. Beispielsweise könnte einbezogen werden, wie hoch die Anteile des Seriellen an den jeweiligen Bauten waren. Ebenso unbeachtet blieb, zu welchen Teilen die Innenausstattung aus serieller Fertigung stammte. Auch leiten sich die verwendeten Kategorien nicht gänzlich aus dem System des DDR-Bauwesens ab, sondern sind – wie auch in anderen Forschungsfeldern – Ergebnis einer retrospektiven Entscheidung. Das Verhältnis zwischen Typ, Serie und Individuum ist hier jedoch nur bei genauer Kenntnis der Einzelobjekte zu entschlüsseln. Bei der Bauforschung an den Cottbuser Hochschulbauten mag das formtreue Aufmaß nicht ausschlaggebend sein, die ganzheitliche Auseinandersetzung mit den Objekten einschließlich ihrer Konstruktionen und Planungsprozesse bleibt es weiterhin.

Bildnachweis: *(Abb. 1)* Elke Richter   *(Abb. 2–3)* Fotostelle der IHS Cottbus (heute im Bestand des Instituts für Bau- und Kunstgeschichte der BTU Cottbus–Senftenberg)   *(Abb. 4–5)* Elke Richter

(Abb. 4) BTU Cottbus, Kartierung der Gebäude nach Grad der Typisierung

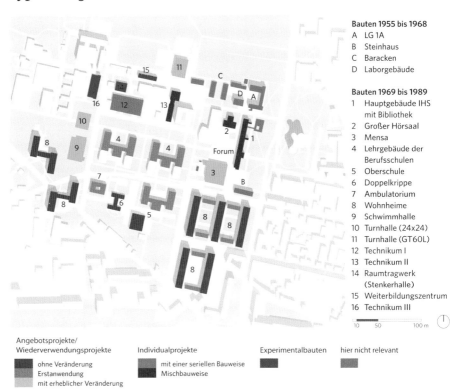

Bauten 1955 bis 1968

A LG 1A
B Steinhaus
C Baracken
D Laborgebäude

Bauten 1969 bis 1989

1 Hauptgebäude IHS mit Bibliothek
2 Großer Hörsaal
3 Mensa
4 Lehrgebäude der Berufsschulen
5 Oberschule
6 Doppelkrippe
7 Ambulatorium
8 Wohnheime
9 Schwimmhalle
10 Turnhalle (24x24)
11 Turnhalle (GT60L)
12 Technikum I
13 Technikum II
14 Raumtragwerk (Stenkerhalle)
15 Weiterbildungszentrum
16 Technikum III

Angebotsprojekte/
Wiederverwendungsprojekte
- ohne Veränderung
- Erstanwendung
- mit erheblicher Veränderung

Individualprojekte
- mit einer seriellen Bauweise
- Mischbauweise

Experimentalbauten

hier nicht relevant

(Abb. 5) Anzahl der Gebäude nach Grad der Typisierung

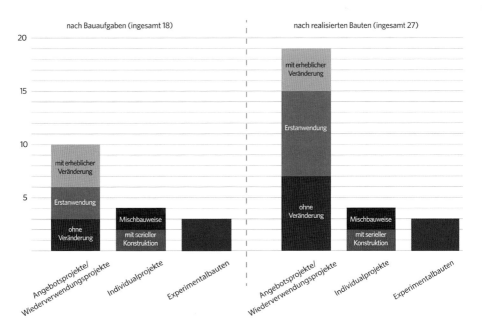

Der genetische Gebäudecode

Andreas Müsseler

*Potenziale im Massenwohnungsbau
der 1960er und 1970er Jahre*

Angesichts der großen Baumassen, die nach dem Krieg entstanden sind und nach nunmehr 70 Jahren sanierungsbedürftig zur Disposition stehen, ist es offensichtlich, dass die arbeitsintensive Betrachtungstiefe denkmalpflegerischer Erfassung nicht gleichermaßen auf alle diese Objekte Anwendung finden kann. Unsere Arbeit hat daher zunächst die typologische Ordnung großer Nachkriegsbaubestände zum Ziel.

Insbesondere folgender Gedanke Bruno Reichlins war ein wichtiger Schlüssel und eine wesentliche Grundlage unserer Forschungsarbeit: Neben der bisherigen Praxis der werkmonografischen Auseinandersetzung mit einem bestehenden Gebäude ergibt sich angesichts der großen Bestände zwangsläufig ein zweites „Standbein der historiografischen Untersuchung, ohne dass jede Monografie Gefahr läuft, ins Anekdotische zu verfallen: Es handelt sich um die Begründung eines systematischen Inventars der Materialien und der Kenntnisse, die das Gebaute in seiner Rolle als Objekt des Denkmalschutzes betreffen. Ein Inventar, das zugleich ein Terrain der Begegnung für die verschiedenen Akteure der Denkmalpflege bilden sollte. [...] Logischerweise den monografischen Studien vorangestellt, könnte dieses Mittel auch die Form eines enzyklopädischen Handbuchs annehmen".[1]

Folgt man Bruno Reichlin, dann ist eine flächendeckende Erkundung des Bestands die entscheidende Grundlage, um das am einzelnen Objekt konkret Vorgefundene und im Detail Untersuchte einzuordnen; es zu beschreiben und zu bewerten; es für typisch oder besonders zu erachten und damit unsere Umwelt über die phänomenologische Beschreibung hinaus typologisch zu ordnen.

Aktuell treibt uns die Klimakrise zusätzlich in eine Situation, in der alles in den vergangenen Jahrzehnten Erreichte seriös evaluiert und wissenschaftlich überprüft werden muss. Wir müssen insgesamt herausfinden, ob das bisher Erdachte und Produzierte noch die erhoffte Wirkung zeigt. Wenn unsere Bewertungsmaßstäbe über lange Jahre nahezu ausschließlich monetär geprägt waren, so ist es sehr positiv, dass sich mit dem Begriff der Nachhaltigkeit auch der Horizont unserer Maßstäbe wieder um die ökologische und soziale Dimension erweitert. Die aktuellen Rohstoffkrisen führen dazu, dass Effizienz, Suffizienz und Konsistenz wieder Handlungsfragen des täglichen Lebens werden. Die Zeiten der Allverfügbarkeit sind erstmals auch bei uns spürbar angezählt.

Gerade im Baubereich, der für circa 40 Prozent der Klimaemissionen und über 50 Prozent des Müllaufkommens verantwortlich ist, gerät dadurch sehr viel in Bewegung. Es wird zunehmend sichtbar, wie sehr sich unsere Maßstäbe für Aufwand und Nutzen vom Menschen entfernt haben. Wir müssen nun sehr schnell wieder lernen, nicht nur den Aufwand zu bewerten und zu reduzieren, wir müssen auch den

---

1   Bruno Reichlin: Überlegungen zur Erhaltung des architektonischen Erbes des 20. Jahrhunderts, in: Elise Feiersinger, Andreas Vass, Susanne Veit: Bestand der Moderne. Von der Produktion eines architektonischen Werts, Zürich 2012, S. 30–39, hier S. 35 f.

(*Abb. 1*)   Jaques Tatis, *Mon Oncle*, 1958, Filmstill

Nutzen unserer Bauten hinterfragen. Automatisch rückt damit der Mensch wieder stärker in den Fokus. Gebäude bilden als Teil der Kulturlandschaft unseren Lebensraum und wir müssen uns fragen: Wie wollen wir leben und, vor allem im Gebäudebereich, was leisten unsere vorhandenen Gebäude, um uns dieses Leben zu ermöglichen? Welche Qualitäten finden wir vor und welche Defizite? Das ist über den ökologischen Aspekt hinaus an erster Stelle auch eine soziale Frage. Gebäude sind für Menschen da *(Abb. 1)*.

Unsere gebaute Umwelt muss damit weit über die technische Funktion als Rohstofflager hinaus als komplexes räumliches Gebilde verstanden werden, das mit unserem Leben vielfältig verflochten ist. Unter anderem ist sie ein belebter Speicher für Geschichte und Geschichten – sie ist Teil unserer Identität. Selbstverständlich verändert sich diese Identität mit der Zeit, und so müssen wir gerade unsere Städte als große Erinnerungsspeicher immer wieder darauf hin befragen, welche Teile geschützt in den Speicher einfließen sollen und welche Elemente im Rahmen einer Revision verändert werden müssen, um für uns alle auch weiterhin von Nutzen zu sein.

Das gilt nach nunmehr 50 bis 75 Jahren vor allem für die siedlungsgeschichtlich neuesten Sedimente der Nachkriegszeit. Diese Masse des Baubestands in Deutschland ist abgenutzt, meist in schlechtem Pflegezustand. Gerade an diesen Gebäuden und an unserem Umgang mit ihnen zeigt sich vielfach, wie linear sie auf

Abnutzung und Verbrauch konzipiert waren und wie sehr diese Gebäude am bevorstehenden Ende doch Teil eines Kreislaufs werden müssen. Es ist offensichtlich, dass wir unsere Städte nicht alle 75 Jahre abbrechen und neu aufbauen können. Der Nachkriegsbestand bedarf daher nicht nur in technischer Hinsicht dringend einer Revision. Wir müssen auch herausfinden, wie leistungsfähig er als Raum für Menschen ist. Als Ort der sozialen Interaktion.

Als exemplarischen Siedlungsraum haben wir mit den Großwohnsiedlungen die großen Monokulturen des Siedlungswesens unter die Lupe genommen, weil hier Nachkriegsbestand in großer Zahl vorhanden ist, der weitgehend ohne Kontamination oder Anpassung an Vorhandenes erdacht und umgesetzt wurde. Insbesondere an diesen Siedlungen zeigt sich, wie sehr nicht nur die Gebäude, sondern auch die Siedlungsstruktur selbst ein Teil gebauter deutscher Nachkriegsgeschichte und -geschichten geworden ist. In ihnen manifestiert sich der gesellschaftliche Wunsch nach Neuanfang, bald darauf aber auch ein fundamentaler Glaube an Fortschritt und Wachstum, ebenso wie der Traum vom individuellen Lebensglück. Ein neues Leben im Rausch des Wachstums. Und zugleich zeigt die nach der Energiekrise einsetzende Kritik an diesen Strukturen, wie schwierig ein von der Vergangenheit abgelöster Neuanfang ist, wie sehr also auch wir heute darauf angewiesen sind, das Bestehende kritisch zu reflektieren und weiterzudenken.

Vor dem aktuellen Hintergrund möchte ich unsere Arbeit über die Beherrschbarkeit der großen Masse in erster Linie am Aspekt der räumlichen Qualität erläutern, denn unsere Untersuchung macht einen Vorschlag, wie für diese notwendige Auseinandersetzung mit unserer gebauten Umwelt neben physikalisch-naturwissenschaftlichen Kriterien auch räumlich-soziale Qualitäten in einen Bewertungskanon für Gebäude aufgenommen werden können. Wir haben untersucht, wie räumliche Qualitäten der Architekturen ebenso systematisch geordnet werden können, wie die zur Erzeugung der Räume verwendeten baulichen Mittel.

Beschreiben

Wer die von Rem Koolhaas kuratierte Architekturbiennale 2014 besucht hat, wurde im Eingang des zentralen Pavillons von einer durch eine Abhangdecke halb verbauten Kuppel empfangen *(Abb. 2)*. Deutlicher lässt sich die räumliche (Aus-)Wirkung unseres baulichen Handelns kaum spürbar machen, mir zumindest ist dieser Raumeindruck prägend in Erinnerung geblieben. In der so eröffneten Ausstellung „Elements"[2] wurden architektonische Elemente präsentiert (*floor, wall, ceiling, roof, door, window, façade, balcony, corridor, fireplace, toilet, stair, escalator, elevator, ramp*), deren

---

2 Vgl. Rem Koolhaas (Hg.): Elements. A series of 15 books accompanying of architecture at the 2014 Venice architecture biennale. Ausst.-Kat. Architekturbiennale Venedig 2014, Venedig 2014.

(Abb. 2) Eingangshalle zur Ausstellung „Elements" auf der 14. Architekturbiennale, Venedig 2014

Erzählung und Geschichte höchst ambivalent als Bauelemente, ebenso aber auch als Raumelemente erzählt werden können und müssen. Umso erstaunlicher war es für mich, dass auf diesen elementaren Unterschied zwischen der räumlichen Wirkung und der technischen Herstellung nicht systematisch eingegangen wurde.

Am Beispiel des Fensters lässt sich dieser Unterschied leicht verdeutlichen, denn einerseits sind selbst wir Architekt:innen inzwischen darauf trainiert, beim Begriff Fenster zunächst an g-Wert, Sonnenschutz, Rahmen oder Verglasungsanteil zu denken, möglicherweise auch an Einbruchsschutz und Winddichtigkeit. Also kurz: an ein Bauteil und seine (schützenden) Eigenschaften. Aber wir sollten nicht vergessen, dass das Fenster andererseits und zuallererst ein Ort ist. Ein Ort des Lichts, der wehenden Vorhänge, der Blumen, der Düfte und der Kommunikation zwischen dem Drinnen und dem Draußen – und somit zuallererst ein räumliches Ereignis. Ein Ort, dessen Auswirkungen auf das soziale Miteinander der Menschen gar nicht groß genug geschätzt werden können. Denn ginge es nur um Schutz – man müsste gar keine Öffnung bauen. Ich denke, diese Sichtweise sollte sowohl bei der Entwicklung im architektonischen Prozess gelten als auch bei der Dokumentation und der Aufnahme des Vorhandenen.

Die Systematik, die wir zur Erfassung der räumlichen Qualitäten für den Bereich der Fassade vorschlagen und anhand der Großwohnsiedlungen erprobt haben, ist beeinflusst von den durch Christopher Alexander entwickelten räumlichen Mustern. Die Beschreibungen der einzelnen Muster eignen sich gut, um die räumlichen Qualitäten vorhandener Architekturen zu befragen und zu beschreiben. So schreibt Alexander beispielsweise zum Straßenfenster: „Bau bei Gebäuden entlang belebter Straßen Fenster mit Sitzen zur Straße, wo man hinausschauen kann. Bring sie in Schlafzimmern oder an einer Stelle des Gangs oder der Stiege an, wo die Leute oft vorbeikommen", und weiter: „Gib im Hausinneren jedem dieser Fenster ausreichend Platz, damit sie zum Niedersetzen, Stehenbleiben oder Betrachten der Straße einladen".[3] Bauteile werden dieser räumlichen Sicht explizit untergeordnet. Im Muster „180 Platz am Fenster" schreibt Alexander beispielsweise: „[B]estimm dann die genaue Position der Rahmen, Sprossen und Sitzplätze entsprechend der Aussicht".[4]

Um dieser Sicht auf unsere Gebäude Raum zu geben, schlagen wir für die Erfassung von Gebäuden nun die Einführung einer eigenen raumtypologischen Kategorie vor, die wir innerhalb unserer Systematik „Komponente" genannt haben. Sie steht eigenständig zwischen dem oft im Fokus der Beschreibung stehenden Gesamtbild sowie den einzelnen Bauteilen, aus denen das Gebäude und die Räume gemacht sind. Sie ergänzt die nutzungstypologische oder bautypologische Sicht und ermöglicht es, Raumphänomene nach ähnlichem Vorgehen zu ordnen und zu bewerten. Daraus ergibt sich für die Erfassung ein Dreiklang, Hüllfläche – Komponente – Bauteil, mit dem die Erscheinung der Gebäude vom Großen ins Kleine systematisch erfasst werden kann.

In einer sich rasant verändernden gebauten Umwelt sind hierzu einerseits sicherlich neue Muster oder Gruppen erforderlich. Wie Gordon Cullen sehen wir den Menschen jedoch auch als Wesen, dessen Fähigkeiten zur optischen Verdauung des Environments sich relativ langsam entwickeln.[5] Auch deswegen haben wir uns mit den großen Tafelwerken des Historismus eine eher klassische Darstellungsmethode zum Vorbild für die systematisierte Abbildung genommen. Die entstandenen Tafeln bilden somit Anknüpfungspunkte zwischen der intendierten Raumerfassung und gewohnten Sichtweisen. Sie ergänzen die fotografische Dokumentation und sind Teil der vergleichenden Diskussion.

In diesem Prozess kristallisiert sich anhand der Fotografien und Zeichnungen nach und nach das Typische heraus, ebenso wie das Besondere, denn tatsächlich zeigt sich nicht nur auf der beschreibenden Ebene, dass die im Falle der Großwohnsiedlungen eingesetzten räumlichen und baulichen Mittel recht eng gefasst sind. Im großen Überblick wird das allem voran durch den grafischen Vergleich mit

3   Christopher Alexander et al.: Eine Muster-Sprache. Städte, Gebäude, Konstruktion, Wien 1995, S. 836.
4   Ebd., S. 905.
5   Vgl. Gordon Cullen: Townscape. Das Vokabular der Stadt, Basel/Berlin/Boston 1991, S. 57.

(Abb. 3)   Thesaurus für das digitale Häuserbuch, geschwärzt sind die
für die Großwohnsiedlungen zutreffenden Begriffe

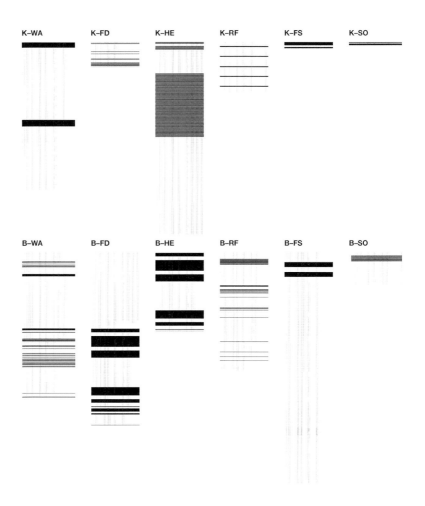

der Gesamtheit der in der zugehörigen Datenbank haeuserbuch.de[6]
gelisteten Begrifflichkeiten sichtbar. Markiert man in einer solchen
tabellarischen Liste aller räumlichen und baulichen Mittel, diejenigen
mit einem schwarzen Balken, die in der untersuchten Gebäudemasse
zum Einsatz gekommen sind, so ergibt sich ein sehr charakteristisches Bild, das man mit einem genetischen Code vergleichen könnte
(Abb. 3). Es macht sichtbar, wie eindeutig und eng das Spektrum der
Mittel ist.

6   Die Website www.haeuserbuch.de ist eine am Lehrstuhl für Entwerfen, Umbau und
Denkmalpflege an der Technischen Universität München entstandene Datenbank zur
Erfassung von Gebäudebeständen. Hierin sind auch alle Gebäude dieses Forschungsvorhabens
erfasst.

Mit der erst gruppierenden und ordnenden, dann bald zeichnerisch
und textlich beschreibenden Abstraktion setzt gleichzeitig auch die
(aus-)wertende Sicht auf den Fundus ein. Alexander von Kienlin
beschreibt einen ähnlichen interpretierenden Prozess für die ursprünglichen Tafelwerke des 19. Jahrhunderts.[7] Man kommt bei der weiteren
Beschreibung gar nicht umhin, auch gleichzeitig den Gebäudebestand
zu charakterisieren, denn eine wesentliche Charaktereigenschaft der
Großwohnsiedlungen hat uns dank der hohen Zahl relativ ähnlicher
Gebäude einen ersten Zugang erleichtert. Gerade in der Monokultur
der Großwohnsiedlungen mit ihrer großen Selbstähnlichkeit war es uns
möglich, recht bald Gruppen zu bilden und die dennoch vorhandenen
Unterschiede miteinander zu diskutieren. Auf diesem Weg haben sich
im Bereich der hier nun näher vorgestellten räumlichen Komponenten
folgende Hauptgruppen herausgebildet:

→ K-WA: Fassade (Wand) – hier: Lochfassade
→ K-FD Dach (Dachrand) – hier: Flachdach
→ K-RF: Fensteröffnung (Öffnung)
→ K-HE: Zugang – Haupteingang
→ K-FS: Freisitz – Balkon, Balkon/Loggia, Loggia
→ K-SO: Sockel – Hochparterre, Sockelgeschoss

Auch auf dieser nächsten Betrachtungsebene der einzelnen Komponente lässt sich ein vertiefender Blick kaum ohne Wertung formulieren. Hier am Beispiel des Haupteingangs: „Die Zuwegung ist frei von
Toren, Belagswechsel vollziehen sich vor dem Zugang eher zufällig. Die
Besonderheit des Ortes ist meist durch das Vordach gekennzeichnet,
das betoniert, massiv und schwer vor das Gebäude tritt. Ergänzt durch
ein ebenfalls betoniertes Podest oder eine Treppe, manchmal auch
durch seitliche Fassungen bildet sich ein erster etwas erhabener Raum
vor der Türe. Der Eingang selbst ist nicht höher als das angrenzende
Geschoss ausgebildet, das gläserne Türelement lässt in den unmittelbar
angrenzenden Treppenraum blicken".[8]

Innerhalb dieser Hauptgruppen lassen sich nun jeweils verschiedene typologische Untergruppen bilden, die durch bestimmte Merkmale charakterisiert sind. Beispielsweise sind das im Fall der Komponente Haupteingang:

→ Fassadenständig ohne weiteren Raumabschluss
→ Fassadenständig mit auskragendem Vordach
→ Fassadenständig mit gestütztem Vordach
→ Fassadenständig mit allseitig geschlossenem Vorbau
→ Fassadenständig in einer Gebäudeecke liegend
→ Vorspringend mit auskragendem Vordach

---

7   Vgl. Alexander von Kienlin: Bauformenlehre im Wertewandel, in: Uta Hassler (Hg.),
     Bauforschung. Zur Rekonstruktion des Wissens, Zürich 2010, S. 132 ff.
8   Andreas Müsseler, Khaled Mostafa, Andreas Hild (Hg.): Tafelwerk Großwohnsiedlung, Berlin
     2022, S. 359.

(Abb. 4) Tafel für die Komponente Haupteingang, fassadenständig mit auskragendem Vordach

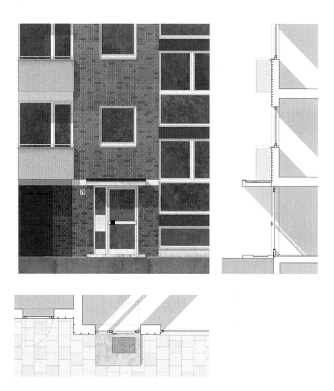

→ Rückspringend mit Vordach
→ Rückspringend nur erdgeschossig

Auf dieser Unterebene impliziert die nähere Beschreibung wiederum eine Bewertung der wesentlichen räumlichen Eigenschaften, zum Beispiel für den fassadenständigen Haupteingang mit auskragendem Vordach *(Abb. 4)*: „Das auskragende Vordach ist hier oft das einzige Bauteil, welches den Raum vor dem Eingang definiert. [...] Selten wirkt der durch Vordach und Podest formulierte Vorbereich großzügig. Unter einem bescheidenen Vorsprung gekauert harrt der Besucher vor der Felswand des Wohngebirges aus, bis ihm Einlass gewährt wird.“[9] Den auf diesem Wege zeichnerisch und textlich umrissenen Typus verstehen wir dabei nicht als unverändert vervielfältigtes Modell, sondern vielmehr als abgeleiteten Archetyp, als die Essenz, die eine Gruppe prägt, ohne in allen Einzelheiten in jedem Abbild enthalten sein zu müssen.[10] Die Wirkmacht der bildlichen Übersumme im Stile Bernd und Hilla Bechers[11] dient neben den Tafeln zusätzlich dem exemplarischen Nachweis für die Tragfähigkeit der auf diesem Weg geformten Gruppen *(Abb. 5)*.

9 Ebd., S. 369.
10 Vgl. Ernst Seidl: Ein Bedürfnis nach Ordnung. Der Typus in der Architektur, in: Die Architekt (2022), H. 3, S. 22–27, hier S. 23.
11 Vgl. beispielsweise: Bernd Becher, Hilla Becher: Fachwerkhäuser des Siegener Industriegebietes, München 2000.

(Abb. 5)   Fotografische Verdeutlichung der über die Tafel abstrahierten Gruppierung, hier: Komponente Haupteingang, fassadenständig mit auskragendem Vordach

Borchertring 25
Hamburg-Steilshoop

Borchertring 41
Hamburg-Steilshoop

Kuskestraße 6
Köln-Chorweiler

Haflingerstraße 35
Halle-Neustadt

Rennbahnring 57
Halle-Neustadt

Haflingerstraße 9
Halle-Neustadt

Oskar-Maria-Graf-Ring 34
München-Neuperlach

Oskar-Maria-Graf-Ring 42
München-Neuperlach

Warthestraße 1
Köln-Chorweiler

Borchertring 13
Hamburg-Steilshoop

Florenzer Straße 58
Köln-Chorweiler

Quiddestraße 10
München-Neuperlach

Zugleich kann auf dieser Unterebene aber auch eine quantifizierende Einordnung erfolgen. Dadurch werden vergleichende Aussagen möglich *(Abb. 6)*. Beispielsweise ist die Mehrheit der Eingänge mit auskragenden Vordächern versehen, selten sind Eingänge ohne Vordach. Zugleich liegt die Mehrheit der Eingänge vor der flachen Fassade, manchmal in Rücksprüngen, selten liegen die Eingänge vor vorspringenden Bauteilen. Diese Aussagen lassen sich sowohl für die Gruppe der untersuchten Gebäude insgesamt treffen als auch für Untergruppen, beispielsweise die Eingänge in einer der untersuchten Großwohnsiedlungen. Im Sinne Bruno Reichlins ermöglicht diese summarische

(Abb. 6) Verteilung der erfassten Haupteingänge auf die einzelnen Gruppen. Ein Quadrat steht für jeweils ein Gebäude

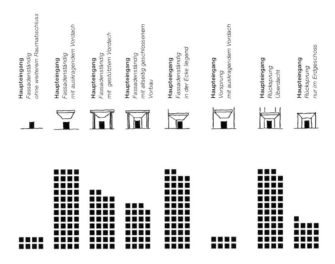

Einordnung einen ersten Hinweis auf das Typische (Häufige) ebenso wie auf das Besondere (Seltene). Die Aussagekraft wird vor allem in der vergleichenden Betrachtung mit anderen Gruppen sichtbar.

Wertschätzen

Die Wertschätzung stellt sich innerhalb des Prozesses ebenfalls fließend ein, denn die durch vergleichende Abwägung erlangte Kennerschaft ist eine wesentliche Grundlage des Wertschätzens. Die zuvor zitierte vor der Felswand kauernde Position mag beim Lesen zunächst keine unmittelbar positiven Assoziationen ausgelöst haben. Wer jedoch einmal einen Berg erklommen hat, der kennt das befreiende und erhabene Gefühl, das sich einstellt, wenn man an Höhe gewinnt und sich der Blick in die Landschaft weitet. Die Parallelen zum Blick aus den Wohnräumen über die Balkone sind offensichtlich. Möglicherweise ist also der eine Raumeindruck mit dem anderen verbunden und sie sind getrennt voneinander nicht ohne Weiteres denkbar. Sicherlich ist er aber charakteristisch für die untersuchten Großwohnsiedlungen.

Die vergleichende Bewertung schärft selbstverständlich den Blick für die Ränder, die Übergänge zwischen den Gruppen, für Besonderheiten und das Außergewöhnliche und fördert gleichermaßen das Charakteristische zutage, die Schönheit des Alltäglichen.

Das Typische der erfassten Gebäude lässt sich für den Bereich der hier diskutierten räumlichen Komponenten folgendermaßen zusammenfassen: „Die Wände (K-WA) sind als Lochfassaden ausgeführt, wenn Gliederungselemente auftreten, bleiben diese in der Fläche und treten äußerst selten plastisch in Erscheinung. Die Größe der

meist ebenfalls ohne weiteren Schmuck einbeschriebenen Fensteröffnungen (K-RF) ergibt sich pragmatisch aus Brüstungshöhe, Geschoss-
höhe sowie Zimmerbreite als quadratisches oder liegendes Rechteck.
Der Freisitz (K-FS) zeigt sich dagegen in recht großer räumlicher
Vielfalt zwischen Balkon und Loggia. Sockel (K-SO) und Dachrand
(K-FD) sind selten betont und fassen den dazwischen liegenden Woh-
nungsstapel nur sehr dezent. In den Großwohnsiedlungen liegt das
Gebäude allermeist umgeben von pragmatisch gestalteten Grünflä-
chen, die den sozialen Abstand zum öffentlichen Bereich gewährleisten".[12] Die räumlich oft knapp gehaltenen Hautzugänge (K-HE) wurden an vielen Stellen bereits überformt und ergänzt.

So wird sichtbar, dass für die nun wohl unmittelbar und mit
Hochdruck anstehenden Fassadensanierungen sowohl die Fenster als
auch die Sockelsituationen als räumliche Situationen überdacht und
im Sinne einer nachhaltigen Entwicklung in die Maßnahmen miteinbezogen werden sollten. An vielen der bereits überformten Haupteingänge lässt sich ablesen, wie sehr eine größere Sensibilität für die
Sprache des Bestands bei der Integration helfen könnte. Gleichzeitig
zeigt sich aber auch, dass der individuelle Freisitz als eine der großen
Qualitäten und Errungenschaften der Siedlungen trotz seiner technischen Defizite in seiner räumlichen Vielfalt erhalten werden sollte.

Anhand der wenigen hier gezeigten Ausschnitte lässt sich die
Funktionsfähigkeit der Analysestrukturen über eine große Masse
hinweg natürlich nur in Bruchstücken darstellen. In den Ausschnitten
mag jedoch zumindest die Freude über die bei näherer Betrachtung
zum Vorschein kommende Schönheit und Vielfalt spürbar werden.
Abschließend möchte ich damit auf die eingangs mit Verweis auf
Bruno Reichlin eingeführte Schnittstelle zwischen der werkmonografischen Auseinandersetzung und der Begründung eines systematischen
Inventars zu sprechen kommen. Selbstverständlich muss die denkmalpflegerische, werkmonografische Auseinandersetzung jeder tatsächlichen Arbeit an einem Objekt vorausgehen. Sie wird durch diese Arbeit
nicht ersetzt. Hier geht es vielmehr um einen Vorschlag zur systematischen Begründung eines Inventars, das uns auch angesichts der großen
Zahl an Nachkriegsbauten zügig ordnungs- und handlungsfähig macht.
Vielleicht ist es uns gelungen, Ansätze für ein enzyklopädisches Handbuch zu formulieren. Gerade heute sollte es darum gehen, der sozialen
Dimension systematische Substanz und Gewicht innerhalb der notwendigen nachhaltigen Bewertung unserer Gebäude einzuräumen. In diesem Sinne wünschen wir uns, Neugierde geweckt zu haben. Neugierde
auf die systematische räumliche Auseinandersetzung mit der großen
grauen Masse unserer gebauten Umwelt.

12   Müsseler/Mostafa/Hild 2022 (wie Anm. 8), S. 159.

Der genetische Gebäudecode

Natur, Kultur, Landschaft

Olaf Gisbertz

Ressource Nachkriegsmoderne im Klimawandel

Es gibt wohl kaum einen zeitgenössischen Architekten, der mehr sakrale Bauten schuf als Mario Botta. Der Tessiner Architekt, der in den 1970er Jahren zu den Anhänger:innen der Architekturgruppe La Tendenza gehörte, hat in einem Interview des Schweizer Fernsehens die Architektur als eine „heilige Handlung"[1] beschrieben. Doch nicht die Bauaufgabe sei hierfür entscheidend, sondern das architektonische Tun selbst, denn der Ursprung der Architektur liege darin, dass sie einen natürlichen Zustand in einen kulturellen Zustand verwandle. Die erste Handlung der Architektur bestehe nicht aus dem Aufeinanderlegen von Bausteinen. Die erste Handlung sei diejenige, bei der der erste Baustein auf den Boden gelegt wird, womit der natürliche Zustand von Natur zur Kultur werde.

Mit diesem Bild – einem antiken Topos seit Vitruv folgend – beschreibt Botta ganz im Sinne der Tendenza-Gruppe, die 1975 durch eine Ausstellung an der ETH Zürich auch international bekannt wurde, noch heute den engen Bezug zwischen Architektur und Natur als einzigartige Symbiose aus Moderne, Geschichtsbewusstsein und Landschaftsbezug. Dabei ist es eine grundlegende Erkenntnis der Geschichtswissenschaften und der Systemtheorie, dass Geschichte in der Gegenwart beginnt: Nach Reinhart Koselleck und Niklas Luhmann ist der Blick in die Vergangenheit das Ergebnis eigener Reflexion in jeweils unterschiedlichen Kontexten.[2] Geschichte wird also immer wieder von Neuem gelesen und interpretiert. Damit unterliegt die architektonische Idee, genauso wie das denkmalpflegerische Erbe, jeweils aus unterschiedlichen Blickrichtungen historischen Entwurfs- und Aneignungsprozessen, die gegenwartsbezogen sind und eine Zukunftsperspektive besitzen. Beide Disziplinen beziehen ihre Gegenwärtigkeit nämlich aus dem Faktor Zeit, mit dem viele moderne Denkmalkonstruktionen von Erbe und Erinnerung als soziale Praxis verknüpft sind. Schließlich ist Architektur in der Regel auf einen langen Gebrauch hin angelegt. Mit ihr materialisieren sich Vorstellungen von Vergangenheit in der Gegenwart, von Kontinuität und Brüchen in zeitlichen Abläufen, die die Geschichtsschreibung durch Epochen- oder Stilbegriffe zu kanonisieren versucht hat. Zwar proklamierte die Moderne im 20. Jahrhundert den Bruch mit der Tradition, dennoch entstanden auch die Reformarchitektur vor dem Ersten Weltkrieg, das Neue Bauen der 1920er Jahre oder die Nachkriegsmoderne in den 1950er bis 1970er Jahren nicht gänzlich ohne Vorbilder. Die Denkmalpflege versucht die Erinnerung an die Zeit fortzuschreiben, erfasst Kulturobjekte und städtebauliche Ensembles, schützt idealiter den Bestand vor baulichen Veränderungen oder Abriss, nicht ohne dabei als Akteurin der Zukunftsplanung zu fungieren. Die Begriffe Natur,

---

1   Fernsehbeitrag online abrufbar: SRF Kultur: Architekt Mario Botta. Bauen als eine heilige Handlung?, in: Sternstunde Religion (09.05.2021), https://www.youtube.com/watch?v=cXAK-ur-oINU [letzter Aufruf 30.03.2020].

2   Reinhart Koselleck: Vergangene Zukunft. Zur Semantik geschichtlicher Zeiten, Frankfurt am Main 1983; Niklas Luhmann: Soziale Systeme. Grundriß einer allgemeinen Theorie, Frankfurt am Main 1984.

Kultur und Erbe erfahren dabei eine große Konjunktur, vor allem im Klimawandel, der in öffentlichen Debatten omnipräsent ist: Die Politik ruft eine „Renovation Wave"[3] und den „Green Deal"[4] aus, während sich sämtliche Verbände der Architektur, der Landesplanung und der Denkmalpflege auf den Klimawandel als Zukunftsthema verständigt haben.

Es versteht sich von selbst, dass mit dem Klimawandel zahlreiche Prozesse einhergehen, die auch für Architektur und Denkmalpflege höchste Relevanz besitzen: Der Klimawandel steht im globalen Kontext grundlegender Veränderungen hinsichtlich des Bevölkerungswachstums, der Migration, der demografischen Entwicklung in Gesellschaften, die sich weltweit durch große ethnische, religiöse und geschlechtliche Diversität auszeichnen.

Gebauter Architektur, die diesen Gesellschaften ein Erbe und Identität(en) verspricht, kommt auch für die Ressourcenökonomie im Klimawandel eine Schlüsselposition zu. Dennoch werden auf politischer Ebene die Ressorts Umwelt und Kultur bislang meist separat betrachtet.[5] Nachdenken über Denkmalpflege – auch als soziale Praxis und sogar als Sozialpolitik, wie schon 1974 vor Beginn des Europäischen Denkmalschutzjahres so verstanden – entwickelt aber Partizipation und damit Perspektiven für urbanistische Zukunftsplanungen im Einklang von Natur, Kultur und Erbe.

Begrifflichkeiten: Natur, Kultur und Erbe

Die Begriffsbestimmungen zu Natur, Kultur und Erbe sind schwer zu fassen.[6] Schon die Herkunft des Worts Kultur – etymologisch aus dem lateinischen *colere* (pflegen, urbar machen) beziehungsweise *cultura* und *cultus* (Landbau, Anbau, Bebauung, Pflege und Veredlung von Ackerboden) abgeleitet – verweist auf die Landwirtschaft und einen zentralen Aspekt sämtlicher Kulturbegriffe: Sie bezeichnen das „vom Menschen Gemachte" beziehungsweise „gestaltend Hervorgebrachte".[7]

3   Mitteilung der Kommission an das Europäische Parlament, den Rat, den Europäischen Wirtschafts- und Sozialausschuss und den Ausschuss der Regionen. Eine Renovierungswelle für Europa – umweltfreundlichere Gebäude, mehr Arbeitsplätze und bessere Lebensbedingungen, COM/2020/662 final (14.10.2020), https://eur-lex.europa.eu/legal-content/ DE/ALL/?uri=COM:2020:0662:FIN [letzter Aufruf 30.03.2020].

4   Europäische Kommission: Europäischer Grüner Deal (o. D.), https://ec.europa.eu/info/strategy/ priorities-2019-2024/european-green-deal_de [letzter Aufruf 30.03.2020].

5   Vgl. hierzu auch Achim Hubel: Denkmalpflege. Geschichte – Themen – Aufgaben, Stuttgart ⁴2019, S. 336–337.

6   Tilmann Breuer: Naturlandschaft, Kulturlandschaft, Denkmallandschaft, in: Historische Kulturlandschaften (ICOMOS. Hefte des Deutschen Nationalkomitees XI), München 1993, S. 13–19.

7   Ansgar Nünning: Vielfalt der Kulturbegriffe (23.07.2009), https://www.bpb.de/lernen/ kulturelle-bildung/59917/vielfalt-der-kulturbegriffe/#footnote-reference-4 [letzter Aufruf 24.04.2022].

Die Begriffe Erben und Vererben beschreiben dagegen Übertragungskonzepte. Es geht um den Prozess des Übertragens, Überliefertns und des Übereignens. Dabei können die vererbten und geerbten Phänomene ganz Unterschiedliches meinen: Dinge, Wissen, Materielles, Immaterielles, Natur und Artefakte.[8] Unterschiedlich sind auch die Akteur:innen: Personen, Zeiten und sogar Epochen können Erben und Erblasser sein. Bei den Konzepten vom Erben geht es also immer um die Vermittlung und Aushandlung zwischen Vergangenem, Gegenwärtigem und Zukünftigem.[9]

In der Symbiose der Begriffe Natur, Kultur und Erbe werden also Werte verhandelt, die man in einem geografischen Raum lokalisieren kann und den man somit auch als „Kulturlandschaft"[10] verstehen könnte. In der „Kulturlandschaft" richtet sich der Blick vor allem auf die Interaktion zwischen Natur, Kultur und Landschaft. Sie wird somit als das Ergebnis von naturräumlichen Gegebenheiten und menschlicher Einflussnahme im Verlauf der Geschichte verstanden: Wandel gehört zwangsläufig zu den Wesensmerkmalen der Kulturlandschaft. Auch ihr ist der Faktor Zeit eingeschrieben. Sie gilt als „‚historisch' [...], wenn sie durch ablesbare und substanziell greifbare Elemente und Strukturen geprägt ist. [...] Diese historische Prägung gilt es herauszuarbeiten und in ihrer Wertigkeit zu begründen. [...] Erst durch das Konzept der Kulturlandschaft ist es der Denkmalpflege überhaupt möglich, auf großräumige Gesamtplanungen wie Landes- und Regionalplanungen zu reagieren."[11] Durch einen frühzeitigen Dialog mit der Fachplanung sollte eine städtebauliche Denkmalpflege, die die Beziehungen von Objekten im Raum der Kulturlandschaft untersucht, somit aber auch zu einem aktiven Part der Zukunftsplanung werden, besonders in Anbetracht der vielfältigen Herausforderungen im Klimawandel.

Bemerkenswert ist aber, dass die Architektur seit jeher ein besonderes Verhältnis zur Natur besitzt: Baumaterialien und Konstruktionen wurden seit prähistorischer Zeit dem Fundus der Natur entnommen, sie waren Bestandteil der natürlichen Ressourcen der Umwelt, die dem Menschen nicht nur eine Behausung, sondern auch Schutz vor den Gewalten der Natur boten. Die Moderne emanzipierte

8   Stefan Willer, Sigrid Weigel, Bernhard Jussen: 1. Erbe, Erbschaft, Vererbung. Eine aktuelle Problemlage und ihr historischer Index, in: Dies. (Hg.): Erbe. Übertragungskonzepte zwischen Natur und Kultur, Berlin 2013, S. 7.

9   Gerhard Vinken: Amt und Gesellschaft. Bewertungsfragen in der Denkmalpflege, in: Denkmale – Werte – Bewertung. Denkmalpflege im Spannungsfeld von Fachinstitutionen und bürgerschaftlichem Engagement, hg. von Birgit Franz und Gerhard Vinken, Bd. 23, Holzminden 2014, S. 19–27, hier S. 19 (Veröffentlichung des Arbeitskreises Theorie und Lehre der Denkmalpflege e. V.).

10   Thomas Gunzelmann: Flächenhaft geschichtliche Überlieferung als Gegenstand städtebaulicher Denkmalpflege, in: Handbuch Städtebauliche Denkmalpflege, im Auftrag der Vereinigung der Landesdenkmalpfleger in der Bundesrepublik Deutschland, hg. von Volkmar Eidloth, Gerhard Ongyerth, Heinrich Walgern, Petersberg ²2019, S. 57–74, hier S. 67.

11   Ebd., S. 67–68.

sich von der Natur, von regionalen Bauweisen, vom Ortsbezug,[12] vom Genius Loci, als dem „Geist des Orts", der nach antiker Vorstellung den Ort auch mit einer Aura des Schutzes umgab.

Nichtsdestotrotz hat die Architektur der Moderne auch „auratische Orte"[13] hervorgebracht, die ohne den Einbezug der Natur kaum eine Wirkung entfalten würden. Schon die Lebensreformbewegung im frühen 20. Jahrhundert pries das *Lichtgebet* (Abb. 1) als Fanal zu einem neuen Verhältnis zwischen Menschen und Natur; Licht und Lufthütten sollten durch Naturerfahrung unmittelbar das körperliche Wohlbefinden fördern. Die Architektur reagierte bei aller Normierung und Technisierung der Bauweisen mit dem Credo „Sonne, Luft und Licht" im Neuen Bauen der Weimarer Republik, und nicht erst nach 1945 schwor man auf die heilsame Wirkung der durchgrünten Stadtlandschaft.[14]

Zu diesen Orten, wo Natur, Kultur und Erbe eine Atmosphäre, wenn nicht gar eine Aura entfalten, sind somit auch einige Orte der Nachkriegsmoderne zu zählen. Besonders Orte, die durch die Architektur ein Naturerlebnis ermöglichen. Dazu zählen vor allem auch die Hotspots der boomenden Tourismusbranche, genauso wie einige in den 1960er und 1970er Jahren ausgebaute Kurorte. Ganz sicher gehören der Kurpark in Malente und der Südstrand in Burgtiefe auf Fehmarn in Schleswig-Holstein in diese Kategorie.

Malente: Symbiose aus Natur und Architektur

In Malente war es Karl Plomin, der bekannte Hamburger Garten- und Landschaftsarchitekt,[15] der für die Planungen des Kurparks gewonnen werden konnte. Seine Arbeiten für die Bundesgartenschau in Hannover 1951 und die 1. Internationale Gartenbauausstellung im Hamburger Park „Planten un Blomen" 1953 gingen seinem Engagement in Malente unmittelbar voraus. Erste Vorplanungen für Malente stammen aus dem Jahr 1958 (Abb. 2), wurden aber noch einmal zur Ausführung überarbeitet: Anstatt einer „organischen Raumerschließung" durch Kreissegmente und eine kreisrunde Aussichtsplattform zeigt die Planänderung der Jahre nach 1960 für den nördlichen Bereich des Geländes ein rektanguläres Erschließungssystem, das den Besucher:innen zahlreiche Richtungswechsel abverlangt, aber je nach Jahreszeit unterschiedliche Ausblicke auf die Parklandschaft ermöglicht. Sämtliche Wege sind mit niedrigen Einfriedungen aus

12   Tomáš Valena: Beziehungen. Über den Ortsbezug in der Architektur, 1. aktualisierte u. erw. Neuaufl., Aachen 2014.

13   Kirsten Wagner: Aura und Architektur bei Walter Benjamin, oder: Kann Architektur eine Aura zugesprochen werden?, in: Kritische Berichte, Zeitschrift für Kunst- und Kulturwissenschaften 44 (2016), H. 2 (Auratische Räume der Moderne, hg. v. Anna Minta, Frank Schmitz), S. 7–21.

14   Johannes Göderitz, Hubert Hoffmann, Roland Rainer: Die gegliederte und aufgelockerte Stadt, Tübingen 1957.

15   Zu Leben und Werk Plomins vgl. Hamburgisches Architekturarchiv: Karl Plomin (o. D.), https://www.architekturarchiv-web.de/portraets/o-r/plomin/index.html [letzter Aufruf 27.11.2021].

(Abb. 1) Hugo Höppener, gen. Fidus, *Lichtgebet*, Farblithografie, 63,5 × 42,3 cm, 1913

Backsteinmauerwerk gefasst oder konturieren die quadratischen Aussichtsplattformen, die den Blick in die kultivierte Staudenlandschaft am Ufer der Schwentine freigeben. Anfangs- und Endpunkt des Wegesystems ist aber der zentrale Festplatz mit Musikpavillon, Liegehalle und der angrenzenden Freilichtbühne. Der Garten- und Landschaftsbezug im Kurpark, der von jeder Stelle aus erfahrbar ist, bildete so auch den Rahmen für die bauliche Infrastruktur, die um den zentralen Kurplatz in den Jahren von 1964 bis 1966 errichtet wurde. Verantwortlich hierfür war der in der Region beheimatete Architekt Peter Arp. Obwohl er aus der berühmten Künstlerfamilie um Hans Arp stammte, der mit seinen Schriften und Skulpturen in den Nachkriegsjahrzehnten für Furore sorgte, trat Peter Arp in Malente bescheiden auf. Seine Architektur ordnet sich unter, damit

242   *(Abb. 2)*   Malente, Kurpark, Brahmberg, Grundrisszeichnung,
koloriert, 1:200, Karl Plomin, Vorentwurf, Oktober 1958

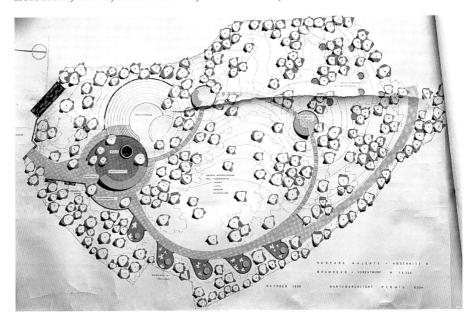

(Abb. 3)   Fehmarn, Burgtiefe, Meerwasserwellenbad und Haus des Kurgastes,
Arne Jacobsen und Otto Weitling, 1972, Aufnahme 2021

die Kurgäste die Natur erleben können. Arp wählte hierfür filigrane Stahlskelettkonstruktionen, die mit raumhohen Wandglasscheiben den Blick in die Landschaft freigeben. Später trat das zweigeschossige Haus des Kurgastes hinzu, wo Arp die bekannten Gestaltungsmodi aus den Kurparkbauten übernahm. Vom Versammlungssaal blickt man durch eine großzügige Aluminium-Verglasung ins Grün des Kurparks.

Der Tourismusboom der 1960er und 1970er Jahre hatte wie an anderen Orten in Ost und West[16] auch die Transformation ehemaliger Fischer- und Badeorte an Nord- und Ostsee zu großen Kurzentren zur Folge: Auf der Insel Sylt, aber auch in Grömitz, Damp, am Timmendorfer Strand sowie in Travemünde und auf Fehmarn entstand eine Vielzahl von Kurstätten und Hotelanlagen der Nachkriegsmoderne.

Burgtiefe auf Fehmarn: International Style in der Natur

Auf Fehmarn befindet sich das Seebad Burgtiefe mit hochaufragenden Punktwohnhochhäusern, einem Meerwasserwellenbad und dem flankierenden Haus des Kurgastes *(Abb. 3)*. Zu der ausgedehnten Kur- und Ferienanlage, die der Dünenlandschaft im Süden der Insel, auf einer schmalen Landzunge gelegen, eine neue Kontur gab, gehören auch Appartementhäuser und Reihenbungalows. Wie an einer Perlenkette aufgefädelt, reihen sie sich entlang der Uferpromenade mit kleinem Yachthafen aneinander. Wenn auch vieles von dem, was Arne Jacobsen und Otto Weitling nach einem Wettbewerb von 1965 für Fehmarn entwarfen, modischen Veränderungen ausgesetzt war, ist die Anlage seit Langem denkmalgeschützt, vieler Kontroversen zum Trotz.

Der Abriss des Kurmittelhauses, ein baugleiches Pendant zum arg ramponierten Haus des Kurgastes, zugunsten eines neuen Wellness- und Spaßbades (FehMare), konnte indes nicht verhindert werden. Der Neubau von 2009 ist durch einen gläsernen Gang mit dem geschützten Bestand des Meerwasserwellenbads verbunden. Ein Exoskelett aus sieben Stahlbetonbindern mit einer eingehängten Curtain Wall spannt sich hier wie ein Zelt über ein seicht abfallendes Schwimmbecken im Inneren, wo die Technik im stündlichen Rapport Wasser und Mensch in Bewegung versetzt. Die Natur wird als Ganzjahresvergnügen ins Haus geholt *(vgl. Abb. 3)*. Die Transparenz der gläsernen Hülle ermöglicht die Tuchfühlung mit der Dünenlandschaft außerhalb dieses Habitats. Das Raumklima muss hierfür allerdings bei konstant 30 Grad gehalten werden.

Angesichts der Debatten, die von der Friday-for-Future-Bewegung forciert wurden, erscheint der Aufwand, Mensch, Natur und Technik auf diese Weise in Einklang zu bringen, zumindest

---

16   Vgl. Daniela Spiegel: Urlaubs(t)räume des Sozialismus. Zur Geschichte der Ferienarchitektur in der DDR, Berlin 2020.

fragwürdig. Wie kann die Denkmalpflege heute mit diesen Widersprüchen umgehen? Gibt es überhaupt eine klimagerechte Strategie, Großanlagen der Spätmoderne in die Zukunft zu überführen?

Das Werk von Arne Jacobsen und Otto Weitling erlangte durch eine Wanderausstellung, die 2020 bis 2022 mit begleitendem Katalog und einer Social-Media-Kampagne[17] durch Deutschland tourte, eine große Aufmerksamkeit. Für den Denkmalschutz und eine denkmalgerechte Instandhaltung des Meerwasserwellenbads könnten die Zeichen der Zeit daher kaum besser stehen. Im Begleitkatalog liest man so auch über „das Altern der Moderne und die Dauerhaftigkeit und die Reparaturfähigkeit von Gebäuden Arne Jacobsens und Otto Weitlings, die in Deutschland unter Denkmalschutz stehen. [...] Dazu bedarf es des Nachdenkens über die Langfriststabilität von Materialien und Bauwerken, der Bindung von Fördergeldern an sinnvolle Pflegepläne wie auch der Stärkung des Reparaturgedankens gegenüber dem Sanierungskonzept."[18]

Noch gewichtiger als diese Forderungen, die frühere Überlegungen zur „Ethik des Gebrauchs"[19] und zur „Kultur der Reparatur"[20] aufgreifen,[21] scheinen aber Maßnahmen zu sein, die den jungen Denkmalen auch langfristig gedachte Instandsetzungszyklen im Klimawandel garantieren. Schließlich sind die jungen Bestände der Nachkriegsmoderne in weiten Kreisen noch als Klimakiller verschrien, weil deren Ökobilanzen im Gebäudebetrieb oft nicht mehr zeitgemäß erscheinen.

Klimakiller Nachkriegsmoderne?

Der energetische Gebäudestandard ist auch bei jungen Denkmalen der Nachkriegsmoderne eine wesentliche Kenngröße für die Wirtschaftlichkeit im Gebäudeunterhalt unter klimagerechten Aspekten. Sie wird in erster Linie von Faktoren bestimmt, die der Energieeinsparung dienen, darunter die Optimierung der Gebäudehülle[22] hinsichtlich der Koeffizienten für solare Wärmelasten und spezifische Wärmekapazitäten, Art und Umfang des Primärenergiebedarfs zur Sicherstellung der Zielvorgabe eines Soll-Klimas im Objekt und, *last but not least*, saisonale oder temporäre Konzepte zur

17   Hendrik Bohle, Jan Dimog (Hg.): Gesamtkunstwerke. Architektur von Arne Jacobsen und Otto Weitling in Deutschland, Stuttgart 2020.

18   Ingrid Scheuermann: Denkmalwerte im Diskurs, in: Bohle/Dimog 2020 (wie Anm. 17), S. 212–217.

19   Marion Wohlleben, Hans-Rudolf Meier (Hg.): Nachhaltigkeit und Denkmalpflege. Beiträge zu einer Kultur der Umsicht, Zürich 2003, S. 9.

20   Ebd.

21   Vgl. Konrad Zehnder: Umsetzungsprobleme trotz bewährter Erhaltungsstrategien. Material und Schadensforschung, Diagnose, Therapiekonzepte, in: Wohlleben/Meier 2003 (wie Anm. 19), S. 81–86, hier S. 81.

22   Vgl. Bernhard Weller, Marc-Steffen Fahrion, Sven Jakubetz: Denkmal und Energie, Wiesbaden 2012; Bernhard Weller, Sven Jakubetz, Anja Walther: Fassaden der Nachkriegsmoderne zwischen Klimaschutz und Klimaanpassung, in: Stahlbau 78 (2009), H. 7, S. 505–509.

energieeinsparenden Nutzung. Für die geforderte Langfriststabilität kommt die Lebenszyklusbetrachtung der Konstruktionen und verwendeten Baustoffe hinzu, die nach Möglichkeit unter Berechnung der gebäude- und materialimmanenten „grauen Energie" auf einer holistischen Betrachtung einer Kreislaufwirtschaft von Baumaterialien und Baukonstruktionen beruht.

Die Kuranlage in Malente mit den Bauten Peter Arps und das Meerwasserwellenbad auf Fehmarn nach Plänen von Arne Jacobsen und Otto Weitling sind aber zu einer Zeit entstanden, in der Planer:innen und Ausführende weniger die Komplexität für den Umweltschutz erkannten und einforderten. Das Bauen vor der ersten Ölkrise in den späten 1960er und frühen 1970er Jahren war zumeist geprägt durch die Optimierung von Bauabläufen und die Reduzierung von Zeit- und Kostenbudgets. So fand eine Abkehr vom traditionellen Bauen bezüglich bewährter Baustoffe und Bauweisen statt, die durch „moderne" Bauprodukte und Verfahrensweisen der Bauindustrie ersetzt wurden. Vor diesem Hintergrund sind die vorgestellten Bauten in Malente und auf Fehmarn typische Konstruktionen ihrer Zeit, die aus energetischer Sicht klare Defizite aufweisen: Hierzu gehören die experimentelle Verwendung von Stahl- oder Spannbeton und Baustahlkonstruktionen – unter anderem auch unter Missachtung von damals gültigen Ausführungsstandards – und der grundsätzlich zu optimistische Glaube an die Dauerhaftigkeit der verwendeten Baukonstruktionen nach heutigen Maßstäben. Darüber hinaus kommt die problematische Anwendung von Bauhilfsstoffen und Abdichtungssystemen hinzu, die, zumindest für die Dimensionen des Meerwasserwellenbads, vorab zu wenig erprobt waren und frühzeitig zu Leckagen und Bauschäden führten. Zudem basierte das Gesamtenergiekonzept der Bauten auf einer Versorgung mit Heizöl, was oftmals die Auslegung der Technischen Gebäudeausrüstung (TGA) und Gebäudehülle ohne ausreichende Berücksichtigung von Energieeinsparpotenzialen mit sich brachte. Beim Meerwasserwellenbad sind die Dachflächen obendrein nur gering gedämmt (circa 6 Zentimeter Polyurethane) und konstruktiv durch Abhängepunkte zu den Dachbindern des Exoskeletts für eine Dämmschichterhöhung limitiert. Zudem sind kaum Flächen und Bereiche für die Gewinnung regenerativer Energien berücksichtigt oder geeignet, ohne dass sich das Erscheinungsbild der Bauten verändert.

Zwar erfolgte bei der letzten Kernsanierung auf Fehmarn die Umstellung der Energieversorgung von Heizöl auf Nahwärme mit Erdgas, der Austausch der Zweischeiben-Isolierverglasung sowie die Modernisierung der TGA für Raumluft und das Salzwasserbecken: Die Effekte solcher energetischer Optimierungen im Denkmal sind jedoch begrenzt, weil der energetische Standard nicht mit einem jüngeren Schwimmbad oder Neubau, wo Energieeinsparpotenziale bereits in der Planungs- und Entwurfsphase Berücksichtigung finden, zu vergleichen ist – was den Veränderungsdruck solcher Anlagen im jungen Bestand vielfach nicht minder erhöht.

Im laufenden Betrieb ergeben sich so wie bei vielen anderen Bestandsbauten der Nachkriegsmoderne entscheidende Energieeinsparpotenziale oft nur durch die Optimierung einer Vielzahl von Nebenverbrauchern, darunter der Austausch der Leuchtmittel und der Einsatz energiesparender Elektrogeräte. Naheliegend, aber im Bäder- und Kurbetrieb weniger zielführend, wäre eine Absenkung der Raumluft- und Wassertemperatur, was eine ungünstige Bauklimatik durch eine erhöhte Kondenswasserbildung im Inneren der Gebäude hervorruft. Und auch ein saisonaler oder zeitlich eingeschränkter Betrieb würde Temperaturschwankungen verursachen, die sich wiederum negativ auf die Konstruktionen und Materialien auswirken. Nicht zuletzt leiden Komfort und Behaglichkeit als wichtige Faktoren der Bewirtschaftung von Kur- und Bäderanlagen.

Ganzheitliche Quartiersplanung

Messbare Einsparmöglichkeiten erscheinen in Malente und auf Fehmarn nur möglich durch die Anhebung des energetischen Standards in der Nutzung regenerativer Energien und der Wärmerückgewinnung. Voraussetzung hierfür wären Klimamodellierungen, die den großen städtebaulichen Maßstab der vorgestellten Anlagen berücksichtigen. Die Denkmalpflege wäre in eine ganzheitliche Quartiersplanung einzubinden, die nicht nur nach Nutzungsbedarfen und Verfügungsflächen fragt. Vielmehr ist auf ein ausgewogenes ökologisches Gesamtkonzept zu achten, das sowohl eine mögliche Vernetzung zu lokalen regenerativen Energiequellen prüft, als auch die Bestandsgebäude mit ihren Kennwerten angemessen realistisch modelliert. Nur so ließe sich ein ganzheitliches Energiesystem für die Kulturlandschaften der Moderne in Malente und auf Fehmarn entwickeln.

Ähnlich wie für Malente hat das Landesamt für Denkmalpflege in Schleswig-Holstein auch für Fehmarn schon im Herbst 2015 gute Voraussetzungen für die denkmalgerechte Erhaltung der „Sachgesamtheit Burgtiefe" geschaffen, wonach das Meerwasserwellenbad – zuvor nur als Einzelkulturdenkmal gelistet – im Gesamtensemble der Ferienanlage denkmalgeschützt ist: Seit Herbst 2017 handelt es sich um das Sanierungsgebiet „Burgtiefe, Fehmarn" gemäß § 142 BauGB, womit eine wesentliche Grundlage für Entscheidungen über den Einsatz von Städtebauförderungsmitteln gegeben ist.[23] Mit der öffentlichen Bekanntmachung der Sanierungssatzung (10. Oktober 2017) gilt in Burgtiefe das Sanierungsrecht. Für die Durchführung und Abwicklung der beabsichtigten Maßnahmen im Sanierungsgebiet hat die Stadt Fehmarn einen Sanierungsträger eingesetzt. Alle Voruntersuchungen, unter anderem ein integriertes städtebauliches Entwick-

23   Amtliche Bekanntmachung, Satzung der Stadt Fehmarn über die förmliche Festlegung des Sanierungsgebietes „Burgtiefe, Fehmarn" nach § 142 BauGB, https://www.stadtfehmarn.de/ Wirtschaft/St%C3%A4dtebauf%C3%B6rderungsprogramm/Informationsmaterial/ [letzter Aufruf 11.12.2020].

lungskonzept zur Arne-Jacobsen-Siedlung in Burgtiefe, kulminieren in einer europaweiten Ausschreibung zur Sanierung der Gesamtanlage Arne Jacobsens auf Fehmarn.

Kulturlandschaften der Moderne

Die Nachkriegsmoderne hat einen schlechten Ruf. Schon die Architekturkritik der 1970er Jahre begründete in düsteren Reportagen und Untergangsszenarien den Topoi der Ablehnung.[24] Architekt:innen und Planer:innen der Zeit wetterten gegen deren „Architektur als Umweltzerstörung"[25] und entwickelten sogar utopische Denkmodelle, wie Haus-Rucker-Co, in deren Collagen 1974 künstliche „Berge in der Stadt" *(Abb. 4)* als Abbilder der Natur reproduziert und die Architektur der Moderne in überdimensionale Felsengebirge verwandelt werden.[26] Die Kultur wird so – ähnlich wie es Alois Riegl in seiner Schrift zum modernen Denkmalkultus schilderte – modellhaft wieder dem natürlichen Kreislauf folgend zur Natur zurückgeführt: „Dem Walten der Natur, auch nach seiner zerstörenden und auflösenden Seite, die als unablässige Erneuerung des Lebens aufgefasst wird, erscheint das gleiche Recht eingeräumt wie dem schaffenden Walten des Menschen."[27]

Die Nachkriegsmoderne setzte entgegen aller Warnungen, wie jenen des Club of Rome um *Die Grenzen des Wachstum* (1972), auf Fortschritt und Technik zugunsten von Marktwirtschaftlichkeit. Das galt für die Tourismusbranche der 1960er und 1970er Jahre an Nord- und Ostsee, aber auch für viele andere Environments und Quartiere, die man im urbanen Raum als „Kulturlandschaften der Moderne" im Sinne einer erweiterten Auffassung von einer städtebaulichen Denkmalpflege bezeichnen könnte. Zu diesen Anlagen der Moderne, wo Natur, Kultur und Landschaft verhandelt werden, gehören die Kuranlagen auf Fehmarn und in Malente dann genauso wie der durchgrünte Olympiapark in München von 1972[28] *(Abb. 5)*, das Braunschweiger Land mit den Stadtlandschaften der Nachkriegsmoderne von Wolfsburg, Salzgitter oder Braunschweig[29] oder aber das Ruhrgebiet, dessen Potenzial für eine Zukunftsplanung in Städtebau, Architektur und Denkmalpflege im enger gefassten Begriff der industriellen

24 Olaf Gisbertz: „res publica". Nachkriegsmoderne und Architekturkritik, in: Ders. (Hg.): Nachkriegsmoderne kontrovers. Positionen der Gegenwart, Berlin 2012, S. 20–39.

25 Pressestimmen zu Rolf Keller: Bauen als Umweltzerstörung. Alarmbilder einer Un-Architektur der Gegenwart, Zürich 1973, in: Schweizer Bauzeitung 92 (1974), H. 46 (SIA-Heft, Nr. 10/1974: Energiehaushalt im Hochbau; Bauen als Umweltzerstörung), S. 1028–1031.

26 Haus-Rucker-Co, *Alpenwanderung* und *Königstuhl*, Braunschweig, 1974. Vgl. hierzu Dieter Bogner: Haus-Rucker-Co. Denkräume, Stadträume 1967–1992, Klagenfurt 1992, S. 87–92.

27 Alois Riegl: Der moderne Denkmalkultus. Sein Wesen, seine Entstehung (1903), zit. n. Norbert Huse (Hg.): Denkmalpflege. Deutsche Texte aus drei Jahrhunderten, München ³2006, S. 136.

28 Elisabeth Spieker: Olympia München '72. Architektur und Landschaft als gebaute Utopie, Berlin 2022.

29 Braunschweiger Landschaft e. V. (Hg.): Achtung modern! Architekturführer, Wolfsburg 2022.

(Abb. 4) Haus-Rucker-Co, Königstuhl HRC No. 122 / Archiv Laurids u. Manfred Ortner, Sign. mortner [Manfred Ortner], 1974

Kulturlandschaft[30] und Denkmallandschaft Ruhrgebiet[31] gesucht wird. Die Kulturlandschaft der Moderne fungiert somit als Hebel, um die Komplexität der Bestände, die im Zuge industriell-wirtschaftlicher und geopolitischer Entwicklungen entstanden sind, angemessen erfassen zu können. Dieser große Maßstab bietet aber auch neue Möglichkeiten für die Raumerzeugung im Bestehenden der Nachkriegsmoderne, ohne dabei den Charakter und den Dokumentationswert der Objekte und ihrer Denkmalwerte grundsätzlich infrage zu stellen. Die nachkriegsmodernen Gebäudebestände bilden besonders im Klimawandel eine messbare Größe für die Klimabilanzierung einer

30 Siehe hierzu Bewerbung im Rahmen des Interessenbekundungsverfahrens des Landes Nordrhein-Westfalen zur Fortschreibung der deutschen Tentativliste zur Nominierung für die UNESCO-Liste des Kultur- und Naturerbes der Welt, Dortmund 14.01.2021, vgl. Fortschreibung der Deutschen Tentativliste für die Aufnahme in die UNESCO-Welterbeliste. Abschlussbericht der Welterbe-Fachjury Nordrhein-Westfalen 2021, https://mhkbg.nrw/sites/default/files/documents/2021-06/21-06-01_abschlussbericht_endfassung.pdf [letzter Aufruf 07.11.2022].

31 Vgl. Eberhard Grunsky, Martina Pfeiffer, Barbara Seifen: Baudenkmale im Ruhrgebiet – Denkmalpflege im Ruhrgebiet, in: Markus Harzenetter, Walter Hauser, Udo Mainzer (Hg.): Fremde Impulse. Baudenkmale im Ruhrgebiet, Münster 2010, S. 15–24.

zukünftigen „Umbaukultur".[32] Bei einer Betrachtung von Kulturland-schaften der Moderne ginge es so nicht allein um den Schutz einzel-ner herausragender Kunst- und Geschichtszeugnisse, sondern ganz im Sinne aktueller Positionen „um die reflektierte Pflege des Kultur-raums".[33] Eine solche Denkmalpflege, die Brüche, Dissonanzen und Widersprüche aus verschiedenen Zeitschichten einer Kulturland-schaft zulässt, Alltägliches und Gewohntes mit Hochwertigem im Denkmalbestand versöhnt, wäre dann auch international anschluss-fähig und kompatibel zu globalen Vereinbarungen (Burra Charter) eines Heritage Managements.

So sehr aber der Blick auf die Kulturlandschaften der Moderne ganzheitliche Bewertungsmaßstäbe erfordert, so sehr gilt es, bei der Erforschung den geeigneten Maßstab der Dokumentation und Dia-gnose für die Objekte selbst nicht zu verlieren: Nicht erst seit der Ar-chitekturbiennale 2014, wo der deutsche Beitrag von Muck Petzet unter dem Motto „Reduce, Reuse, Recyle"[34] populäre Kreise zog, ist bekannt, dass der gebaute Bestand nachhaltige Potenziale besitzt und dass die Denkmalpflege damit eine nachhaltige Disziplin ist. Sie kann umso wirksamer agieren und an der Zukunftsplanung teilnehmen, je besser sie den Bestand versteht. Eine wichtige Schlüsselkompetenz bildet dabei die Bauforschung, die das Bauwerk selbst als Quelle nutzt, um neues Wissen um Baukonstruktionen, Tragwerke und Ausbaumateria-lien für jüngere Bestände zu generieren.[35]

Dabei erlangt auch das Verhältnis von Natur, Kultur und Land-schaft im breiten Bestand der Nachkriegsmoderne eine neue Bedeu-tungsebene. Diese erfordert eine ganzheitliche Betrachtung und Be-wertung von Gebäudebeständen – im Sinne von Dauerhaftigkeit und Robustheit, sowohl in ökonomischer, sozialer, als auch ökologischer Verantwortung –, die das Erbe der Nachkriegsmoderne vor allem als kulturellen Wert für die Zukunftsplanung im Ökosystem der Kultur-landschaften verstehen. Um sich hierauf einzulassen, könnte man sich von den eingangs genannten Überlegungen Mario Bottas leiten lassen, wenn man die von ihm formulierten Ziele von Architektur letztlich mit hoher Deckungsgleichheit mit jenen der Denkmalpflege zusammenliest: „[E]s wird mit Hilfe der Architektur [respektive auch der Denkmalpflege; Anm. d. Verf.] der Versuch unternommen, die Werte eines Ortes, Zeugnisse eines von Menschen geschaffenen ge-schichtlichen Erbes, bewusst zu machen und sie auf das Leben von heute zu übertragen und in dieses einzugliedern. [...] Im Bezug zur

32   Maren Harnak, Natalie Heger, Matthias Brunner (Hg.): Adaptive Re-Use. Strategies for Post-War Modernist Housing, Berlin 2021; Christoph Grafe, Tim Rieniets (Hg.): Umbaukultur. Für eine Architektur des Veränderns, Dortmund 2020; Magdalena Leyser-Droste et al.: Stadt unter Druck! Klimawandel und kulturelles Erbe (Beiträge zur städtebaulichen Denkmalpflege 10), Dortmund 2020.

33   Thomas Will: Kunst des Bewahrens. Denkmalpflege, Architektur und Stadt, Berlin 2020, S. 486.

34   Muck Petzet: Reduce, Reuse, Recycle. Ressource Architektur, Ostfildern/Berlin 2012.

35   Olaf Gisbertz: Bauforschung 4.0 – Überlegungen zur bauhistorischen Dokumentation von jungen Baubeständen, in: Klaus Tragbar (Hg.): Die Zukunft der Nachkriegsmoderne. Positionen und Projekte (Innsbrucker Beiträge zur Baugeschichte 3), München/Berlin 2022, S. 38–51.

Umgebung bildet der architektonische Eingriff nicht eine Möglich-keit, an einem Ort zu bauen, sondern das Werkzeug, jenen Ort zu bauen; dergestalt, dass die Architektur [respektive auch das gebaute Erbe; Anm. d. Verf.] zu einem Teil innerhalb einer neuen geographi-schen Konfiguration wird, die unlösbar mit den Werten der Ge-schichte und der Erinnerung dieses Ortes verbunden ist: als Ausdruck und Zeugnis der Hoffnungen und Werte der gegenwärtigen Kultur."[36]

Bildnachweis: *(Abb. 1)* Wikipedia Commons *(Abb. 2)* Gemeinde Malente, Stabsstelle Gemeindeentwicklung *(Abb. 3)* iTUBS mbH, Braunschweig *(Abb. 4)* Archiv Laurids u. Manfred Ortner *(Abb. 5)* Olympiapark München GmbH

36   Mario Botta, zit. n. Dieter Schnell: Zur Wiederentdeckung der historischen Stadt in den 1970er Jahren, in: Michael Falser, Wilfried Lipp, ICOMOS Österreich (Hg.): Eine Zukunft für unsere Vergangenheit. Zum 40. Jubiläum des Europäischen Denkmalschutzjahres 1975–2015, Wien 2015, S. 63–72, hier S. 69–70.

Licht, Luft und Sonne

Felix Wellnitz

Bauklimatische Qualitäten im modernen Bestand

All good architecture leaks (frei übersetzt: In gute Architektur regnets immer rein): Das bekannte Sprichwort pointiert die weitverbreitete Wahrnehmung einer Architekturmoderne, deren Bautechnik nichts taugt. Moderne Bauten haben einen schlechten Ruf, wenn es um Konstruktion und Material geht. Typische Mängel sind schlechte Wärmedämmung, undichte Fenster und fehlerhafte Bauausführung bei Beton, Flachdächern und Fassaden.[1]

Die experimentelle Architekturmoderne hat wie jede Forschung und Entwicklung unbestritten mit Rückschlägen zu kämpfen gehabt, die zu Vorurteilen und Klischees geführt haben. Doch bei genauerem Hinsehen wird klar, dass mit der künstlerischen Avantgarde technische und bauklimatische Innovationen aus dem Neuen Bauen hervorgegangen sind: Lichtdurchflutete Räume, gesunde Raumluft, Wohnkomfort und letztlich auch die Optimierung der Energieeffizienz sind Errungenschaften, die im 19. und 20. Jahrhundert ihren Ursprung haben.

Licht und Luft

Während sich der architektonische Mainstream Anfang des 20. Jahrhunderts im Diskurs um Kunsthandwerk, Oberfläche und Ornament erschöpft hat, stellt eine junge Architekturavantgarde die Frage, was der Mensch eigentlich brauche.[2] Mit der Forderung nach mehr Freiheit für den Menschen, räumlich, künstlerisch, gesellschaftlich und politisch, werden auch ganz konkrete Anforderungen an raumklimatische Qualitäten für das Neue Bauen definiert. Sonnenlicht und frische Luft sind die dafür wesentlichen Naturelemente, die es im Entwurf zu berücksichtigen gilt. Orientierung nach der Sonne, Querlüftung, „Freiheit und Luftdurchspültheit" sollen die Paradigmen der neuen Architektur sein.[3]

Die Befreiung der Wand von ihrer Funktion als Haupttragwerk erlaubt die Konstruktion weit spannender Öffnungen, die mit einem fundamental anderen architektonischen Ausdruck auch eine ungleich bessere Belichtung und Belüftung der Räume ermöglichen als die traditionelle Lochfassade. Bandfenster oder vollständig aufgeglaste Wände sind nun möglich. Fenstertüren erlauben den Zugang auf die begehbaren flachen Dächer. Diese hygienische und gesunde Architektur äußert sich in einem neuen, auf die notwenigen Elemente reduzierten, „sauberen" Erscheinungsbild.

Neben dem Aufbruch in Kunst und Architektur wirken bereits im 19. Jahrhundert Forschende wie Max von Pettenkofer, Erwin von

---

1   Vgl. Jörg Schulze: Veränderungsdruck bei Bauten der 50er Jahre, in: Werner Durth, Niels Gutschow (Redaktion): Architektur und Städtebau der Fünfziger Jahre. Ergebnisse der Fachtagung in Hannover, 2.–4. Februar 1990, Schutz und Erhaltung von Bauten der Fünfziger Jahre (Schriftenreihe des Deutschen Nationalkomitees für Denkmalschutz 41), Bonn 1990, S. 170–189.

2   Vgl. Sigfried Giedion: Befreites Wohnen. Schaubücher, Zürich 1929.

3   Ebd., S. 15.

Esmarch und Rudolf Virchow[4] konkret an Konzepten zur dringend notwendigen Verbesserung der Stadt- und Bauhygiene in den rasant gewachsenen Industriestädten mit. Pettenkofer ist maßgeblich daran beteiligt, die Hygienewissenschaften als eigene, praxisbezogene Disziplin an der Schnittstelle von Physik, Chemie, Biologie, Ingenieurwesen und Architektur zu etablieren. 1858 macht er seine Erkenntnis öffentlich, dass der Kohlendioxid-Gehalt als Indikator zur Bewertung der Raumluftqualität herangezogen werden kann. Bei Erreichen des Grenzwerts von 0,1 Volumenprozent (heute als 1.000 Parts per million dargestellt) gilt die Raumluft als verbraucht und muss ausgetauscht werden.[5] Der Grenzwert ist heute als Pettenkoferzahl bekannt und nach wie vor gültig. Mit der Covid-19-Pandemie hat die Frage nach gesunder Raumluft wieder eine ungeahnte Aktualität erlangt.

Auch Esmarch wendet sich direkt an die Praxis und veröffentlicht 1896 sein *Hygienisches Taschenbuch*, einen Ratgeber, der „nicht dem speciellen Hygieniker vom Fach als Hilfsmittel dienen [soll], sondern vielmehr dem Medicinal- oder Verwaltungsbeamten, sowie auch dem praktischen Arzte, [...] [und] dem bauausführenden Techniker."[6] Das Werk wird bis in die Mitte des 20. Jahrhunderts vielfach neu aufgelegt und wendet sich in der Ausgabe von 1950 nun auch direkt an „Architekten und Bauherren".[7]

Zeitgleich begründet der Architekt Werner Cords-Parchim mit der „technischen Bauhygiene" an der Technischen Universität Dresden das gleichnamige Institut und legt den Grundstein für eine neue ingenieurwissenschaftliche Disziplin, die wir heute als Bauklimatik kennen. Aus den Erkenntnissen der Hygienewissenschaften und Medizin werden Wärme- und Feuchtigkeitsschutz, Heizung, Lüftung und Schallschutz zu ingenieurwissenschaftlichen Forschungsfragen: „Architekten und Baumeister sollen und wollen gesunde Wohn- und Arbeitsräume schaffen. Solange in ähnlicher Weise mit gleichbleibenden Baustoffen kaum sich ändernde Anforderungen zu erfüllen waren, konnten altüberlieferte Erfahrungen hierbei ausreichend helfen. Seitdem aber darin ein grundlegender Wandel eingetreten ist, auch immer neue Möglichkeiten erprobt werden, [...] reicht die Erfahrung alleine nicht aus. Wissenschaftlich begründete Erkenntnisse aus der angewandten Naturwissenschaft müssen an ihre Stelle treten."[8]

Nach ersten Untersuchungen in den Vorkriegsjahren erforschen Physiker:innen des Instituts für technische Physik der Universität Stuttgart etwa zur gleichen Zeit anhand von 26 Versuchshäusern im bayerischen Holzkirchen das hygrothermische Verhalten unterschiedlicher Außenwandkonstruktionen wie „Vollziegel, Langlochziegel,

4   Vgl. Berliner Hochschule für Technik, Fachbereich Architektur und Gebäudetechnik, in Zusammenarbeit mit der Degewo: Wiesenburg Revitalisierung. Umdruck Mastermodul Bauforschung und Bauwerksdiagnostik, Berlin 2020, S. 10–16.
5   Vgl. Max von Pettenkofer: Über den Luftwechsel in Wohngebäuden, München 1858.
6   Erwin von Esmarch: Hygienisches Taschenbuch, Berlin 1896, o. S. [Vorwort].
7   Hans Schlossberger, Georg Wildführ (Hg.): E. von Esmarchs Hygienisches Taschenbuch, Berlin 1950.
8   Werner Cords-Parchim: Technische Bauhygiene, Leipzig 1953, S. IV.

verschiedene Hochlochziegel-Arten, Kalksand-Voll- und Lochsteine, Voll- und Hohlblocksteine aus Bims- und Schlackenbeton, Einkorn Schüttbeton und Porenbeton"[9] *(Abb. 1)*. Aus der Forschung hervorgegangen ist die DIN 4108:1952 „Wärmeschutz im Hochbau" als erste normative Festlegung des baulichen Wärmeschutzes. Alternativen zur bauhandwerklich tradierten tragenden, einschaligen und ungedämmten Mauerwerkswand werden definiert. Die 240 Millimeter schlanke, nicht tragende Außenwand muss zum Beispiel mit Innen- oder Außendämmung in Form einer Holzwolle-Leichtbauplatte bekleidet werden, um schimmel- und tauwasserfrei zu bleiben und den Brennstoffbedarf zu verringern. Auch ein erster Holzbauquerschnitt mit einer Beplankung aus Holzwolle-Leichtbauplatten in einer Stärke von nur 220 Millimeter wird vorgestellt *(Abb. 2)*.[10]

Der große Architekt der Nachkriegsmoderne Sep Ruf setzt den normierten Wandquerschnitt mit Innendämmung im Entwurf der Vertretung für den bayerischen Bevollmächtigen in Bonn ein *(Abb. 3)*, deren Wettbewerb er 1954 gewinnt. Innerhalb eines Jahres realisiert er das Gebäude. Bemerkenswert ist insbesondere die architektonische Auseinandersetzung mit dem in der Wettbewerbsausschreibung explizit erwähnten heißen Sommerklima am Rhein, indem Ruf mittels horizontal gelagerter Schwingfenster und Fallarmmarkisen Querlüftung bei gleichzeitiger Verschattung möglich macht. Gleichzeitig definiert dieses System den architektonischen Ausdruck des Gebäudes. Die vielzitierte Leichtigkeit der Formensprache dieser frühen Nachkriegsmoderne hat hier nachweislich auch eine bauklimatisch-funktionale Begründung. Ruf führt ähnliche Fassadensysteme in den Folgejahren beim Neubau der Deutschen Forschungsgemeinschaft in Bonn oder dem Max-Planck-Institut in München aus.

Frei Otto forscht Mitte der 1950er Jahre neben seiner Arbeit an den bekannten zugbeanspruchten Konstruktionen ebenfalls an der Frage, wie solare Wärmegewinne im Haus nutzbar gemacht werden können. Zu dieser Zeit sind die ersten mehrfachverglasten Fenstersysteme mit Dämmwirkung am Markt erhältlich. Otto propagiert – unterstützt durch plausiblen rechnerischen Nachweis – das vom Architekten durch Entwurf und Konstruktion eingestellte sogenannte natürliche Innenklima des ungeheizten Hauses. Es wird erreicht durch eine gut gedämmte und luftdichte Hülle mit großer, möglichst gut dämmender Südverglasung. Diese muss im Sommer verschattet werden, um Überhitzung vorzubeugen.[11] Frei Otto nimmt damit die Grundzüge des 40 Jahre später vom Physiker Wolfgang Feist entwickelten Passivhauses vorweg. Der von den Architekten Bott, Ridder, Westermeyer entworfene Prototyp in Darmstadt-Kranichstein führt

9   Helmut Künzel: Bauphysik. Geschichte und Geschichten. Stuttgart 2002, S. 19.
10 Vgl. DIN 4108:1952, Berlin 1952, S. 11.
11 Vgl. Frei Otto: Vom ungeheizt schon warmen Haus und neuen Fenstern (1955), in: Berthold Burkhardt, Heinrich Klotz (Hg): Frei Otto. Schriften und Reden 1951–1983 (Schriften des Deutschen Architekturmuseums zur Architekturgeschichte und Architekturtheorie), Braunschweig/Wiesbaden 1984, S. 19–23.

(Abb. 1)   Holzkirchen, 26 Versuchshäuser des Instituts für technische Physik der Universität Stuttgart, 1952

(Abb. 2)   DIN 4108, Wandquerschnitte, 1952

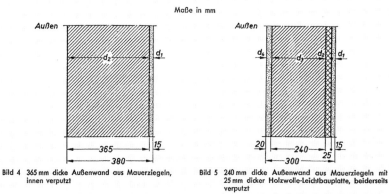

Bild 4 365 mm dicke Außenwand aus Mauerziegeln, innen verputzt

Bild 5 240 mm dicke Außenwand aus Mauerziegeln mit 25 mm dicker Holzwolle-Leichtbauplatte, beiderseits verputzt

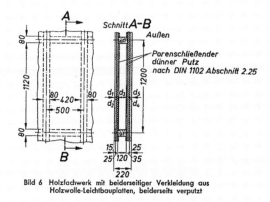

Bild 6 Holzfachwerk mit beiderseitiger Verkleidung aus Holzwolle-Leichtbauplatten, beiderseits verputzt

(Abb. 3)   Bonn, Vertretung des bayerischen Bevollmächtigten,
Wettbewerbsentwurf, Gebäudeschnitt, Sep Ruf, 1954

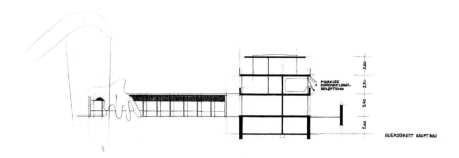

1990 eine der ersten Dreifachverglasungen mit gedämmten Fensterrahmen in die Praxis ein.[12]

Energieeinsparung und Ressourcenschonung

Zeitgemäße Komfortansprüche und die Notwendigkeit der Einsparung von Energie und Ressourcenschonung stellt Eigentümer:innen
und Architekt:innen vor eine der größten Herausforderungen im
Umgang mit dem Bestand der Moderne. Die gleichzeitige Einhaltung
denkmalpflegerische Anforderungen und gesetzlicher Energieein-
sparvorgaben erscheint meist als unlösbarer Zielkonflikt. Dank der
Löbauer Stiftung Haus Schminke hat sich 2016 die Möglichkeit
ergeben, diese komplexen Zusammenhänge an einer Architekturikone
der Moderne vor Ort zu erforschen und die Möglichkeiten sowie
Konsequenzen möglicher Sanierungsmaßnahmen abschätzen zu
können. Mittels eines zweijährigen Monitorings und eines kalibrier-
ten, dynamischen Gebäudesimulationsmodells konnten zum einen die
Bausubstanz und deren thermisches Verhalten erforscht und zum
anderen mögliche bauliche Eingriffe und deren Auswirkungen
realitätsnah untersucht werden.

    Ein Netz digitaler Datenlogger zur Messung von Raumlufttem-
peratur und -feuchte sowie von Oberflächentemperaturen und -luft-
feuchten liefert Stundenwerte für eine detaillierte bauklimatische
Beurteilung der Villa. Auf dieser Basis wird der Bestand als Werkzeug
für die Entwicklung von Ertüchtigungslösungen als digitaler Zwilling
modelliert. Geometrie, Bauteilquerschnitte, Anschlussdetails als Wärmebrücken, Anlagentechnik, Nutzungsprofile und lokale Klimadaten
fließen in das Modell ein. Der Abgleich von Monitoring und Bestands-
simulation dient der Kalibrierung und schafft realitätsnahe Bedingungen für die Bewertung von baulichen oder anlagentechnischen

12   Passivhaus Institut: Beispiele für Passivhaus Wohngebäude (18.08.2007), https://passiv.de/
former_conferences/Passivhaus_D/Beispiele_passivhaus.html [letzter Aufruf 01.05.2022].

Veränderungen. Diese werden in Varianten modelliert, simuliert und bewertet. Bewertungskriterien sind Denkmalverträglichkeit, Schadenssicherheit, Behaglichkeit und Energiebedarf. Bei der Denkmalverträglichkeit werden wesentliche Anforderungen wie Bewahrung der Substanz, Auswirkungen auf das Erscheinungsbild und Reversibilität von Eingriffen berücksichtigt. Das Kriterium Schadenssicherheit bezieht sich auf das Risiko von Schimmelwachstum und Tauwasserbildung in Abhängigkeit von Nutzung und Klima. Behaglichkeit wird in der Simulation nach aktueller Norm[13] betrachtet. Energieeinsparungen werden über den Heizwärmebedarf QH indiziert. Eine detaillierte ingenieurwissenschaftliche Dokumentation der Bestandsbewertung und der virtuellen bauklimatischen Ertüchtigungen ist in den Publikationen von 2017[14] und 2020[15] zu finden.

Bauklimatische Herausforderungen

Für den Nudelfabrikanten Fritz Schminke und dessen Familie gestaltet der Architekt Hans Scharoun von 1930 bis 1933 im ostsächsischen Löbau ein mondänes Wohnhaus. Dieser Schlüsselbau der Moderne wird in einem Atemzug mit Inkunabeln wie Mies van der Rohes Haus Tugendhat (1930) in Brünn, Le Corbusiers Villa Savoye (1931) in Poissy bei Paris und Frank Lloyd Wrights Fallingwater (1939) in Mill Run, Pennsylvania genannt. Seine berühmte Nordostansicht mit den frei geformten und weit auskragenden Dach- und Terrassenscheiben steht ikonisch für das Neue Bauen *(Abb. 4)*.

Seit 1978 ist das Haus Schminke unter Denkmalschutz gestellt. Es ist heute nicht nur Museum und Veranstaltungsort, sondern kann auch für Übernachtungen gebucht und damit in seiner ursprünglichen Nutzung erlebt werden. Im Bauhaus-Jubiläumsjahr spielte es eine tragende Rolle – obwohl (oder gerade weil) Scharoun kein Bauhäusler war.

In Berlin als Architekt tätig, lehrt Scharoun 7 Jahre an der Staatlichen Kunstakademie in Breslau, nach Kriegsende dann an der Technischen Universität Berlin. Er ist Mitglied der prominenten Künstler- und Architektenvereinigungen Gläserne Kette und Der Ring. Mit Haus Schminke liefert er nicht nur einen innovativen Entwurf, sondern zeigt gleichermaßen Interesse, Experimentierfreude und Kompetenz für bauklimatische Zusammenhänge. Dies zeigt sich im Entwurf, in der Bautechnik und bei der innovativen zentralen Heizungsanlage: Im Erdgeschoss öffnen sich durch Schiebeelemente frei schaltbare Räume nach Süden und zum nordseitig gelegenen Garten. Nur im Bereich der

13   DIN EN ISO 7730:2006-05, Ergonomie der thermischen Umgebung. Analytische Bestimmung und Interpretation der thermischen Behaglichkeit durch Berechnung des PMV- und des PPD-Indexes und Kriterien der lokalen thermischen Behaglichkeit, Berlin 2005.

14   Felix Wellnitz, Sandra Schmid, Claudia Muntschik: Licht, Luft und Sonne. Das Haus Schminke von Hans Scharoun, in: Bausubstanz 8 (2017), H. 1, S. 58–66.

15   Felix Wellnitz, Sandra Schmid, Claudia Muntschik: Sanierungsmöglichkeiten für das Haus Schminke im Spannungsfeld von Denkmalpflege und Bauklimatik, in: Bausubstanz 11 (2020), H. 2, S. 40–48.

(Abb. 4)   Löbau, Haus Schminke, Ansicht von Nordost,
Hans Scharoun, 1930–1933

(Abb. 5)   Ansicht von Süden

Nebenräume sind geschlossene Wände zu finden. Das nach Süden orientierte lange Bandfenster im Wohnzimmer ruht auf einer schwarzen, an der gesamten Fensterfront verlaufenden Werksteinfensterbank, die im Winter als Wärmespeicher für die einfallende Solarstrahlung wirkt. Ein außen liegender Holzrolladen schützt vor sommerlicher Überhitzung. Direkt unter der Fensterbank sind Gussheizkörper erhalten, die in unterschiedlichen Größen im gesamten Haus verbaut sind. Die ebenfalls vollständig erhaltenen Stahlfenster mit einfachen Winkelprofilen und den bauzeitlichen Glashalteleisten aus zwar stellenweise verfärbtem, aber vollkommen intaktem Eichenholz sind innen mit Tauwasserrinnen ausgestattet. Das hat auch damit zu tun, dass Fugen nicht mit Kitt verschlossen sind und immer wieder austrocknen können.

Dem Wohnzimmer vorgelagert ist ein dreiseitig verglaster Wintergarten als Übergangsraum zwischen Innen und Außen (*Abb. 5*). Der Wintergarten ist mit einer Art Fußbodenheizung aus Gussrohren ausgestattet, die in der Nordostecke nur mit einem Gitterrost bedeckt ist, sodass aufsteigende warme Luft an den kalten Fensterscheiben entlangstreichen kann. Nach Süden ist eine geneigte aufgeglaste Wand mit gewindebetriebenen Klappöffnungen angeordnet, die ein „Pflanzenbecken" vor der Witterung schützt. Auch im Pflanzenbecken sind Gussrohre zur Beheizung verlegt, die in das Gesamtsystem mit Fußbodenheizung und Heizkörpern eingebunden sind.

Im Ergebnis der Untersuchungen zeigen die meisten Räume im Haus Schminke auch unter heutigen Maßstäben gute Behaglichkeiten. Nur der Wintergarten liefert bei Minusgraden oder Sommerhitze unbehagliche Tiefst- und Höchsttemperaturen – aber das ist in dieser Übergangszone zwischen Innen und Außen kein Mangel. Die Konstruktion hat abgesehen von Putzrissen an der Fassade des mit Bimsbeton ausgefachten Stahlskeletts vergleichsweise wenige Schäden. Der Energiebedarf ist nutzungsbedingt moderat, wäre bei einer Nutzung als Wohnhaus für eine Familie nach heutigen Komfortmaßstäben aber hoch.

Ein plakatives Beispiel für die bauklimatische Innovationskraft sind Messergebnisse im Wintergarten. Das thermische Verhalten der Südfassade des Wintergartens zeigt auf, dass der von Frei Otto theoretisch beschriebene Effekt des Fensters als „Falle für Sonnenstrahlen"[16] tatsächlich funktioniert: Die Temperaturen an der Innenoberfläche der Verglasung erreichen an sonnigen Tagen 30 Grad Celsius bei einer Außenlufttemperatur von nur 8 Grad Celsius. Ein Delta von 22 Kelvin zeugt von der thermischen Leistung, die hier ohne weitere technische Hilfsmittel durch die solare Strahlung genutzt werden kann. Die hohe Wärmeleitfähigkeit der Einfachverglasung sorgt aber auch dafür, dass die Wärme bei fehlender Sonneneinstrahlung via Transmission schnell wieder verloren geht. Sommerliche heiße Luft wird über die Klappöffnungen abgeführt. 1930 sind noch keine großen Mehrscheibenverglasungen verfügbar. Die bis dahin bekannten mehrschichtigen Systeme mit thermisch günstigen Eigenschaften sind

16   Otto 1955 (wie Anm. 11), S. 19.

tischlermäßig hergestellte Holzfenster als Verbund- oder Kastenkonstruktion, die in die gemauerten Anschlagsöffnungen massiv konstruierter Gebäude eingebaut sind. Sie sind technisch ausgereift und bis heute vielfach schadenfrei erhalten, allerdings nur in den zuvor beschriebenen traditionell konstruierten Gebäuden. Scharouns Entwurf ist den technischen Möglichkeiten voraus und weckt wie andere experimentelle Bauten der Moderne Bedarf für neue technische Innovationen und Produkte.

Die im Simulationsmodell entwickelten und bewerteten Ertüchtigungsvarianten zeigen wenig überraschend, dass der hohe Verglasungsanteil des Hauses alle bauklimatischen Parameter dominiert. So würde eine energetische Ertüchtigung des Dachs in den angelegten Bewertungskategorien kaum Veränderungen bewirken, da das Gros der Heizwärme über die großen Glasflächen abfließt und die Dämmqualität seit der Sanierung der Jahrtausendwende gut ist. Auch eine Putzsanierung der im Verhältnis kleinen opaken Außenoberfläche mit einem wärmedämmenden Unterputz könnte nur wenig Beitrag zur Energieeffizienz leisten. Zudem ist es keine Option, wenn aus denkmalpflegerischer Sicht ein didaktisches Konzept verfolgt wird, bei dem der Erhalt des bauzeitlichen Putzes mit seinen Alterserscheinungen und nicht so sehr ein einheitliches Erscheinungsbild im Vordergrund steht.

Der Einbau einer sehr schlanken sogenannten Spar-Isolierverglasung anstelle der bestehenden Einfachscheiben hätte dagegen große Wirkung: Es wäre mit 40 Prozent die im Vergleich höchste Einsparung des Heizwärmebedarfs zu erzielen und in der Folge würde sich auch die winterliche Behaglichkeit erheblich verbessern. Die bestehenden, hervorragend wärmeleitfähigen Stahlprofile aber würden aufgrund ihrer Wirkung als Wärmebrücke erhöhter Tauwassergefahr ausgesetzt. Korrosion und schleichender Materialverlust könnten folgen. Aus denkmalpflegerischer Sicht sind die bauzeitlichen Gläser ohnehin zu erhalten und Erneuerungen von Fensterscheiben nur als unvermeidbare lokale Reparatur im Falle eines Verlusts denkbar.

Eine Erhöhung der Luftdichtheit des Hauses würde mit immerhin 16 Prozent eine deutliche Reduktion des Heizwärmebedarfs bewirken und im Winter die Behaglichkeit verbessern. Der Effekt würde durch den Einbau von Fensterfalzdichtungen erreicht und wäre im Gegensatz zum Scheibenaustausch auch denkmalverträglich, da die farblich abgestimmten Dichtungsprofile im geschlossenen Zustand nicht sichtbar sind. Zudem wäre diese Maßnahme vollständig reversibel. In der Konsequenz stiege allerdings die Raumluftfeuchte an und würde das Schimmel- und Tauwasserrisiko im Haus erhöhen. Daher kann diese Maßnahme nur verantwortet werden, wenn die Raumluftfeuchte ganzjährig kontrolliert wird. Das kann durch planmäßiges und regelmäßiges Fensterlüften geschehen, wobei dann die Verantwortung vollständig bei den Nutzer:innen läge. Auch einem sensibilisierten und der guten Sache zugeneigten Personal wie im Haus Schminke ist das kaum zuzumuten. So müsste die Möglichkeit einer permanenten Lüftung zum Feuchtschutz angeboten werden. Denkbar wäre das Nichtabdichten ausgewählter Fensterprofile, um einen latenten Luftaustausch anzubieten, der jedoch auf Kosten der intendierten Energieeinsparung ginge. Nicht sichtbare Außenluftdurchlässe im Kellergeschoss und eine Schachtlüftung über einen bestehenden, nicht mehr genutzten Kaminzug und nicht gedichtete Profile im Wintergarten könnten eine definierte natürliche Permanentlüftung erzeugen. Zuletzt wäre der Einbau permanent auf niedriger Stufe laufender Abluftventilatoren in den Bädern denkbar, um die Feuchteschutzlüftung zu gewährleisten.

Integrale Konzepte für offene Systeme

Gebäude sind offene Systeme, die auf bauliche Eingriffe sensibel reagieren. Parameter wie Konstruktion, Energiebedarf, Behaglichkeit und Schadenssicherheit hängen komplex zusammen. Energetische Sanierungen mit einseitigem Fokus bergen daher große Risiken für Folgeschäden und den Verlust von Denkmalqualitäten. Viele Bauten der Moderne entwickeln ihren architektonischen Ausdruck aus funktionalen, technischen oder raumklimatischen Anforderungen. Diese integralen Gesamtkonzepte müssen bei der Entwicklung von Sanierungs- oder Ertüchtigungslösungen gewürdigt werden. Sie können im besten Fall Leitfaden für Erhaltung und Weiterentwicklung der Substanz sein.

In der Forschungsstudie Haus Schminke wird die in der Denkmalpflege praktizierte Einzelfallanalyse systematisch auf die bauklimatische Bewertung ausgeweitet. Im Ergebnis können konstruktive Eingriffe und deren Konsequenzen im Vorfeld nicht nur gestalterisch, sondern auch für Substanzschutz, Nutzerkomfort und Energiebedarf realitätsnah bewertet werden. Die Untersuchung zeigt, wie sensibel dieses Gesamtkunstwerk Scharouns auch auf kleine bauliche Eingriffe wie den Einbau von Fensterdichtungen reagieren würde. Die beobachteten Wechselwirkungen können je nach Situation auch in anderen Gebäuden unterschiedlicher Größe oder Gestalt eintreten. In der Praxis gibt es zahlreiche Berichte von Schimmelschäden, die nach einer Verbesserung der Luftdichtigkeit entstanden sind. Das immer wieder aufs Neue Herantasten an die einzelne Aufgabe, das multikriterielle Bewerten und eine prinzipielle Vorsicht bei der Übertragung von Standardlösungen ist eine wichtige Erkenntnis nicht nur für den Umgang mit denkmalgeschützter Bausubstanz der Moderne.

Bildnachweis: *(Abb. 1)* https://www.ibp.fraunhofer.de/de/ueber-uns/institusprofil/historie.html#5479078901886732904 *(Abb. 2)* DIN 4108:1952, S. 11 *(Abb. 3)* Architekturmuseum der TUM *(Abb. 4–5)* Ralf Ganter

Erhaltung und Transformation

IV.

Case Studies

Architektur weiterbauen – Identitäten erhalten

Stephan Schütz und Christian Hellmund

Bauen im Dialog zwischen Bewahren und Verändern

„Wenn wir wollen, dass alles so bleibt wie es ist, dann ist es nötig, dass sich alles verändert." Dieser Schlüsselsatz aus dem Roman *Der Leopard* von Giuseppe Tomasi di Lampedusa beschreibt das Spannungsfeld, in dem wir uns bei Sanierungsaufgaben bewegen: An dem Bestehenden festzuhalten, lässt sich in der Regel nur durch transformierende Eingriffe bewerkstelligen. Die notwendigen Wandlungen von Gebäuden während dieser Erneuerungsprozesse gehen auf veränderte Anforderungen zurück, die aus gesellschaftlichen, politischen, ökonomischen oder ökologischen Zusammenhängen resultieren.

In der Architektur stellt sich uns somit ein komplexes und anspruchsvolles Aufgabenspektrum. Es erfordert tiefgreifendes Interesse und technisches Verständnis für die Bauten der Vergangenheit und setzt gleichermaßen eine umfassende Expertise zum aktuellen Stand der Technik und Konstruktion als auch der Regeln und Normen für Hochbauten voraus. Ohne strukturierte Prozesse geraten solche Planungsaufgaben unweigerlich zu Abenteuern, die im Kosten- und Terminchaos enden. Und obschon mittlerweile ein verschwindend geringer Teil von Planungsleistungen auf Neubauten ausgerichtet ist, verkennen die Leistungsbilder der HOAI die prozessualen Unterschiede zu Bestandssanierungen sowie die Tatsache, dass die meisten aller Bauaufgaben sich bereits hiermit befassen.

Die Wertschätzung dessen, was andere einmal erschaffen haben, bedeutet im Sinne des allgegenwärtigen Nachhaltigkeitsgebots eine Abkehr von jedweder Wegwerfmentalität genauso wie eine Hinwendung zum Klima- und Ressourcenschutz. Über die Hälfte der in unserem Gebäudebestand enthaltenen grauen Energie steckt in den Rohbauten. Auf deren Erhalt sollten sich alle planerischen Zielsetzungen richten.

Die Erfahrung unseres Büros Architekten von Gerkan, Marg und Partner zum Bauen im Bestand fußt auf inzwischen rund sechzig fertiggestellten Umbau- und Sanierungsprojekten in über 40 Jahren. Aus den sehr unterschiedlichen Sanierungen hat sich ein großes Know-how entwickelt, das auf der konkreten und situativen Auseinandersetzung mit den uns anvertrauten Gebäuden gründet. Jedoch waren und sind die Aufgaben zu individuell, als dass sich daraus eine geschlossene Theorie zum Thema Um- und Weiterbauen ableiten ließe. Eine Gewissheit gibt es dann doch: Bei jedem Projekt haben wir den uns anvertrauten Bestand weiterentwickelt und den aktuellen Erfordernissen und Bedürfnissen angepasst. Keines der Gebäude ist in seinem originalen Zustand geblieben, auch wenn der Grad der Transformation sehr verschieden ist.

Ein weiterer Punkt verbindet sämtliche Projekte: Die vorbehaltlose Auseinandersetzung mit dem Werk eines anderen. Die aufgenommene Spurensuche führt nicht selten zu den Personen, die an der Genese der Bauten beteiligt waren, sie führt in die Archive, in denen originale Plansätze aufbewahrt werden. Das Einfühlungsvermögen in gegebene Zusammenhänge und der Spaß am Abenteuer des

Unerwarteten treten vor den Anspruch, etwas grundsätzlich Neues schaffen zu wollen. Neben dem solchermaßen ideell oder konzeptionell Überlieferten erkunden wir am Anfang aller Bauaufgaben mit gleicher Sorgfalt den materiell vorhandenen Bestand. Hierbei geht es um das dreidimensionale Erfassen des Bestands mit der Analyse des Tragwerks, der Konstruktion des Gebäudes und seiner Baustoffe und auch der brandschutztechnischen Leistungsfähigkeit von Bauteilen. Es gilt zudem die Schadstoffbelastung eines Gebäudes zu ermitteln, was meist erst nach dem Entfernen von Verkleidungen vollständig möglich ist.

Eine besondere Herausforderung stellt der Umgang mit den Nachkriegsbauten dar, vor allen mit solchen, die bereits unter Denkmalschutz stehen. Hier geht es meist weniger um traditionelles Bauhandwerk. Häufig handelt es sich dabei um Gebäude mit industriell hergestellten Elementen, deren Produktionsstrecken oftmals nicht mehr existieren. Eine Vielzahl unserer Planungsaufgaben befasst sich mit Bauten aus dieser Zeit. Zu ihnen gehören neben den beiden hier vorgestellten Projekten, dem Kulturpalast Dresden von Wolfgang Hänsch und Leopold Wiel und der Hyparschale in Magdeburg von Ulrich Müther, unter anderem auch die Alsterschwimmhalle in Hamburg von Horst Nissen und Rolf Störmer, die Staatsbibliothek in Berlin von Hans Scharoun und nicht zuletzt der von gmp entworfene und heute denkmalgeschützte Flughafen Berlin-Tegel.

Der Kulturpalast Dresden

Der Kulturpalast Dresden *(Abb. 1)* gilt als eines der herausragenden Beispiele der DDR-Moderne. Bei der Fertigstellung im Jahr 1969 nach nur knapp 3 Jahren Bauzeit lagen seine ideellen Ursprünge allerdings bereits anderthalb Jahrzehnte zurück. Anfang der 1950er Jahre waren im Zuge des Architekturwettbewerbs zur Neugestaltung des Dresdner Altmarkts erste Entwürfe zu einem „Haus der Kultur" an dessen Nordseite entstanden, deren monumentale neoklassizistische Hochhausarchitektur sich noch an einschlägigen Vorbildern aus Warschau oder Moskau orientierte. Überraschenderweise intervenierten die Moskauer Gutachter für den Beitrag des Architekten Leopold Wiel, der als einziger von diesem Schema abwich. 1962 übernahmen Wolfgang Hänsch und sein Planungsteam den Entwurf zur weiteren Bearbeitung und Ausführung.

Wegen seiner vielfältigen Nutzungen wurde der Bau zu DDR-Zeiten rasch zu einem selbstverständlichen und identitätsstiftenden Teil der Dresdner Kulturlandschaft. Der große Mehrzwecksaal ermöglichte mit der für seine Zeit beeindruckenden Technik unterschiedlichste Veranstaltungen wie philharmonische Konzerte, Ballett- und Opernaufführungen, Kongresse, Sport- und Theaterveranstaltungen und Filmaufführungen.

(Abb. 1) Dresden, Kulturpalast, Leopold Wiel, Wolfgang Hänsch, nach Umbau und Sanierung, gmp Architekten, 2017

Spätestens nach 1989 zeigten sich jedoch die Grenzen dieser Multifunktionalität. Der Saal wies gravierende akustische Einschränkungen für Konzerte der Dresdner Philharmonie auf, die ganz elementar in der ausgeprägten Breite des Raums begründet waren. Hinzu kam ein allgemeiner Sanierungs- oder Nachbesserungsbedarf im gesamten Haus. Zudem traf den Kulturpalast in dieser Zeit eine Moderne-Kritik, die architektonisch und städtebaulich ganz auf unkritische Rekonstruktionen setzte. Initiativen der Dresdner Bürgerschaft für den Erhalt des liebevoll „Kulti" genannten Gebäudes trieben den Eintrag in die Denkmalliste voran. Hinter „Umbau und Sanierung Kulturpalast Dresden", wie die Aufgabe schließlich im Architekturwettbewerb 2009 formuliert war, verbarg sich daher nicht weniger, als auf Grundlage der gewachsenen Identität des Orts das Gebäude äußerlich zu rekonstruieren und gleichzeitig von innen heraus neu zu denken.

Unser Entwurf umfasste in der Folge den Neubau eines Konzertsaals für 1.750 Besucher:innen im Kern des denkmalgeschützten Bestandsgebäudes. Mit den Hauptnutzern Dresdner Philharmonie, Zentralbibliothek und Kabarett Die Herkuleskeule entstand ein neues Miteinander von Kultur, Bildung und Unterhaltung innerhalb des Gebäudes. Dabei wurde die originäre Bausubstanz rekonstruiert und in die Neugestaltung integriert, die Fassaden wurden energetisch saniert. Die äußere Konstruktion blieb erhalten, nur im Tragwerk und hinsichtlich des Brandschutzes waren einige wenige Anpassungen notwendig.

Auf seine einzigartige zentrale Lage zwischen Altmarkt, Schlossareal und Neumarkt antwortet der realisierte Entwurf mit einem allseitig orientierten und von allen drei Hauptfassaden direkt

zugänglichen Haus. Das Miteinander von Kultur, Bildung und Unterhaltung verdichtet sich räumlich in dem großen zum Altmarkt orientierten Süd-Foyer. Letzteres dient nun der Erschließung aller drei Hauptnutzungen und wird so zu einem hoch frequentierten und lebendigen Ort *(Abb. 2)*.

Der Saal des Kabaretts Die Herkuleskeule befindet sich unterhalb des Konzertsaals, der in den beiden Obergeschossen passgenau von den Bibliotheksräumen umschlossen wird wie von einem Futteral. Der eigentliche Bauprozess des neuen Konzertsaals gestaltete sich geradewegs andersherum, indem dieser in das „Baufenster" des alten Saalkörpers hineingebaut wurde. Der Saal ist dabei in einer Weise neu konzipiert, die weder auf gestalterische Unterordnung noch auf gewollten Kontrast, sondern vielmehr auf den respektvollen und spannungsreichen Dialog mit dem Bestand setzt. Statt des einen großen Mehrzweckraums, der allen Nutzungen dient – und damit keiner richtig –, weist der Bau nun ähnlich wie in der ursprünglichen Konzeption eine Reihe von einzelnen Nutzungsbausteinen mit spezifischen Räumen auf, die ganz unterschiedliche Zielgruppen rund um die Uhr ansprechen.

Neben der durchgehend einfachen und reduzierten, dem Charakter der Architektur entsprechenden Gestaltung wird insbesondere das an den ursprünglichen Bestand angelehnte Rot zu einem verbindenden Element. Es findet sich als identitätsstiftendes Leitmotiv im gesamten Haus wieder. Die Architektur des Konzertsaals folgt mit einer in die Geometrie des hexagonalen Baufensters eingepassten terrassenartigen Anordnung der Zuhörerplätze, die gestaltprägend für den gesamten Saal ist, dem Typus des Weinbergs. Die neuen Dimensionen des Raums und die differenzierten Oberflächenstrukturen, von denen nahezu jede eine akustische Funktion hat, sind wesentliche Elemente der raumakustischen Auslegung des neuen philharmonischen Konzertsaals *(Abb. 3)*. Gleichzeitig war es möglich, für die Identität des Gebäudes wichtige Elemente des Baubestands zu erhalten. So nutzt die Zentralbibliothek die ehemalige Studiobühne im ersten Obergeschoss als Medienbibliothek bei Erhalt der ursprünglichen Deckenkonstruktion weiter. In gleicher Weise ist im Lesesaal im zweiten Obergeschoss die sogenannte Kranichdecke aus dem ehemaligen Restaurant des Bestands in die Neugestaltung integriert.

Wir hatten das Glück, dem hochbetagten Architekten Wolfgang Hänsch 2 Jahre vor seinem Tod noch im Kulturpalast Dresden begegnen zu können, um mit ihm über die aus seiner Sicht relevanten Themen des Sanierungsprojekts zu sprechen. Obwohl er zu dieser Zeit mit der Stadt Dresden über den Erhalt seines Multifunktionssaals im Kulturpalast stritt, gab er uns entscheidende Hinweise, die wir in unserer Planung berücksichtigen konnten. Neben der Wiederherstellung einer von innen wie außen durchsichtigen Verglasung war vor allem die Rekonstruktion des zwischenzeitlich nur noch rudimentär vorhandenen Granitsockels ein ausdrücklicher Wunsch Wolfgang Hänschs.

Denkmalpflegerische Gründe, aber auch die grundsätzliche kosten- und ressourcenschonende Herangehensweise an die Bauaufgabe legten nahe, die vorhandene Glasfassade mit den gestaltprägenden tragenden Aluminiumelementen zu bewahren. In aufwendigen Simulationsverfahren wurden die Detailpunkte der Bestandsfassade einzeln auf ihre thermischen und statischen Eigenschaften hin untersucht und beurteilt. Auf diese Weise konnte nachgewiesen werden, dass mit der vorgefundenen Werkstoffgüte der Materialien heutige Anforderungen erfüllt werden können. Indem mit einer Vielzahl an kleinmaßstäblichen Maßnahmen die einzelnen Bauteile, Anschlüsse und Knotenpunkte bauklimatisch und statisch ertüchtigt wurden, war es so im Ergebnis möglich, die Fassade in ihrer Gesamtgestalt zu erhalten *(Abb. 4)*. Hierzu zählt auch die prägnante „Kupferhaube", die den Konzertsaal überspannt und nach außen hin sichtbar macht. Das Dach blieb während der gesamten Bauphase in situ erhalten. Die

(Abb. 4)   Ertüchtigte Fassade, 2017

Logistik für die umfangreichen Bauprozesse im Inneren des Hauses wurden dadurch zu einer besonderen Herausforderung für die Planung und die ausführenden Firmen

Mit der Neukonzeption des Kulturpalasts verfügt Dresden über einen Konzertsaal von internationalem Rang in einem Haus der Kultur und des Wissens, das als Ort bürgerschaftlicher Begegnung und Kommunikation an die gelebte Tradition des Hauses anknüpft. Ein konzeptionell offenes Gebäude, das sich seit dem ersten Wettbewerbsentwurf vor nahezu 70 Jahren seine zurückhaltende architektonische Geste bewahrt hat und das einen wertvollen Teil des Erbes der Moderne darstellt.

Unverkennbar bleibt die besondere Qualität der Architektur, wie sie Wolfgang Hänsch und Leopold Wiel entworfen hatten, ihre neu akzentuierte klare und einfache Gliederung und die insgesamt zeitlose architektonische Erscheinung. Damit belegt der Kulturpalast unsere Überzeugung, dass sich Freude am Erhalt, am Reparieren und am gemeinsam mit zukünftigen Nutzer:innen und anderen Beteiligten Weiterdenken mit einer eigenen architektonischen Konzeption einerseits und einem ganzheitlichen Anspruch andererseits verbinden lässt.

Die Hyparschale in Magdeburg

Der Gebäudebestand fordert zuweilen mutige Veränderungen, wenn wir langfristige und zukunftsfähige Nutzungsszenarien im Blick haben. So war insbesondere die inhaltliche und räumliche Neukonzeption als Veranstaltungsort ausschlaggebend für den Erhalt der Hyparschale in Magdeburg. Die 1969 am östlichen Magdeburger Elbufer nach Entwurf des Bauingenieurs Ulrich Müther erbaute Mehrzweckhalle gehört zu dessen rund fünfzig noch erhaltenen Schalenbauten und ist einer der größten seiner Art. Müther prägte mit seinen kühnen Betonschalen die Architekturmoderne in der DDR. Mit der Hyparschale setzte er bewusst ein Pendant zur benachbarten Stadthalle – einem expressiven Backsteinbau, der 1927 nach den Plänen des Architekten Johannes Göderitz erbaut, im Krieg zerstört und danach schrittweise wieder aufgebaut wurde. Müther konstruierte die Betonschale aus vier hyperbolischen Paraboloiden. Die regelmäßig doppelt gekrümmten Dachflächen überspannen eine Fläche von 48 × 48 Meter und ermöglichen eine komplett stützenfreie Halle.

Seit 1998 steht die Hyparschale unter Denkmalschutz. Das Gebäude war zu diesem Zeitpunkt stark baufällig. 2017 beschloss die Stadt Magdeburg nach über 20 Jahren Leerstand und der erfolglosen Suche nach Investor:innen, mit einem passenden Sanierungs- und Nutzungskonzept die denkmalgerechte Modernisierung und Instandsetzung als Bauherrin selbst zu übernehmen. Im folgenden Wettbewerbsverfahren legten wir unseren Schwerpunkt auf eine neue, flexibel nutzbare Struktur im Inneren und den gleichzeitigen Erhalt des prägnanten, sternförmigen Oberlichts, das von jedem Punkt der Halle sichtbar ist. Hierzu sind vier Galerieebenen in den Ecken der Halle angeordnet und durch Brücken miteinander verbunden. So entstehen zusammenschaltbare Räumen für kleinere Veranstaltungen, Seminare, Ausstellungen und Gastronomie, die zugleich den großen Veranstaltungssaal in der Hallenmitte räumlich fassen. Auf den Ebenen sind offene, flexibel bespielbare Flächen vorgesehen. Von hier bietet sich ein freier Blick auf das Betonschalendach und die wieder geöffneten, zwischen den Schalen verlaufenden Lichtbänder.

In der originalen Konstruktion waren die Oberlichter mit Glasbausteinen ausgefacht, wurden aber wegen Undichtheit kurz nach Gebäudefertigstellung geschlossen. Die bisherige transluzente Industrieverglasung an den Außenfassaden ersetzt eine transparente Glasfassade, wobei die originale, vertikal betonte Fassadenkonstruktion erhalten bleibt.

Zu Beginn der Sanierung wurde die Tragfähigkeit des Dachs wiederhergestellt und sogar noch auf das Anderthalbfache erhöht (Abb. 5). Mit einer ursprünglich für die Sanierung von Brückentragwerken entwickelten und nun für die Hyparschale zugelassenen Technologie wurde das bestehende, durch Korrosion gefährdete Schalendach an der Innen- und Außenseite mit zweiachsig zugfesten Carbonmatten verstärkt. Diese wurden mit einer jeweils nur 10 Millimeter dicken Schicht Spezialbeton sozusagen auf die Schalen laminiert. Die Matten bestehen aus Carbonfasern, die zu einer flexibel verformbaren Gitterstruktur verwoben sind und dem Verlauf der Schalen exakt folgen. Im Unterschied zum Stahlbeton, bei dem eine mindestens 2,5 Zentimeter dicke Betonschicht die Bewehrung vor Korrosion schützen muss, konnte mit der Technologie der Carbonfasern die filigrane und leichte Erscheinung des Bestands erhalten werden. Gleichzeitig wurde eine den heutigen Erfordernissen entsprechende tragfähige Konstruktion ermöglicht.

Der originale Bau des Schalendachs wurde in Spritzbeton ausgeführt. Dabei brachten die Handwerker:innen die nur 7 Zentimeter dicke Betonschicht mit Spritzpumpen im sogenannten Torkretverfahren quadrantenweise auf eine Holzschalung auf. Die Besonderheit war, dass die vier hyperbolischen Paraboloiden jeweils ohne eine Unterteilung in mehrere Abschnitte und ohne Unterbrechung in einem Guss betoniert wurden.

Auch im Zuge der Sanierung begünstigten die vier separaten Dachsegmente einen optimalen Bauablauf: Während der Laminierung eines Quadranten mit den Carbonfasermatten wurden parallel die anderen Flächen vorbereitet. Die sanierten Betonschalen wurden im Anschluss mit Dämmung und einer darüberliegenden wasserführenden Dachabdichtungsbahn abgeschlossen, sodass der neue Dachaufbau heutigen energetischen Standards entspricht.

Aufgrund der hohen Bautoleranzen im Bestand ergab sich auch für die Ertüchtigung der Fassade eine intensive Suche nach adäquaten Lösungen. Nach einer ersten Planung für die Fassadensanierung

(Abb. 5) Magdeburg, Hyparschale, Ulrich Müther, quadrantenweise
Sanierung des Schalendachs, gmp Architekten, 2020

(Abb. 6) Nach Sanierung der Betonschale, 2021

wurde ein 3D-Scan des Gebäudes gefertigt. Erst anhand dieses Scans waren Toleranzen der vorhandenen Stützenstellungen von bis zu 10 Zentimeter in alle Richtungen des Raums zu erkennen. Eine neue Fassadenplanung, die einen findigen Ausgleich der vorhandenen Toleranzen berücksichtigte, war daher notwendig. Um die Gliederung und filigrane Erscheinung zu erhalten, wurde ein bereits an anderer Stelle bewährtes Fassadensystem weiterentwickelt und speziell auf die technologischen Erfordernisse der Hyparschale angepasst.

Die speziellen Konstruktionsverfahren für Dach und Fassade (*Abb. 6*) sind immanenter Teil für das Entwurfs- und Sanierungskonzept, welches die charakteristische Leichtigkeit und dynamische Erscheinung des Gebäudes wiederherstellt. Die Hyparschale bewahrt so zum einen ihr originales Erscheinungsbild, zum anderen wird mit dem modifizierten, flexibel gestalteten Innenraum eine vielseitige Nutzung möglich. Durch das Zusammenspiel aus Denkmalschutz und programmatischer Neukonzeption kann die „neue" Hyparschale in doppelter Sicht wegweisend sein – für den Erhalt weiterer Müther-Bauten sowie für andere gefährdete Bauten der Nachkriegsmoderne.

Mut zur Transformation

Architekten von Gerkan, Marg und Partner wurden 1965 gegründet. Oft erzählt ist die Geschichte, wie die beiden Bürogründer aus dem Stand den Wettbewerb für den Flughafen Berlin-Tegel gewannen und auch mit der Ausführung dieses Großprojekts betraut wurden. Seit Ende 2020 ist der Flughafen außer Betrieb und steht unter Denkmalschutz, wie mittlerweile über zehn weitere Bauten von gmp. Der Umgang mit dem eigenen Erbe im Sinne unserer skizzierten konzeptionellen Herangehensweise stellt für uns natürlich eine ganz besondere Herausforderung dar. Bevor alles Bewegliche aus dem Inventar von Tegel abhandenkommt, haben wir im Auftrag des zukünftigen Betreibers einen Aufkleber mit dem Slogan „Das bleibt hier" produziert und damit schützenswerte Objekte im Gebäude markiert, um sie vor Demontage und Entsorgung zu bewahren. Der charmante Imperativ bringt gleichermaßen unsere Überzeugung auf den Punkt, dass Erhalt vor Abriss geht. Die Überlagerung verschiedener Zeitschichten in einem Projekt führt unweigerlich zu besonderen, immer wieder überraschenden und nicht zuletzt überzeugenden architektonischen Lösungen. Durch rücksichtsvolle Annäherung an das bauliche Erbe entstehen neue Chancen für eine sich permanent verändernde Gesellschaft – Orte, deren Erhalt durch historische Bedeutung und kollektive Identifikation begründet wird, aber eben auch durch den Mut zur Transformation.

Bildnachweis: (*Abb. 1–2*) Foto: © Christian Gahl/gmp Architekten, 2017
(*Abb. 3–4*) Foto: © Christian Gahl/gmp Architekten, 2017
(*Abb. 5*) Foto: © Marcus Bredt, 2020   (*Abb. 6*) Foto: © Marcus Bredt, 2021

Das Audimax der
Technischen Universität Braunschweig

Markus Loschinsky

Sanierung eines Leitbaus der
Braunschweiger Schule

(Abb. 1) Braunschweig, Technische Universität, Auditorium Maximum mit Wolkenplastik von Hans Arp, 1960

„Wenn man weiter nichts wüßte von einem Land und sähe bloß Bauten wie diese, so müßte man denken: hier hausen freie, ausgeglichene, kühl und klar denkende, unverkrampft lockere, musische, glückliche Menschen. Nun, was nicht ist, kann noch werden; was daran fehlt, kann noch kommen. Und wenn es nicht kommen sollte, am Architekten jedenfalls hat es dann nicht gelegen." [1]

Diese Zeilen von Erhart Kästner, dem damaligen Direktor der Herzog August Bibliothek in Wolfenbüttel, erschienen anlässlich der Eröffnung des Audimax der Technischen Universität Braunschweig, damals noch Technische Hochschule Braunschweig, im Jahre 1961.

Die Kraft des Gesamtentwurfs Friedrich Wilhelm Kraemers liegt in der Reduktion auf einfache geometrische Formen und offenbart sich deutlich mit einem Blick aus der Entfernung: Das Forumsensemble besteht aus drei Grundformen (Kubus, Scheibe und Zylinder), die sich in den geplanten Gebäuden Audimax *(Abb. 1)*, Rektoratsgebäude und Bibliothek darstellen. Die Bauwerke werden durch die Ebene der Dachterrasse verbunden und umrahmen den heutigen Universitätsplatz (früher Forumsplatz).

Das Audimax, das als erstes der drei Gebäude fertiggestellt wurde, ist funktional und dabei bis ins Detail durchdacht. Das großzügige Foyer erschließt neben dem namensgebenden Auditorium

1   Erhart Kästner: Forum der Technischen Hochschule, in: Braunschweig. Berichte aus dem kulturellen Leben (1961), H. 1, S. 2–7, hier S. 7.

Maximum für ursprünglich 900 Zuhörer:innen *(Abb. 2)* einen weiteren Hörsaal, der bis zu 700 Personen aufnehmen konnte. Der Entwurf lebt vom konzeptionellen Einsatz kontrastierender Farben (Weiß, Schwarz, Dunkelgrau, Rot) und Materialien (eloxiertes Aluminium, Glas, Sichtbeton, Holz), die jeweils auf ein Minimum reduziert wurden. Sie bilden eine Komposition von fließenden Räumen und streng gerasterten Bauteilen.

Als unser Büro Krekeler Architekten Generalplaner im Jahr 2016 mit der Sanierungsplanung des zweiten Bauabschnitts beauftragt wurde, unterschied sich die Aufgabenstellung zunächst nicht von anderen Projekten in der Denkmalpflege. Die Ziele der Sanierung des seit 2001 in der Denkmalliste des Landes Niedersachsen geführten Gebäudes waren die Beseitigung von Baumängeln, die energetische Verbesserung und die dauerhafte Sicherstellung der Gebäudenutzung. Im Vordergrund standen dabei die Themen Brandschutz, Schadstoffe und Bauphysik.

Die Gebäude der Nachkriegsmoderne sind geprägt von der Verwendung moderner Baustoffe, deren oft experimentellem, aber fast immer reduziertem Einsatz, um möglichst filigrane Konstruktionen zu ermöglichen. Dies stellt in der Sanierung eine besondere Herausforderung dar, werden doch heute meist höhere Anforderungen vor allem an den Brandschutz, den Arbeitsschutz und die Standsicherheit gestellt. Im Bereich des Brandschutzes, aber auch im Zuge des allgemeinen Bauunterhalts gab es gerade in Zweckbauten der Nachkriegszeit in den vergangenen Jahrzehnten oft bauliche Anpassungen, die zwar meist gut gemeint und zweckerfüllend waren, aber selten die Entwurfsgedanken der – noch nicht unter Schutz stehenden – Gebäude beachteten. Derartige Maßnahmen sind bei einer Sanierungsplanung immer besonders zu berücksichtigen: Meistens als einzelne Verbesserungsmaßnahme,

(Abb. 3)   Braunschweig, Technische Universität, Foyer West, Blickrichtung Süden, 1960

seltener schon als Teil eines übergeordneten Brandschutzkonzepts ausgeführt, stellen sie wichtige Verbesserungen der bestehenden Situation dar. Daher stehen sie im Planungsprozess meist nicht mehr zur Diskussion, sollen doch die Mängel behoben werden, anstatt das ganze Gebäudekonzept infrage zu stellen.

Zweckmäßig, aber nicht immer gut:
Brandschutz im Bauunterhalt

Am Audimax der TU Braunschweig kann dies anhand zweier zeitlich weit auseinander liegender Baumaßnahmen sehr gut nachvollzogen werden. Wahrscheinlich in den 1980er Jahren wurde die raumhohe Glasfassade des Foyers erneuert. Vermutlich aufgrund technisch-konstruktiver Grenzen wurden die ursprünglich 3,00 Meter hohen und 3,60 Meter breiten Glasscheiben viergeteilt *(Abb. 3)*, was dem Gedanken der ineinander übergehenden Außen- und Innenräume einen großen Teil seiner Wirkung nahm.

Im ersten Bauabschnitt der Sanierung des Audimax wurden von Berufskolleg:innen ab 2008 erste Maßnahmen aus dem damals erstellten und genehmigten Brandschutzkonzept umgesetzt. Ein wichtiger Baustein war es, die bis dahin offen mit dem Foyer verbundenen Treppenräume brandschutztechnisch abzutrennen, um einen zweiten Rettungsweg aus dem im Untergeschoss positionierten Hörsaal herzustellen. Ein unstrittig wichtiger Aspekt, der jedoch die räumliche Wirkung in diesem Bereich wesentlich beeinflusst. Immerhin konnten 2008 wieder 3,00 Meter hohe Glasscheiben zum Einsatz kommen, die aber in der Breite mit circa 1,40 Meter weit von den ursprünglichen 3,60 Meter abweichen mussten. Auch den ungeübten Betrachter:innen fallen heute noch die unterschiedlichen Profilsysteme auf: Filigran, scharfkantig und mit einem nicht mehr herstellbaren anthrazitfarbenen Sondereloxal beschichtet, grenzen die noch aus der Erbauungszeit vorhandenen Oberlichter der Nebenräume an die breit und klobig wirkenden und braun eloxierten Aluminiumprofile der Fassade aus den 1980er Jahren. Unmittelbar daran stoßen die Verglasungen der Treppenräume von 2008 mit ihren grau beschichteten und nicht minder massig wirkenden Brandschutzprofilen. Während die aus Aspekten des Denkmalschutzes besonders erhaltenswerten Oberlichter aus funktionaler Sicht zur Disposition gestellt wurden (keine thermische Trennung, nicht dichtschließend, schwergängige Schwingflügel), wurde der neuere Bestand durch die Bauherrschaft als unveränderbar bewertet.

Aus wirtschaftlicher Sicht nachvollziehbar, obliegt es den als Fürsprecher:innen für das Gebäude eintretenden Planenden, die Bauherrschaft und die Nutzer:innen von den Qualitäten des Bestands zu überzeugen. Dabei sind Lösungen zu entwickeln, die von allen Beteiligten nicht als Kompromiss, sondern vielmehr als folgerichtige Planung empfunden werden, die sämtliche Anforderungen erfüllt und dabei auf alle Belange Rücksicht nimmt. Dies war bei der geschilderten Situation beim Audimax nicht schwierig, erkannten doch alle sofort an, dass die noch vorhandenen „Reste" der Erdgeschossfassade aus der Erbauungszeit erhaltenswert waren und nur einer Instandsetzung und Reinigung bedurften.

Etwas schwieriger war es dagegen mit den baugleichen festverglasten Oberlichtern, die die Nebenräume im östlichen Teil des Foyers von ebendiesem abtrennen. Da die Nebenräume abweichend von der ursprünglichen Büronutzung nun aber Lager- und Technikräume beherbergten, mussten diese Oberlichter zusätzlich die Aufgabe des Brandschutzes erfüllen. Mithilfe eines denkmalaffinen und damit zu Sonderlösungen bereiten Brandschutzplaners wurden die konkreten Schutzziele herausgearbeitet und mit dem Brandschutzkonzept in Einklang gebracht, um dann unter Berücksichtigung der heutigen technischen Möglichkeiten eine von der Bauaufsicht und Feuerwehr mitgetragene Lösung zu erarbeiten, die den Erhalt der bauzeitlichen Aluminiumprofile trotz hoher Brandschutzanforderungen ermöglichte.

Die gestiegenen Anforderungen des Brandschutzes stellen auch in anderen Bereichen meist die größten Herausforderungen beim Bauen im Bestand dar: Brandabschnitte müssen gebildet, Brandlasten entfernt oder zumindest reduziert und Rettungswege sichergestellt werden.

Das fast 2.000 Quadratmeter große Foyer des als Versammlungsstätte eingestuften Audimax dient als erster Flucht- und Rettungsweg für bis zu 2.000 Personen. Der Erhalt der bauzeitlichen und entwurfsprägenden Holzleistendecke konnte auch durch großzügige Auslegung der Vorschriften, Herstellung von Kompensationen und Zurverfügungstellung von zusätzlichen Rettungswegen nicht akzeptiert werden. Wurden im Brandschutzkonzept von 2009 noch Hoffnungen in die Forschung an einem Beschichtungssystem gelegt, das es ermöglichen würde, die Holzleisten in ihrer ursprünglichen Form und Holzsichtigkeit zumindest in „schwer entflammbar" einstufen zu können, stand ein solches zur Planungs- und Ausführungszeit nicht zur Verfügung. So blieb nur die Suche nach einer Alternative, die sowohl die Brandschutzanforderungen erfüllte und dabei die gestalt-prägende Optik der Holzleisten sicherstellte. Da es sich nun aber um ein neues Bauteil handelte, konnte die reduzierte Anforderung „schwer entflammbar" an das Bestandsmaterial nicht mehr aufrecht-erhalten werden und musste durch „nicht brennbar" ersetzt werden. Es wurde beschlossen, die Leistendecke durch maßgetreue Kalzium-silikatstreifen mit nicht brennbarer HPL-Beschichtung in Holzdekor nachzubilden. Wer genau hinsieht und dieses Hintergrundwissen hat, wird es erkennen können, dem oberflächlichen Blick bleibt dies je-doch verborgen, besticht die Deckenuntersicht mit den wiederherge-stellten Punktleuchten und Lautsprechergittern im originalen Raster doch wieder mit einer Klarheit, die den Bildern aus der Erbauungszeit in nichts nachsteht *(Abb. 4)*.

Diese Vorgehensweise ist der Schlüssel zum erfolgreichen Planen und Bauen mit historischer Bausubstanz und wiederholt sich so oder in abgewandelter Form vielfach bei jedem Bauvorhaben – unabhängig davon, ob eine mittelalterliche Burg oder ein Gebäude der Moderne betrachtet wird. Nur die verwendeten Materialien und Konstruktio-nen sind unterschiedlich. Dieser Sicht auf junge Denkmale und der Anwendung der gleichen Vorgehensweisen wie bei jahrhundertealter Bausubstanz fehlt heute oft noch die allgemeine Anerkennung: Wa-rum muss eine Sichtbetonoberfläche unter restauratorischen Gesichts-punkten untersucht und kartiert werden? Warum können schadhafte Materialien und Konstruktionen nicht unbedacht gegen moderne Pendants ersetzt werden? Warum muss vor Planungsbeginn eine denkmalpflegerische Dokumentation erstellt werden?

Chirurgische Eingriffe im Sichtbeton

Am Beispiel der Betoninstandsetzung lassen sich solche Fragen gut nachvollziehen. Diese stellt eine außergewöhnliche Aufgabe bei der Arbeit mit Gebäuden der Nachkriegsmoderne dar, denn speziell bei denkmalgeschützten Gebäuden mit Sichtbetonflächen sind oft nur chirurgische Eingriffe möglich, um die Änderungen in der Oberflä-chengestaltung so klein wie möglich zu halten.

Hier stehen allerdings die heutigen Anforderungen aus den an-zuwendenden allgemein anerkannten Regeln der Technik den tatsäch-lichen Möglichkeiten der vorhandenen Geometrien gegenüber. Eine heute erforderliche Mindestbetonüberdeckung geht bei älteren Beton-bauteilen meist nur mit einer Vergrößerung des Bauteilquerschnitts einher. Außerdem sind die für eine fachgerechte Ausführung qualifi-zierten Firmen oft im Umgang mit denkmalgeschützter Bausubstanz noch nicht geschult. Vielmehr rücken diese Firmen mit schwerem

(Abb. 4) Braunschweig, Technische Universität, Foyer Nord, Haupteingang mit neuer Leistendecke, 2021

Gerät an, um – wie bei Brückensanierungen gewohnt – alle geschädigten Bereiche mit effizientem Höchstdruck zu strahlen und nach erfolgtem Korrosionsschutz wieder zu reprofilieren. Üblicherweise bezieht sich das Reprofilieren jedoch lediglich auf den erforderlichen neuen Querschnitt und nicht auf eine profilgerechte Rekonstruktion von gestaltprägenden Strukturen. Bestehen darüber hinaus Anforderungen an die Oberflächengestaltung, bedarf es besonderer zielorientierter Lösungsansätze, die von allen Beteiligten entwickelt, unterstützt und schließlich umgesetzt werden müssen.

Auch hier bietet das Audimax ein anschauliches Beispiel für ein gelungenes Gesamtergebnis: Der Umgang mit den Betonwerksteinoberflächen der Brüstungselemente der Dachterrasse und der Außenstützen wurde von Planungsbeginn an mit dem Niedersächsischen Landesamt für Denkmalpflege anhand mehrerer Reinigungsmuster mit unterschiedlichen Strahlmitteln und -drücken abgestimmt. Zusammen mit einem Fachplaner wurde ein detailliertes Betoninstandsetzungskonzept erarbeitet, dessen oberstes Ziel es war, die rein technische Betoninstandsetzung mindestens 3 Millimeter hinter der ursprünglichen Oberfläche enden zu lassen. Anschließend wurde die historische Werksteinoberfläche durch ein Restaurierungsteam wiederhergestellt und damit dem umliegenden Bestand angepasst. Lediglich in Bereichen, die später durch die Leistendecke weitestgehend verdeckt wurden, konnten Querschnittsvergrößerungen akzeptiert werden, wenn dies nicht anders möglich war.

Es war dabei ebenso angestrebt, die Spuren der Zeit an den Außenstützen auch nach der Sanierung erlebbar zu lassen. Die aufgrund unterschiedlich starker Witterungseinflüsse ungleich aufgerauten

Seiten der Stützen konnten trotz mechanischem Strahlverfahren erhalten bleiben. Die Reparaturbereiche der Betoninstandsetzung dagegen wurden nach Bemusterungen und durch individuell zusammengestellte Zuschlagstoffe je Fassadenseite oft fast unsichtbar ergänzt *(Abb. 5)*. Rissbilder in den Brüstungsplatten der Dachterrasse wurden dagegen lediglich verschlossen und danach leicht retuschiert, um ein harmonischeres Gesamtbild zu erzeugen.

Bedenkt man, dass aufgrund der vorgefundenen Schäden anfangs auch der Austausch ganzer Stützen diskutiert wurde, erscheint das gewählte Verfahren äußerst maßstäblich und substanzschonend. Allerdings war dies nur durch die nicht selbstverständliche Bereitschaft der Bauherrschaft möglich, zukünftige, auch kurz nach der Sanierung auftretende Schäden zu akzeptieren und dann analog der abgestimmten Vorgehensweise instand zu setzen. Das mag bei Lai:innen den Gedanken provozieren, dass schon wieder Schäden entstanden sind, wo doch gerade erst saniert wurde. Diesen Vorwurf gilt es dann auszuhalten.

Wärmeschutz und Absturzsicherung: Nutzung vorhandener Potenziale

Eine besondere Herausforderung bei Bauten der Nachkriegsmoderne stellen oft die großflächigen Verglasungen dar, die eine dauerhafte Nutzung aufgrund starker Aufheizung im Sommer und hohen Wärmeverlusten im Winter erschweren. Thermisch nicht getrennte Metallprofilkonstruktionen, Einscheibenverglasungen und fehlende Dichtigkeiten in Verbindung mit einer ganzjährigen hochwertigen Nutzung sind zunächst nicht vereinbare Zustände. Diese Fassadensysteme sind oft als maßgefertigte und dabei die Grenzen des Machbaren ausreizende Konstruktionen geplant und gebaut. Es galt damals mehr als heute, den technischen Fortschritt auszunutzen und mit den oft noch fehlenden oder manchmal auch unberücksichtigt gelassenen gesetzlichen Rahmenbedingungen kühne und richtungsweisende Architektur zu erschaffen. Dabei wurden Material und Konstruktion entweder bewusst inszeniert oder dienend und zurückhaltend eingesetzt. Wenn aber die geplante Nutzung nicht zum Entwurfsgedanken passen wollte, wurden technische Lösungen entwickelt und integriert.

Der auf zwei Seiten vollständig verglaste Hörsaal des Audimax zum Beispiel konnte nur mit einer in die eigens für das Audimax entwickelten Profilkonstruktion integrierten Verdunklungsanlage funktionieren. Gegen die Sonneneinstrahlung wurde zusätzlich noch eine Sonnenschutzanlage entwickelt, die im nicht genutzten Zustand zusammen mit der Verdunklung in der Deckenebene verschwand. Das Ergebnis war eine fast 9,00 Meter hohe, komplexe und dennoch einfach aufgebaute Aluminium-Glas-Fassade, die mit Profilansichtsbreiten von 40 und 80 Millimeter so filigran wirkte, wie sie tatsächlich ist.

Ein statischer Nachweis unter heutigen Randbedingungen war nicht möglich, sodass die energetische Verbesserung der Fassade nur mit lastneutralen Maßnahmen möglich war. Dass dabei zusätzliche Funktionen wie die Absturzsicherung berücksichtigt werden konnten, war auch hier nur durch die engagierte Suche nach Lösungen sowie das gemeinsame Bestreben aller Beteiligten, den Bestand zu achten und behutsam weiterzuentwickeln, möglich.

Zunächst musste jedoch der fast 30,00 Meter spannende Überzug der Aluminium-Glas-Fassade mit etwas mehr als den zuvor beschriebenen chirurgischen Eingriffen saniert werden. Dazu gehörte neben der Freilegung und dem teilweisen Ersatz der unteren Bewehrungslage auch die zukünftige Befestigung der neuen Einschieblinge der Glasfassade.

Nach intensiven Diskussionen, der Abwägung von Für und Wider und dem Vergleich von unterschiedlichen Varianten stimmten sowohl Denkmalpflege als auch Bauherrschaft zu, die Aluminiumprofile der komplexen Glasfassade zu demontieren, um für die erforderliche Betonsanierung des Überzugs Platz zu schaffen und dabei auf umfangreiche Schutzmaßnahmen der Aluminiumprofile verzichten zu können.

Alle Bauteile der Fassade wurden eindeutig gekennzeichnet und deren Einbaupositionen dokumentiert, um sicherzustellen, dass beim

Wiederaufbau alles an seinen angestammten Platz kommen würde. Die Verglasungen mussten aus Sicherheitsgründen komplett ausgetauscht werden. Dabei konnte die Festverglasung der äußeren Ebene aufgrund der damals aus Schallschutzgründen eingebauten Glasstärke von 10 Millimeter durch eine Isolierverglasung ersetzt werden, ohne das Gesamtgewicht der Konstruktion zu verändern. Die innere Ebene der Fassade besteht aus Öffnungsflügeln mit schräg gestellter Verglasung, die ein Flatterecho im Hörsaal verhindert. Die 6 Millimeter starken Gläser mussten gegen Einscheibensicherheitsglas getauscht werden. Im unteren Bereich kam Verbundsicherheitsglas aus zwei nur 3 Millimeter starken Einscheibensicherheitsgläsern zum Einsatz, die heute zusammen mit den Bestandsprofilen die Absturzsicherung von den erhöhten Sitzreihen nach außen sicherstellen. So konnte nach intensiver Materialrecherche und aufwendigen Berechnungsmodellen auf eine ansonsten erforderliche additive Absturzsicherung sowohl auf der Innen- als auch auf der Außenseite verzichtet werden, um die eindrucksvolle Glasfassade auch weiterhin in ihrer Stringenz erhalten zu können *(Abb. 6)*.

Die gewählte Vorgehensweise der Demontage und Montage eines Bauteils stellt eine Besonderheit dar: Bei älteren Denkmalen wird damit meist genauso automatisch der (Teil-)Verlust der Denkmaleigenschaft verbunden, wie sie bei modernen Konstruktionen nicht mal hinterfragt wird. Akzeptiert wird eine solche Demontage ausschließlich bei unumgänglichen Maßnahmen, die andernfalls gar nicht oder nur unter nicht zumutbaren Rahmenbedingungen möglich wären.

Grundsätzlich gelten dabei unabhängig vom Alter und der Art des Denkmals die gleichen Kriterien und Herangehensweisen. Diese können und müssen im weiteren Planungsverlauf individuell an die Eigenarten des Gebäudes und die verwendeten Materialien und Konstruktionen angepasst werden, um immer die im Sinne des Denkmals beste Lösung finden zu können.

Zusätzliche Herausforderung: Schadstoffhaltige Materialien

Alle zuvor beschriebenen Themen sind immer auch unter Berücksichtigung möglicher Schadstoffe zu planen, die insbesondere in Gebäuden und Umbauten der Nachkriegszeit vorhanden sein können: Asbest, Holzschutzmittel, Schwermetalle, PCB und PAK sind aus keinem dieser Projekte wegzudenken. Bleibt die Planung des Umgangs damit. Was kann entfernt werden, was muss entfernt werden, was darf bleiben?

Beim Audimax war es vor allem die asbesthaltige Spachtelmasse der Fassade des Hörsaalkubus, die Anfang der 1970er Jahre aufgetragen und anschließend hell beschichtet wurde. Den geltenden Regeln entsprechend musste diese Schicht entfernt werden, bevor ein für den Mindestwärmeschutz erforderlicher Wärmedämmputz aufgebracht

(Abb. 6) Braunschweig, Technische Universität, Auditorium Maximum, Hörsaalkubus von Nordwesten, 2021

werden konnte. Es stellte sich als Gratwanderung heraus, nur so viel wie nötig zu entfernen, um die ohnehin schon geringe Betonstärke von 8 bis 12 Zentimeter nicht weiter zu reduzieren, dabei aber sicherzustellen, dass beispielweise auch Kiesnester ausreichend tief bearbeitet wurden. Nur eine engmaschige Materialbeprobung ermöglichte die vollständige Entfernung des schadstoffhaltigen Materials, ohne Schäden an den tragenden Betonbauteilen zu verursachen. Weitere Schadstoffe im Audimax waren in der Aluminium-Glas-Fassade enthalten: asbesthaltige Kittfugen, PCB-haltige Dichtungen und kurzfaserige Mineralwolle zur Schallabsorption zwischen den beiden Glasebenen. Aber auch im Innenraum waren Materialien vorhanden, die zwar in der jahrzehntelangen Nutzung keine Gefahr darstellten, für die Bearbeitung während der Baumaßnahme jedoch zu bewerten waren. Sowohl in der Holzleistendecke im Foyer als auch im Hörsaal Audimax mussten besondere Schutzmaßnahmen und Entsorgungswege eingehalten werden.

Neben dieser Schadstoffthematik stellt bisweilen auch das Urheberrecht einen neuen Aspekt bei der Bearbeitung von jüngeren denkmalgeschützten Gebäuden dar. Neben den Abstimmungen mit den Denkmalfachbehörden sind bei Gebäuden aus der Nachkriegszeit die geplanten Eingriffe auch auf noch bestehende Urheberrechte zu prüfen. Dass in dieses mitunter schon in vorherigen Umbauphasen eingegriffen wurde, ohne dass es zu einem Einvernehmen mit der Urheberschaft kam, erschwert die Situation für die Beteiligten.

Die beim Bauen im denkmalgeschützten Bestand geltende Vorgehensweise, Eingriffe auf ein absolutes Minimum zu reduzieren und nur in kritischer Abwägung mit den gestalterischen Auswirkungen auf das Gesamtwerk umzusetzen, führt oft schon zum Ziel: Im Idealfall liegen dann gar keine Eingriffe in das Urheberrecht vor oder diese können im Einvernehmen mit den Urheberrechtsinhaber:innen vorgenommen werden.

Fassung bewahren: Aber welche?

Als wäre das Audimax von Friedrich Wilhelm Kraemer ein Kaleidoskop der typischen Herausforderungen eines Gebäudes der Nachkriegsmoderne, hat es auch im Bereich des Urheberrechts eine Besonderheit zu bieten *(Abb. 7)*. Allerdings hat hier bereits in der ersten Sanierungsphase Anfang der 1970er Jahre der Schöpfer selbst in sein eigenes Werk eingegriffen, als er die ursprünglich dunkelanthrazit beschichtete Sichtbetonfassade des Hörsaalkubus hell beschichten ließ. Im Zuge dessen wurde auch die Farbe der Skulptur *Wolkenzug über nachtschwarzem Himmel* an der Westfassade, mit der Kraemer seinen Freund Hans Arp beauftragt hatte, in ein dunkles Eloxal geändert. Bei der aktuellen Sanierung wurde lange diskutiert, ob die erste Fassung wiederhergestellt werden sollte.

Ausgangspunkt ist der Entwurf des Forumsensembles durch Kraemer aus dem Jahre 1957. Nach der Fertigstellung des Rektoratsgebäudes wurde bald mit der Planung der Bibliothek begonnen, deren Entwurf jedoch bereits die zu diesem Zeitpunkt gewachsenen räumlichen Anforderungen nicht mehr erfüllen konnte. Zudem lehnte der Bauherr die dunkel konzipierten Fassaden der Bibliothek aus bauphysikalischen Gründen ab, so die Erinnerung von Rolf Blenkle, dem damals Verantwortlichen für die Erhaltung der Bausubstanz der Technischen Universität Braunschweig.[2] Diese Tatsache, verbunden mit bereits 10 Jahre nach Fertigstellung aufgetretenen Schäden an der dunklen Fassade des Audimax, veranlasste Kraemer, die drei Gebäude in einem anderen, aber dennoch einheitlichen Charakter zu gestalten. Um die drei um den Forumsplatz gruppierten Gebäudevolumen als Ensemble zu stärken, wurde der Hörsaalkubus des Audimax hell beschichtet und bildete somit wieder eine Einheit mit dem Forumsgebäude und der Bibliothek, die einen bewussten Kontrast zum gegenüberliegenden historischen Universitätsgebäude des ausgehenden 19. Jahrhunderts darstellen. Die Einzelgebäude sollten sich in das Gesamtkonzept einordnen.

Das heißt, der Urheberrechtsinhaber des Gebäudes hat Anfang der 1970er Jahre zusammen mit dem Bauherrn entschieden, die Gestaltung des Audimax zugunsten der Ensemblewirkung des Forums zu ändern. Dabei soll er die damit verbundene konsequente Farbänderung der Wolkenskulptur mit Marguerite Arp-Hagenbach, der Witwe Hans Arps und somit damalige Urheberrechtsinhaberin, abgestimmt haben. Auch wenn dies nicht belegt ist, erscheint es doch aufgrund der guten Bekanntschaft der beteiligten Personen nicht

2   Vgl. Rolf Blenkle, Ltd. Baudirektor a. D.: Brief an das Staatliche Baumanagement Braunschweig, 02.02.2007.

(Abb. 7) Braunschweig, Technische Universität,
Auditorium Maximum, Blick von Südwesten, 1960

(Abb. 8) Forumsensemble, 2021

unwahrscheinlich. Die Farbänderung erfolgte durch ein aufwendiges Entfernen des alten und anschließendes Aufbringen eines neuen, bronzefarbenen Eloxals, das bis heute erhalten ist und im Zuge der Baumaßnahmen lediglich restauratorisch gereinigt werden musste.

Während der Sanierungsplanung wurde in einem langen Abwägungsprozess mit dem Bauherrn (zunächst das Staatliche Baumanagement Niedersachsen, seit 2017 die Technische Universität Braunschweig) und dem Niedersächsischen Landesamt für Denkmalpflege entschieden, nicht die ursprüngliche Fassung wiederherzustellen, sondern den Anfang der 1970er Jahre weitergedachten Entwurfsgedanken des Architekten zu würdigen. Ohnehin stellt sich in solchen Fällen immer auch die Frage, ob es Bauherrschaft und Architekt:innen heute überhaupt zusteht, die Gestaltung eines Kunstwerks und dessen verloren gegangenen Originalzustand nachzuempfinden, obwohl doch der heutige Zustand prägend und in der öffentlichen Wahrnehmung verankert ist. Eine Rückführung der Wandinstallation von Arp zur ersten Farbfassung wäre zwangsläufig mit der Farbänderung des Gebäudes verbunden. Hier hätte sich unweigerlich die Frage gestellt, welches Kunstwerk verändert werden darf – denn als solches müssen sowohl die Arbeiten Arps als auch Kraemers bezeichnet werden. Folgerichtig war nach dem Urheberrecht beider Werke zu fragen, das jedoch aufgrund fehlender Fakten nicht eindeutig zu beurteilen war. Letztlich galt es, an dieser Stelle nicht nur aus juristischer Perspektive zu denken, sondern als Architekt:in den Blick fürs Ganze zu wahren und ein Gesamtkonzept zu entwickeln, das alle Aspekte vom Entwurfsgedanken zur technischen Ausführung würdigt. In diesem Sinne lässt sich die Wolkenskulptur nur im Kontext des Audimax denken, und das wiederum ist immer als Teil des Forumsensembles zu sehen, als das es Kraemer in seiner Individualität konzipiert hat. *(Abb. 8)*

Im Zuge der erfolgreichen Sanierung des Audimax konnten energetische und brandschutztechnische Mängel behoben und dadurch die zu Sanierungsbeginn eingeschränkte Hörsaalnutzung auf Dauer sichergestellt werden. Das klare und bis ins Detail durchdachte Entwurfskonzept Kraemers ist wieder ablesbar. Intensiv genutzte Raumbereiche, etwa das Foyer, werden in ihrer gestalterischen Stringenz und Klarheit wieder offenbar. Die im Entwurf kontrastierend verwendeten Farben und Materialien treten in ihrer gestalterischen Qualität wieder hervor. Dies wurde möglich, indem dieses Denkmal der Nachkriegsmoderne so behandelt wurde, wie es jedes Denkmal verdient: als ein in allen Teilen zu respektierendes Unikat, das es unter allen Umständen zu erhalten gilt und für das individuelle Lösungen entwickelt werden müssen.

Bildnachweis: *(Abb. 1)* Heinrich Heidersberger #885_26 Auditorium Maximum, Braunschweig 1960 *(Abb. 2)* Krekeler Architekten Generalplaner GmbH (Foto: Stefan Melchior) *(Abb. 3)* Heinrich Heidersberger #885_21 Auditorium Maximum, Braunschweig 1960 *(Abb. 4)* Krekeler Architekten Generalplaner GmbH (Foto: Stefan Melchior) *(Abb. 5)* Krekeler Architekten Generalplaner GmbH *(Abb. 6)* Krekeler Architekten Generalplaner GmbH (Foto: Stefan Melchior) *(Abb. 7)* Heinrich Heidersberger #885_35 Auditorium Maximum, Braunschweig 1960 *(Abb. 8)* Krekeler Architekten Generalplaner GmbH (Foto: Stefan Melchior)

Nicht schlechter als zuvor

Sophia Schmidt

Über die Sanierung der Württembergischen Landesbibliothek

In Beständen der Nachkriegszeit arbeiten wir mit einer in Beton gegossenen Wahrheit. Durch die bauliche Konstitution eines Bauwerks und die Art der Nutzung demonstriert es uns seine Stärken und Schwächen. Daraus können wir Rückschlüsse ziehen und Maßnahmen erarbeiten.

Manche Häuser sind dabei so beschaffen, dass sie fast mühelos von Nutzung zu Nutzung wandeln. Bauten des Barock oder der Gründerzeit beinhalten heute nicht mehr nur gut geordnete Wohnungen, sondern erfreuen sich als Arztpraxen, Kindergärten oder Büros größter Beliebtheit. Sie sind in gewisser Weise generisch und eröffnen somit ein breites Spektrum an zum Teil sehr spezifischen Nutzungen, ohne als Bauwerk obsolet zu werden.

Vorgängerbauten als Raumgenerika

Auch diejenigen Gebäude, in denen die Vorgängerinstitutionen der Württembergischen Landesbibliothek (WLB) nach ihrer Gründung rund 120 Jahre lang untergebracht waren, fallen unter diese Kategorie. Als Carl Eugen von Württemberg seine Herzoglich Öffentliche Bibliothek 1765 aus einer persönlichen Passion heraus und als „ein Werk fürstlicher Laune und Willkür"[1] ins Leben rief, hätte die Sammlung des Herzogs vorzugsweise in Stuttgart untergebracht werden sollen, wo zu der Zeit seine neue Residenz gebaut wurde. Ein Steuerstreit führte jedoch dazu, dass der Sitz der Bibliothek zunächst nach Ludwigsburg, in das Beck'sche Haus verlegt wurde. Nur 2 Jahre später zog die Sammlung bereits in das größere Grafenhaus.[2] Beide herrschaftlichen Häuser hatten einen unmittelbaren räumlichen Bezug zum Hof des Herzogs und zeichneten sich durch großzügige barocke Raumfolgen aus, die sich gut als Lese- und Studiensäle eigneten. Aufgrund ihrer baulichen Konstitution konnten sie vor der Unterbringung der Buchsammlung und danach noch eine Vielzahl unterschiedlicher Nutzungen aufnehmen. Das Beck'sche Haus beherbergt derzeit behördliche Funktionen der Stadt Ludwigsburg, während das Grafenhaus lange als Polizeistation diente und nun zum Büro- und Geschäftshaus hergerichtet wurde.

Mit der Rückverlegung der württembergischen Residenz nach Stuttgart im Jahr 1775 begab man sich auf die Suche nach einem geeigneten Standort in der Nähe des Neuen Schlosses. Man entschied sich schließlich für das Herrenhaus am Stuttgarter Marktplatz, einen großen Holzbau aus der Frührenaissance, der ausreichend Platz für die bereits umfangreichen Bestände des Herzogs bot. Nach 2 Jahren Umbauzeit wurde das Gebäude eröffnet und zeigte sogleich seine Untauglichkeit für die ihm angediehene Aufgabe: „Um die

1   Karl Löffler: Die Geschichte der Württembergischen Landesbibliothek, Leipzig 1923, S. 2.
2   Walter Brodbeck, Hans-Jörg Schlumberger: Bauaufnahme Württembergische Landesbibliothek 1750–1983, Stuttgart 1983, S. 3–4.

Brandgefahr einzuschränken, sollte Licht und Feuer im Hause möglichst vermieden werden."[3] Die Nutzung der Bibliothek war also hauptsächlich an hellen Tagen möglich, das Heizen musste vermieden werden. Zudem wurden die Bücher in Fensternähe bei anhaltendem Regen nass.[4] Abhilfe für diese Zustände wurde erst nach Carl Eugens Tod geschaffen, als die Neuerwerbungen zwar weniger wurden, aber das Gebäude bereits aus allen Nähten platzte. Auf Erlass König Wilhelms I. wurde 1820 das erst 10 Jahre zuvor errichtete Invalidenhaus an der damaligen Neckarstraße (jetzt Konrad-Adenauer-Straße) als neuer Standort bezogen, an dem sich die Bibliothek noch heute befindet. Das Haus selbst war ein langer Baukörper mit massigem Sockel und einem dreigeschossigen Aufbau aus Holz. Aber es war eines der wenigen Gebäude jenseits der Neckarstraße und bot damit reichlich Platz für Erweiterungsbauten und wegen seiner Lage vis-à-vis des Neuen Schlosses wurden Besucher:innen der Stadt durch ein Spalier aus Residenz und Carl Eugens Bibliothek in Empfang genommen.

Nach der Übersiedlung wurden aus der Erfahrung mit dem Herrenhaus jedoch rasch Forderungen nach einem Massivbau laut, vor allem aufgrund der großen Brandlasten und der niedrig gelegenen Erdgeschossfenster, die ständig überwacht werden mussten.

Bis zu diesem Zeitpunkt hatte die Bibliothek lediglich ihre Gewänder gewechselt, sobald sie aus einem herausgewachsen war. Nun stand mit dem Bau eines expliziten Bibliotheksgebäudes eine neue Bauaufgabe an, für die ein Raumprogramm verfasst und die zukünftige Art der Nutzung dargelegt werden musste – inklusive Schätzungen des Zuwachses über die nächsten 50 Jahre. Nach langer Überlegung über den Ort wurde, trotz des sumpfigen Untergrunds, schließlich an dem bestehenden Grundstück festgehalten und direkt an der straßenabgewandten Rückseite des Invalidenhauses ein monumentaler Neubau nach dem Entwurf Theodor von Landauers errichtet.

Dieses 1886 eröffnete Gebäude im Stil der Neorenaissance gab der Bibliothek zum ersten Mal in ihrer Geschichte ein explizit für bibliothekarische Zwecke entworfenes Gebäude, in dem die Verwaltung von den Nutzräumen getrennt untergebracht war. Jedoch wurde die Nutzung hauptsächlich über die Fassadenreliefs Adolf von Donndorfs nach außen getragen. Hinter der Fassade mit dem großzügig inszenierten Piano Nobile erstreckte sich das viergeschossige Büchermagazin.

So spezifisch die Anforderungen an den Bau festgelegt wurden, in seiner Ausführung hätte er mit überschaubarem Aufwand auch jedem anderen Inhalt Rechnung getragen, wäre er nicht nach 58 Betriebsjahren in der Nacht vom 12. auf den 13. September 1944 dem Bombardement der Alliierten zum Opfer gefallen. Das Gebäude der Bibliothek und mit ihm über 500.000 Bücher sowie das benachbarte

3   Löffler 1923 (wie Anm. 1), S. 12.
4   Vgl. Brodbeck/Schlumberger 1983 (wie Anm. 2), S. 6.

Staatsarchiv wurden durch die Angriffe und den anschließenden Brand vernichtet. Auch eine kurz zuvor in der Bibliothek eingebaute Betondecke zum Schutz der Bücher konnte Schlimmeres nicht verhindern.[5] Die Häuser wurden so stark beschädigt, dass sie in der Folge nur noch provisorisch wieder aufgebaut wurden.

Findung einer neuen Sprache

Der neue Geist der Nachkriegszeit spiegelte sich progressiv in den Planungen der Kulturbauten entlang der Neckarstraße wider. Sichtbeziehungen zwischen den neuen Häusern des Hauptstaatsarchivs, des Landtags und der Landesbibliothek auf der einen sowie des Neuen Schlosses, der Oper und des Theaters auf der anderen Straßenseite überführten den Gedanken einer freien demokratischen Gesellschaft in das Gefüge der Stadt, welcher der WLB-Architekt Horst Linde eine „europäische Dimension" zusprach.[6]

Als erster Neubau wurde 1961 das Haus des Landtags als prägnanter Baukörper in Stahlbetonkonstruktion im ehemaligen Schulgarten der Hohen Carlsschule realisiert. Der flache pavillonartige Bau auf quadratischem Grundriss ist in Mies'scher Manier in sich streng gegliedert und fügt sich doch ganz selbstverständlich in den Schlosspark ein. Im gleichen Duktus wurden das Hauptstaatsarchiv und die Landesbibliothek als Orte der Wissenschaft gemeinschaftlich durch das Team um Horst Linde entwickelt. Zum wiederholten Mal wurde der Bibliotheksneubau bündig an der Rückseite des ruinösen Vorgängerbaus aufgebaut. Der Altbau wurde dabei in Teilen als Baugrubensicherung des neuen Gebäudes genutzt *(Abb. 1)*.

Das Gebäude, welches sich zu gleichen Teilen unter und über der Erde befindet, gliedert sich in drei übergeordnete Nutzungsbereiche, die sich unterschiedlich stark im Gebäude abzeichnen. Während oberirdisch große offene Räume und Raumverbände pavillonartig in die Parkanlage fließen und die Blicke nach außen lenken, entziehen sich die unterirdischen Magazingeschosse dem Blick der Besucher:innen, obwohl sie etwa die Hälfte der Gesamtbaumasse ausmachen. Sie bilden das geistige und physische Fundament und den Sockel des Gebäudes. „Die [bis dahin ungewöhnliche; Anm. d. Verf.] Anordnung der Magazine in den Untergeschossen geht grundsätzlich auf die ersten Überlegungen zurück, wonach die wertvollen Bestände der Landesbibliothek und des Hauptstaatsarchivs gegen alle äußeren Einflüsse und möglichen Katastrophenfälle geschützt untergebracht werden sollten [...]. Die Lösung hat außerdem den Vorteil, die Forderungen nach konstanter Temperatur und Feuchtigkeit leichter zu erfüllen; der Betrieb der Klimaanlage ist daher auf die Dauer wirtschaftlicher."[7]

5   Vgl. ebd., S. 24.
6   Vgl. Horst Linde: Gedanken zur Planung der WLB Stuttgart, Stuttgart 1970, S. 18.
7   Staatliches Hochbauamt I Stuttgart: Antwort auf den Erlass des Rechnungshofes vom 31.07.69, Stuttgart 1970, S. 5.

293   *(Abb. 1)*   Stuttgart, Württembergische Landesbibliothek,
Lesesaal im Rohbau, 1968

(Abb. 2)   Lesesaal und Referententrakt im Rohbau, 1968

Nicht schlechter als zuvor

Die Hanglage der Bibliothek bedingt einen besonderen Schutz vor eindringendem Wasser. Hierfür wurde eine Bautechnik adaptiert, die bereits im frühen 19. Jahrhundert beim nahe gelegenen Wilhelmspalais von Giovanni Battista Salucci erprobt wurde. Er legte einen Graben aus Sandstein um das Gebäude, in dem von außen eindringende Feuchtigkeit verdunsten konnte, bevor sie die eigentlichen Außenmauern des Gebäudes erreichte. Diese Technologie wurde für die Planung des Hauptstaatsarchivs und die WLB weiterentwickelt. Eine äußere Betonumwandung formt einen umlaufenden Graben um die Magazingeschosse beider Bauten. Sie dienen als Nabelschnur zwischen öffentlicher Versorgung und Gebäude, ohne dass wasserführende Leitungen den Magazinbereich durchqueren müssen. Als äußerste Schutzschicht ist erdseitig um den Umlaufgraben eine Bitumenabdichtung mit Kupfereinlage als schwarze Wanne aufgebracht. Das umgebende Erdreich tut ihr Übriges zum Schutz.

Die Entwässerung aller oberirdischen Bauteile erfolgt innerhalb des Hauses über einen Hohlboden über der obersten Magazinebene an der Schnittstelle zu den öffentlichen Bereichen. Dieser Boden ist als Trümmerdecke konzipiert, eine massive Betonkonstruktion, die über Mauerwerkswände auf der eigentlichen Betondecke aufgeständert ist. In ihrem Inneren verlaufen Lüftungskanäle, Heizungsleitungen, Zu-, Schmutz- und Regenwasserleitungen. Diese zweite Decke dient als Puffer, um das darunter gelegene Archivgut im Falle eines Kollapses der oberirdischen Konstruktion zu schützen.

Den zweiten Nutzungsbereich bildet die Verwaltung. Sie ist in Gruppen geclustert, die ihrerseits in unterschiedlichen oberirdischen Bauteilen verortet sind. Der Hauptverwaltungstrakt, der Referententrakt und das Hausmeisterhaus mit ehemaliger Bibliotheksschule, jetzt Digitalisierungswerkstatt, umklammern die öffentliche Nutzung. Sie zeichnen sich durch die primäre Verwendung von Sichtbeton und Klinkermauerwerk ab. Gegliederte Fensterbänder lockern die Fassade auf und verraten nach außen, dass es sich um Skelettbauten handelt (Abb. 2).

Das Herzstück der Anlage bildet jedoch der öffentliche dritte Nutzungsbereich, bestehend aus mehreren Lesesälen und der großen über vier Geschosse offenen und allseitig verglasten Halle. Sie vermittelt zwischen dem städtischen Außenraum und den ruhigen Rückzugsorten der geistigen Arbeit. Zusammen mit dem Parkierungsgebäude, in dem man durch das Abstellen des Autos dem hektischen Verkehr entfliehen und sich bei der fußläufigen Durchwegung des Parks allmählich entschleunigen kann, bildet die Halle eine Prozession auf dem Weg zu den Arbeitsplätzen.

Die beiden unteren Hallenebenen kommunizieren zwischen dem Haupteingang in Richtung der Konrad-Adenauer-Straße und den Eingängen an der rückwärtigen Urbanstraße. Der stadträumliche Charakter zeigt sich auch im Belag der Außenanlagen aus Kleinpflasterstein, der in der Unteren Halle in das Gebäude hineinfließt und im Übergang zu den oberen Geschossen in erdigen Spaltklinker übergeht. Die kleine Querstraße, die vor dem Krieg die Wegeverbindung zwischen Urban- und jetziger Konrad-Adenauer-Straße gebildet hatte, wurde damit durch einen Boulevard ersetzt, der breit angelegt ist und öffentlich durch das Gebäude führt. Über eine großzügige von einem Wasserbecken gesäumte Rampensituation gelingt die Verbindung der beiden Ebenen.

Die eigentliche Transition in die Bibliothek hinein geschieht beiläufig über die großzügige Treppe aus geschichteten dunklen Holzblockstufen ein, die von der Oberen Halle in die Hauptebene des Gebäudes führt. Ab hier erst ist der harte Belag durch weichen Teppich ersetzt und die bis dahin roh belassene Sichtbetondecke mit einer Abhangkonstruktion aus weißem Holz versehen. Die Unterhaltungen der eintretenden Nutzer:innen werden so gedämpft und die Neuankömmlinge können zur Ruhe kommen, bevor sie in den Hauptlesesaal eintreten *(Abb. 3).*

Dort angekommen, eröffnet sich ein überhöhter zweigeschossig offener Raum auf quadratischem Grundriss. Der Saal bildet einen ruhigen, gefassten und konzentrierten Bereich und ermöglicht das intensive Studium einzelner Bücher. Die umlaufende Fassade aus gefalteten Holzlamellen bringt indirektes homogenes Licht in den Raum, ohne die Konzentration durch den direkten Blick nach draußen zu stören. Das Holz taucht den Raum in ein gelbliches, warmes Licht *(Abb. 4, Abb. 5).* Die Lamellen stellen dabei eine Besonderheit im Bau dar. Sie sind die einzigen Elemente im ganzen Haus, die aus einem hellen Bauholz gefertigt sind. Ursprünglich hätten sie aus Betonfertigteilen hergestellt werden sollen, dies wurde aufgrund bauphysikalischer und statischer Berechnungen verworfen. Die Betonfassade wäre schlicht zu schwer geworden und man hätte sie nicht dämmen können.[8]

Auf neun um 45 Grad gegen das Gebäuderaster gedrehten Stützen thront ein freischwebendes Kelchdach. Vier doppelt gekrümmte HP-Schalen erstrecken sich jeweils aus einer Stütze und formen einen Kelch, dessen Addition sich als weites und ruhendes Firmament über den Saal legt. Das über ein filigranes Oberlichtband, welches das Dach von der Fassade trennt, einfallende natürliche Licht wird über die Dachkonstruktion tief in den Raum geleitet.

Die ebenfalls im 45-Grad-Winkel gedrehten Lesesaalarbeitsplätze sind entlang der Empore des Saals angelegt. Sie richten sich in den ruhigen Raum und ermöglichen das intensive Studium.

Während sich die monolithische und mit Kupfer verkleidete Kubatur des Lesesaals von außen ablesbar ganz deutlich auf das Neue Schloss bezieht, baut sie im Innenraum eine besondere Spannung darüber auf, dass der Sichtbezug durch die Faltung der Fassade gebrochen wird. Eine direkte Sicht aus dem Gebäude auf das Schloss ist lediglich im eine Ebene tiefer gelegenen Sonderlesesaal möglich.

8   Ebd., S. 8.

(Abb. 4) Stuttgart, Württembergische Landesbibliothek, Lesesaal kurz nach der Fertigstellung mit Blick von der Hauptebene, um 1970

(Abb. 5) Lesesaal mit Blick von der Empore auf die Holzlamellenfassade und das Kelchdach, 2022

Der Neubau spricht nun zum ersten Mal in der Geschichte der WLB eine eigenständige Sprache, die ganz auf die Durchwegung und Nutzung des Gebäudes als Stätte des wissenschaftlichen Austauschs ausgelegt ist. Er erhebt sich aus der Kategorie austauschbarer Gewänder, indem er nicht mehr nur Hülle ist, sondern einen einzigartigen Ort an der Schwelle zwischen Stadt und Institution formt. Er ist nicht mehr geprägt durch die diktatorische Monumentalität eines autokratischen Herrschaftsverständnisses, sondern aus der Mitte der Gesellschaft heraus gedacht.

Damit ist die WLB perfekt und untrennbar mit der Stadt verwoben. Sie fungiert als Erweiterung des Schlossparks und als dessen Verzahnung mit dem umliegenden Stadtgefüge. Der Bau ist so unmissverständlich als Landesbibliothek gedacht und im Sinne des Zeitgeists konzipiert, dass er unmöglich eine andere Nutzung verträgt. Als das Gebäude, für das im Gegensatz zu seinem Vorgängerbau keine explizite Möglichkeit für ein Weiterbauen vorgesehen war, schließlich die Kapazitätsgrenzen erreichte, stellte sich also nicht die Frage eines Um- oder Anbaus, sondern diejenige nach einem eigenständigen Erweiterungsbau und der Sanierung des Bestands.

Schwächen des Bestandsbaus

Die Unzulänglichkeiten des Bestands hatten 50 Jahre Zeit, sich Ausdruck zu verleihen. Manche Schwächen sind offensichtlich, manche wurden bislang hingenommen oder noch nicht als solche erkannt. Den regelmäßigen Wassereinbrüchen in den Magazinen wurde mit Ergänzung von Kupferrinnen entlang der undichten Gebäudedehnfugen begegnet. Die geforderten Brandabschnittstrennungen zwischen den einzelnen Funktionsbereichen wurden nur sporadisch hergestellt.

In der Bauaufnahme von 1983 wird bereits auf die unbefriedigende Aufzugsituation hingewiesen: „Es gibt zwar einen kleinen Aufzug, in dem aber schon ein Krankentransport nur in vertikaler Stellung möglich ist."[9] Trotz einer Vielzahl kleinerer Aufzüge stellt das Fehlen eines barrierefreien Aufzugs, in dem auch größere Mengen Bücher bewegt werden könnten, bei der Logistik des Büchertransports für den Auszug der Bibliothek oder einen Havariefall ein beträchtliches Hindernis dar.

Der Bau eines Vortragssaals für die WLB, der an der jetzigen Stelle des Erweiterungsbaus hätte errichtet werden sollen, wurde zurückgestellt. Der Wille, einen gemeinsamen Vortragssaal für die Bauten zwischen Hauptstaatsarchiv und Staatsgalerie zu errichten, wurde nie umgesetzt.[10] Veranstaltungen im offenen Haus waren daher mit Einschränkungen des Bibliotheksbetriebs verbunden. Auch die offen in der Unteren Halle liegende Cafeteria hatte zumindest

9   Brodbeck/Schlumberger 1983 (wie Anm. 2), S. 52.
10   Vgl. Staatliches Hochbauamt I Stuttgart 1970 (wie Anm. 7), S. 3.

geruchliche Auswirkungen auf die oberen Geschosse. Außerdem ergaben sich über die Nutzungszeit erhebliche Änderungen in den Betriebsabläufen. Die ehemalige Rohrpostanlage wurde durch digitale Datenübertragung unzeitgemäß, die schräg durch das Gebäude verlaufende Buchförderanlage erwies sich mit der zunehmenden Menge an zu transportierenden Büchern als ungeeignet.

Erweiterung

Als für das Wachstum der Bibliothek mehr und mehr Außenstellen angemietet werden mussten, wurde die Erweiterung der WLB durch einen Neubau beschlossen. Für das Raumprogramm einigte man sich darauf, diejenigen Funktionen, die mit der damals genehmigten Planung der WLB nicht vereinbar waren oder sich in der Nutzung als unglücklich erwiesen, als Bausteine in das neue Gebäude zu übernehmen. Dies betraf hauptsächlich Nutzungen der mehrgeschossigen zentralen Halle des Bestands, denn diese war zwar als brandlastfreie Zone ausgewiesen, beherbergte aber mittlerweile eine Cafeteria, eine Ausstellung und einige Theken, die aufgrund der geänderten Erschließung im Bestand sowieso obsolet wurden.

Als 2015 schließlich die Arbeiten am Erweiterungsbau begannen, kam wieder das Prinzip der kompakten Anordnung von Außenwand an Außenwand der unterirdischen Bauteile mit dem bestehenden Gebäude zur Anwendung, dieses Mal aber in Straßenrichtung. Der neue Bau adaptiert den Materialkanon des Bestands aus Sichtbeton, Kupfer und dem weißen Holz der Innenausbauten. Er übernimmt die Offenheit der viergeschossigen Halle und nutzt diese für den effizient organisierten und großzügigen Freihandbereich. Die Sprache der introvertierten gedrehten Lesesaalarbeitsplätze des Bestands übersetzt er in die expressive Gestaltung seiner Fassaden und des Dachs und schafft so mit ähnlichen Mitteln Arbeitsplätze neuer Qualität, die die im Bestand vorhandenen Plätze ergänzen. Mit seiner Eröffnung im Jahr 2020 schuf der Erweiterungsbau mit seinen neuen Raumkapazitäten und durch die Übernahme vieler öffentlicher Nutzungen die Voraussetzung für eine Sanierung des Bestands, ohne Verlust der Adresse über die Bauzeit.

Physische und ideelle Pflege des Bestehenden

Die Württembergische Landesbibliothek benötigt einen festen Ort. Schließlich kommt ihr als einer der bundesweit siebzehn Landesbibliotheken die besondere Verantwortung der Bewahrung und des Weitertragens von Wissen zu. Jede dieser Bibliotheken bildet über ihre Konstruktion die handwerklichen und technologischen Grundlagen der Bauzeit ab, aber auch die gesellschaftliche Prägung der jeweiligen Epoche. Sie sind Wissensspeicher und Wissensträger zugleich. Sie sind begehbare Dokumente im Archiv unserer gebauten

Umwelt. Und doch sind sie keine abgeschlossenen Werke, sondern müssen imstande sein, dauerhaft mit der Gesellschaft in den Dialog zu treten.

Ebenso wie die Archivalien, die den Besucher:innen Zeugnis über vorangegangene Gesellschaften vermitteln, gilt auch die bauliche Verwahrung der Kulturgüter selbst als ein schützenswertes Dokument. Das Haus dient dem Schutz der Bibliotheksbestände und muss zur Erfüllung dieser Funktion befähigt sein. Dazu zählt etwa die Gewährleistung eines intakten Dachs, welches das Papier vor Nässe schützt, die Instandhaltung haustechnischer Anlagen, um die Grundanforderungen an Luftfeuchtigkeit und Temperatur für einen langen Erhalt der Güter zu gewährleisten, bis hin zur routinehaften Reinigung und Pflege von Oberflächen, um deren Nutzung angenehm zu gestalten. Dazu zählt aber auch die Rücksichtnahme auf die bestehenden konstruktiven Gegebenheiten, wie die Wahrung von Lastgrenzen, die das Maß der Magazinbelegung vorgeben, oder räumliche Gliederungen innerhalb des Gebäudes, die nicht mit jeder Nutzung vereinbar sind.

Die physische Pflege des Hauses und ein Verständnis der Baukonstruktion bedingen einander. Solange das Haus gut gepflegt wird, kann es die vorgesehenen Qualitäten erfüllen. Wird diese Pflege vernachlässigt, verfällt damit sukzessive die Schutzwirkung des Gebäudes.

Des Weiteren benötigt das Haus geistige Zuwendung, um die Idee des Gebäudeentwurfs und der Institution nach außen zu tragen und für die Bibliotheksbesucher:innen lesbar zu machen. Diese Art der Pflege zeigt sich in den Überlegungen, wie die vorhandenen baulichen und städtebaulichen Gegebenheiten genutzt werden können, um von den Teilnehmer:innen des öffentlichen Lebens als Einladung verstanden zu werden. Das Gebäude vermittelt den Zugang zum in ihm gespeicherten Wissen. Es bildet sowohl dessen Gefäß als auch das Interface zwischen Nutzer:in und Kulturgut. Als solches muss es also selbstverständlich funktionieren und gut organisiert sein.

Das bedingt auch die Pflege der Gestaltung öffentlicher Bereiche, denn sie stehen in unmittelbarem Kontrast zu den effizient gestalteten Büroflächen und den dichten Magazinen, welche für die komplexen Funktionsmechanismen des Bibliotheksbetriebs notwendig sind. Der öffentliche Raum bietet eine geschützte Atmosphäre für zufällige Gespräche und freie Diskussionen, aus dem man sich für konzentrierte Arbeit zurückziehen kann. Diesen Raum gegen die Dichte der effizienten internen Betriebsabläufe zu erhalten, erfordert ein hohes Maß an Disziplin im Bibliotheksalltag. Solange das Haus ideell gepflegt wird, kann es seine Vermittlerfunktion gut und in nachvollziehbarer Weise erfüllen.

Die Herausforderung bei der Bauwerksanierung liegt also in der Freilegung der räumlichen Qualitäten als auch in der Schadensbehebung und der Beseitigung großer Mengen von Altlasten, besonders in der Haustechnik und in den Magazinebenen, wo 13.500 Quadratmeter Estrich ausgetauscht werden müssen. Das geschieht alles mit einem umsichtigen Blick auf das raffinierte Ineinandergreifen von Technik und Architektur, das viele sorgsame Bauteilöffnungen an Sichtoberflächen bedingt.

Der freiheitliche Geist der offenen, weitläufigen Anlage könnte unter heutigen Gesichtspunkten der Wirtschaftlichkeit und Nachhaltigkeit im Rahmen eines Neubaus nicht mehr gewährleistet werden. Umso wichtiger ist es, das, was gut ist, zu stärken. Um die Großzügigkeit des Gebäudes zu schützen und es dennoch für den Freihandbetrieb nutzbar zu machen, wird als Kompensation des brandlastfrei zu haltenden Raums eine Sprinkleranlage in allen Hallengeschossen ergänzt. Während sonst vieles im Gebäude Bestandsschutz genießt, ändert sich hier die qualitative Art der Bibliotheksnutzung.

Natürlich müssen die geänderten Anforderungen einer pluralistischen und sich digitalisierenden Gesellschaft mit dem bestehenden Gefüge verwoben werden. Aus dem Bestand lässt sich aber ein Duktus ableiten, der ein Weiterbauen möglich macht. Man wird dabei nicht alle Wünsche und Anforderungen gleichermaßen umsetzen können. Wir versuchen, das Neue aus dem Alten zu gewinnen, das Destillat der Anforderung zu filtern, um das Wichtige an der richtigen Stelle zu verändern, zu extrahieren oder hinzuzufügen, ohne die Aussage des Hauses zu schwächen.

Wir lokalisieren diejenigen Orte, die derzeit nicht optimal organisiert sind, und untersuchen, ob sie einer höherwertigen und öffentlichen Nutzung zugeführt werden können. In erster Linie handelt es sich dabei um Magazinflächen in der unteren Hallenebene, die durch die räumliche Nähe zum neuen Haupteingang im Erweiterungsbau eine starke aktive Beziehung untereinander aufbauen können. Eine Öffnung dieser Flächen und die Belegung mit neuen Inhalten wird eine andere Art des Zugangs zum Bibliotheksbestand für ein breiteres Publikum bereiten.

Das Bauwerk zeigt sich als pädagogisches Instrument der Architekturvermittlung, nicht nur durch das Spiel der Kubaturen und den Grad der Offenheit der einzelnen Bauteile. Es ist durchaus kommunikativ und berichtet den Besucher:innen, die es mit offenem Auge und offenem Ohr durchschreiten, viel über seine Tektonik der Materialien und die grundlegenden Entwurfsgedanken. Es ist ein bedachtes Haus, das den Schatz, den es birgt, genau zu hüten weiß.

Nicht schlechter als zuvor – eine große Aufgabe!

Bildnachweis: *(Abb. 1–2)* Vermögen und Bau Baden-Württemberg, Amt Stuttgart *(Abb. 3–5)* LRO, Stuttgart

Wie schützen und erhalten?

Gundula Lang und Sabine Weigl

Von der Denkmalbedeutung zu Instrumenten der Vermittlung und Sensibilisierung: Denkmalpflegerische Leitlinien und Denkmalpflegeplan für die Terrassenhaussiedlung in Graz-St. Peter

Die Denkmalbewertung von Flächendenkmalen, Streckendenkmalen oder seriellen Bauten wie Verkehrsbauwerken, Industriearealen, Arbeitersiedlungen oder Großsiedlungen der Moderne stellt Eigentümer:innen und Denkmalbehörden vor besondere Herausforderungen. Die Größe und Ausdehnung der Anlagen, der laufende Bauunterhalt, die Menge an Reparaturmaßnahmen sowie häufig eine Vielzahl an Eigentümer:innen erhöhen den Abstimmungsbedarf. Für den Vollzug des Denkmalschutzes – also die Unterschutzstellung sowie die Prüfung und Bescheidung von Erlaubnisanträgen, beides auch potenziell gegen Widersprüche – sind in den Behörden und Ämtern hohe Kapazitäten erforderlich. Können diese behördlichen Prozesse sowie die fachliche Beratung bei der Planung von Instandsetzungen oder Anpassungen bereits frühzeitig in eine zielführende Richtung gelenkt und damit vereinfacht, bestenfalls auch beschleunigt werden? Welche Methoden oder Instrumente könnten dabei unterstützen? Wie schützen und erhalten?

Deutschland:
Denkmalpflegeplan, denkmalpflegerische Zielstellung, Leitlinien

In einigen der länderspezifischen Denkmalschutzgesetze der Bundesrepublik Deutschland ist unter dem Begriff Denkmalpflegeplan – oder unter der aus dem Denkmalpflegegesetz der DDR[1] stammenden Bezeichnung denkmalpflegerische Zielstellung beziehungsweise Zielsetzung – ein Instrument implementiert, das der Herausarbeitung und Umsetzung denkmalpflegerischer Belange bei Maßnahmen an Denkmalen dient.[2] Gleichzeitig meint der Begriff Denkmalpflegeplan auch einen gesamtgemeindlichen Fachplan als kulturhistorischer Fachbeitrag zur Bauleitplanung für die Stadtplanung und Stadtentwicklung auf kommunaler Ebene, der mit dem DSchG NRW a. F. eingeführt und in Brandenburg, Sachsen-Anhalt und Thüringen übernommen wurde.[3]

Abgesehen von diesen gesetzlich definierten Instrumenten hat sich in der Bundesrepublik eine Vielzahl an Formaten mit unterschiedlichen Bezeichnungen in der Praxis verbreitet. Dazu zählen denkmalpflegerische Leitlinien und Leitfäden, beispielsweise in Baden-Württemberg und Rheinland-Pfalz,[4] oder die im Rheinland verbreiteten

---

1   § 12 Abs. 1 DPflG.

2   § 8 Abs. 3 DSchG Bln, § 7 Abs. 2 und 3 DSchG M-V, § 14 Abs. 1 ThürDSchG, § 10 Abs. 2 DSchG (Hamburg).

3   § 25 DSchG NRW a. F., gleichlautend § 30 Abs. 4 DSchG NRW n. F., § 6 BbgDSchG, § 8 Abs. 2 DSchG LSA, § 3 ThürDSchG; vgl. Volkmar Eidloth, Gerhard Ongyerth, Heinrich Walgern (Hg.): Handbuch Städtebauliche Denkmalpflege, Petersberg ²2019, Lemmata Denkmalpflegeplan, denkmalpflegerische Zielplanung.

4   Land Baden-Württemberg, Landesamt für Denkmalpflege (LAD) im Regierungspräsidium Stuttgart: Kulturdenkmale der 1960er und 1970er Jahre (o. D.), https://www.denkmalpflege-bw.de/denkmale/projekte/bau-und-kunstdenkmalpflege/inventarisation/kulturdenkmale-der-1960er-und-1970er-jahre [letzter Aufruf 13.07.2022].

Denkmalfibeln beziehungsweise Gestaltungsfibeln.[5] Sie enthalten eine Darstellung des Denkmalwerts und der Denkmalbedeutung, ausführliche Hinweise zum denkmalgerechten Umgang sowie formelle Hinweise und Unterstützungsmöglichkeiten. Anders als die gesetzlich verankerten Instrumente sind diese Broschüren nicht rechtlich wirksam; sie dienen der Information und Beratung von Denkmaleigentümer:innen, Bewohnenden, Planenden usw.

Österreich: Standards, Leitfäden und Richtlinien

Auch im österreichischen Bundesdenkmalamt werden Handlungsempfehlungen, Arbeitshilfen und Broschüren zur Information aller verfasst und analog sowie digital publiziert.[6] Zum gezielt aufgesetzten Programm „Standards, Leitfäden und Richtlinien des Bundesdenkmalamts zur österreichischen Denkmalpflege" zählen beispielsweise die Publikation *Energieeffizienz am Baudenkmal* (2021), die *Richtlinien für Bauhistorische Untersuchungen* (2018) oder die umfassenden *Standards der Baudenkmalpflege* (2015). Teil dieses Programms ist auch das Projekt „Denkmalpflegerische Leitlinien / Denkmalpflegeplan", das den Fokus auf die genannten Flächendenkmale, Streckendenkmale oder seriellen Bauten legt. Die „denkmalpflegerischen Leitlinien" verstehen sich dabei als schlanke Informationen zum Verteilen an Eigentümer:innen und Nutzende vor und während der Unterschutzstellungen. „Denkmalpflegepläne" sollen einen höheren Detaillierungsgrad haben und richten sich damit auch an Planende und Handwerker:innen. Auf der Basis von präzisen Erhebungen sollen sie also Handlungsempfehlung, sogar Anleitung für die denkmalgerechte Umsetzung von Maßnahmen sein. Beide Formate dienen der Vermittlung und Sensibilisierung, sie sind nicht im österreichischen Denkmalschutzgesetz verankert und haben aus sich heraus keine rechtliche Verbindlichkeit.

Nachdem für einzelne denkmalgeschützte Anlagen – beispielsweise für den Naschmarkt in Wien, die Hochalpenstraße am Großglockner oder auch die Opernpassage und die Schottentorpassage in Wien – bereits ähnliche Vereinbarungen zum Umgang erstellt worden sind, wurde die Erstellung von denkmalpflegerischen Leitlinien und einem Denkmalpflegeplan am Beispiel der Terrassenhaussiedlung in Graz-St. Peter an einer Großsiedlung versucht.[7]

5   Zum Beispiel die Fibeln für die denkmalgeschützten Siedlungen in Duisburg oder Troisdorf: Stadt Duisburg: Gestaltungsfibeln (o. D.), https://www.duisburg.de/vv/produkte/pro_du/dez_vii/gestaltungsfibeln.php [letzter Aufruf 19.11.2022]; Untere Denkmalschutzbehörde der Stadt Troisdorf (Hg.): Denkmalfibel „Schwarze Kolonie". Troisdorf – Friedrich-Wilhelms-Hütte (10.2012), http://langenstrasse.de/wp-content/uploads/2018/07/Denkmalfibel-Schwarze-Kolonie-Endfassung.pdf [letzter Aufruf 14.07.2022].

6   Bundesdenkmalamt: Standards. Leitfäden. Richtlinien (o. D.), https://www.bda.gv.at/service/publikationen/standards-leitfaeden-richtlinien.html [letzter Aufruf 14.07.2022].

7   Die Erstellung erfolgte während eines dreimonatigen Aufenthalts von Gundula Lang im Bundesdenkmalamt. Lang ist als Referentin im LVR-Amt für Denkmalpflege im Rheinland beschäftigt und war im Rahmen eines Verwaltungsaustauschs im Sommer 2020 dorthin entsendet worden.

Die Terrassenhaussiedlung in Graz-St. Peter *(Abb. 1)* wurde ab 1965 von der Werkgruppe Graz geplant und von 1972 bis 1978 errichtet.[8] Die Werkgruppe Graz war ein von 1959 bis 1989 tätiges Architekturbüro, bestehend aus den Architekten Eugen Gross, Friedrich Groß-Rannsbach, Werner Hollomey und Hermann Pichler, die gemeinsam an der Technischen Hochschule in Graz Architektur studierten.[9] Mit ihren Werken prägten sie die Architekturlandschaft der Steiermark über 30 Jahre hinweg. Im Vordergrund stand dabei die Auseinandersetzung mit der Gesellschaft an sich und die Übersetzung der daraus resultierenden Erkenntnisse auf das Gebäude. Als Architektengemeinschaft vertraten sie den Anspruch, die Herausforderungen ihrer Zeit zu analysieren, um Häuser für die Zukunft zu bauen. Dadurch entstand neben den Bauwerken an sich eine Vielzahl an architekturtheoretischen und gesellschaftspolitischen Texten über ihre Ideen und Vorstellungen, die untrennbar mit ihren Entwurfs- und Planungsaufgaben in Verbindung stehen.

Mit der Terrassenhaussiedlung schuf die Werkgruppe Graz ziemlich früh in ihrer Zusammenarbeit das Hauptwerk ihres Œuvres. Die Auseinandersetzung mit dem Mangel an Wohnbaualternativen zu Einfamilienhäusern und den monotonen Wohnblöcken in den 1950er und 1960er Jahren führte die Architektengemeinschaft zu einer Architektur, die für Materialechtheit und Ehrlichkeit in der Konstruktion steht. Die Werkgruppe Graz vertrat die Auffassung, dass die Abdeckung der Bedürfnisse einer Gesellschaft der Auftrag an die Architekt:innen sei, auf dessen Basis Architektur entstehe. So entwarfen sie mit den assoziierten Partnern Peter Trummer und Walter Laggner ein Vorprojekt der Terrassenhaussiedlung für ein schwieriges Gelände im Südosten von Graz, basierend auf ihrem nicht realisierten Wettbewerbsprojekt in Innsbruck/Völs und zunächst ohne Beauftragung durch einen Bauträger.[10] Rein das Eigenengagement der Architekten führte zur Realisierung des Bauvorhabens.[11] Mit der Erhebung in den Status eines Demonstrativbauvorhabens konnten zunächst die finanziellen Mittel über den damaligen Wiederaufbaufonds für die Umsetzung bereitgestellt werden. Als Demonstrativbauvorhaben wurden per Definition Wohnungsbauvorhaben bezeichnet, die unter Mitarbeit eines Bauforschungsinstituts nach den neuesten Erkenntnissen von Städtebau, Baukunst, Bautechnik und Bauwirtschaft möglichst vorbildlich ausgeführt und dabei systematisch als Lehrobjekt zur Verbreitung der neuen Erkenntnisse verwendet wurden.

---

8   Graz ist die Hauptstadt der Steiermark, einem österreichischen Bundesland, und liegt etwa 200 Kilometer südlich von Wien. St. Peter ist ein südöstlich gelegener Randbezirk, der ab den 1970er Jahren ein Industriegebiet war und danach mit der Stadterweiterung zur beliebten Wohngegend wurde.

9   Zur Werkgruppe Graz siehe Weghaftes. Architektur und Literatur (2009), www.werkgruppe-graz.at [letzter Auruf 11.07.2022].

10   Vgl. Andrea Jany: Experiment Wohnbau. Die partizipative Architektur des Modell Steiermark (architektur + analyse 7), Berlin 2019, S. 35–37.

11   Vgl. ebd., S. 41.

(Abb. 1)   Graz-St. Peter, Terrassenhaussiedlung, Werkgruppe Graz, Planung 1965, errichtet 1972–1978, Aufnahme 2017

Die Terrassenhaussiedlung war das erste solcher Demonstrativbauvorhaben in Österreich.[12] Nach 6 Jahren Vorlaufzeit wurde schließlich ein Bauträger gefunden und der Bau 1972 begonnen.[13]

Die Werkgruppe Graz konzipierte die Wohnhausanlage aus ökonomischen und sozialen Überlegungen heraus als brutalistische Betonbauten. Für den Brutalismus,[14] eine Architekturbewegung, die hauptsächlich in den 1960er und 1970er Jahren auftrat, war die Verwendung von rohen Materialien als sichtbare Gestaltungselemente und nicht rein als Werkstoffe für eine stabile Konstruktion charakteristisch.[15] Darüber hinaus stellte das ethische Zusammenwirken von Mensch, Architektur und Umwelt ein wichtiges Prinzip dar.

Die Terrassenhaussiedlung hebt sich durch ihre Materialität und in ihrer Monumentalität von der umgebenden Architektur und der Landschaft deutlich ab. Zwei Häuserzeilen mit zwei zueinander versetzten, in der Höhe gestaffelten acht- bis zwölfgeschossigen Baublöcken wurden als Pfahlbauten errichtet, da der Untergrund der

---

12   Vgl. ebd., S. 42–45.
13   Vgl. ebd., S. 35–37.
14   Der Begriff Brutalismus leitet sich von *béton brut*, dem französischen Ausdruck für Sichtbeton, ab.
15   Zum Brutalismus siehe Wüstenrot Stiftung (Hg.): Brutalismus. Beiträge des internationalen Symposiums in Berlin 2012, Zürich 2017; Oliver Elser, Peter Cachola Schmal, Wüstenrot Stiftung (Hg.): SOS Brutalismus. Eine internationale Bestandsaufnahme, Zürich 2017.

(Abb. 2)   Graz-St. Peter, Terrassenhaussiedlung, Bauteile mit terrassiertem Sockelbau im Kernbereich und offene Kommunikations-ebene als optische Zäsur zu den darüberliegenden Stockwerken, dazwischen die verkehrsfreie Innenhofsituation mit großzügigen Freiflächen

ehemaligen, mit Bauschutt aufgefüllten Lehmgruben zu instabil war. Die Ausrichtung der vier Gebäude erfolgte nach Südosten und Nord-westen, um sowohl den Blick auf die Stadt als auch auf das damals noch grüne Umland zu gewähren. Jeder Baukörper besteht im Kern aus einem schmalen langgestreckten Bauteil, der durch freistehende Stiegenhäuser mit Liftschacht unterteilt wird, wobei die jeweiligen Kopfteile schmäler sind als die beiden mittleren Abschnitte *(Abb. 2)*. Der Kernteil verfügt über eine Art Sockelbau, der terrassiert bis zum vierten Obergeschoss ansteigt. Hier folgt mit einer offenen Kommuni-kationsebene eine optische Zäsur zu den darüberliegenden Stockwer-ken. Die beiden Kopfbauteile haben keine Terrassierung und bleiben in der Erscheinung eher schmal beziehungsweise verjüngen sich eben-falls bis zur Außenseite stufenförmig in horizontaler Ebene.

In einer strukturalistischen Rasterung gliedern Vor- und Rücksprünge von Erkern, Terrassen und Loggien unregelmäßig die Fassaden. Der plastische Aufbau der Außenerscheinung geht in der Kombination aus strenger Symmetrie und lockerer Asymmetrie über die rein funktionelle Gestaltung hinaus und führt zu einem bemer-kenswerten ästhetischen Gesamtkonzept. Die Schwere der Betonele-mente bildet den skulpturalen Charakter des Komplexes und steht im Kontrast zur Leichtigkeit der Fassaden sowie den zahlreichen Freiflä-chen, die den Bau akzentuieren. Es entsteht eine Wechselwirkung zwischen geschlossen wirkenden Fassaden und offenen Loggien und

Balkonen in Verbindung mit einer üppigen Bepflanzung der privaten und öffentlichen Außenräume. Verstärkt wird der Kontrast durch die freiliegenden Stiegenhäuser, die für ein vertikales Spannungsmoment sorgen.

Der Entwurf der Werkgruppe Graz sah eine Aufteilung der Planungsebenen in eine Primär-, Sekundär- und Tertiärstruktur vor. Das bedeutete eine Trennung von der Rohbaustruktur, dem individuellen Ausbau der Wohnungen und der Partizipation im Bereich der eigenen Wohnungen sowie der Gemeinschaftsflächen. Die Primärstruktur beinhaltet die Konzeption der Wohnanlage in den Aspekten des Städtebaus, der Kubatur, des Tragsystems und der Infrastruktur. Es war die Grundidee der Architekten, dass diese Gesichtspunkte den Ausdruck für ein Bewusstsein von Gemeinschaft bilden. Darauf aufbauend erfolgte die Gliederung der Anlage. Erst mit einer gemeinsamen Basis sollte die Individualität und private Freiheit zutage kommen. In der Wohnanlage wurden die horizontalen und vertikalen Verkehrswege als offener Raum geplant und somit zum grundlegenden Ausdrucksmittel der Primärstruktur. Neben den Kommunikationsebenen im ersten und vierten Geschoss übernehmen die offenen Stiegenhäuser mit den Liften diese Funktion. Die Wohnungen, die den Ort der Individualität ausmachen, bilden die Sekundärstruktur. Die Tertiärstruktur ist ein integrativer Bestandteil in der Entwicklung der Primär- und Sekundärstruktur und steht für die Partizipation der Bewohner:innen und den Selbstbau. Die zukünftigen Wohnungseigentümer:innen hatten ein Mitspracherecht sowohl in der Gestaltung der eigenen Bereiche als auch der gemeinschaftlich genutzten Flächen.

Durch die Trennung des Bauablaufs in Erschließung-, Rohbau- und Ausbauphase war es möglich, die Architektur auf die Bedürfnisse der Bewohner:innen individuell anzupassen. Die Werkgruppe Graz formte aus Einzelzellen – bestehend aus gesellschaftlichen Einheiten in einem stufenweisen Aufbau – eine skulpturale Großstruktur. Mit ihrer kompromisslosen Kombination aus Form, Material und Lage nimmt die Terrassenhaussiedlung österreichweit betrachtet eine Sonderstellung ein. Der hohe Grad an Partizipation der Bewohner:innen, der ein damals unüblich individuelles Wohnen in städtischer Verdichtung ermöglichte, die privaten Grünräume und die verkehrsfreie Innenhofsituation mit den großzügigen gemeinsamen Freiflächen sorgen auch fast 50 Jahre nach Fertigstellung für eine hohe Wohnzufriedenheit unter den Bewohner:innen *(Abb. 3)*.

Mit der Terrassenhaussiedlung werden die politischen Ideologien der 1970er Jahre dokumentiert. Das Baukonzept der Werkgruppe Graz spiegelt die Kritik am damals bestehenden System des Wohnbaus der 1950er und 1960er Jahre wider, der sich vor allem durch die kleinteilige Bebauung durch Einfamilienhäuser und monotonen Wohnblöcken auszeichnet. Es kann als eine Art Zukunftsoptimismus gelesen werden, der wiederum sinnbildlich für die neue „demokratische" Identität von Österreich nach dem Zweiten Weltkrieg stand.

(Abb. 3) Graz-St. Peter, Terrassenhaussiedlung, gemeinsam zu nutzende Freifläche im Innenhof vor einem terrassierten Sockelgeschoss, Zustand 2017

Gerade diese Gesten in die Zukunft und die Absagen an das Vergangene wollte man in den strukturalistischen Formen des Brutalismus abbilden. Daher wird der Brutalismus als architektonisches Symbol des politischen Programms des Wohlfahrtsstaats bis in die späten 1970er Jahre gesehen.

Die Terrassenhaussiedlung ist eine der seltenen monumentalen Wohnanlagen in Österreich, wo der charakteristische Sichtbeton in so einer expressiven qualitativ hochwertigen Formensprache vorhanden ist und damit ist sie ein Hauptwerk des österreichischen Brutalismus. Mit den springenden Bauteilen, den Überhöhungen und den vorkragenden Elementen wird in der Terrassenhaussiedlung ein rhetorisches – vielleicht auch ästhetisches – Bild vermittelt. Neben der Verwendung von materialsichtigen Baustoffen waren das Sichtbarmachen der inneren Strukturen des Gebäudes, was man in der Terrassenhaussiedlung unter anderem in den Stiegenhaustürmen gut erkennen kann, und die Rhetorik, die die Architektur besitzt, wesentlich.[16]

Zudem leistete die Werkgruppe Graz mit der wissenschaftlichen Begleitung zum Bau der Terrassenhäuser Pionierarbeit im österreichischen Wohnbau. Dadurch spielt die Anlage eine erhebliche Rolle in der Rezeptions- und Wirkungsgeschichte des österreichischen Wohnbaus. Vor allem nimmt sie mit einigen ihrer Parameter, wie den individuellen Wohnformen als „Haus im Haus" und mit der intensiven

---

16 Zur Rhetorik des Brutalismus beziehungsweise einer Definition siehe Oliver Elser: Just what is it that makes Brutalism today so appealing? Eine neue Definition aus internationaler Perspektive, in: Elser/Schmal/Wüstenrot Stiftung 2017 (wie Anm. 15), S. 14–19, hier S. 18.

Partizipation aller Beteiligen, politische Wohnkonzepte der 1970er und 1980er Jahre vorweg.

Dank der großen Akzeptanz der Bewohner:innen kam es lediglich zu wenigen zeitgemäßen Änderungen in der Wohnanlage. Dennoch wurden gerade die Bauten des Brutalismus beziehungsweise deren Optik bereits von der nachfolgenden Generation kritisiert, was den Denkmalschutz per se und die Vermittlung der Denkmalbedeutung so wichtig macht.[17] Wenn fehlende Akzeptanz vonseiten der Politik und Teilen der Gesellschaft gleichzeitig auf eine schlechte Energiebilanz trifft, gilt es für die Denkmalpflege, Vermittlungsarbeit um die Werte der brutalistischen Architektur zu leisten und Lösungsansätze zu Veränderungen anzubieten. Daher sollen den Eigentümer:innen für Fragen zur Veränderungen am Haus denkmalpflegerische Leitlinien und ein Denkmalpflegeplan unterstützend zur Seite gestellt werden.

Denkmalpflegerische Leitlinien und Denkmalpflegeplan

Die denkmalpflegerischen Leitlinien für die Terrassenhaussiedlung sind gegliedert in drei Abschnitte. Eine kurze Vorstellung des Denkmals soll leicht verständlich das Wesentliche zu Geschichte und Bedeutung erläutern. Charakteristisches und besonders Prägendes wird in Schlagworten aufgeführt, Fotos von heute und aus der Bauzeit sowie historische Pläne unterstützen den Text. Im zweiten Teil sind Hinweise zum Umgang mit dem Baudenkmal enthalten. Er besteht ebenfalls aus einem Fließtext mit Fotos. Die jeweils betrachteten Bauteile werden hervorgehoben und das denkmalpflegerische Erhaltungsziel wird kurz erläutert. Abschließend werden die wesentlichen Formalia wie die Erlaubnispflicht genannt, Möglichkeiten der finanziellen Unterstützung durch Zuschüsse dargestellt und wird auf inhaltliche, immaterielle Unterstützung durch Beratung der Denkmalschützer:innen hingewiesen. Außerdem werden die nötigen Kontakte und Adressen aufgeführt.

Die schlanke Broschüre adressiert Bewohner:innen und Eigentümer:innen der Terrassenhaussiedlung, nicht explizit ein Fachpublikum. Sie entstand bereits während der Erstellung des Denkmalwertgutachtens und soll über das Wesentliche in Kürze informieren, ohne die Lesenden zu überrumpeln. Ziel des Bundesdenkmalamtes ist es, die Vermittlung der Denkmalbedeutung schon im Vorfeld und während des Unterschutzstellungsverfahrens zu intensivieren. Bereits zu diesem frühen Zeitpunkt soll erläutert werden, auf welche Elemente sich das denkmalpflegerische Erhaltungsinteresse richtet, und welche Unterstützung mit dem Status Denkmal einhergehen kann.

17   Vgl. Ingrid Scheurmann: Denkmalschutz für unwirtliche Baudenkmäler? Zu Wert- und Vermittlungsfragen von Bauten des Brutalismus, in: Wüstenrot Stiftung 2017 (wie Anm. 15), S. 159–170.

(Abb. 4)   Entwurf eines Denkmalpflegeplans für die Terrassenhaussiedlung in Graz-St. Peter, 2020, Auszug

(Abb. 5)   Graz-St. Peter, Terrassenhaussiedlung, Werkgruppe Graz,
nachträglich als Wohnraum oder Wintergarten verschlossene
Freisitze, Aufnahme 2020

Der Denkmalpflegeplan hingegen soll deutlich detaillierter und umfangreicher sein und richtet sich damit auch an Fachleute *(Abb. 4)*. Seine Erstellung erfordert eine entsprechend ausführliche Untersuchung, Recherche und Planung; die Fertigstellung folgt der Unterschutzstellung möglichst unmittelbar. Nach einer deutlich ausführlicheren Erläuterung des Denkmals und seiner Bedeutung wird jedes Bauteil einzeln betrachtet. Der historische Zustand wird textlich und fotografisch dem derzeitigen gegenübergestellt. Die stellenweise bereits erfolgten Veränderungen sowie deren Auswirkung auf das gesamte Denkmal werden benannt. Das daraus ableitbare denkmalpflegerische Ziel bei einer Instandsetzung oder Sanierung wird schlagwortartig definiert und im Layout farbig unterlegt. Ergänzend zu diesen denkmalpflegerischen Anforderungen werden weitere Maßnahmen formuliert, deren Umsetzung aus denkmalfachlicher Sicht wünschenswert sind, jedoch rechtlich betrachtet nicht eingefordert werden können. Zusätzlich zu den textlichen und fotografischen Erläuterungen soll der Denkmalpflegeplan Regeldetails zum Umgang mit häufig wiederkehrenden Anforderungen und Wünschen von Nutzer:innen enthalten, mit dem Ziel, insbesondere neue Ergänzungen verträglich und in der gesamten Anlage gleichartig zu steuern. Für den bislang erst im Entwurf vorliegenden Denkmalpflegeplan ist vorgesehen, mithilfe der Abteilung für Architektur des Bundesdenkmalamtes planerische Überlegungen anzustellen, Lösungen zeichnerisch abzubilden, passende Produkte, Materialien oder Farbtöne zu benennen, die dann allen entsprechenden baulichen Maßnahmen als Vorbild dienen. Beispielsweise besteht bei vielen Bewohner:innen der Wunsch, die großzügigen Freisitze in Form von Balkonen, Loggien, Dachterrassen oder Gartenflächen mit einem Sonnenschutz zu versehen, teilweise zu überdachen oder zu schließen und dem Wohnraum zuzuschlagen *(Abb. 5)*. Angesichts der Vielzahl an Haus- und Gebäudenummernschildern, Briefkastenanlagen oder Beleuchtungstypen in den halböffentlichen Fluren besteht aus denkmalpflegerischer Sicht das Desiderat, diese durch möglichst dem bauzeitlichen Original nahekommende Produkte zu ersetzen. Wie solche Überdachungen oder sogar Teilschließungen ermöglicht werden können, wie eine modellhafte Lösung für die Montage und Gestaltung eines Sonnenschutzes aussehen würde oder welche Leuchten, Hausnummern oder Briefkastenanlagen sich für eine denkmalgerechte Lösung, die auch heutige Anforderungen erfüllt, eignen, wird durch das Bundesdenkmalamt ermittelt und im Denkmalpflegeplan vorgeschlagen werden.

Der Stoff, aus dem Träume sind: Chancen und Risiken

„Der Stoff, aus dem Träume sind" – dieser Schriftzug stammt aus einem Kunstprojekt, das Marko Lulić im Jahr 2010 im Rahmen des Projekts „Schönes Wohnen" des Instituts für Kunst im öffentlichen Raum, Graz, entwickelt hat *(Abb. 6)*. Er trat dabei mit den Bewohner:innen der Terrassenhaussiedlung, die ihren Wohnort als

„Wohninsel" oder „Wohnoase" bezeichneten und den Bauten beste Wohnzufriedenheit attestierten, in Dialog.[18]

Damit während und nach einer Unterschutzstellung der Terrassenhaussiedlung auch „beste Denkmalpflegezufriedenheit" bei allen eintreten kann, bemüht sich das Bundesdenkmalamt mit den dargestellten Handreichungen um eine intensive Vermittlung und frühzeitige Sensibilisierung. Daraus entsteht aber nicht die rechtliche Sicherheit, ein denkmalpflegerisches Ideal zu erreichen, oder gar die Möglichkeit, dazu zu verpflichten, denn diese Instrumente haben lediglich informierenden, beratenden Charakter und entfalten keine rechtliche Verbindlichkeit. Solche Handreichungen ersetzen nicht die Erlaubnispflicht; jeder eingehende Antrag auf denkmalrechtliche Erlaubnis ist durch die Verwaltung zu prüfen und zu bescheiden. Dabei sind jeweils die individuell vorgebrachten privaten Belange und die Zumutbarkeit zu berücksichtigen sowie Ermessensentscheidungen zu treffen. Folglich ist nicht nur die eine, im Denkmalpflegeplan aufgeführte Lösung im denkmalrechtlichen Sinne akzeptabel, sondern regelmäßig sind unterschiedliche Planungen erlaubnisfähig. Mit den Regeldetails, die eine denkmalgerechte Lösung vorschlagen, ist es also nicht möglich, nur die eine verbindliche Lösung vorzuschreiben; der Denkmalpflegeplan kann nur Hinweise geben und exemplarische Lösungen vorschlagen. Je detaillierter die Regeldetails ausfallen, desto mehr sind außerdem Fragen und Pflichten der Gewährleistung und Haftung zu beachten. Je konkreter im Denkmalpflegeplan Vorschläge zur Bauausführung oder zur Verwendung bestimmter Produkte erarbeitet werden, desto schneller drohen diese Informationen zu veralten, weil die technische Entwicklung voranschreitet, andere, geeignetere Produkte entwickelt werden oder auch passende Produkte vom Markt verschwinden. Außerdem ist es nicht möglich, alle Eventualitäten, alle Ideen und Wünsche, die Bewohnende entwickeln könnten, vorauszudenken und im Denkmalpflegeplan a priori zu klären. Und nicht zuletzt steht das Verwaltungshandeln der Behörden auch stets auf dem Prüfstand der Verwaltungsgerichte: Eine verwaltungsrechtliche Entscheidung kann dazu führen, dass die Aussagen des Denkmalpflegeplans rechtlich nicht mehr haltbar sind. Folglich wären flexible, anpassungsfähige Formate, die schnell an solche neuen Erkenntnisse oder Anforderungen angepasst werden können, unveränderlichen, gedruckten Broschüren vorzuziehen. Dafür sind digitale Lösungen erforderlich, die allen niedrigschwellig offenstehen, ohne jedoch per Download oder Druckauftrag an das heimische Gerät in eine feste Form gebracht werden zu können. Nicht zuletzt stellt sich außerdem die Frage: Wer entwickelt solche Instrumente? Denkmalämter und Denkmalbehörden haben regelmäßig nicht ausreichend personelle Kapazitäten – weder quantitativ noch womöglich

18 Vgl. o. A.: Marko Lulić. Der Stoff, aus dem Träume sind (o. D.), https://www.museum-joanneum.at/kioer/projekte/permanente-projekte/events/event/9886/marko-lulic-2 [letzter Aufruf 13.07.2022].

(Abb. 6)   Graz-St. Peter, Terrassenhaussiedlung, *Der Stoff, aus dem Träume sind*, Kunstprojekt, Marko Lulić, 2010

qualitativ, etwa bei bauphysikalischen oder statischen Aufgaben. Die Beauftragung freier Planer:innen durch den Stadt- oder Gemeinderat, die Einbindung von Heimatkundigen, Geschichtsvereinen, Interessierten und Nutzer:innen bei der Erarbeitung der Denkmalpflegepläne sowie der Beschluss des Stadt- oder Gemeinderats, sich zur Einhaltung der Inhalte selbst zu verpflichten, würde für die kommunale Verwaltung bei der Umsetzung der denkmalpflegerischen Ziele eine starke Unterstützung darstellen. Stichwort Partizipation: Mitmachen steigert die Identifikation und Anerkennung. Bei entsprechend öffentlichkeitswirksamer und nutzerorientierter Begleitung kann dann aber aus der beratenden Funktion solcher Instrumente eine Arbeitserleichterung und Verfahrensbeschleunigung resultieren: zum einen, weil sich der individuelle Beratungsaufwand reduzieren dürfte und die Zahl an qualifizierten Anträgen steigen müsste; zum anderen, weil für die Verfahren in Deutschland, die eine Abstimmung – das Einvernehmen, das Benehmen oder auch die Anhörung – zwischen Behörde und Fachamt vorsehen, die Möglichkeit besteht, diese einmalig auf der Grundlage des Denkmalpflegeplans zu vollziehen. Damit kann dieser Schritt bei allen Einzelfallentscheidungen, die den Inhalten der Denkmalpflegepläne folgen, entfallen.

Denkmalpflegepläne sichern bei all jenen, die Interesse haben, willens oder so rechtschaffen sind, auf ziemlich konkrete Weise den denkmalgerechten Umgang mit dem Denkmal. Sie bieten Planungssicherheit, eine transparente und damit vergleichbare stringente Linie. Wichtig für ihren Erfolg ist, dass sich alle Beteiligten damit identifizieren und die Regelung im besten Fall als eine gemeinsam aufgestellte Vereinbarung verstehen: die Denkmalbehörde und das Denkmalfachamt, das kommunale Bauamt und Planungsamt, die Politik und die Nutzer:innen. Dann wird der Traum der „besten Denkmalpflegezufriedenheit" aller womöglich wahr.

Bildnachweis: *(Abb. 1–3)* Bundesdenkmalamt, Foto: Fridtjof Florian Dossin, 2017 *(Abb. 4)* Bundesdenkmalamt *(Abb. 5)* Bundesdenkmalamt, Foto: Elisabeth Seuschek, 2020 *(Abb. 6)* Bundesdenkmalamt, Foto: Fridtjof Florian Dossin, 2017

Achanccaray, Pedro, Dr., M.Sc. Elektrotechnik, Postdoktorand am Institut für Geodäsie und Photogrammetrie (IGP) der Technischen Universität Braunschweig

Adrianowytsch, Roman, Architekt BDA in Augsburg, seit 2004 in verschiedenen Gremien im BDA Bayern tätig, 2021–2023 Vorsitzender des BDA, Kreisverband Augsburg-Schwaben

Escherich, Mark, Dr.-Ing, Leiter der kommunalen Denkmalbehörde der Stadt Erfurt, Mitglied im DFG-Netzwerk „Bauforschung Jüngere Baubestände 1945+" (2018–2023)

Gisbertz, Olaf, PD, Dr. (habil.), M.A., Leiter des Zentrums Bauforschung + Kommunikation + Denkmalpflege in der Innovationsgesellschaft Technische Universität Braunschweig (iTUBS mbH), Sprecher des DFG-Netzwerks „Bauforschung Jüngere Baubestände 1945+" (2018–2023)

Habres, Michael, Dipl.-Ing., M.A., Architekt und Denkmalpfleger, Wissenschaftlicher Referent und Stellvertretender Referatsleiter am Bayerischen Landesamt für Denkmalpflege in Thierhaupten

Hagelloch, Ann-Helen, M.A., B.A. Architektur, M.A. Historische Bauforschung, Technische Oberinspektorin, Projektleiterin für das Staatliche Bauamt Regensburg

Heiler, Jörg, Dr.-Ing., Architekturstudium München und London, seit 2003 selbstständiger Architekt, seit 2021 BDA-Landesvorsitzender Bayern

Hellmund, Christian, Dipl.-Ing. Architekt, seit 2009 bei gmp·Architekten von Gerkan, Marg und Partner, seit 2019 Associate Partner

Holl, Christian, freier Autor und Publizist, Kurator sowie Geschäftsführer des BDA Hessen, seit 2017 Mitherausgeber von *marlowes – Magazin für Architektur und Stadt*

Hoyer, Sebastian, Dr.-Ing., Architekt, Wissenschaftlicher Mitarbeiter an der Technischen Universität Braunschweig im Institut für Bauwerkserhaltung und Tragwerk (iBT), Mitglied im DFG-Netzwerk „Bauforschung Jüngere Baubestände 1945+" (2018–2023)

Huyer, Michael, Dr. phil., Leiter des Referats Inventarisation und Bauforschung der LWL-Denkmalpflege, Landschafts- und Baukultur in Westfalen, Mitglied in den VdL-AGs Inventarisation sowie Historische Bauforschung

Kossel, Elmar, Dr. phil., M.A., Senior Scientist im Arbeitsbereich Baugeschichte und Denkmalpflege der Universität Innsbruck, Mitglied im DFG-Netzwerk „Bauforschung Jüngere Baubestände 1945+" (2018–2023)

Lang, Gundula, Dr. sc. ETH, seit 2008 Gebietsreferentin im LVR-Amt für Denkmalpflege im Rheinland, Pulheim-Brauweiler

Langenberg, Silke, Prof. Dr. sc. ETH, Professorin für Konstruktionserbe und Denkmalpflege, Institut für Denkmalpflege und Bauforschung (IDB) und Institut für Technologie in der Architektur (ITA), Departement Architektur, Eidgenössische Technische Hochschule (ETH) Zürich

Lassnig, Kerstin, Dipl.-Ing. der Stadt- und Regionalplanung, seit 2021 Wissenschaftliche Referentin für Partizipation im Landesdenkmalamt Berlin

Loschinsky, Markus, Dipl.-Ing. Architekt, Büroleitung und Partner bei Krekeler Architekten Generalplaner GmbH, Braunschweig

Meier, Hans-Rudolf, Prof. Dr. habil., Professor für Denkmalpflege und Baugeschichte an der Fakultät Architektur und Urbanistik der Bauhaus-Universität Weimar

Müsseler, Andreas, Dipl.-Ing., Professor für Entwerfen, Konstruieren und digital gestütztes Realisieren an der Ostbayerischen Technischen Hochschule Regensburg

Putz, Andreas, Prof. Dr. sc. ETH, Professor für Neuere Baudenkmalpflege an der TU München, Mitglied im DFG-Netzwerk „Bauforschung Jüngere Baubestände 1945+" (2018–2023)

Rauhut, Christoph, Dr. sc. ETH, Landeskonservator und Direktor des Landesdenkmalamts Berlin

Rehm, Robin, PD Dr. habil., Wissenschaftlicher Mitarbeiter am Institut für Konstruktionserbe und Denkmalpflege, ETH Zürich

Richter, Elke, Dr.-Ing., Akademische Mitarbeiterin am Fachgebiet Baugeschichte der Brandenburgische Technische Universität Cottbus-Senftenberg

Rudolph, Benjamin, MScArch. Architekt, freiberuflicher Bauhistoriker mit eigenem Büro (SUM MONUMENTUM) in Thüringen

Schmidt, Sophia, M.A., Architektin bei LRO in Stuttgart, Wissenschaftliche Mitarbeiterin an der Professur Konstruktive Entwurfsmethodik am Karlsruher Institut für Technologie (KIT)

Schütz, Stephan, Dipl.-Ing. Architekt, seit 1994 bei gmp·Architekten von Gerkan, Marg und Partner, seit 2006 Partner

Schwarting, Andreas, Prof. Dr.-Ing., Professor für Baugeschichte und Architekturtheorie an der Hochschule Konstanz (HTWG)

Seehausen, Frank, Dr. phil., Dipl.-Ing. Architekt, Wissenschaftlicher Referent und Stellvertretender Referatsleiter am Bayerischen Landesamt für Denkmalpflege in München

Viehmann, Daniel, M.A., Regensburg, M.A. Architektur, M.A. Historische Bauforschung, Florian Koller Ingenieure

Weber, Christiane, Univ.-Prof. Dr.-Ing. habil., M.A., Bauhistorikerin, Architektin und Kunsthistorikerin, Universitätsprofessorin für Bautechnikgeschichte an der Universität Innsbruck, Mitglied im DFG-Netzwerk „Bauforschung Jüngere Baubestände 1945+" (2018–2023)

Weigl, Sabine, Mag.a Kunstgeschichte, Stellvertretende Abteilungsleiterin Abteilung für Denkmalforschung im Bundesdenkmalamt, Wien

Wellnitz, Felix Wolfgang, Prof. Dr.-Ing. Architekt, Professur für Bauphysik an der Berliner Hochschule für Technik, freischaffender Architekt und Energieberater für Baudenkmale

Wesche, Leonhard, M.Sc. Bauingenieurwesen, Wissenschaftlicher Mitarbeiter am Institut für Bauwerkserhaltung und Tragwerk (iBT) der Technischen Universität Braunschweig

Umschlagabbildung: *Kongress am Park, Augsburg,
Andreas J. Focke, www.architekturfoto.org*
Redaktion: *Olaf Gisbertz*
Lektorat: *Theresa Hartherz*
Gestaltung und Satz: *Floyd E. Schulze*
Lithografie: *Bild1Druck*
Gedruckt in der Europäischen Union

Mit freundlicher Unterstützung von:

Bibliografische Information der Deutschen Nationalbibliothek:
Die Deutsche Nationalbibliothek verzeichnet diese Publikation in der
Deutschen Nationalbibliografie; detaillierte bibliografische Daten sind
im Internet über http://dnb.d-nb.de abrufbar.

jovis Verlag GmbH
Lützowstraße 33
10785 Berlin

www.jovis.de

jovis-Bücher sind weltweit im ausgewählten Buchhandel erhältlich.
Informationen zu unserem internationalen Vertrieb erhalten Sie in
Ihrer Buchhandlung oder unter www.jovis.de.

ISBN 978-3-86859-754-7 (Softcover)
ISBN 978-3-86859-795-0 (E-Book)